A MISÉRIA E OS DIAS
História Social
da Mendicância no Ceará

MARIA NEYÁRA DE OLIVEIRA ARAÚJO

A MISÉRIA E OS DIAS
História Social da Mendicância no Ceará

EDITORA HUCITEC
São Paulo, 2000

© Direitos autorais 1978 de Maria Neyára de Oliveira Araújo. Direitos de publicação reservados pela Editora Hucitec Ltda., Rua Gil Eanes, 713 - 04601-042 São Paulo, Brasil. Telefones: (11)240-9318, 542-0421 e 543-3581; vendas: (011)543-5810; fax: (011)530-5938.
E-mail: *hucitec@terra.com.br*
Home page: www.hucitec.com.br

Foi feito o Depósito Legal.

Editoração eletrônica: Ouripedes Gallene.

este livro contou com apoio do
PROGRAMA DE PÓS-GRADUAÇÃO EM SOCIOLOGIA
DA UNIVERSIDADE FEDERAL DO CEARÁ
Coordenadora: Professora JÚLIA MIRANDA
e da
PRÓ-REITORIA DE PESQUISA E PÓS-GRADUAÇÃO
Coordenador: Professor LINDEMBERG LIMA GONÇALVES

Dados Internacionais de Catalogação na Publicação (CIP)
(Sandra Regina Vitzel Domingues)

A69 Araújo, Maria Neyára de Oliveira
   A miséria e os dias: história social da mendicância no Ceará / Maria Neyára de Oliveira Araújo. — São Paulo : Hucitec, 2000.

   Bibliografia

   ISBN 85-271-0537-3

   1. Antropologia Social 2. Sociologia 3. Decadência Social 4. Problemas Sociais — Brasil I. Título II. Série

        CDD - 303.4
          306
          363.8

Índice para catálogo sistemático:

1. Antropologia social   306
2. Sociologia: Decadência social: Miséria 303.4
3. Deterioração social: Fome   303.4
4. Brasil: Problemas sociais   363.8

Ofereço

aos banidos do Brasil,
na pessoa de Luís Inácio Lula da Silva;

a todos quantos, diante dos maiores reveses, não se deixaram abater, na pessoa de meu irmão Tã, a quem nem o fogo e nem a rocha puderam vencer;

em memória de Tereza Maria Frota Haguette,
a indelével lembrança de uma guerreira.

Com amor e respeito.

Agradeço

aos meus colegas da Universidade Federal do Ceará, de quem muito me beneficiei ao ficarem trabalhando em meu lugar durante quatro anos, quanto incorporando a este texto vários dos resultados de seus estudos;

à Capes, que financiou o doutorado, mas sobretudo porque não me permitiu fazê-lo fora do Brasil — como eu pretendia, por acreditar que em nosso país não teria condições de deslocar minha família — e assim obrigando-me não só a conhecer muito melhor a realidade brasileira, como a manter contato direto com os excelentes intelectuais que a estudam;

à Universidade de São Paulo e especificamente aos professores Francisco de Oliveira, Maria Lúcia Montes, Maria Célia Paoli, Irene Cardoso, Orlando Pinto de Miranda, Sérgio Adorno, Sérgio Micelli e Roberto da Matta, de quem freqüentei os cursos e seminários na montagem de meu programa de estudo;

ao meu querido e sábio orientador, Professor Francisco de Oliveira;

aos meus afetuosos e dedicados parentes e amigos, que de todo modo me ajudaram: uns cuidando de meus filhos enquanto eu permanecia em São Paulo, outros acolhendo-me generosamente lá, um imprimindo este texto ou servindo-me nos encaminhamentos da burocracia, outro dando-me uma sugestão, indicando uma bibliografia, ou emprestando um livro.

Finalmente, agradeço aos que tornaram possível esta publicação: colegas do Programa de Pós-Graduação em Sociologia da Universidade Federal do Ceará e à sua coordenadora, Professora Júlia Miranda; ao pró-reitor de Pesquisa e Pós-Graduação, Professor Lindemberg Gonçalves (que custearam parte dela); aos que acreditaram de pronto na possibilidade do texto: Francisco de Oliveira, Paulo Eduardo Arantes e Flávio George Aderaldo; e a Eulália Maria Ribeiro Aderaldo, pelo empenho e tanta delicadeza.

PREFÁCIO

A Miséria e os Dias, a miséria dos dias, os dias de miséria, o dia da miséria; dies irae. *Não é uma glosa a partir de um mote ofertado pelo título do livro de Neyára — chamo-a assim mesmo, sem os salamaleques acadêmicos, como se chama a uma amiga muito querida. Menos que glosa, pois, à maneira dos repentistas do Nordeste — ah, esse Nordeste, esse Ceará, esses sertões — é de uma trajetória que se trata: a trajetória dos banidos pela seca, que vêm aportar no porto seguro da cidade grande. Nossa Senhora da Fortaleza da Assunção. Porto seguro, minha Nossa Senhora! Com rigor e paixão, que se mostra o primeiro no tratamento etnográfico e se esconde a segunda no deixar-se "enganar" pela mendicante a quem se presenteia com uma galinha, método de aproximação que é mais método de paixão, não apenas para, conversando, obter a informação, mas antes de tudo para vencer a indiferença e a tristeza, acadêmica e da cidade grande. Para dizer ao "objeto" de pesquisa que ela não é objeto. É dessa sutileza que é constituída a pesquisa de Neyára sobre os migrantes de um município do sertão do Ceará — mas não é o Ceará todo, sertão? — que, aves de arribação, vão e voltam entre as duas pontas do que parece destino inscrito desde sempre em suas vidas. A recusa desse destino, embora a fala esteja saturada dele; a construção da vida, precária mas deles: não vim buscar a galinha, dona Neyára, porque tinha um negócio pra resolver. Negócio, não esmola a pedir! E, se na cidade grande pedem, esmolam, na vila de origem a festa com o que se conseguiu na cidade grande, não é ocultamento da miséria, mas sua negação.*

Mas essa delicadeza com vidas e pessoas tão sem importância para quem passa, e quem passa no seu fogoso e garboso e "pendurado" automóvel, não é o elogio de um Shangri-lá ao avesso. É rastreamento e denúncia; além: é condenação. Não é tipologia de pobres retirantes, galeria dos des-emoldurados, que pendem tristemente dos galhos secos da natureza inclemente, qual relógios de um desapiedado deus-dará da seca. É etnografia do moinho satânico da produção da retirada e da acolhida, do latifúndio e da cidade sem emprego, do proprietário que não tem mais e do proprietário que tem demais. Da máquina infernal que dispensa desde o homem-movido-a-feijão-macaça até o homem-máquina, que retém dele e dela, às vezes até mais dela, quase sempre até mais dela, a imagem que serve para negociar nos balcões de Brasília as verbas para o "combate às secas", para as "frentes de trabalho", que deviam ser chamadas "frentes de extinção", a burocracia estatal organizando, racionalmente, o exército de esfaimados que se auto-executa em troca de "cestas básicas" que deviam ser chamadas "cestas... mínimas". A denominação de salário-mínimo tinha mais dignidade semântica!

Não vou descrever o trabalho inteiro de Neyára; nem poderia, nem o faria à sua altura. O leitor o descobrirá no gozo de uma escritura entre Gilberto Freyre e Graciliano Ramos, entre o dengo e a escese. Saboreie, caro leitor, passo a passo, garfada a garfada, sem pressa, pois essa pesquisa não é fast, *ela é pesquisa da falta do* food. *Essa falta de pressa o ajudará a acompanhar Neyára entre os meandros de vidas desimportantes, cujo resgate de dignidade é feito por eles mesmos. Gente que vai dar num depósito: haveria lugar mais emblemático para dizer qual o lugar deles na sociedade? Neyára é parte delas e narradora: da dupla transformação, do depósito em lugar de gente e da pesquisadora em gente. Falta dizer, com muita vaidade, que fui seu orientador, quase a desorientei, na verdade. Sua verdade de mulher e de com-paixão, salvou-a dos perigos acadêmicos. Outras mulheres com-paixão, as professoras Maria Célia Paoli, da Sociologia e Maria Lúcia Montes, da Antropologia, da FFLCH da USP, desde a banca de sua qualificação, às quais se juntaram, na banca de seu doutoramento, a professora Maria Nazareth Baudel Wanderley, da Sociologia da Unicamp e o professor José Sérgio Leite Lopes, da Antropologia-Museu Nacional-UFRJ, — o professor Eduardo Diatahy de Menezes, seu mestre na UFCe não pôde viajar a São Paulo — ajudaram e aconselharam Neyára a aprofundar a ascese e a manter a graça. Ave, Maria, Eduardo e José.*

São Paulo, março de 1999.

FRANCISCO DE OLIVEIRA

SUMÁRIO

Prefácio, Francisco de Oliveira	11
Introdução	13
Apresentação	17
O cenário	35
O drama em quatro atos	115
O epílogo	331
Notas	357
Glossário	377
Bibliografia	379

INTRODUÇÃO

A Miséria e os Dias — História Social da Mendicância no Estado do Ceará é o texto final da pesquisa que desenvolvi no Programa de Doutorado em Sociologia, da Universidade de São Paulo, no período de março de 1992 a março de 1996, sob a orientação do Professor Francisco de Oliveira.

O texto corresponde ao desenvolvimento de duas hipóteses básicas e gerais da pesquisa, quais sejam:

1. A mendicância é uma forma de obtenção da sobrevivência e se dá no limite possível do processo de expropriação do trabalho nas sociedades de classes. Sendo assim, ela é ausência-de-trabalho, ou não-trabalho, e desse modo configura a forma sob a qual aparecerá historicamente como fenômeno geral — trazendo a memória desse processo amplo de destituição — e ao mesmo tempo incorporando as especificidades de tempo e espaço.

2. Dado que há uma matriz identitária comum alocada no mundo prático e simbólico do trabalho, não se pode sugerir a existência de uma "identidade do mendigo" — no sentido antropológico clássico — senão como formalização exterior necessária ao movimento particular dos indivíduos mendigos em sua relação com o seu-outro, ou seja, o doador e seu próprio contexto. Esta relação é tão variável que chega a inverter a posição do mendigo, fazendo com que ele, quase sempre, se veja diante de situações em que passa a ser o doador.

No caso específico de que trata esta pesquisa — a mendicância no estado do Ceará — essas hipóteses foram reconstruídas com base na identificação de quatro categorias gerais de mendigos — MENDIGOS DO SERTÃO, MEDIGOS DA FAVELA, MENDIGOS DE RUA e MENDIGOS DE ABRIGO — que, embora assim denominados pareçam compor uma "morfologia da mendicância" — na verdade representam, nessa ordem de seqüência, a gênese do fenômeno tal como ocorre nas condições históricas e sociais particulares do estado do Ceará, em que o elemento climatológico das secas, transmutado em "problema social", concorre sobremaneira para oferecer ao fenômeno da mendicância uma cor local.

O texto é oferecido em quatro seqüências:
A apresentação
O cenário
O drama em quatro atos
O epílogo

A forma pouco convencional, assim como o estilo, mais que um recurso estético, representa minha própria saída — ou método de exposição — para lidar com um objeto de pesquisa em que o confronto pesquisador-pesquisado, além de sofrer as tensões próprias dessa relação, superpõe o fato de que, por definição, compomos já uma oposição: pesquisador/trabalhador/doador e pesquisado/não-trabalhador/mendigo. Esta tensão é narrada especialmente na seqüência denominada "O drama em quatro atos" no qual o processo de destituição social é percebido como um processo simultâneo de destituição da língua. À medida que o movimento das perdas vai desenvolvendo-se, as falas respectivas do pesquisador e do pesquisado vão relacionando-se de modo diferente. No primeiro ato, a fala dos protagonistas — MENDIGOS DO SERTÃO — demonstra a existência de um campo comum de fala, derivado da matriz identitária do mundo do trabalho, que permite o diálogo normal entre pesquisador e pesquisado. Neste momento do texto prevalece normalmente a fala do pesquisador, tal qual é proferida. Já no segundo ato — MENDIGOS DA FAVELA — a fala do pesquisado entra em confronto direto com a do pesquisador em vista de que esse é o momento preciso em que ocorre a negação do mundo do trabalho e o protagonista aparece claramente como o que se lhe opõe. As falas aqui — quer a do pesquisador, quer a do pesquisado — embora ainda no interior do campo lingüístico comum, são tensionadas pelo elemento da desconfiança recíproca. No terceiro ato — MENDIGOS DE RUA — o descolamento do mundo do trabalho já se efetivou explicitamente e o protagonista revela isso na sua fala. É uma fala explícita, mas também inversa, e o pesquisador precisa como que decodificá-la. Finalmente, no quarto e último ato — MENDIGOS DE ABRIGO — a fala silenciada dos protagonistas deve ser descoberta nas mais diversas dobras onde foi esconder-se.

Além disso, o texto apresenta uma forma contínua. Isso também é uma

escolha deliberada, que quer revelar pela escrita — sem parágrafos — o mesmo desenrolar — sem pausas — do processo das perdas.
    O epílogo é para demonstrar a minha crença em que, se os homens perdem, também transformam.

A APRESENTAÇÃO

"Ninguém morre tão pobre que não deixe alguma coisa", diz Pascal. Ao que Benjamin[1] completa que "também deixa recordações — só que estas nem sempre encontram um herdeiro". Pois sendo esta a história de uma perda, de uma longa e lenta perda, urge imediatamente um narrador, antes que até as recordações fiquem tão longe, no mais recôndito esquecimento, que nem mesmo a deusa Mnemósine possa trazê-las de volta à luz. Porque a "pobreza é feito incêndio", como dizia um velho contista do Ceará, Moreira Campos, a tudo devasta, e o que ainda possa sobrar de recordações, a quem vai interessar? Pode ser que fiquem os registros, os números frios e mortos — e nem sempre reais — que facultarão a avaliação do contrato, demonstrando a forma e a quantidade dos que ficaram de fora. Mas o gosto dos sentimentos, doce ou amargo, quem vai saber? E o sentido dos gestos, quem vai poder ver? Tem uma categoria de gente, sim, afora os artistas propriamente ditos, que se interessa em recolher esses vestígios pouco perceptíveis e por demais desinteressantes da vida. Entre estes é que me incluo enquanto pelejo para contar a história motivo destas linhas, tentando juntar as pontas de um tempo-presentificado, cujo passado os homens desterraram e o futuro a Deus pertence, tempo-fora, dos que ficaram nas bordas da História; tempo-emergencial, que põe na boca de dona Fransquinha, MENDIGA DO SERTÃO, palavras assim: "meu marido é da mergência", referindo-se à ocupação circunstancial do marido no Programa de Emergência do governo em razão da seca. Portanto, se foram destruídos os narradores arcaicos — o marinheiro mercante que vinha de longe trazendo coisas para contar, e o lavrador sedentário bom conhecedor das histórias e tradições de sua terra, assim como posteriormente, quando se tornaram mestres e aprendizes volantes, também foi destruída a sua «academia», qual seja, a sua condição de artífice[2] — creio poder dizer que nos tempos modernos alguém se dispõe e está apto a fazer aquele papel de narrador: é o cientista social, ou seja, o historiador, o antropólogo e o sociólogo, assim em conjunto. E fazer isso diante da grande opositora do momento, a que tomou o lugar da narrativa, a comunicação de massa (a informação) no que ela tem de «pronta verificabilidade», de «inteligível por si mesma», sendo este o ponto principal do confronto. E quem sabe até utilizando-se dela, recolhendo devagar os pedaços que ela é capaz de espalhar pelo mundo todo na sua pressa, que foi o que fiz um pouco aqui, catando um e outro fragmento dessa passagem nos velhos jornais da cidade. Porque tal foi o papel do narrador: "o narrador colhe o que narra na experiência, própria ou relatada, e transforma isso outra vez em experiência dos que ouvem sua história"[3]. Benjamin diz que a narrativa está desaparecendo porque a experiência caiu na cotação. Mas disse isso já tem mais de meio século. Naquele tempo a experiência se transformara totalmente em experimento, a tradição fora substituída pelo laboratório, a evocação pela descrição. Extinguira-se o tempo épico. Mas agora já se começou a escuta dos combatentes que voltaram silenciosos dos campos de batalha, dos mais diversos campos. É o tempo da história dos «povos sem história», de uma nova oralidade marcada pelas «histórias de vida», pelos «depoimentos de história oral». Quem sabe aí não recuperemos a experiência, mesmo que já tenha desaparecido a imediaticidade do trabalho e da comunicação artesanal que a ligava à narrativa? Posso dizer que os cientistas sociais são uma nova comunidade de ouvintes, que queremos reabilitar o dom da escuta paciente, essa que nada pretende abreviar; que ainda somos — como os poetas, viu, Paul Valéry? — daqueles para quem "não acabou o tempo em que o tempo não vem ao caso". Suponho que já se tenha ido ao limite máximo do que Benjamin chamou de «experiências desmoralizadoras»: "as estratégicas pela guerra de posições, as econômicas pela inflação, as físicas pela batalha de material bélico, as morais pelos detentores do poder, as do corpo pela fome"[4]. Chegou-se hoje a formular o conceito de «pobreza absoluta»! Essa que se evidencia na brutalidade que o doído filósofo provavelmente não imaginava que chegasse a tanto, estampada assim, numa nota de jornal: "Manifestação no Largo do Arouche — administração pública trata população de rua como lixo. Cerca de 200 pessoas participaram ontem à tarde, no Largo do Arouche (centro de São Paulo), de um ato ecumênico em memória de Ricardo da Silva Soares, de 12 anos, atropelado há uma semana por um caminhão da Administração Regional da Sé enquanto dormia. Realizado no mesmo local onde o garoto foi morto, o ato se transformou em manifestação de repúdio à 'operação limpeza' promovida pela prefeitura na área central da cidade. Segundo o Padre Júlio Lancelotti, vigário episcopal do Povo da Rua, a Regional da Sé tem recolhido os pertences de moradores das ruas, além de expulsá-los dos baixos de viadutos e praças [...]. Um manifesto 'em defesa da vida e cidadania do povo da rua' foi encabeçado pela assinatura do cardeal arcebispo de São Paulo, dom Paulo Evaristo Arns, e endossado por mais de 15 entidades de direitos humanos. O documento atribui a morte do menino 'à intolerância da administração pública, que trata a população de rua como lixo"[5]. O menino Ricardo morrera no dia 9 de setembro de 1994, ao ser esmagado pelo caminhão da Prefeitura que recolhia o lixo do Largo do Arouche. O caminhão manobrava quando passou por cima da cabeça do menino, que dormia sob uma árvore da praça, enrolado em um cobertor e em pedaços de papelão! O motorista fugiu. Fugiu?! Fugiu para onde?! Haverá um lugar em que crime assim seja prescrito?! Impossível. Alcançou-se a completude do mal. Agora chega. É hora de voltar. A ciência social vai fazer a narrativa desta trágica e duradoura viagem. E eu vou aqui contar só um pedacinho dela. Como os antigos narradores, *carregando consigo a sua utilidade: ora uma lição de moral, ora uma indicação prática, ora um ditado ou forma de vida*, enfim, restabelecendo *a sabedoria do lado épico da verdade*[6], que as especializações técnicas, os discursos neutros, as regras do método (sem pré-conceito) impingiram ao conhecimento do homem, condicionando-o às mesmas leis explicativas do universo natural. Se me permitem, vou no *rumo de uma estética cognitiva para a sociologia*, conforme aponta Eduardo Diatahy B. de Menezes[7] na sua guerra sem trégua ao realismo científico. A este, o autor contrapõe o «realismo simbólico» — (segundo ele, na falta de termo melhor para o enfoque metodológico que conduzirá à «estética cognitiva») — erigido na base mesma das principais correntes da gnosiologia contemporânea, com base na qual é possível cogitar-se a possibilidade de rompimento da dicotomia entre a ciência e a arte, na medida em que — tal como o reconhecem aquelas correntes científicas — todos os modos de conhecimento são simbólicos, assim refletindo uma perspectiva particular e parcial. Desse modo, a estética cognitiva produz um discurso capaz de aclarar as ciências sociais, uma vez que a estética consiste essencialmente em analisar os sistemas simbólicos. E dado que, ainda segundo esse autor, toda descrição ou representação, pelo fato mesmo da maneira como classifica e é classificada, pode criar e marcar conexões, analisar objetos e organizar o mundo, tem-se que artistas e cientistas põem-se igualmente como criadores, não apenas por causa de suas atividades artesanais, mas também em um sentido cognitivo e ontológico.

A ciência social vai assim, como uma forma artesanal de comunicação, igual à narrativa, mergulhar no que há de inacabável e de inesgotável da coisa humana, indicando também o pecado e o perdão — com licença para o sentimento religioso que os termos expressam, afinal também presente na prática da ciência — e daí retirando não o «em si», o puro dado, como se fosse um relatório ou uma informação, mas uma re-criação, ou uma re-descoberta do mundo. Dois elementos importantíssimos estarão, portanto, incluídos nessa nossa tarefa da ciência: de um lado, uma grande paciência com o tempo, aguardando sua maturação, atenta aos seus desdobramentos; e de outro, uma imensa deferência para com a alteridade, uma completa abertura para o fato de que é uma ciência nossa, apta a explicar *a relação* constituída pela diversidade de muitos *outros* que somos todos nós, e não a ciência de uns sobre os outros. Sua obra será o desvendamento dos mistérios que constitui sermos um *nós*. Talvez possamos fazer a ciência como Goethe fez a poesia. Disse ele que jamais contemplou a natureza com objetivos poéticos. Os desenhos de paisagens, primeiro — e a sua atividade como naturalista, depois — levaram-no a observar contínua e minuciosamente os objetos naturais e, pouco a pouco, aprendeu a conhecer bem a natureza, mesmo em seus mínimos detalhes, de modo que, se — como poeta — teve necessidade de alguma coisa, dispôs dela ao alcance da mão, e não lhe foi fácil pecar contra a verdade[8]. Assim, tal o poeta-narrador, o cientista social não vai eximir-se da obra narrada: aí ele deixará seus caracteres, como *na tigela de barro se finca a marca das mãos do oleiro*, porque narrar é já obrar.

Pois faz é muito tempo, sim, que eles vêm desgarrando do sertão. De primeiro, vinham e voltavam quando chovia. Agora não voltam mais, não. Estão ficando por aí. Tem deles que até têm sorte, arranjam um emprego, às vezes até no próprio governo, mas é um e outro, e isso em outros tempos, porque agora não tem mais chance, não. Não vê a dona Francisca Matias, essa que limpa lá na Unidade de Abrigo, aonde vai dar quem não se arranjou de jeito nenhum e é recolhido da rua pelo poder público? A Francisca Matias se encostou ali pelos idos de 70, vinda da região de Sobral com destino ao Pará, e acabou arranjando uma colocação na Secretaria de Ação Social, as assistentes sociais gostaram dela, e ela foi ficando, ficando, fazia um cafezinho aqui, um mandado ali, e a chefe mandou contratar. Depois arrranjou também para o marido, na Secretaria de Educação, para trabalhar de vigia. Tem outros casos, mas são esporádicos, exceções que confirmam a regra. Que regra? Vou já dizer, tenha paciência. É como estou dizendo, é coisa de outros tempos, de quando o Estado mantinha uma relação com os indivíduos muito mais assistencialista do que é hoje, uma forma privada, como se o Estado pertencesse ao governante, entende? Ou ao chefe, em escala menor. Por isso que a assistente social gostava da pessoa e dava o emprego. E vai dizer que isso acabou? Acabou não, mas mudaram algumas coisas. Pois dava até mais do que o emprego. A própria dona Francisca chegou até mesmo a morar nas instalações do órgão do governo, não foi? Como ainda hoje tem o seu Bento, empregado da Defesa Civil que funciona junto da Unidade de Abrigo e cria até porco sob um dos galpões desativados, lá atrás. O seu Bento leva quase a vida que levava no sertão. E a dona Francisca Matias só saiu de lá porque quis, porque queria ter sua própria casinha, que comprou pela Cohab. E antes, quando aquilo ali era a Hospedaria Getúlio Vargas e pertencia ao governo federal, na época da Guerra, teve também migrante que naquele tempo saía dos sertões do Ceará em busca do Norte, para o Amazonas e o Pará, mas aqui mesmo parou empregado pelo Ministério do Trabalho, ao qual era ligada a Hospedaria, igual como dona Francisca, porque era de serventia do encarregado do setor. O sr. Expedito, agora aposentado, foi um caso assim, da época do «exército da borracha». Isso era antes, muito bem. Mas dizer que acabou, que o governo não dá mais as coisas, sei não... Não, não é que tenha acabado; agora, que está diferente, que tem outro modo, isso tem. Isso a gente vai ficar toda hora vendo no caminho dessa história. E tem mais outra coisa, no meio desse mundão letrado, completo de equipamento para tudo que é serviço de gente, o que é que vai fazer um analfabeto lá das brenhas? Até o serviço de bater roupa, serviço de mulher, que já deu para alimentar muito menino quando o pai não encontrava trabalho, também ficou mais rareado, porque os mais abastados usam logo a máquina de lavar e os mais pobres vão pagar de que jeito a diária de uma lavadeira? Quer saber qual é a regra, essa da qual dona Francisca Matias, seu Bento, seu Expedito e outros de que não se ouviu falar, são exceções que a confirmam? Pois bem. Quem melhor a expressou foi o Antônio Mulato, MENDIGO DO SERTÃO de Brotas, em Miraíma, que é o ponto de partida dessa história que inicio a contar. Disse assim o Antônio Mulato, quando chegou a Fortaleza no ano de 1993, a propósito de fugir da seca que já durava quatro anos, mas que vinha mesmo era pela razão que ele próprio sabia: porque *se acabou-se o patrão,* nas palavras lá dele. E não é de hoje que vem se acabando esse patrão. Trata-se do pequeno produtor, ou até médio, um pobre proprietário de terra em que se encostavam os mais pobres ainda, sem terra nenhuma, esses que chegam à capital protagonizando a «história social da mendicância no Ceará», a história-tema dessas linhas. A regra é essa, de novidade nenhuma: chegou o tempo em que o trabalhador foi destituído não mais apenas dos meios de trabalho, mas do próprio trabalho. Tempo de não-trabalho, sua ausência em duas pontas do mundo: onde ele foi negado como último resultado da acumulação primitiva — primeiro se destituem os meios de produção, depois o próprio trabalho — e onde ele consubstanciou o ponto limite da concentração, onde ele desapareceu por ter-se cumprido todo, absoluto. Feliz de quem escapou pelo meio... tem seu lugarzinho garantido, sua gravata, seu retorno à casa depois do trabalho... Talvez estes prometam a síntese, uma outra possibilidade histórica, isso se forem capazes de deixar aberta a porta de casa para que os demais também possam entrar. Mas essa já é outra conversa. Estas linhas são para contar a história dos que não chegaram, sequer, a botar o pé na calçada, dos destituídos logo no começo, que então tiveram de ganhar a estrada e caçar o que comer, como se fosse uma estranha forma de economia extrativa na cidade. Neste caso, «acabou-se o patrão» é igual a «acabou-se o trabalho». Isso porque sempre se tratou de um trabalho muito precário, que só com muita dificuldade conseguiu alguma matéria social ou política capaz de substanciar formas de organização, fosse um sindicato, uma cooperativa, uma associação de qualquer tipo, ou até mesmo um saque em ano de seca. Trabalho preso a uma terra vulnerável às intempéries do dono e também da natureza. Trabalho em «estado de natureza», se posso dizer assim. Que não sustenta o trabalhador, como uma planta de galho fraco, que por pouco se quebra. Assim, olhe, do ponto de vista sociológico, aquela forma de trabalho cujo vínculo social é tão sem consistência que é mesmo que nada, não gera direitos e por isso deixa o trabalhador à mercê de tudo. Se aquilo que Azis Simão[9] mostra quanto ao processo de formação do proletariado brasileiro, que foi feito dentro de uma ordem unilateral de direito privado em que o poder de mando patronal fixa todas as regras do trabalho, corresponde muito bem à realidade, os Senhores imaginem como não foi no campo, onde o coronelismo abarca todas as dimensões da vida do trabalhador, mais alimentado ainda pela prática da lealdade também muito unilateral, pois que o coronel do sertão é como um pai autoritário que bota o filho fora de casa quando este não corresponde a seus desejos. O que tem de consistente nesse universo simbólico do trabalho é uma forma moral, que é como um ímã todo tempo chamando o pobre para esse mundo de ordem pelo trabalho. É como mostra Alba Zaluar[10]: que o trabalho, apesar de todos os transtornos, se mantém ainda presente na utopia popular que associa o ideal de justiça a uma nação de trabalhadores. Tão presente e forte que dona Raimunda, MENDIGA DA FAVELA, cuja vida já se consolidou na prática da mendicância, ainda diz, embora talvez sem muita convicção, mas diz como uma memória, como uma matriz de significado, que é só o filho conseguir um emprego de carteira assinada para ela deixar aquela vida. Ou o mendigo que, no Parque da Criança, vende ervas espalhadas em pequenos montes no chão em redor de si, no meio das quais o pires espera a esmola e ele diz que aquilo ali de *vender ervas é só um «bico», que a profissão mesmo que Deus lhe deu foi pedir.* Ou seja, há aí uma identidade anterior com o trabalho, mesmo que já não mais de forma pura, estando sua ação representada por elementos oriundos de um campo histórico comum de significados — que os foi transmutando na ordem mesma dessa escala de desvalorização: a profissão, o «bico», o pedido — embora a hierarquia entre eles, em razão da própria história, já tenha sido completamente invertida. Fora disso, dessa matriz simbólica, o resto é tudo fraco. Mas pudera! Ia tirar sustança de onde se tem um passado de fraqueza crônica? O pior é que tal estado de abatimento não vem ocorrendo apenas com o trabalho da terra, ou com o trabalho desqualificado. É uma coisa geral. Quando estava começando a parte de campo desta pesquisa e fui procurar informações com os técnicos do governo sobre o trabalho de assistência que desenvolvem com as populações pobres, vi-me diante de um episódio que ilustra isso muito bem. Em meio à conversa, ao apresentar para uma funcionária a hipótese da pesquisa segundo a qual as pessoas são historicamente destituídas, antes, dos meios de trabalho, e, depois, do próprio trabalho, ela achou então que eu deveria trocar de objeto, que muito mais adequado e conveniente objeto para a comprovação daquela hipótese era a categoria do funcionário público estadual. Naturalmente era uma brincadeira, mas por todo o tempo da conversa ela não falou de outra coisa senão da degradação de seu próprio trabalho, referindo-se com amargura à perda da dignidade. Dizia que antes, quando um técnico aceitava um cargo de chefia, um cargo comissionado, fazia-o seguro de que não precisaria *engolir sapo,* dizia com essas palavras. Que manteria sua dignidade e, à menor pressão, entregava o cargo. Agora, não. Aceita-o para melhorar o salário, o valor da comissão agora já tem de ser incorporado ao orçamento doméstico, é dinheiro para pagar a escola do filho e, também, comprar comida. Depois contou que, de uns tempos para cá, costuma fechar a porta de seu gabinete, a qual dá de frente para a sala de recepção dos indigentes que procuram os serviços da Secretaria do Trabalho e da Ação Social em busca de ajuda. Fecha a porta porque não agüenta ver tanta miséria aumentando a cada dia mais. Pois pensem comigo os Senhores: não é algo do plano do absurdo que a assistente social do governo feche a porta no ato mesmo da assistência social? O problema da sociedade contemporânea é muito mais do que a simples extinção dos postos de trabalho. Diz respeito também, como analisou Claus Offe[11], à ausência de uma infra-estrutura moral efetiva de normas de solidariedade e de obrigações em relação ao trabalhador que, no limite e em face da lógica individualista predominante, pode levar à escolha racional de uma posição oportunista diante das políticas sociais (entre os setores assistidos) — diz aquele pensador — e, entre os propriamente excluídos, quem sabe? — digo eu — leve à reelaboração da máxima "é melhor pedir do que roubar" — passível de punição — por outra muito mais apropriada aos novos tempos: "é melhor pedir do que trabalhar". Olhe que não sou eu quem está justificando o crime. Vai negar que essa dedução não se adequa? E aqui nesse chão do Ceará, tem ainda por cima a seca inscrita no destino como uma deficiência física de nascença. Evidentemente um mal congênito que poderia ter encontrado alternativa não fosse o criminoso interesse de alguns, posto que uma adversidade natural só se transforma em flagelo social quando as condições sociais, políticas e econômicas o favorecem. E mesmo que a seca não signifique exatamente a falta de chuva, mas a irregularidade dela, não se fazendo coincidir com o ciclo biológico das plantas e dos animais, o fato é que estes não sobrevivem de jeito nenhum. Morrem e acaba a fonte de trabalho e de sobrevivência do pobre, deste de quem falo aqui em carne e osso batizado por Antônio Mulato, mas que são muitos, fragilmente agarrados na estrutura do latifúndio-minifúndio. Quer dizer que não adianta afirmar e repetir que não é a natureza seca a determinante da miséria. Mas é preciso reconhecer que a seca produz e re-produz a miséria, na medida em que compõe um contexto de significados motivador das ações sociais. Neste sentido ela re-cria a realidade imediata, sendo portanto dotada de função objetiva e representativa. Neste quadro, algumas categorias são mais vulneráveis que outras, havendo por outro lado as que até tiram muito proveito. O capitalismo, quando é de sua conveniência, não hesita em estimular as mais atrasadas formas de produção. Pois aqui se chegou até mesmo a criar uma «indústria da seca». Pelo lado do proprietário da terra a coisa bem que é muito boa, porque o fundo de acumulação é dado pela cultura de subsistência do morador, do meeiro ou do posseiro, que viabilizam um baixo custo de reprodução da força de trabalho[12]. Mas pelo lado do trabalhador, a única coisa que está em questão é a subsistência. Quando esta não é mais atingida, vai fazer o quê? Quando acaba o pasto, depois que é feita a «retirada» do gado para as serras ou as praias, o jeito é desgarrar, migrar, retirar também, procurar qualquer jeito de não morrer de fome. Pelo lado do proprietário de terra, houve foi escassez de trabalhador nos primeiros tempos da agricultura de mercado, coisa de que os proprietários cearenses viviam reclamando, chegando mesmo a cogitarem da importação de mão-de-obra européia, a exemplo do que se fazia no Sul. Se não fizeram isso foi porque não tiveram o poder de competir com os produtores dessa região, para quem o governo oferecia um bom dote com o destino de importar trabalhador[13]. Porque diz que, daqui, até as aves tinham de arribar, que mais antigamente não era raro se ver nos arrabaldes da capital bandos de papa-gaios, jandaias e pombas asa-branca que, forçadas pelo instinto de conservação, deixavam os sertões em busca das praias. Que dirá gente! A criatura desta terra do semi-árido teria de ser como as plantas xerófilas, possuir um reforço nas paredes celulares e poder armazenar no corpo mais água que os demais mortais, para então sobreviver à pirataria de água e tudo o mais que ela favorece de vida, feita em anos e anos, impunemente, por aqueles que podem monopolizá-la por intermédio das grandes empresas e dos grandes projetos estatais de modernização agrícola. Porque aqui a água até nos centros urbanos é razão de monopólio. E para não falar de um certo engarrafador na atualidade, basta lembrar a seca de 1877, quando "no dia 6 de abril espalhou-se na capital que a água do reservatório do Bemfica, propriedade da empreza — Ceará Company Limited — era insuficiente para o abastecimento da cidade por mais de sessenta dias. Uma commissão composta do presidente da Camara Municipal, do architecto da mesma Camara e do gerente d'aquella empreza, examinando o reservatorio, verificou que nos tanques havia 4 pés d'água, 6 pés menos que no anno anterior. À vista disso, resolveu-se suspender o privilégio da empreza, permitindo-se aos particulares abrir cacimbas e vender agua"[14]. Vai ver então que até temos um reforço poroso por dentro, que acumula também paciência, se se levar em conta nossa aparência ressequida e tamanha resistência! Diz Rodolfo Teófilo (ob. cit.) que "o Ceará é como a fênix da mitologia: vive a ressurgir das suas próprias cinzas; é a erva de Jericó dos sertões combustos da terra das secas". Requereu muito sacrifício, sim senhor!, muito suor perdido, o que houver hoje de benefício para o pobre. Aqui no Ceará não é brincadeira. Dizendo desse jeito até parece que a natureza é que é a responsável por tudo. Não é não. Mas que tem uma guerra danada do sujeito com a natureza, isso tem. É a natureza semi-árida do Nordeste, em cuja área de sertão, de clima seco e quente, e sujeito a estiagens, está inteiramente assentado o Ceará. Basta ver no mapa[15] logo ali na página 36. Quer dizer que nestas condições naturais desfavoráveis, o sofrimento dos cearenses pobres agrava-se mais ainda em face da estrutura econômica, social e política vigente. Porque esta, sim, não oferece trégua. Defeito adquirido pior do que o congênito, porque se esconde neste. A inclemência da natureza, pelo menos, se cresta num ano, no outro favorece com abundância. E assim, antigamente, a volta das chuvas era a volta da fartura, como se o trato fosse diretamente entre o homem e a natureza, tanto que não poupava nem ricos nem pobres. Na *História da Secca do Ceará* (ob. cit.), Rodolfo Teófilo diz que "quatro quintos da população da província, pode-se dizer, vivem à custa do orvalho abençoado do céo. Na mais angustiosa espectativa vivem todos. O rico teme o flagello, receiando perder seus capitaes, amedrontando-se com a peste, companheira da seca. O pobre, o desventurado jornaleiro, acovardando-se ante a calamidade, atterrado ante a idéia de mendigar e de, morto à fome, ser atirado à vala commum". Depois deixou de ser assim, a estrutura econômica e social aperfeiçoou-se de tal forma desigual que os elementos da natureza parece terem se tornado indiferentes aos destinos dos homens. É de se pensar que a guerra contra a natureza, nas condições sociais em que a vem fazendo esse povo, certamente demarcou o contorno de sua história, incrustou sinais próprios em sua cultura. E podia ser diferente? Esse sentido de ave de arribação, aqui, dele ninguém podia livrar-se, não senhor. Tem sido como uma sina. A sina de perder, muito antiga e devastadora, ainda que encontre lá suas rochas de resistência. Não é como uma finalidade imanente, não me compreenda assim, embora que, de tão perpétua, até dê essa impressão. É uma sina socialmente inscrita no destino dessas criaturas, assim determinada, historicamente construída. Não é coisa do outro mundo, não senhor!, é deste mesmo. Uma sina estruturada com um sentido perceptível na aparência desordenada dos fatos, o qual venho me esforçando para re-encontrar e poder aqui dizer. Aí vão me perguntar: "e por que chamar de sina à história?" Porque é assim que fala o povo daqui como a dizer que, se a história é feita com a razão, a sina tem também o sangue, a seiva do pé de juazeiro que faz sombra e verde no meio marrom da caatinga ardente e aí permaneceu quando tudo — o gado, as gentes, as pequenas vilas — foi tangido pela História e chegou na cidade — aquela *estranha senhora que hoje sorri e amanhã te devora* — explodindo ali como mais uma dimensão, entre tantas outras, do chamado «problema urbano»[16]. Se a história ressalta os movimentos, a sina deixa a marca, finca as passagens no interior da gente. A sina é mais fiel ao tempo. A sina é como se fosse a indagação no olhar longínquo do homem cearense de Morada Nova, migrante da penúltima seca, a de 1983, que desde então trabalha em São Paulo, pelos três turnos, num restaurante chinês, no mesmo lugar onde mora (mora?) e durante um pequeno intervalo de domingo senta no banco de alvenaria à entrada do metrô da Liberdade, ali onde os japoneses negociam perpetuando sua cultura e o nordestino fica mudo, isolado, ausente. Ao ouvir fragmentos de conversa e identificar uma conterrânea prestes a retornar, se achegou mais perto no banco e contou: veio de lá do Ceará procurar um jeito de manter a família, nesses oito anos foi vê-la três vezes, da última vez a mulher ficou grávida e ele não conhece o menino mais novo, manda todo mês o dinheiro pelo correio. Penso com meus botões: cidade-dormitório longe da peste! Quase arranjava outra mulher em São Paulo, vive muito sozinho, mas imaginou nos bichinhos lá tão longe, iam viver de quê se o que ele manda já não dá? Ia assim levando, até quando Deus desse bom tempo... Assim, meus Senhores, é como disse: a sina é mais fiel ao tempo. Por isso quero ressaltá-la como uma forma de experienciar a história, um modo de ver, ou como um dado de re-interpretação, um importante dado constitutivo do «acontecimento» seca, que tem o seu lugar relativo no conjunto de processos onde "agem e padecem substâncias em interação, homens e coisas"[17]. Um dado tão relativo que é capaz de ser alterado. Senão, se não se acreditasse poder mudar a sina, o que iria fazer do cearense um corredor de mundo? Diz Paul Veyne que não existe uma categoria particular de acontecimentos — a história política, por exemplo — que seria a História e se imporia à nossa escolha, assim como não é possível mostrar tudo na história porque não há um fato histórico elementar. O acontecimento seria formado por dados pertencentes a categorias heterogêneas — o social, o político, o religioso etc. — como um «fato social total» no sentido maussiano. Resta ao historiador construir a «intriga» a partir da qual os fatos têm suas ligações objetivas e a sua importância relativa, pois que estes não existem isoladamente, e no tecido da história compõem uma "mistura muito humana e muito pouco 'científica' de causas materiais, de fins e de acasos, numa palavra, uma fatia de vida que o historiador recorta a seu bel-prazer", expressão de Paul Veyne. E quanto mais abrangente for o recorte, mais ampliada a visão, mais demarcado o «fato social total». Pois vai querer aqui emprestar à seca esse caráter de «acontecimento», ou de «fato social total»? Vou. Vai dizer que a seca é assim tão determinante? Determinante não é. Mas de tão abrangente e tão presente, configurativa ela é. Ela faz a marca distintiva da história de meu povo. Ela detém um elemento agregador de sentido, é uma espécie de pressuposto ou referência para as ações sociais as mais diversas. Claro que tal qualidade é ideologicamente atribuída, não é uma qualidade natural, sendo precisamente nesta condição que motiva e dá significação às ações. Nesse enquadramento é que suponho poder detê-la aqui, dando uma cor local à questão ampla desta pesquisa, qual seja, o processo de dissolução do trabalho até o ponto que estou considerando de limite, que é a mendicância. Ou seja, tomando de empréstimo a Paul Veyne, quero extrair do «acontecimento» seca a «intriga» passível de oferecer uma compreensão ao dado mendigo da pobreza no Ceará que esta pesquisa pretendeu apanhar. A seca é um fenômeno natural, meteorológico, pode muito bem desse modo ser descrita; mas é também o mostrador do tempo da miséria nesse lugar e, assim, é útil ao historiador, sim senhor!, porque remete a séries temporais: referindo-se a ela pode-se dizer antes e depois como a um acontecimento histórico. É como uma guerra, abrasa como uma bomba, desencadeia-se sobre o homem e a natureza, tudo sofre suas conseqüências. É até certo ponto previsível e comporta uma estratégia. Tem motivado a criação de instituições, desenhado uma certa maneira de fazer a política, inspirado uma produção artística, esta tese de doutorado, feito surgir algumas atividades e impresso uma determinada mentalidade na gente do lugar, tal como a distinguiu o poeta popular Patativa do Assaré, admitindo que pudéssemos ser *nordestinos, sim, mas nordestinados, não*. Porque a seca também mostra que não existe a seca, é assim um momento de politização dos trabalhadores, "a seca revela, mostra o que está por trás, a seca tira a máscara da situação mostrando a pobreza que já existe sem a seca, a seca piora o que já está ruim"[18]. Gera também «políticas de combate à seca», embora ainda nas primeiras décadas do século, quando da seca de 1932, o ministro da Viação do governo Getúlio Vargas, José Américo de Almeida[19], já dissesse que "a seca não passa de desemprego rural, cessando as chuvas cessam as atividades agrícolas", justificando assim a instalação da primeira «frente de trabalho», e nem assim combatendo a seca, quem sabe por que, como mostrava o programa eleitoral do Partido dos Trabalhadores em 1989, o problema do Nordeste nunca foi a «seca», mas a «cerca». E nos nossos corações a seca também se intromete: escrevo agora em ano bom — ano terminado em quatro, na tradição popular, é ano que promete chuva — e quando o ano é bom muda muita coisa e só quem viveu aqui sabe o significado da água para nós. Muda a aparência do lugar. Desaparece a luz do céu, fica aquele negror nas nuvens e é até perigoso a gente falar nele, nunca alguém pode dizer que *o céu está preto* porque cai desgraça, coisa ruim pode acontecer em nossa família, coisa de morte. Escorre água sob os nossos pés, sempre molhados de calor. Mas é muito mais que isso, é como eu estava dizendo, muda lá dentro, no interior da alma, a gente parece que se alivia de uma condenação, mesmo pressentindo que é por pouco tempo. Desaparecem das paradas obrigatórias nos sinais de trânsito os fugidos da seca — são uns mendigos diferentes, os «mendigos sazonais», vestidos assim de sertanejos, roupas de algodão, sandália japonesa, chapéu de palha e um saco às costas, que eles enrolam na abertura para segurar com uma mão só à altura do peito, como se carregassem a enxada. A outra mão eles estendem, o gesto pedindo sem falar. Na maioria homens e meninos, em bando. Esses homens e meninos são os anjos da nossa agonia: quando desaparecem é porque nossa pena foi mitigada, nós respiramos certos de que a terra vai cumprir o seu destino natural de alimentar os filhos. Até quando Deus der bom tempo. Depois... o sol volta a arder como se nada tivesse acontecido. A natureza parece que, sadicamente, brinca com a gente, prometendo o que sabe que não vai oferecer. No fim ficamos todos de mãos estendidas para o céu pedindo chuva, mas a grande mãe má só nos oferece um seio seco. E como ninguém, só nós sabemos o sentido da palavra inclemência. Talvez por isso sejamos o único povo no mundo a pedir perdão quando nega uma esmola[20]. Enfim, a seca tem sido simultaneamente o símbolo e o vetor de diferenciação social e econômica do Nordeste. Portanto, é aquilo que dizia, não é determinante, mas é configurativa. Tampouco é uma totalidade em si. Aliás, como indica o conceito de «acontecimento», nem existe por si mesma, é precisamente aquilo que dizemos ou que fazemos dela. Mas não é isso tomar um corte conceitual por uma forma substancial? — pergunta que se faz o próprio Paul Veyne ao definir o acontecimento. E responde assim: que não se cria um fato descobrindo-o, que toda descrição implica escolha, muito freqüentemente inconsciente, dos traços que serão decretados pertinentes, que não se pode esquecer nunca, quando se começa a escrever, que a crônica dos acontecimentos não é a única maneira de escrever a história e que nem mesmo constitui um aspecto indispensável; enfim, que os acontecimentos não são totalidades, mas sim nós de relações, que as únicas totalidades são as palavras que os nominam! E quantos nós será preciso desfazer a fim de contar os anos de vida de dona Petronila, MENDIGA DO ABRIGO, que para preencher a ficha de inscrição quando deu entrada na Unidade de Abrigo só soube dizer que "na seca de 32 tinha nove anos de idade"? Quais experiências oculta esta lembrança da seca para estar assim tão imiscuída na contagem do tempo da própria existência daquela mulher? Quantos e quantos nós... Eu própria sou nascida numa seca, a de 1951, e por ter sido muito magrinha quando era menina, muitas vezes era chamada de «seca do 15» pelos irmãos quando queriam briga. Hoje já não se ouve mais essa expressão de desprezo, não só porque as magras estão em voga, mas porque a experiência da fome perdeu sua ligação direta com os tempos secos contrapostos aos tempos de fartura dos períodos invernosos. Agora é uma fome urbana, sentida não mais diante da raiz que não brotou no chão estéril, mas diante dos barris de lixo exposto na parte traseira das internacionais vitrines de comida dos supermercados. Sem dúvida, um pedaço (magro?) de mim também motiva esta pesquisa. Ela segue assim nessa tarefa de desatar os nós que puder. E talvez possa muito pouco. Vou então na partida tomando de empréstimo um jeito que a História tem de compreender a realidade, também porque a noção de acontecimento é de inspiração maussiana, no que tem de similitude com o fato social total. Paul Veyne chega a dizer que "a teoria do fato social total significa muito simplesmente que as nossas categorias tradicionais mutilam a realidade". Por seu lado, Marcel Mauss pareceu prever e ter-se sentido tentado a responder à objeção dos historiadores de que a Sociologia faz abstração demais, separa demais os diversos aspectos das sociedades. Diz o velho Mauss[21] que o *princípio e o fim da sociologia é perceber o grupo inteiro e seu comportamento global, que neste sentido, o estudo do concreto, que é o estudo do completo, é possível e mais cativante e explicativo em sociologia.* Mas se o princípio e o fim da Sociologia é a percepção do grupo inteiro, é necessário que se diga que é também o seu principal problema. O que se vai compreender por «grupo inteiro»? Por um «concreto» que é igual a «completo»? Mauss orienta como proceder com o estudo do grupo inteiro: "observando reações completas e complexas de quantidades numericamente definidas de homens, de seres completos e complexos; descrevendo também aquilo que eles são em seus organismos e em sua 'psychai', ao mesmo tempo que descrevendo esse comportamento dessa massa e as psicoses que a ela correspondem: sentimentos, idéias, volições da multidão ou das sociedades organizadas e de seus subgrupos. Também vendo corpos e reações desses corpos, cujas idéias e sentimentos são de ordinário interpretações e, mais raramente, os motivos". É uma interessante lição de método. Permanece, porém, o problema de como definir o que seja o «grupo inteiro». Não se está mais diante de um «objeto» da antropologia, como isto foi entendido classicamente, ou seja, em que as linhas de diferenciação entre o «nós» e o «eles» eram claramente demarcadas. Não só o aumento da complexidade social, mas sobretudo uma postura anticolonialista não permite mais que o cientista social se ponha tão à vontade diante do que chamou de «populações primitivas» no período clássico, ou, mais recentemente, de «populações marginais». Agora já se fala em «populações excluídas». Tantas denominações revelam que a tarefa científica da classificação não é tão pacífica como parece. O caso desta pesquisa é exemplar. Afinal, com que atributos poderei cercar o «grupo inteiro» dos mendigos, senão a partir de uma relação de oposição aos trabalhadores, lançando mão de possíveis sinais exteriores de identificação? Esse problema tive de enfrentar já na fase de seleção para o doutorado, quando fui indagada sobre como iria identificar empiricamente o universo da pesquisa. Respondi com tranqüilidade que o faria simplesmente diante de «uma mão estendida», o mais certo e aparente dos sinais da mendicância. Aliás, o mesmo método utilizado pelos guardas romanos no século XVII, quando das batidas na Piazza Navona, onde os mendigos costumavam encontrar-se com os operários que procuravam trabalho, e, para distinguir uns dos outros, os guardas olhavam as mãos dos detidos: os que as tinham calejadas eram liberados, os demais eram presos. A julgar apenas por este indício das mãos, muitos erros devem ter sido cometidos, porque em Roma como no Ceará, e no século XVII como no século XX, não é uma questão simples distinguir um mendigo de um trabalhador. Foi isso que descobri ao longo da pesquisa, quando perdi totalmente a tranqüilidade do início. A primeira dificuldade instalou-se no momento em que, na condição de socióloga, «desci a campo» para a «coleta de dados», e vi-me diante de um empecilho aparentemente de pouca monta, mas que me fez mudar completamente o enfoque metodológico. Ia com a disposição de «mapear» o universo pesquisado, no sentido de distinguir precisamente as formas em que se dá a mendicância, prevendo que chegaria a estabelecer algumas categorias morfológicas características da atividade aqui no estado do Ceará. Por mais que tenha ido prevenida quanto ao esperado uso restrito do código verbal pelo universo empírico (naturalmente em referência ao meu próprio) — supondo que poderia encontrar quase uma «língua estrangeira» — e assim municiando-me de atenção antropológica quanto aos *imponderáveis da vida real* como teria orientado Malinowski[22], e também querendo a todo custo resistir a um enfoque cartesiano que parece ter vindo grudado aos meus neurônios — ainda assim ia pensando em estabelecer uma amostragem com um número definido de «casos» para cada «categoria» de mendigos identificada. Foi aí que me enganei e dei graças a Deus! Porque aconteceu o seguinte: tendo iniciado a pesquisa com os chamados «mendigos sazonais» — denominação dada pelos órgãos governamentais aos que descem do sertão nos períodos de estiagem prolongada, como tecnocraticamente se supõe, e que eu mesma, para fins dessa escrita, defini como MENDIGOS SERTANEJOS — e com eles ter desfrutado de largo campo comunicativo (claro que depois de passar pelo lento processo de estabelecimento da recíproca confiança que toda pesquisa enfrenta), vi-me diante quase que de um impasse, qual seja: à medida que avançava na direção das demais categorias — pela ordem, começando pelos MENDIGOS DO SERTÃO e seguindo pelos MENDIGOS

DA PERIFERIA, MENDIGOS DA RUA e, finalmente, MENDIGOS DO ABRIGO — esse campo comunicativo ia restringindo-se, chegando praticamente a zero na última. Presa a uma tradição positivista da Sociologia, estava quase considerando a pesquisa inviabilizada por falta de «discurso». Foi quando um colega antropólogo da Universidade Federal do Ceará, João Pompeu de Souza Brasil me deu um sopapo: "E você quer evidência maior para a comprovação de sua hipótese?". Claro! estou, afinal, fazendo a narrativa de uma perda, de uma longa perda. Esqueceu? A partir daí o enfoque passou a ser prioritariamente o do processo e não o da forma. Em todo o desenvolvimento da pesquisa a escolha dessa perspectiva foi revelando-se muito mais fecunda e real, conduzindo-me sucessivamente ao encontro daquelas quatro categorias, naquela ordem de seqüência, à qual cor- responde o processo geral de dissolução econômica e social das condições de trabalho no estado do Ceará. O início da pesquisa de campo pelos «mendigos sazonais» tivera um motivo puramente circunstancial e pragmático: devia abordá-los antes que as chuvas chegassem e eles desaparecessem. Agia as- assim porque vinha com uma disposição mental prévia de poder classificar sociologicamente o que pressupunha já classificado no próprio real. O contato com aquela categoria de mendigos é que me fez perceber que dali se desencadeava um movimento amplo que já vinha de longe e se estendia para o futuro. Desse modo, as categorias formuladas são muito mais categorias históricas do que propriamente sociológicas. Ou seja, dizem respeito, antes, a determinados tempos da história cearense do que a tipos característicos tidos como universais do fenômeno da mendicância, tais como a profissionalização, a picardia etc. A tônica do tempo tal como foi dada na pesquisa tem um «cronômetro» muito específico no nosso caso, que é a seca. Os repetidos tempos da seca são assim o contraponto que possibilitam, no bojo da tarefa generalizante da sociologia, os elementos de particularização próprios da História, de modo que chegue aqui não a algo como um «estudo de caso» sobre mendigos, mas à escrita de alguns capítulos, digamos com sincera modéstia assim, da história social da mendicância no Ceará. Modéstia, sim, porque a maior lição que aprendi foi o significado do tempo para a pesquisa sociológica. Na verdade, vi-me diante de um movimento da história que vem de longe e ainda está por se completar, e que os quatro anos de doutorado em que me ocupo da questão da mendicância só são suficientes para esboçá-la. Nesse período de atenção concentrada nas manifestações do fenômeno, tenho me deparado com situações as mais diferenciadas de que só um grande esforço etnográfico poderia dar cabo. Mas seria preciso muito mais: para além de uma descrição completa da forma, necessitar-se-ia de uma longa espera, a fim de alcançar as transformações no interior, as mudanças de qualidade, os modos como os pobres — no caso, os pobres mendigos — irão emergindo das grandes ondas da História. Persistem velhos preconceitos, velhos estereótipos fixando sua imagem. Porém, não será de surpreender se forem eles os próximos «novos personagens a entrarem em cena»[23]. Por sinal, já começaram a dar mostras, embora ainda muito tênues, de que se auto-reconhecem como categoria coletiva. Ensaiam já as primeiras formas de organização, ainda que sob assessorias externas, sobretudo da Igreja[24], assim como exprimem certo senso político nas próprias expressões verbais do pedido. Quando hoje, por exemplo, um mendigo em Fortaleza bate às portas pedindo esmolas munido de recorte de jornal mostrando o texto de uma reportagem sobre moradores de rua, parecendo muito mais reivindicar do que pedir, suponho tratar-se dos indícios de uma outra consciência, que é capaz de perceber a dualidade da sociedade e manifestar isso por meio da linguagem — mesmo que possa parecer uma estratégia astuciosa, ou uma espécie de «marketing dos miseráveis»[25]. O mesmo posso dizer da velha mendiga que uma vez me respondeu que pedia esmola para botar os netos na escola e eu fiquei procurando um sentido naquilo além da rima: pedia esmola ou pedia escola? Não, é bem essa a sociedade partida — dual, como retomamos na academia[26] — iluminada de um único lado e com o outro totalmente nas trevas, essa que conta a história de uma garota que corre para o estacionamento de carros do Hospital Geral de Fortaleza sempre que é dia do pagamento na prefeitura e a escola fecha para que os professores saiam ao banco. A menina diz que, *como não tem merenda, a tia não briga se a gente vem pedir, não*. Então é isso, os pobres já entenderam de uma vez que o sol não nasceu para todos, que não são mais os filhos de Deus — em nome de quem pediam — mas os enjeitados dos homens, e com estes é preciso falar a mesma língua. E é o que estão iniciando a fazer, rompendo a duplicidade da língua — um primeiro e fundamental passo: afinal, linguagem não é já pensamento? Talvez já comece a ser possível dizer desses desterrados o que José de Souza Martins[27] disse dos camponeses e índios: que estes não foram apresentados à sociedade pelos sociólogos mas por si mesmos, falando por meio de suas lutas e confrontos, como sujeitos e agentes de conhecimento e de História. É verdade que sua passada é trôpega e curta, vem alquebrada do desterro, muitas vezes puxada por um par de muletas, mas vem e segue. E como alertou Florestan Fernandes[28], no Brasil não há solução possível sem que a classe trabalhadora se una aos setores mais miseráveis e espoliados da sociedade. Como? A Central Única dos Trabalhadores ainda não descobriu. Mas já sabe que é um erro ignorar a legião de desempregados, ou vê-los apenas como objeto de campanhas de solidariedade, que eles são trabalhadores que precisam de organização, mesmo que isto exija um discurso renovado e reivindicações específicas[29]. Sei é que é preciso estar atenta aos sinais que eles mesmos estão emitindo, coisa que me fascina e amedronta na tarefa desta pesquisa. Finalmente, devo dizer que o privilégio metodológico dado ao processo e não à forma não me afastou da reflexão sobre tipos, ou sobre uma certa «morfologia da mendicância», de modo que um corpo de hipóteses sociológicas quanto à formação das identidades sociais não deixa de estar presente nesta escrita. No momento, quando tento demonstrar meu particular procedimento intelectivo na direção da construção do «objeto da pesquisa», é necessário dizer que aquela perspectiva processual e não morfológica escolhida igualmente me conduziu a uma atenção especial em relação aos «espaços» de ocorrência da ação dos mendicantes. E no que se refere à formação das identidades, foi importante perceber naquela construção a correlação existente entre estas e os espaços onde aqueles tempos eram vivenciados. Muito mais do que mero cenário da ação, neste caso, o espaço é também constituinte desta ação, de modo que a «identidade» que dela advém é também um elemento do espaço. Dizendo de outra forma, os termos geográficos aqui indicados — sertão, periferia, rua e abrigo — contêm em si o próprio desenrolar do tempo nessa seqüência histórica, que por sua vez determina as «identidades». Ou seja, o espaço como que «desenha» essas categorias — MENDIGOS DO SERTÃO, MENDIGOS DA PERIFERIA, MENDIGOS DA RIA e MENDIGOS DO ABRIGO — nesta ordem de tempo, fazendo emergir os protagonistas que as encarnam, uma vez que, ao penetrar o «hábitat» de cada uma, vejo progressivamente aumentar minha dificuldade de acesso e visualização. Para além de uma compreensão racional do processo de espoliação do trabalho, tido como hipótese fun- damental desta escrita, foi essa experiência com o «espaço» que me revelou o enredo das perdas. E se posso já adiantar mais sobre aquelas identidades, digo que não é como muitos sempre me perguntam, de como é que estudo a identidade dos mendigos se eles a perderam. Maria Elizabete Mota[30], antiga mendiga das ruas de São Paulo que mi grou da Bahia, faz versos que não me deixam mentir:

> "Eu sou a luz da candeia
> sou a flor que semeia
> sou a mão cheia".

O CENÁRIO

O «ACONTECIMENTO» DA SECA DO NORDESTE
(O TEMPO)

Séculos	Número de secas	Anos
XVI	4	1559 1564 1584 1592
XVII	6	1603 1609 1614 1645 1652 1692
XVIII	10	1710-1711 1721-1725(ou 23-27) 17361737 1744-1746 1754 1760 1766 1772 1777-1778 1790-1793
XIX	7	1800-1804 1810 1816-1817 1824-1825 18441845 1877-1879 1888-1889
XX	13	1900 1903-1904 1908 1915 1930-1932 1942 1951-1953 1958 1970 1976 1979-1983 1987 1990-1993
Total	40	

Fonte: Tomaz Pompeu, 1953; Paulo de B. Guerra, 1981; Phelipe Guerra, 1909 e Minter-Sudene, 1983; Funceme, 1994.

O "ACONTECIMENTO" DA SECA NO NORDESTE (O ESPAÇO)

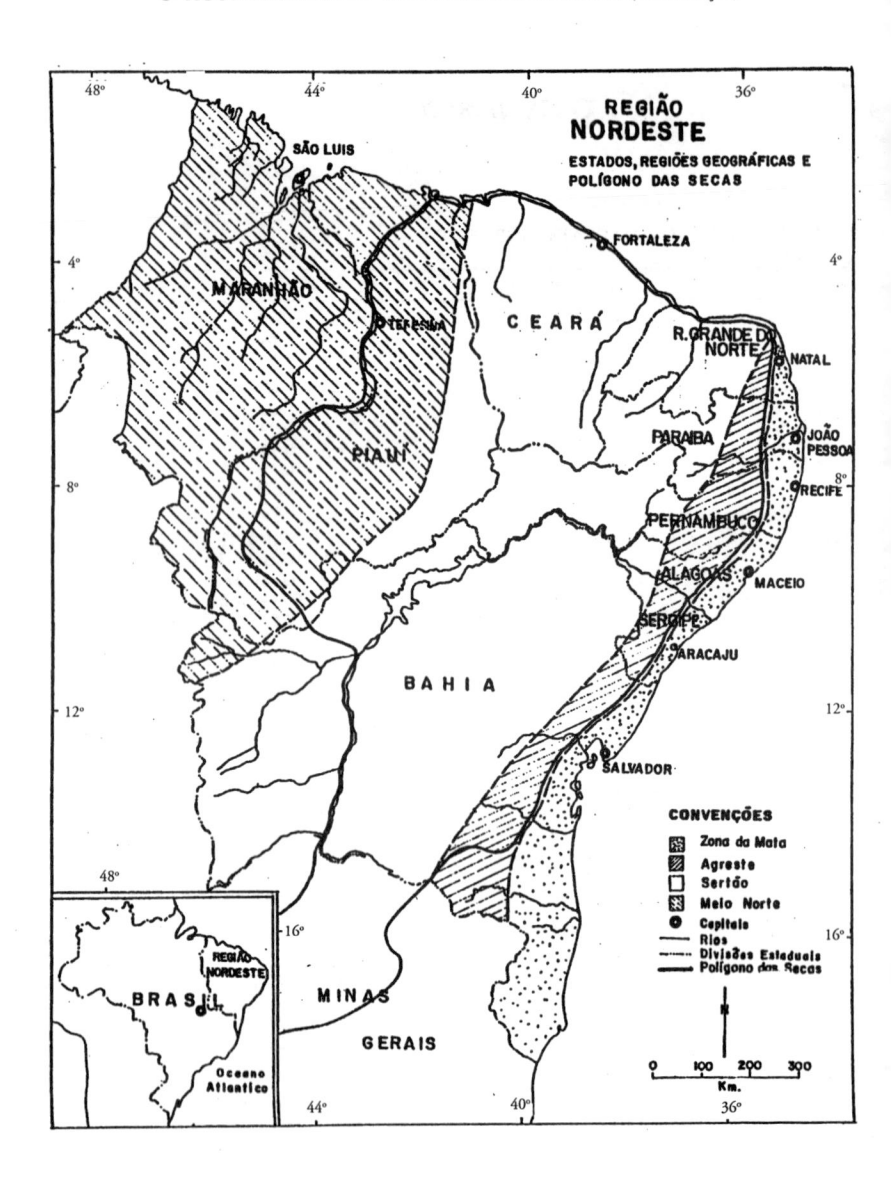

Meus Senhores e Minhas Senhoras,

Como então eu vinha dizendo, a história que vos narro é essa de um itinerário de perdas. E uma vez que a verdade do processo social é também a verdade dos destinos individuais, esta é a história dos entes perdedores. Se perderam tudo? Ah, muito, mas ainda sobrou alguma coisa, não se espantem se lhes disser. O quê? Olhe, vi com esses olhos que a terra haverá de comer, um mendigo dizendo de outro que recolhia lixo de dentro de um camburão à porta de um edifício em São Paulo: "Um home desse num é um miserave, o home cata lixo pra comer!"[1] A expressão verbal talvez diga pouco para quem não viu a expressão de seu rosto e a entonação de sua voz. O que dizia o mendigo com os gestos e a frase dramática é que seu companheiro se recusava a morrer, por mais absurdo que pareça alguém procurar a vida no próprio refugo dela. Mas é um primeiro passo para a reivindicação radical da própria existência por quem foi denominado «excluído». As ciências sociais não podem ficar surdas a esse apelo, ele é talvez mais importante do que o inventário das perdas, porque o que interessará — com certeza — será o modo necessário como essas criaturas se relacionam com as coisas e com os acontecimentos daquele itinerário, no centro do qual se realiza tal destino e através de que elas atuam e se debatem. Assim, o drama dos protagonistas aqui apresentado é também o drama das instituições no quadro das quais eles se movem, o drama do ambiente em que eles travam as suas lutas — se emudecem ou gritam — e de outros seres ou coisas que servem de mediação às suas relações recíprocas. É certo que os objetos do mundo que circundam os homens não são sempre e necessariamente ligados às experiências humanas, podendo ser meros cenários das atividades e dos destinos deles. Mas podem ser, sim, instrumentos da atividade e do destino humano, assim como pontos cruciais das experiências vividas pelos homens em suas relações decisivas. Pois que, se o modo de existir não é ele que conforma o jeito de ser? Seres perdedores é o que são? Como escrever então a história, essa dos mulatos-antônios corridos do sertão, entre os quais um amealhou de porta em porta, pedindo a um e a outro, uma meia dúzia de redes puídas mas que assim mesmo terá sido de serventia para a mulher e os meninos que já estavam dormindo no chão; o outro viu prostituída a filha e o filho trombadinha; e o outro foi atropelado por um carro em alta velocidade, cujo motorista fugiu e o deixou sem a perna, e tendo sido recolhido à Santa Casa de Misericórdia, dali seu destino foi a rua, até que, por acaso, uma assistente social do governo o viu deitado perneta no banco da praça e o recolheu à Unidade de Abrigo da Secretaria do Trabalho e Ação Social do Estado? Se algum chegou mais longe, pode ser que tenha morrido de sezão no Amazonas, ou conseguido um emprego na construção civil em São Paulo, e até coisa melhor, de garçom numa cantina italiana, e venha mandando de vez em quando uma ajuda inestimável para a família no interior do Ceará, essa fonte invisível de circulação de dinheiro que vem de longo tempo e permanece[2]... Por isso que estou repetindo como uma ladainha o que disse Antônio Mulato, o MENDIGO DO SERTÃO: é porque se acabou-se o patrão, o patrão se acabou-se, se acabou-se o patrão... Parece que ninguém quer escutar, e assim fica esse homem postado e com a mão estirada, qualquer hora perde a fala, e aí, sim, vai espantar e amedrontar! Pois agora vou mostrar as pegadas desse itinerário de perdas que, de tão antigo, muitos até digam que é sina aqui nesse lugar de nome Ceará. Chegam a dizer até mesmo que está inscrito no próprio nome, cuja etimologia dá como sendo uma espécie de caranguejo que anda para trás. É coisa que vem de muito longe, trata-se de uma história que tem o começo em tempo muito distante. Pois é do ano de 1583 que se tem a primeira notícia de êxodo em ano seco, narrada pelo padre-jesuíta Fernão Cardim[3], "pelo que desceram do sertão apertados pela fome, soccorrendo-se aos brancos quatro ou cinco mil índios. Porem passado aquelle trabalho da fome, os que poderam se tornaram ao sertão, excepto os que ficaram em casa dos brancos ou por sua, ou sem sua vontade". Foi feito o quê nesses séculos todos? Naquele tempo, quando o camponês ainda era índio[4], e índio não aldeado, acontecia que, nos anos de crise, movido pela necessidade, recorria ao gado — que não reconhecia como propriedade privada, uma vez que considerava o gado solto como propriedade comum da tribo — fazendo com que os governadores ou capitães-mores mandassem para o interior os «bandos» encarregados de exterminar tais inimigos da propriedade. Momentos houve em que a premência das crises climáticas os levou a formarem verdadeiras confederações de tribos que invadiam as fazendas de criar, depredando tudo, dando origem às grandes batidas para a destruição total dos índios, como aconteceu no decênio 1660-1670, período em que de São Paulo vieram «Mestres-de-Campo» especializados em batidas[5]. Narra o Barão de Studart que na seca de 1766 foi expedida uma Ordem Régia ao governador de Pernambuco, ao qual o Ceará esteve econômica e administrativamente subordinado até o final do século XVIII, para que "os vadios e facínoras que viviam a vagabundear pela Capitania se ajuntassem em povoações por mais de 50 fogos, repartindo entre elles com justa proporção as terras adjacentes, sob pena dos refractarios serem considerados salteadores e inimigos communs e como tais punidos severamente"[6]. Desta feita foram criadas as vilas de Sobral, São Bernardo das Russas (Russas), São João do Príncipe (Tauá) e Quixeramobim. A Corte lusitana começava a perceber que o extermínio puro e simples não era o melhor negócio e teria de tomar medidas de disciplinamento pelo trabalho. Responde assim D. João VI à solicitação da Câmara da Paraíba de que fossem enviados escravos para a lavoura da cana, pois que os nativos vinham morrendo de fome desde o ano de 1723, pela grande esterilidade das secas: "D. João por graça de Deus Rey de Portugal e dos Algarves, daquem e dalem mar em Africa, Sr. de Guyné e da conquista, navegação, commercio de Ithiopia, Arabia, Persia, da India &. Faço saber a vós João de Abreu Castelo Branco, Capitão mór da Capitania da Parahiba que se vio a conta que me destes em carta de sinco de julho do anno passado da esterilidade que fora continuando nas terras desse governo depois de partida a frota, reduzindo os povos dellas ao mais lastimavel estado que se pode imaginar, perecendo por causa muito numero de pessoas, desamparando os senhores os seus escravos, na impocibilidade de os não poderem sustentar, seguindo-se a cecca que houve uma immendice, de lagarta que consumiu as plantas todas e da providencia de que uzastes para remediar a toda essa capitania mandando buscar com o vosso dinheiro a Bahia e Pernambuco farinhas para o seu sustento, experimentandosse alem desses damnos as desordens de se fazerem continuos furtos com repetição de muitas mortes a que acudistes com as providencias de mandares passar os bandos cuja copia me remettestes com as pennas que nelles exprimistes, e que a causa da indigencia e miseria desses povos he a ociosidade ou preguiça dos moradores despresandosse ainda os mais vís ladrões de trabalharem a terra. Me pareceu louvarvos o zello com que procedestes, porem, sou servido ordenarvos suspendais daqui em diante a execução dos bandos que mandastes lançar e procedais contra os vadios e ociosos na forma do que dispõe a ordenação do Reino no Lo. 5o. ff 68 e vos recomendo procurais quanto vos for possivel inclinar os moradores a cultura da terra, e que se apliquem a usar algum officio para que se evite a ociosidade de que procede a sua ruina. El Rei Nosso Senhor o mandou por João Telles da Silva a Antonio Roiz da Costa, Conselheiro do seu Conselho Ultrao. e se passou por duas vias. Miguel de Macedo Ribeiro a fez em Lisboa occidental a vinte e quatro de mayo de mil setencentos e vinte e cinco"[7]. A disciplina pelo trabalho, porém, não poderia ser feita por obra e graça do decreto real, já ensaiando o que no período do Império viria a constituir o Código Criminal — que considerava crimes policiais a prática da vadiagem e da mendicância — transportando para a colônia brasileira um uso que já vinha desenvolvendo-se na Europa desde o final do século XV, ou seja, uma legislação que intentava controlar o que se chamavam as «classes perigosas». Aqui era preciso a matéria de trabalho, que foi seguindo muito fraca, fraquinha. No começo dos tempos coloniais, aos portugueses não interessava, sequer, ocupar a região, que nada oferecia. Só em fins do século XVII, com o intuito de fugir da guerra contra os holandeses, é que começaram a penetrar no interior do Ceará, com suas famílias e seus gados, saindo do litoral. As primeiras sesmarias foram doadas por volta de 1680, tendo aí o início da ocupação pela pecuária, conforme o padrão de divisão colonial do trabalho. Ou seja, segundo Fernando Novais[8] um padrão articulado em dois setores: o exportador — que atendia diretamente à demanda da metrópole — e o de subsistência — que atendia à demanda interna do exportador, no qual se relacionavam a agricultura e a pecuária. Coube ao Ceará a provisão alimentar do setor exportador. Para se ter idéia da atividade produtiva aqui existente, o aproveitamento do próprio sal, quando a indústria das carnes secas se desenvolveu — (eram as charqueadas: o abate e a salga das carnes a serem exportadas para as capitanias de Pernambuco e Bahia, iniciadas em 1720 e prósperas até o final do século, quando o Ceará teve de enfrentar, além das secas, a concorrência da pecuária sulina, que introduziu a mesma forma de beneficiamento das carnes verdes) — sofria a pressão dos monopólios do reino, que defendiam o sal vindo da metrópole, proibindo a fabricação das salinas do Rio Grande do Norte e do Ceará, fato que concorreu para o desinteresse pelas terras secas do litoral nordestino. Ou seja, era proibido aos nativos um tipo de atividade vinculada diretamente à produção de mercadoria. Seu destino era ficar na periferia do processo, na economia de subsistência, na qual o trabalho, embora indispensável à acumulação do capital, não conseguia completar-se como valor. Joaquim Alves (ob. cit.) referindo-se à fome causada pela falta de alimentos à época das secas, diz que a cultura dos cereais era trabalho pouco digno e que só a cultura da cana enobrecia o homem, donde a escassez da produção da farinha de mandioca, do milho e do feijão, elementos indispensáveis à alimentação do sertanejo. Por isso as ordens régias falavam constantemente sobre a necessidade de se impor ao rurígena e à indiada vagabunda *(sic)*, o trabalho da terra para a produção da farinha, uma vez que sua falta ocasionava graves distúrbios que exigiam medidas das autoridades, as quais, para evitar extorsões e elevação dos preços, assumiam o controle ou o racionamento dos produtos. Trata-se daquilo que José de Souza Martins (ob. cit.) expressa como «relação tradicional», não necessariamente referindo o passado, mas no sentido de que, notadamente nos países capitalistas pobres, o mercado funciona contraditoriamente, nem sempre destruindo relações sociais para libertar as possibilidades nelas contidas, porém impedidas de fluir livremente, mas também recriando relações sociais tradicionais. E delas nutrindo-se. É essa forma social que vem de tão longe vulnerando o trabalhador do campo, preso por um tudo-nada ao proprietário da terra. Querem ver como é? Assim:

"— Por falar em deixar morrer... O compadre já soube que a dona Maroca das Aroeiras deu ordem pra, se não chover até o dia de São José [do ano seco de 1915], abrir as porteiras do curral? E o pessoal dela que ganhe o mundo... Não tem mais serviço pra ninguém.

"Escandalizado, indignado, Vicente saltou de junto da jurema onde se encostava:

"— Pois eu, não! Enquanto houver juazeiro e mandacaru em pé e água no açude, trato do que é meu! Aquela velha é doida! Mal empregado tanto gado bom!

"E depois de uma pausa, fitando um farrapo de nuvem que se esbatia no céu longínquo:

"— E se a rama faltar, então, se pensa noutra coisa. Também não vou abandonar meus cabras numa desgraça dessas... Quem comeu a carne tem de roer os ossos...

"O vaqueiro bateu o cachimbo num tronco e pigarreou um assentimento. Vicente continuou:

"— Do que tenho pena é do vaqueiro dela... Pobre do Chico Bento, ter de ganhar o mundo num tempo destes, com tanta família!...

"[...]. Agora, ao Chico Bento, como único recurso, só restava arribar.

"Sem legume, sem serviço, sem meios de nenhuma espécie, não havia de ficar morrendo de fome, enquanto a seca durasse.

"Depois, o mundo é grande e no Amazonas sempre há borracha...

"Alta noite, na camarinha fechada que uma lamparina moribunda alumiava mal, combinou com a mulher o plano de partida.

"Ela ouvia chorando, enxugando na varanda encarnada da rede, os olhos cegos de lágrimas.

"Chico Bento, na confiança de seu sonho, procurou animá-la, contando os mil casos de retirantes enriquecidos no Norte.

"A voz lenta e cansada vibrava, erguia-se, parecia outra, abarcando projetos e ambições. E a imaginação esperançosa aplanava as estradas difíceis, esquecia saudades, fome e angústias, penetrava na sombra verde do Amazonas, vencia a natureza bruta, dominava as feras e as visagens, fazia dele rico e vencedor.

"Cordulina ouvia, e abria o coração àquela esperança; mas correndo os olhos pelas paredes de taipa, pelo canto onde na redinha remendada o filho pequenino dormia, novamente sentiu um aperto de saudade, e lastimou-se:

"— Mas, Chico, eu tenho tanta pena da minha barraquinha! Onde é que a gente vai viver, por esse mundão de meu Deus?

"A voz dolente do vaqueiro novamente se ergueu em consolações e promessas:

"— Em todo pé de pau há um galho mode a gente armar a tipóia... E com umas noites assim limpas até dá vontade de se dormir no tempo... Se chovesse, quer de noite, quer de dia, tinha carecido se ganhar o mundo atrás de um gancho?

"[...]. Mas foi em vão que Chico Bento contou ao homem das passagens a sua necessidade de se transportar a Fortaleza com a família. Só ele, a mulher, a cunhada e cinco filhos pequenos.

"O homem não atendia.

"— Não é possível. Só se você esperar um mês. Todas as passagens que eu tenho ordem de dar, já estão cedidas. Por que não vai por terra?

"— Mas meu senhor, veja que ir por terra, com esse magote de meninos, é uma morte!

"O homem sacudiu os ombros:

"— Que morte! Agora é que retirante tem esses luxos... No 77 não teve trem para nenhum. É você dar um jeito, que, passagens, não pode ser...

"Na porta, o homem ainda o consolou:

"— Pois se quiser esperar, talvez se arranje mais tarde. Imagine que tive de ceder cinqüenta passagens ao Matias Paroara, que anda agenciando rapazes solteiros para o Acre!

"Na loja do Zacarias, enquanto matava o bicho, o vaqueiro desabafou a raiva:

"— Desgraçado! quando acaba, andam espalhando que o governo ajuda aos pobres... Não ajuda nem a morrer!

"O Zacarias segredou:

"— Ajudar, o governo ajuda. O preposto é que é um ratuíno... Anda vendendo as passagens a quem der mais...

"Os olhos do vaqueiro luziram:

"Por isso é que ele me disse que tinha cedido cinqüenta passagens ao Matias Paroara!...

"— Boca de ceder! Cedeu, mas foi mão pra lá, mão pra cá... Quase não deu interesse...
"Chico Bento cuspiu com o ardor do mata-bicho:
"— Cambada ladrona!" (Raquel de Queiroz, *O Quinze*.)

Saibam os Senhores que, na ficção como na vida, Chico Bento veio foi a pé. Na travessia de Quixadá a Fortaleza, por cento e oitenta quilômetros, o retirante foi extraviando a família assim: a cunhada virou mulher da vida, perambulando pelas estações de trem; o filho mais velho morreu envenenado de comer uma raiz, a de mucunã a mais mortal, coisa que era muito comum nas épocas de seca; o outro se perdeu na estrada; e o mais novo ele deu a uma moça encarregada do abarracamento em que foi viver em Fortaleza, até embarcar com a mulher e os dois filhos que sobraram, em direção ao Maranhão. Seu destino, se fosse na vida real, seria o que foi o dos emigrantes cearenses que correram para o Maranhão na seca de 1877, como se vê do jornal *Constituição,* de 26 de junho desse ano: "Os emigrantes cearenses no Maranhão. — Do expediente do governo da província vê-se que o Sr. Vice-Presidente officiou á commissão de soccorros da capital declarando — que do 1o. de julho proximo vindouro em diante tinha resolvido fazer cessar o fornecimento de viveres aos emigrantes cearenses. A nosso ver nada justifica o acto do Sr. Vice-Presidente, porquanto existindo ainda n'esta capital muitas dezenas d'esses infelizes sem empregos ou modo de vida, muitos dos quaes, apezar dos soccorros que recebem, vivem pelas ruas esmolando o pão da caridade publica, parece que se lhes faltar a pouca alimentação que dá o governo terão, necessariamente, de morrer de miseria, ou de augmentar o grande numero de esmoleiros, pesadissimo imposto que ja paga a população d'esta capital. É verdade que o Sr. José Vaz se tem tornado cruelissimo inimigo da emigração de cearenses, e tão cruel — que já tem reenviado ou deportado alguns para o Ceará a pretexto de rixosos e desordeiros". Assim, igual a Antônio Mulato e a outros em todos os tempos, "Chico Bento vagueava à toa, diante das bodegas, à frente das casas, enganando a fome e enganando a lembrança que lhe vinha, constante e impertinente, da meninada chorando, do Duquinha (o filho pequeno) gemendo:
"— Tô tum fome! Dá tumê!
"Parou. Num quintalejo, um homem tirava o leite a uma vaquinha magra. Chico Bento estendeu o olhar faminto para a lata onde o leite subia, branco e fofo como um capucho. E a mão servil, acostumada à sujeição do trabalho, estendeu-se maquinalmente num pedido... mas a língua ainda orgulhosa endureceu na boca e não articulou a palavra humilhante. A vergo-

nha da atitude nova o cobriu todo; o gesto esboçado se retraiu, passadas nervosas o afastaram. Sentiu a cara ardendo e um engasgo angustioso na garganta". (Raquel de Queiroz, *O Quinze*.)

Aí veio Antônio Mulato, em carne e osso como eu disse, descendo lá das bandas da serra de Uruburetama, de um lugar chamado Brotas, no município de Miraíma, quando foi da seca de 1990-1993, porque também findou seu patrão, e proferiu a palavra que vinha se conservando, se aperfeiçoando, se aprontando nas mentes e nas bocas desse povo. Desengasgou, foi isso, virou pelo avesso como quem conserta uma tripa de boi morto para comer assada na brasa, apesar daquele horrível mau-cheiro que embola os estômagos dos mais sensíveis: pediu um auxílio pelo amor de Deus. Pronto! Rompeu-se o pacto instaurador do humano e da vida em sociedade pela via do trabalho! Ficou o quê no lugar? É como perguntam quando discorro sobre esta pesquisa: "o que é da dignidade desse homem?" Aí eu respondo: "comeu a tripa fedorenta assada pelo avesso". É a sina... Terá perdão esse homem, pois que, segundo disse São Cipriano, "assim como a água apaga o fogo a esmola apaga o pecado"? Sei não. Sei é que não quero ser seu juiz mas também não esconder que meu coração não o condena. É lícito pensar assim numa tese de doutorado? Pois não posso escapar e vou com esses sentimentos pelo meio da história para responder o seguinte se me indagarem quem são os mendicantes: individualmente, crianças é o que foram um dia; tiveram lá suas idiossincrasias, suas circunstâncias familiares, como a MENDIGA DE RUA Conceição foi menina viçosa das coxas grossas, seu orgulho, bem cuidada pela mãe muito católica quando chegou na capital, lutando para preservar os valores que trazia do sertão e que se estiolavam diante da exuberância da menina e das tantas tentações da cidade. (Estou falando assim já para prevenir o encurralamento que vez e outra querem me fazer quando discorro sobre a pesquisa motivo dessas notas e escuto a indagação cretina de como se explica que, havendo tanta gente pobre, só alguns é que lançam mão da mendicância ou resvalam para a rua, ao mesmo tempo que, contrariamente, muita gente mais ou menos também acaba no mesmo destino. Ficam dizendo que muitas das pessoas que vivem na rua abandonaram seus empregos e suas famílias, fizeram uma opção, estão ali por vontade própria. O que eu devia fazer era não dar importância para semelhante opinião, mas dou pela razão de que ela expressa uma crítica burra ao que julgam ser uma visão determinista da história. Porque muitos até chegam a completar que, diante dessas evidências da realidade, tem-se que a condição econômica não é determinante. Explico que as pessoas não escolhem cair na rua, elas como que escorregam para a rua. Vão paulatinamente acumulando perdas até que tudo perdem — trabalho, casa, documentos, saúde, referências afetivas. Um ou outro caso, muito raro e de entendimento psicológico e não sociológico, pode ser identificado como alguém que «optou» pela rua. Essa pessoa, contudo, mantém vínculos com a casa, recebendo alguma forma de assistência doméstica e assim vivendo como drama pessoal a relação dicotômica entre a casa e a rua, até que seja definitivamente absorvido por uma ou por outra, geralmente «vencendo» a rua. O pior é quando essa opinião é proferida nos meios acadêmicos: aí se está a dizer que as derivações teóricas do postulado marxista estão completamente ultrapassadas, e a evidenciar muito mais uma disputa ideológica do que um debate científico. Enfim, filisteísmos inevitáveis! Agora, se perguntam assim, socialmente, como categoria, respondo que foram trabalhadores, e o que são hoje de avesso, de não-trabalhadores, não é por nada não, é aquilo mesmo que o Antônio Mulato disse, porque "se acabou-se o patrão". Tem uma hipótese sociológica geral essa história: é a pressuposição teórica clássica de que o engajamento da força de trabalho no processo produtivo responde ao chamamento do capital, estando dialética e contraditoriamente relacionado ao exército industrial de reserva e, portanto, condicionado a determinadas conjunturas econômicas e políticas. Prevalece aqui a idéia de que o desenvolvimento das forças produtivas no capitalismo se fez mediante a expropriação do trabalhador a tal nível que se torna difícil distinguir dentre eles os que ocuparão um espaço na produção das riquezas, das quais não usufruirão, e os que irão mendigar as sobras das sobras das sobras. Este limite, por sinal, é tão tênue quanto antigo. Respondo então que o meu entendimento da mendicância é o de que se trata de um limite objetivamente posto pelo processo histórico da divisão social do trabalho no modo de produção capitalista. Portanto, uma categoria social originada na construção das classes, incluída no que já ficou sobejamente conhecido como «lumpemproletariado», "o último resíduo [que] mora no inferno do pauperismo, abstração feita dos vagabundos, dos criminosos, das prostitutas, dos mendigos e de todo esse mundo que se chama de classes perigosas"[9]. Se foi assim na história inteira do capitalismo, por que haveria de ser diferente aqui? E aqui, para além da incúria dos homens, ainda tem a inclemência da natureza. Não senhor, essa é uma lei geral que vai promovendo algumas diferenças sociais, dependendo de como o mecanismo da acumulação encontrou aquele determinado povo e como este pôde reagir — quer tenha sido imergindo na História, assimilando ou se destruindo no seu turbilhão, quer tenha sido recriando a Cultura e assim se defendendo. De um modo ou de outro, não se preocupem os justos quanto aos sujeitos que ainda hoje movimentam o tão tenebroso perigo — (das classes perigosas, livrai-nos Senhor!) — porque aqueles lá não detêm o mal em si, nem tampouco o bem. Como Jean Valjean, o personagem de Vítor Hugo em *Os Miseráveis*, é como se "carregassem dois alforjes, num dos quais guardam os pensamentos de um santo, e no outro o terrível talento de um forçado: e tanto num como no outro, metem a mão consoante a ocasião". Sociologicamente falando, isso aponta para a segunda hipótese geral dessa narrativa: a de que, sendo o trabalho o elemento de primazia normativa da forma social moderna, de modo que possa compor a partir daí uma «identidade do trabalhador», tem-se que, na ausência do trabalho, e por oposição àquela, não se estabelece uma «identidade do mendigo» como estrutura anterior à ação. Ou seja, não existe uma identidade própria e particular da categoria social do mendigo, mas simbolizações formuladas mediante uma mesma matriz identitária — alocada no mundo do trabalho — e diferenciadas conforme as circunstâncias culturais e históricas daquele mundo. Em tudo isso, o geral e certo é que, tal o significado de riqueza que é conhecido na sociedade moderna, onde ela foi se acumulando, também se acumulou a pobreza, numa direta e cruel proporcionalidade. Diz que Alexis de Tocqueville, quando fez uma visita a Manchester, em 1835, saiu de lá dizendo que "daquele esgoto imundo jorrava ouro puro, que ali a humanidade atingia o seu mais completo desenvolvimento e sua maior brutalidade, a civilização fazia milagres e o homem civilizado tornava-se quase um selvagem". Pois é assim. Aqui de onde falo, o muito capucho de algodão que o Antônio Mulato colheu para a fortuna dos exportadores, não lhe sobrou um fio que fosse para tecer sua rede de dormir. Estava já era dormindo no chão se não corresse a pedir esmola na capital. E tanta ordenha que fez o José Ferreira, hoje ele queria era ser um animal bem tratado daqueles, para não ter de sair por aí esmolando um prato de comer. A fórmula de nossa riqueza-e-pobreza foi aqui, no estado do Ceará, um complexo pecuário-algodoeiro, que tem sobrevivido apesar de toda a precariedade, e mesmo configurando o que, na concepção de Rejane Carvalho Vasconcelos[10], representa um quadro de crise, marcado "de um lado, na não efetivação de um processo de modernização e aumento da produtividade que possibilite a exclusão dos parceiros e substituição das vias tradicionais de extração de trabalho excedente; e, por outro lado, na deterioração crescente das condições de reprodução dos parceiros". Com efeito, a base daquela matéria de trabalho — primeiro a criação de gado, no início da colonização e se arrastando lenta como o passo do boi, e depois a agricultura comercial do algodão lá por bons idos do século XIX — que poderiam ter feito frente às características naturais, começou muito pouco favorável para o trabalhador, mesmo considerando que no Ceará o trabalho-mercadoria já nascera livre, se posso falar assim, porque o regime de escravatura não era de muita serventia para a forma de acumulação exercida aqui. Primeiro porque a pecuária não usava mão-de-obra intensiva, e depois, com a cultura comercial do algodão, a mais bem-sucedida entre nós, já não era mais historicamente oportuno e nem econômico comprar negros, os proprietários preferiam o «alugado», servindo-se dos escravos para a venda nos períodos mais difíceis, depois de esgotados o gado e as obras de ouro. Diz que na seca de 1877, rara era a semana em que não entravam bandos de cativos do interior, que os italianos — mascates que em tempos normais viviam de vender quinquilharias no centro — compravam por pouco mais ou nada, trocavam por um saco de farinha, e tornavam a vender por altos preços às casas negreiras que os remetiam para os mercados do Sul. Naquele único ano, só pelo porto de Fortaleza, saíram da província 1.725 escravos[11]. Por isso que nossa população escrava não foi muito significativa, prestando-se ao serviço doméstico ou à agricultura de subsistência. Tanto é que até os libertamos mais cedo, coisa de que ainda hoje muito nos orgulhamos. Diz assim o *Anuário do Ceará,* de 1951: "A 1o. de janeiro de 1883, Redenção abolia pela primeira vez em todo o país os escravos e proclamava a liberdade da raça negra no Brasil". Vai ver que isso podia ter sido a nossa chance... E até que era, pensando assim de um jeito que o trabalho livre era um passo adiante na História, bem que era. Mas não vingou. Por quê?[12]. Vai ver, então, essa liberdade não fez muito jus à bandeira... Nestas condições, o Estado tinha era de ser o mais encarniçadamente oligárquico, nas palavras de Francisco de Oliveira, na sua elegia da re(li)gião. Quem é que havia de se lhe opor? Os cangaceiros, sim, mas só com a cara e a coragem. Porque um chão de trabalho capaz de congregar não havia assim de imediato, não. Olhe que até o vaqueiro, que era o braço de mais serventia e prestígio nas fazendas de gado, nem esse conseguiu uma alforria e nem se estabeleceu como classe, e nem podia. A pecuária, se por um lado favorecia melhor qualidade de vida ao trabalhador livre, em comparação a outros bens coloniais, como o açúcar ou o tabaco, uma vez que produzia alimento para os povoadores ao associar o criatório de animais, incluídos os de quintal, como aves e suínos, à plantação de roças[13], por outro lado era uma atividade de pequena demanda de mão-de-obra. Era à base de um homem para cada duzentas e cinqüenta cabeças de gado, segundo cálculos de Celso Furtado[14]. Se considerar que os currais variavam de 1.000 a 2.000 cabeças e havendo fazendas de 20.000 cabeças, isso o que dava era um estirão de solidão, pois que o número de vaqueiros por fazenda era de, no máximo quarenta homens, o que veio marcando com o tempo essa fisionomia carregada do sertanejo vestido no jibão de couro que era para se defender dos espinhos e dos galhos secos da caatinga. Associação ia fazer com quem? Com os bois? Não tinha como se fortalecer em nenhuma união, valente como fosse, na falta das águas e com o gado morto ou transportado para outras plagas, só tinha que debandar. Sua valentia se alquebrava nas travessias ou ia servir de inspiração ao poeta dos seringais[15] quando conseguia sobreviver migrante no Norte.

"[...] Quando a sós, da floresta em meio a arena assoma,
ao frio da manhã sem trazer uma capa.
À destra um arcabuz lembra a figura guapa,
o másculo perfil de um gladiador de Roma..."

Referindo-se à atividade camponesa no século XVIII, Raimundo Girão[16] diz que "toda a vida girava em torno da sua própria finalidade, o gado. A lavoura nada mais servia que para atender, supletivamente, às necessidades de quantos nela se ocupavam". E olhe que esse sentido prioritário à vida do gado não se desfez posteriormente, quando outra atividade econômica foi introduzida na província: é de chamar a atenção no noticiário dos jornais do século XIX sobre a seca, a preocupação com a extinção do capim de alimento do gado e as raras referências à fome humana, a não ser quando esta constituía ameaça de desordem das turbas *(sic)*. Ainda hoje, quando se assiste a um processo de re-pecuarização da economia rural propiciado pelos incentivos fiscais, é notória a utilização das melhores terras para a plantação do capim para o gado: os agricultores que fiquem com as terras ruins e, sem acesso a nenhum recurso, vejam-se em condições cada vez mais deterioradas de vida. É essa história antiga que faz com que um dos protagonistas desta saga que vos narro, o MENDIGO DO SERTÃO Zé Ferreira, ao se deparar com uma bela plantação de capim, suspire tão fundo desejando ser um boi... Quem já viu um homem desejando ser boi, coisa mais esquisita? Pois eu vi, com esses olhos que a terra há de comer. Segundo Gustavo Barroso[17], ao sertanejo pobre abriam-se duas carreiras, a de vaqueiro e a de agregado: "sendo agregado ou morador arrastará vida miserável, sem casa, sem terra, sem gado, [...]. Ao vaqueiro abre-se outra perspectiva. Guardará a fazenda, tirará sortes, poderá fazer um dia sua independência". Assim, no contexto dessa prioridade, a grande maioria da população dedicava-se à agricultura de subsistência e ao artesanato, ou, senão, ficava a vagar errante[18]. Quando veio, na segunda metade do século XIX, o chamamento da Revolução Industrial para a produção de matéria-prima destinada à indústria têxtil inglesa, aliada à conjuntura favorável dos anos 40 daquele século em razão da liberação do mercado europeu, e da guerra civil norte-americana no período de 1861 a 1865, e o algodão foi transformado em produto de exportação, virando mercadoria[19], foi então que essa população viu-se incorporada à força de trabalho, incluindo aí as mulheres e as crianças, principalmente no período da colheita. "De um anno para outro, a provincia cobriu-se de algodoaes: derribavam-se as mattas seculares do littoral às serras, das serras ao sertão; o agricultor com o machado em uma das mãos e o facho n'outra deixava após si ruinas ennegrecidas. Os homens descuidavam-se da mandioca e dos legumes, as próprias mulheres abandonavam os teares pelo plantio do precioso arbusto; era uma febre que a todos hallucinava, a febre da ambição"[20]. Ou como se deve ler com mais precisão: a febre do mercado. Segundo Sílvia Porto Alegre[21], tudo indica ter sido a agricultura comercial que tenha acelerado os contratos de parceria e arrendamento, formas que se mantiveram dominantes até mais ou menos o final dos anos 60 de nosso século. O bom é que agora ia ser possível o ajuntamento de gente e a caracterização mais explícita das formas de exploração, o que, depois de um século, iria favorecer o surgimento da organização sindical rural. Tinha ficado mais fácil ver que o sobretrabalho vinha extraído no chão da roça de subsistência, na forma de engajamento do trabalhador na produção agrícola comercial. Nesta, o proprietário «dava» a terra em troca de trabalho, quer este aparecesse em forma de uma dada proporção do produto, ou em forma de uma quantidade de tempo trabalhado diretamente para o proprietário, modalidade certamente muito mais imediata, e portanto mais eficaz, do ponto de vista do proprietário: "entre os donos da terra e seus moradores, convencionou-se [no Cariri], que estes têm obrigação de trabalhar nas roças daqueles durante determinados dias da semana, três ou quatro, por exemplo [...]"[22]. Em expedição científica ao Ceará no ano de 1859, Freire Alemão[23], referindo-se a um proprietário de Icó, Senhor Firmino, major da Guarda Nacional, diz que este tem "estabelecido em suas terras 360 moradores que não pagam arrendamento; mas diz ele [o major] que quando precisa de trabalhadores eles se prestam de graça dando só alimento, e que às vezes reúne 200 ou 300 homens". Pinheiro (ob. cit.) caracteriza isso como o que se chama «morador de condição», uma forma de controlar o acesso à terra ao trabalhador pobre e submetê-lo à produção mercantil, tal como propõe o jornal *Araripe,* de 1859: "Entendem-se mui livrimente os vadios que não podem ser coagidos, sem ofensa de sua liberdade, ao serviço ou ao emprego de suas faculdades nativas. Afim de que dahi tirem a subsistencia por meio de uma ocupação honesta e util, que converta-os antes em homens honrados do que em dyscolos, que solapão por seos vicios a sociedade [...], à seo turno reflictão tambem os senhores de engenho, que a constituição tem-lhes garantido o pleno uso de suas propriedades, e que por tanto fica-lhes perfeitamente livre o direito de dar rancho ou morada em suas terras a quem milhor lhes parecer, e, neste presuposto, cuidem de ser mui escrupulosos na admissão de moradores em suas propriedades, não recebendo-os ahi sem uma previa syndicancia a respeito não so de motivo que os leva áquelle passo da transferencia do domicilio, como ainda das qualidades pessoaes do pretendente, seo modo de vida anterior, e em que alli vem occupar-se, impondo-lhe alem disso a condição de preferir a outro qualquer o seo serviço quando d'elle tenha necessidades, no que não pode haver oppressão, por quanto sendo elle dado ao serviço por aluguel, ser-lhe-a indifferente que trabalhe ao seo proprietario antes de que a outro. Si este concede habitação nas suas terras, si n'aquellas não molhadas, dá agoa de regra para as plantações do seo morador, não he muito que este tambem de-lhe aquelle preferencia, quando ha precisão, e mediante o competente salario estipulado ou de costume". O aprimoramento desta relação de trabalho ao longo dos anos se deu ao ponto de que, segundo Rejane Carvalho Vasconcelos (ob. cit.), em 1972, os trabalhadores que permanecem nas grandes propriedades, já cadastradas pelo Incra como «empresas rurais», cada vez são menos «parceiros» e mais «moradores». Na verdade, reserva de trabalho cativa utilizada pelos proprietários sob o regime de pagamento por dia de serviço ou empreita. Entre os pequenos proprietários ainda prevalece a parceria pela forma do produto, em que a moeda permanece quase que completamente ausente. Vão tirar dinheiro de onde aqueles que, fora da economia monetarizada, precisam de bens que só o mercado oferece, seja um metro de pano, o querosene, até um vidro de remédio — pois que o do «remédio do mato» o povo cada dia se esquece mais — como é o caso, por exemplo, do jeito como vivem os MENDIGOS DO SERTÃO, que em época de bom inverno plantam nas terras alheias em troca tão-somente da rama do milho e do feijão para o gado do proprietário? Seus pais ainda mantiveram vínculo ou até possuíram uma pontinha de terra, onde deitaram raízes. Seus filhos as comeram e, se não morreram envenenados, largaram-se por aí filhos de ninguém, vieram para a cidade só com a herança da língua: se os pais foram os mestres do pastoreio, os heróis vaqueiros, os filhos puseram-se a «pastorar» os carros que nos tempos antigos foram os bois dos senhores. Quando muito, alistaram-se nos Programas de Emergência do governo, a construir cercas que se estendem pelas várzeas, tabuleiros e brejos onde antes existia pasto livre para os parceiros, posseiros e arrendatários botarem seus rebanhos caprinos ou ovinos para pastar. Em conseqüência disso, só o prejuízo, obrigando-os a se desfazerem até mesmo dos animais de trabalho[24]. Sendo assim, não se admire se um dia de ano seco, como aconteceu em 1993, absolutamente destituídos, os homens de mãos estiradas, postados sob os semáforos da capital do Ceará, peçam esmola e envergonhem o governador por atitude tão vil, obrigando-o a mandar que seu prefeito tome imediatamente uma providência e este, não sabendo como, apresente a idéia de que o governador mande instalar semáforos em Miraíma, a cidade de onde procedia mais da metade dos mendigos chamados «migrantes sazonais», segundo dados do levantamento feito pela Secretaria do Trabalho e da Ação Social sobre a situação migratória em Fortaleza no período de junho a julho de 1993. Claro que idéia tão estapafúrdia é apenas o desabafo desesperado de um governante acuado por uma situação de calamidade. Mas não deixa de simbolizar o desfecho da ação histórica do estado ao intermediar a troca entre o trabalho e o capital na nossa forma de capitalismo, que ao longo dos anos acumulou uma dívida insanável perante aquele. O que é pior para nós, Senhores, é ser ela uma idéia grotesca, porém repleta de sentido, uma vez que representa de forma crua a certeza dos órfãos da cidadania de que, sozinhos como ficaram, despejados sem preparo no tempo da modernidade, a mais imediata possibilidade de sobrevivência encontrada foi ali mesmo, no centro novo, no coração do futuro, no ponto obrigatório de parada da indústria automobilística! Dali os mendigos saem indubitavelmente com uma «diária» suficiente para oferecer uma refeição de carne à família quando retornarem à casa na próxima quinzena. Não ia advinhar, no dia 27 de novembro de 1876, a negra Florinda, preta de dezenove anos, bonita figura, comprada em Quixeramobim ao Sr. Manuel Esteves da Costa por Olímpio & Irmão, o destino de seus descendentes quando fugiu do proprietário, constando que tenha estado em Maranguape, Pacatuba e Acarape procurando esmolas para se alforriar! — pasmem os Senhores assim como eu — sendo prometida uma boa gratificação a quem a pegasse e entregasse nesta cidade ao Sr. Barão de Ibiapaba ou ao abaixo assinado[25]. Também não sabia que o estado se preocupava com o seu futuro, ela nem teria precisado pedir esmola para comprar sua liberdade, porque a Companhia de Trabalhadores do Ceará, já há vinte anos se organizara para introduzi-la, e aos seus, no mercado de trabalho — (a quê acrescentar livre é preciso esclarecer que, se não é redundância, é hipocrisia) — pois que o artigo 295 do Código Criminal, o qual dizia respeito ao «código do bom viver», indicava que quem fosse preso acusado de vadiagem seria obrigado a assinar um documento perante o delegado de polícia em que se comprometia a engajar-se numa atividade útil[26]. Era um período em que o Ceará reestruturava a agricultura de exportação, enfrentando grande dificuldade de articulação da mão-de-obra, uma vez que perdia seus já insuficientes escravos com o tráfego interprovincial — diga-se: venda de escravos, troca como de qualquer outra mercadoria, amparada pela lei da propriedade e obedecendo às circunstâncias de mercado[27] — tendo sido despachados pela secretaria de polícia e embarcados para os portos do Sul, um total de 2.846 escravos, durante o qüinqüênio 1872-1876[28]. E não só do ponto de vista econômico, relativo ao número de braços, era preciso uma providência, como também do ponto de vista social, pois que o desmonte do sistema escravo com a venda das «peças», causava sérios transtornos à ordem pública, fazendo com que muitos escravos fugissem em busca de seus laços familiares e afetivos desfeitos, ficando a vagar pelo interior da província. Os jornais dão as notas desse esfacelamento:

"200:000
"Fugiu do abaixo assignado seu escravo de nome Anastacio, cor branca, com barba, 24 annos, bem apessoado, cabellos um pouco crespos, comprado a Antonio Carneiro Monteiro 3o. do Tamboril, onde reside, fugio desta cidade em 1872, levando em sua companhia a cabocla de nome Bernardina ainda moça e que já o acompanhava.
"Foi visto o anno passado com a mesma companheira em S. Rosa, termo do Ipu onde Bernardina tem uma irmã casada, dahi seguirão para o Tamboril tendo se demorado algum tempo na serra das mattas, d'onde sahirão para Pedra Branca, onde fora preso e logo solto, constando ter dahi seguido para o termo da Telha.
"Quem o capturar e o vier entregar ao abaixo assignado nesta capital, será gratificado com 200:000 rs, alem das despesas de conducção.
"Fortaleza, 20 de outubro de 1876
"Arcadio L d'Almeida Fortuna."[29]

"Escrava Fugida
"Desapareceu da caza do abaixo assignado no dia 31 de Dezembro p.p. uma escrava de nome Benedicta, cabra, cor afogueada, idade trinta e tan-

tos annos, altura pouco mais que regular, falta pouco, e tatara e gaza e tem o braço direito meio pegado, proveniente de queimadura em pequena. Esta escrava foi dos Arraes dos Inhamum. Dias antes de fugir dizia que hia morrer por este mundo, porque seus ex-senhores a não quizerão embarcar junto com uma filha, que embarcarão para o Rio de Janeiro. Gratifica-se bem a quem a pegar e entregar ao mesmo abaixo assignado.
"Fortaleza, 21 de fevereiro de 1877
"João Antonio do Amaral."[30]

A criação, em setembro de 1857, da Companhia de Trabalhadores do Ceará — Auxiliadora da Agricultura e Obras Públicas, que exercia o recrutamento forçado para o trabalho, foi uma medida tomada para conter a dispersão da mão-de-obra na Província. Era dotada de uma organização militar, estando dividida em companhias, cujos comandantes tinham a patente de capitão. Cada município sediava uma companhia, subdividida em esquadras, sediadas estas nos distritos e sendo comandadas por um sargento. Deveriam ser recrutados todos os homens livres, com exceções relativas à idade, saúde, propriedade ou atividade útil (achar-se engajado por contrato escrito como fâmulo ou para qualquer serviço útil). Pinheiro (ob. cit.) apresenta uma boa seleção e análise de seus artigos, de que me ocupo aqui:

"Art. 7 — Todos os demais individuos que não estiverem em alguma daquelas circunstancias (isentos) serão alistados em cada districto, ou lugares delles em que o devão ser, na fórma deste Regulamento."
"Art. 36 — Os trabalhadores inscriptos e sujeitos ao serviço, estejão ou não contractados ou em serviço não poderão sahir do seo districto sem licença do commandante de sua secção, ou da do lugar onde estiverem servindo, ou do de companhia.
"Art. 37 — Aquelle que sem a referida licença se apresentar em outro districto, deverá ser preso pelo commandante de secção do lugar ou pelo da companhia, e remettido para o seo, ou para aquelle onde estiver trabalhando, podendo ser alem disso preso até por três dias.
"Art. 38 — Todo trabalhador que sahir de seo districto para outro com licença, a qual servirá de guia, será considerado addido à secção do lugar para onde for, para o que apresentará a mesma licença ao respectivo commandante."

No que diz respeito às relações entre locador e locatário, aquele autor menciona que a mediação entre ambos dar-se-ia por intermédio do juiz de paz, "um típico representante dos interesses dos grandes proprietários". No capítulo que trata da punição aos proprietários pelo não-cumprimento das cláusulas do contrato, ele mostra o caráter frouxo das determinações, por ficarem estas na dependência do juiz de paz, que aplicaria ou não a lei, mesmo sendo constatada a transgressão:

> "Art. 31 — [...] os locatários que não satisfizerem seus empenhos para com os trabalhadores, que engajarem, deverão ser chamados perante o juiz de paz do districto onde celebrou o contrato, [...] e este lhes poderá impôr a multa ou pena de que trata a 2ª parte do artigo seguinte [...], além da obrigação de pagar ao locador o que lhe estiver a dever."

Notem os Senhores que qualquer semelhança formal com a Poor Law inglesa, não é mera coincidência mas uma manifestação do que José de Souza Martins[31] caracteriza como a «esquizofrenia da nossa história»: um capitalismo assentado sobre uma noção de riqueza como extorsão e especulação, e não como trabalho; sobre relações hierárquicas do mando e do medo, em que as oligarquias defendem o contrato social, mas fundam seu poder sobre relações derivadas da servidão. Assim, uma forma de capitalismo completamente diferente daquele capitalismo baseado na abstração do capital e suas relações juridicamente igualitárias; que por isso faz periodicamente renascer no Brasil a escravidão, e isso ainda hoje, como vivem noticiando os jornais. Pois que, se em 1662 a Inglaterra decretava a servidão paroquial, nós aqui também o fazíamos, tínhamos cá o nosso «juiz da roça», duzentos anos depois! Só que a lei inglesa também obrigava a que a paróquia mantivesse seus súditos em casa, oferecendo-lhes o trabalho. Protegia desse modo o seu tecido social contra o poder dissoluto do mercado que ainda apontava longe. No século XIX, vendo que não resistiria àquela força, alterou suas leis, abandonando a obrigatoriedade do trabalho no campo e dispensando, em 1813, das regras do aprendizado (que era de oito anos, pelo Statute of Artificers, de 1563) as indústrias mais novas, como a indústria do algodão. Quando os sindicatos ingleses já eram reconhecidos como instrumento de proteção ao trabalhador, em 1870, decretávamos aqui o recrutamento obrigatório para o trabalho no campo... justamente, e não por acaso!, o do plantio do algodão! E nas condições de uma oferta de trabalho quase que completamente circunstanciais. Sim, porque foi só a guerra civil americana acabar, que nosso algodão começou a baixar. Narra assim Rodolfo Teófilo (ob. cit.) esse período: "Negociantes e lavradores tentam arcar com a crise, abrindo novas e immensas lavras que produzem 7.906.944 kilogrammas; mas o preço baixava sempre; o prejuízo foi immenso. Empenharam os ultimos recursos e atiraram-se à lucta; a safra seguinte deu 7.382.748 kilogrammas, e o preço a baixar sempre! Estavam os lavradores vencidos, pobres e endividados. O ricaço de hontem estava com as propriedades empenhadas, e sem meios de ganhar a vida, o pequeno lavrador via-se na dura necessidade de trabalhar a 500 réis diários, que a tanto desceram logo os salarios — (já haviam ido a 1$280 diários). Restava algum gado que foi vendido para se pagar a ultima parte da illusoria opulencia, que durou tão pouco! Della ficaram apenas alguns prédios no sertão". Quando em 1877 desceu a grande seca sobre o sertão, foi a vez da inclemência da natureza, e não havia lei no mundo que mantivesse o homem no seu lugar. Correram cento e vinte mil para Fortaleza, cuja população era de apenas quarenta mil habitantes! Referindo-se à abolição da lei de Speenhamland na Inglaterra — (lei do abono mínimo ou do «direito de viver» — 1795 a 1834) — Polányi[32] diz que "se ela significava a miséria da degradação abrigada, agora o trabalhador era um homem sem lar na sociedade". Eu aqui pensando na «miséria desabrigada» do meu povo, não sai da minha lembrança os versos de Manuel Bandeira:

"ANDORINHA lá fora está dizendo:
— 'Passei o dia à toa, à toa!'
Andorinha, andorinha, minha cantiga é mais triste!
Passei a vida à toa, à toa..."

Como é que ia aplicar a lei do trabalho na terra seca e de repente desabitada do sertão? Corre-corre para a cidade que o rei mandou distribuir muito dinheiro e roupa com a pobreza, partamos todos, em inúmeras caravanas, para a Terra Prometida. Com efeito, a Corte brasileira enviou navios de gêneros alimentícios para alimentar os que ficaram sem a lei do trabalho no sertão. Os particulares também ofereceram suas reservas, dizem que os de bom coração, para atenuar a fome devastadora. Mas a Terra Prometida ficava cada vez mais longe. Trabalho, onde é que tem trabalho? Na Amazônia diz que corre melhor sorte, corre para o Amazonas a primeira leva de retirantes, no começo por conta própria, em número menor, depois foi o próprio imperador quem mandou, o governador do Ceará diz que não gostou da ordem, mas ordem é ordem: foi assim que a partir de 13 de agosto (vixe-maria, que dia azarado!) de 1877 começou a emigração em massa com o apoio oficial: foi iniciada a doação de passagens aos retirantes nos vapores ingleses e brasileiros com destino ao Pará e Amazonas, mediante a quantia de seis mil réis por pessoa, além de mil-réis diários pela demora que tivesse no Maranhão. Foi um sonho tão grande de libertação que até agora ainda perdura nos corações dos nordestinos. Não vê a dona Francisca Matias que nos anos 70, do século 20, ainda correu de Sobral seco para o eldorado de águas do Pará? Só que ficou mesmo aqui em Fortaleza porque teve a sorte de ser admitida para trabalhar no governo. Mas o que foi feito daqueles outros, a história do Brasil já conhece. É de se supor que os que embarcaram por conta própria, porque tinham algum recurso, tiveram destino melhor. Ou outros... Diz que no dia 10 de setembro daquele ano da grande seca, estava previsto o embarque de duzentos e sessenta cearenses pelo vapor nacional de nome Pernambuco, da Companhia Brasileira. As lanchas os conduziam para bordo, deixando em terra as bagagens que iriam de outra viagem. Chegados os retirantes à proa do navio, o comandante de bordo determinou que só havia lugar para cem. Enfileirados, contou até o número cem e ordenou que o excedente voltasse para a lancha pelo portaló de proa. Conta assim Rodolfo Teófilo (ob. cit.): "Ignoravam os míseros o que os esperava. Humildes, obedeceram, recolhendo-se à embarcação que os tinha conduzido ao vapor. Suspendem-se então as escadas, a lancha se afasta do navio, que, movendo as rodas, aprôa para o norte. Foi uma confusão terrível! O desespero esmagava os corações d'aquelles desgraçados, que, nas amarguras de um pranto sem consolo, gritavam acenando uns para a lancha, outros para o vapor: — Meu filho que vai! meu pai! meu marido que ficou! minha mãe! meu irmão! — Só se ouviam prantos e gritos de desespero! O commandante do vapor, da caixa da roda, olhava para aquella scena angustiosa com uma frieza, com uma indifferença de bruto". A emigração consentida prosseguiu e, no segundo ano da seca, sendo já de mais de cem mil o número de indigentes abarracados no perímetro urbano da capital, o governo criou uma comissão especial para organizá-la. Mesmo assim, a 20 de abril, tendo de se retirar sem carga a embarcação de nome Laura, aproveitou-se a ocasião para fazer embarcar trezentos sertanejos para o estado do Pará. O piloto não conhecia a costa e graves acusações foram feitas à comissão de emigração por esse tipo de improvisação, quando o pior ainda estava por acontecer: uma semana depois da partida o barco naufragou, já nos mares do Pará, matando cento e setenta pessoas que não puderam ser identificadas por seus familiares porque a comissão havia deixado de tomar os nomes aos viajantes. Como vêem, não é exagero meu, essa é mesmo uma história de perdas, de destruição de laços, de um esfacelamento social... Primeiro, assassinaram os índios; depois, venderam os escravos; mais tarde, expatriaram os trabalhadores livres. E querem condenar o resultado? Mas também vou dizer uma coisa, não ficou tudo por isso mesmo não, teve reação também. Primeiro daquele jeito espontâneo, desorganizado, que alguns chamam pré-político. Depois, não. Há coisa de pouco menos de duas décadas, a partir de 1979-80, a seca aí já começou a ser um momento de politização dos trabalhadores rurais, já havia uma novidade que eram as comunidades de base e os sindicatos de agricultores com caráter mais combativo, com a consciência da necessidade de auto-representação perante os proprietários e o Estado. Mas olhe que, antes de se chegar a isso, muito pecado ainda se pagou, muita desgraça esse povo amargou sem que lhe sobrasse nada, só o comprido da estrada para percorrer atrás de rumo na vida. E quem que ia dar esse rumo? Sempre aquela perseguição individual, particular, de se afirmar pelo trabalho, de chegar a um lugar onde pudesse viver com a família, botar raiz. Para os proprietários é que era diferente, não tinha esse sentido social, de re-composição, era só o interesse no controle e no ganho. E isso é novidade? Claro que os interesses são diferentes! Sim, mas estou dizendo que a particularidade daqui é que temos uma dificuldade maior na construção da esfera social, porque não existe a matéria do trabalho como esfera econômica de onde esse social possa emergir. Aqui se criou a lei do trabalho sem ter o trabalho. Talvez mais por isso é que a expressão sobre ele, quando vem da classe proprietária e de seus representantes, chegue tão carregada de moralismo — o trabalho afasta do pecado, ou numa versão secular deste, do crime; ao passo que, quando é feita pelos trabalhadores, parece mais a referência a uma graça alcançada, a graça de estar vivo e ter saúde para trabalhar. É o fato de ter a lei sem ter o trabalho que faz aumentar a dificuldade do trabalhador — (Trabalhador?: por pouco não é uma abstração!) — em publicizar-se, construir-se como ser coletivo. Com o destino da ave de arribação, no que deu foi nessa emigração consentida, organizada pelo próprio Estado. No primeiro momento, aparentemente, tida como uma saída emergencial. Os Senhores pensem no pânico de uma cidade ser de repente invadida por cem mil miseráveis! Não era do interesse de ninguém despovoar a província, até porque a agricultura comercial continuava precisando de braços. Mas no desespero, o importante era aliviar de imediato a capital do grande contingente populacional, tratá-la segundo os preceitos médico-higienistas que marcavam a visão do social naquele momento[33]. De que jeito manter a cidade sadia, formosa, com aquela procissão de gente suja, esquálida que não parava de chegar? E tinha o risco real de uma epidemia, sim senhor. Foi o que aconteceu, aliás, é o que sempre acontece, ainda hoje vem sempre uma doença junto com a seca[34]. Pois tivemos cá a nossa noite de São Bartolomeu, tivemos uma hecatombe, a nossa causada pela varíola — em um único dia, a 10 de dezembro de 1878, houve mil e quatro mortes, que ficou então sendo conhecido como «o dia das mil mortes». (Um parêntese, por favor: olhe, não é que eu tenha o gosto pelo mórbido, não senhor, mas permita-me transcrever mais uma vez as impressões de Rodolfo Teófilo sobre a seca de 1877 porque quero me solidarizar à sua indignação e ao seu desejo de que a tradição sobre os acontecimentos calamitosos deva assombrar as gerações futuras: "Na história de cada povo ha sempre uma pagina ennegrecida pelo soffrimento; a geração que nos succeder terá de meditar sobre tamanha desgraça, procurará desviar-se do peso que nos esmagou, mas talvez em balde!". Ele conta assim sobre «o dia das mil mortes»: "O dia 10 de dezembro foi de verdadeiro terror. Haviam fallecido de varíola 1.004 pessoas na capital e seus suburbios!! N'este dia recebeu o cemitério da Lagôa-Funda 812 cadaveres, que se deviam sepultar até às 6 horas da tarde! Por fatalidade faltaram 12 homens da turma encarregada dos enterramentos. Redobrou-se a actividade do administrador do lazareto, mas foi humanamente impossível dar sepultura a todos os cadaveres. Os trabalhadores, quando deixaram o serviço às 6 1/2 horas, estavam extenuados e no cemiterio ficavam 230 cadaveres insepultos! A variola havia chegado ao auge do furor! O panico estava disseminado pelos habitantes da cidade, o lucto cobria todas as familias e a tristeza morava em todas as habitações!".) Se o quadro sanitário era assim tão feio, como cuidar da higiene do espírito? Esse era o grande desafio, porque só tinha um caminho imediato de fazê-lo: o trabalho. Ou então mandar sair, botar no navio e entregar a Deus. Foi assim no começo: o governo do Ceará se encarregava de embarcar, mas o que aconteceria depois não era mais da sua alçada. Depois, como na seca de 1898, eram os governos de fora que vinham organizar a coleta de homens para levar às lavouras de seus estados. E aqui, ia tirar trabalho de onde e para tanta gente? Um serviço muito rendoso passou a ser o transporte e o sepultamento das vítimas da varíola, feito pelos próprios retirantes pela quantia de mil réis pelo adulto e quinhentos réis pela criança. Diz que, no começo da epidemia, havia muita repugnância do povo por este tipo de trabalho, mas que aos poucos foi desaparecendo a ponto de os retirantes instarem com os comissários para que lhes dessem a preferência. Mas isso era um trabalho de circunstância, passou. Que outro tipo de serviço poderia vir para ficar, e como? A Constituição do Império — art. 179, § 31 — garantia recursos públicos para o socorro da população, porém, nada mais edificante do que oferecer-lhe trabalho em bens úteis, em vez de mantê-la ociosa à custa de esmolas! Essa era tarefa assumida pelo poder público, mas em muito contou com a participação dos particulares, que providenciavam empreendimentos — é como se diz — sem que visassem os lucros, só pelo propósito de darem trabalho aos retirantes. O primeiro donativo neste sentido veio da casa comercial Albano & Irmão, cujo presidente, "condoído das misérias de seus comprovincianos [...] e convencido de que seria de subida utilidade dar trabalho a milhares de mulheres que viviam ociosas, arriscou parte de seus capitaes, dando-lhes algodão para fiarem e linhas para fazerem rendas. Recebido o fio, era-lhes de novo entregue para o tecimento das redes. Muitos contos de réis foram empregados n'esse serviço, sem o menor interesse pecuniario, antes com prejuizo do capital empatado"[35]. A recomendação governamental de que se apontasse o trabalho como meio de sobrevivência foi tomada tanto na capital quanto no interior. Nesta, uma vez que os indigentes se achavam arranchados sob a sombra das árvores, instituíram-se recursos para a construção de palhoças, sendo esse um bom começo para a urbanização de Fortaleza, pois não? O trabalho era todo feito pelos próprios retirantes, os considerados «válidos», que recebiam ração e dinheiro e empregavam-se em desmatar o Cocó (em torno do qual depois de muitos anos se construiu a bela Aldeota — *aldeia aldeota estou batendo na porta pra lhe aperrear pra lhe aperrear*), tirando madeiras para levantar os seus ranchos, em lugar de sua escolha — coisa que muito se modificou com o passar do tempo, vindo a se chamar «invasão urbana pelos sem-teto» — e em breve viam-se arraiais de migrantes em Pajeú, São Luís, Jacarecanga e São Sebastião. Além da construção dos abarracamentos, os retirantes válidos foram ocupados na limpeza das praças e ruas da cidade. Naqueles tempos de tanta assepsia como era na aproximação do novo século, uma capital, principalmente do porte e nas circunstâncias da nossa, também não poderia prescindir de um asilo de loucos e outro de mendigos: para o primeiro, tivemos a doação generosa de um terreno próximo à povoação de Arronches pelo comerciante Manuel Francisco Silva Albano; o segundo teve sua pedra fundamental lançada no Outeiro da Prainha. Ambos seriam construídos pelo trabalho dos retirantes, e com o donativo de particulares, complementado pelos socorros públicos. A capital também beneficiou-se do trabalho dos retirantes no calçamento das ruas. Segundo a narrativa de Rodolfo Teófilo, a edificação de parte de nosso patrimônio público urbano custou aos fugitivos da seca um considerável sacrifício. Conta ele que os comissários distribuidores de socorro tinham ordem de dar ração ao retirante unicamente no dia da chegada. No dia seguinte, se queria ter direito a socorro, deveria ir à pedreira do Mucuripe, a uma légua distante, carregar pedras. Reflete o sanitarista que, "se uma viagem de duas léguas, com um peso de 15 kilogrammas, pouco mais ou menos, aos hombros seria nada para um organismo são e vigoroso, para um enfermo, que tinha os membros tolhidos do cançasso de tantos dias de jornada, era bastante para acabar de extenual-o". Ele mesmo diz que chegou muitas vezes a presenciar estas cenas: "Quantas vezes o desgraçado esgotava o resto de forças, que lhe alimentava a vida, sob a carga que o governo lhe puzera às costas, e ainda em caminho, cahia para nunca mais se levantar! O cadaver era levado para o cemiterio e no dia seguinte os jornais noticiavam mais um obito produzido pela fome". No início a mulher era sustentada pelo estado nos abarracamentos, ou seja, não tinha de trocar a ração por um dia de trabalho. Depois precisou fazer uma viagem de doze quilômetros carregando pedra do Pici para o calçamento da estrada do Soure, a fim de ter direito a ser alimentada. Para os que permaneceram no interior, o governo mandava orientar o trabalho para o reparo dos edifícios públicos e para a construção de cadeias, escolas e açudes. Quem se dê ao cuidado de contar essas obras feitas no interior do Ceará com a verba dos socorros públicos, como eu me dei, no período relativo ao primeiro ano da seca de 1877[36], vai encontrar, entre muitos serviços feitos em cemitérios e igrejas — o que não era indicado pelas normas governamentais, mas certamente também não era proibido, remetendo à conclusão de Pinheiro (ob. cit.) quanto à forte participação da religião entre os instrumentos iniciais de organização e controle do trabalhador pobre e livre — um número idêntico de açudes e de cadeias. Para ser mais precisa, trinta e seis unidades de cada um, mais meia dúzia de casas para escola primária! A admiração é tão-somente por causa da coincidência dos números, porque o resto não é de se admirar. Sendo sobejamente conhecido o fato de que esses açudes acabaram apropriados de forma privada pelos proprietários da terra, e sendo também conhecido o pouco-caso dado à escolarização de nossas crianças, o que restou mesmo ao trabalhador pobre e livre foram os cemitérios e as cadeias, os lugares absolutamente adequados ao cumprimento de seus destinos. De admirar seria se não fosse assim. Sim, porque, mais uma vez lembrando Pinheiro (ob. cit.), a segurança pública era um importante componente da organização das relações de trabalho, sendo portanto a principal preocupação dos governantes, uma vez que sempre associavam o crime à ociosidade. Aquelas obras, porém, apesar de tão eficientes no controle das relações de trabalho, pareciam de pouca utilidade, deixando insignificantes melhoramentos na província, se fosse considerado seu custo para o Estado. Como já vinha de longe a reivindicação dos proprietários de que o governo oferecesse uma infra-estrutura para o escoamento da produção algodoeira, considerou-se que uma obra de grande utilidade neste sentido seria a estrada de ferro de Baturité, já esboçada pela iniciativa privada e obstada por falta de recursos, sendo já devedora do Banco do Brasil. O interessante, no entendimento do governo da província, é que se tratava de uma obra para tirar os retirantes da ociosidade e que sairia por um terço do preço do que teria se executada em períodos normais. É clara a indicação desse «senso de oportunidade», digamos assim, na proposta apresentada pelo Conselho de Estado ao governo imperial: "A experiência de outros paises que, como essa região do Imperio, estão sujeitos a secas periodicas, tem mostrado não haver meio mais eficaz para minorar os efeitos de tais flagelos, como o da construção de vias-férreas, por onde, quando se manifestem, os habitantes do interior possam receber os socorros de toda a parte, ou como recurso extremo, buscar na imigração lenitivo aos seus padecimentos"[37]. Mas é como dizia Rodolfo Teófilo, as estradas de ferro encurtam a via dolorosa da fome, mas não minoram os efeitos da seca. Com efeito, até recentemente, por ocasião da seca de 1983, o trem ainda era o principal meio de transporte dos mendigos do sertão, quando a RFFSA liberava um carro para trazê-los à capital e levá-los de volta ao sertão, após o recolhimento das esmolas. Depois, nem isso. Mas serviu a estrada de ferro, sim, aos interesses para os quais fora realmente criada: de subsídio em subsídio, transportou a um baixo custo tarifário a riqueza do algodão para os pontos de comercialização, como o demonstram as palavras de um seu chefe de tráfego, ainda em 1925: "O público não compreende que uma estrada de ferro, ainda mesmo da União, deve ser uma indústria de transporte como outra qualquer e não uma sociedade de beneficiência ou uma instituição fundada pelo governo para beneficiar comerciantes"[38]. Referia-se ao fato de que, enquanto o custo de manutenção na época subira 700%, continuavam vigorando as tarifas de treze anos atrás[39]. Outros serviços a estrada de ferro prestou à economia da seca no Ceará. Em 1920, quando por resolução do Ministério da Viação e Obras Públicas passou a ser subordinada administrativamente à Ifocs — Inspetoria Federal de Obras Contra as Secas — serviu para facilitar o transporte de materiais destinados à construção de açudes e barragens; posteriormente, quando se deu o recrutamento de operários no período da guerra, foi obrigada a transportar os migrantes, a cargo do Serviço de Mobilização de Trabalhadores para a Amazônia — Semta — desta feita ligada ao Ministério da Mobilização Econômica; finalmente, nos dias recentes, para que serviu a estrada de ferro foi para orientar dona Fransquinha, ao final do dia, no caminho de volta para o Depósito onde estava arranchada — MENDIGA DO SERTÃO — na seca de 1993, e ao percorrer as ruas de Fortaleza pedindo esmola ficava toda ariada mas ainda bem que tinha a linha do trem que ela seguia e não tinha outra, dava direitinho no lugar do Depósito. Assim como também serviu, no começo do dia quando tudo ainda estava deserto, ao alívio fisiológico de sua companheira de mendicância, dona Conceição, que não se acostumava nunca com a imundície da fossa do rancho, que aquilo era um buraco nojento que só os homens é que podiam freqüentar. No ano da encampação pelo Império, porém, a 1.º de junho de 1878, o caráter de utilidade pública que pretendia obter o governo da província era bem mais imediato e emergencial: controlar pelo trabalho uma população devastada pela fome. E assim instruía seus administradores: "Nos trabalhos do prolongamento da Estrada de Ferro de Baturité, serão empregados de preferencia, segundo a aptidão e a preferencia do serviço, os habitantes da provincia que estiverem soffrendo os effeitos da secca, e como taes soccorridos pelo Estado. Alem da alimentação fornecida pelo Estado, concederá o director e engenheiro em chefe a cada um dos operários uma gratificação diaria de 200 a 800 reis, segundo o merito de cada um". Segundo Rodolfo Teófilo, ao baixar essas instruções o governo procurava levantar o espírito abatido de tantos desgraçados, despertando o amor ao trabalho, porque, ao contrário da ração que apenas abrigaria o faminto das privações da penúria, parecendo ao indigente a esmola que degrada e avilta, sem despertar-lhe a emulação, a remuneração em dinheiro traria ao operário a consolação de que ele não era um mendigo, e assim ressuscitaria os brios e a dignidade manietados pelo infortúnio e com eles maior soma de amor ao trabalho. Mas para surpresa de todos, os retirantes abrigados em Fortaleza nos abarracamentos do governo não quiseram retornar aos sertões para o trabalho dignificante! Havia um mês que fora promulgado o Decreto n.º 6.918, do dia primeiro de junho de 1878, que autorizava o crédito para o resgate da estrada de ferro e para as obras de prolongamento, mas o governo do estado continuava na peleja com os retirantes, firmes na determinação de não arredarem pé de Fortaleza. A única coisa que os demoveu da recusa foi um fato aparentemente inusitado. Passando alguns em frente ao Cruzeiro da Sé, isso a 5 de julho de 1778, a metade do segundo ano seco, perceberam que o quadro representativo do martírio de Cristo estava chorando. Proclamou-se aí um milagre feito com as lágrimas do Crucificado. A ocorrência imediatamente fez aglomerar-se em torno da Praça da Sé uma multidão de doze mil retirantes que confirmavam a visão das lágrimas na face da imagem, identificando nelas um castigo divino. Foi então que uma velha de mais de oitenta anos relembrou uma profecia antiga, proferida por Frei Vidal, da qual aquelas lágrimas eram o sinal. A profecia anunciava que chegaria o tempo em que ninguém haveria de saber onde tinha sido a cidade do Forte; que viria a guerra e depois a peste; que o rio sobre o qual passava aquela igreja, por castigo de Deus, ao juntar-se ao mar, inundaria a cidade e a todos afogaria. Antes, porém, do castigo, viria um aviso para que os fiéis servos de Deus se retirassem da maldita cidade. Era aquele o aviso: a imagem de Cristo chorando a desgraça dos pecadores. Todos então de joelhos rezaram o terço e bateram no peito pedindo misericórdia, procurando abrandar com a oração a cólera dos céus. Conta-se que ao final do dia cerca de doze mil retirantes deixaram Fortaleza, com destino a Pacatuba, onde se construiria o caminho do trem. Com efeito, a profecia de Frei Vidal, missionário de grande popularidade no sertão durante o final do século XVIII, ainda corria de boca em boca e era até mesmo divulgada pelos jornais naquele ano de seca, contribuindo mais ainda para a migração dos sertanejos. Dizia a profecia que em 1877 os homens perderiam as cabeças; em 1878 haveria pasto e pouco rastro; em 1879 haveria cidades em que, matando uma rês, não tinha quem lhe desse cabo; em 1880 nem um pingo d'água cairia; finalmente, em 1881 haveria tanta abundância que os velhos desejariam ser moços e os moços meninos. Por conta disso, as pessoas ao se despedirem dos parentes e amigos na retirada da seca, diziam entre si: "até 81!", certos de que o ano da fartura as juntaria outra vez, quando reporiam os laços naturais que a tradição ensinara, indiferentes ao enunciado da nova era. Por que recusavam-se aqueles sertanejos desvalidos a abrir os trilhos de ferro para o futuro? Pressentiriam que ao final da linha ter-lhes-ia sobrado apenas o semáforo na capital, espaço único do moderno onde com certeza poderiam recolher por conta própria sua «diária»? E para onde teriam ido com muito sacrifício, no caminhão da feira, como vos contarei logo mais, porque de tanto transportar o rico algodão o trem ficara pobre-pobrezinho e não tinha mais força de andar. Sim, porque naquela época ainda eram os «pobres do rei», e no rei confiavam, "o rei era muito rico e não ia deixar morrer de fome a sua pobreza", diziam com toda certeza. O trem era obra do demo, botava fogo pelas ventas, tinha raiva dos matutos, havia que se fugir dele. Foi então que, já tão perto de perder o Império, o rei, de pena que ficou de seus súditos fazendo viagem tão longa em chão deveras carrasco, mandou encampar a estrada de ferro, aumentar-lhe o comprimento da linha: "sabem o que são oitenta léguas de jornada, com fome e sede, sob um sol que calcina e sobre o solo que escalda, tendo como alimento raízes venenosas e como bebida uma mistura de sais calcáreos e férricos?" — perguntava Rodolfo Teófilo, querendo assim que nos puséssemos no lugar de cada um daqueles retirantes. Foi isso, "Dom Pedro II encurtou aos retirantes oitenta léguas da estrada da fome" — concluía o condoído cronista. Porque o imperador também mandou fazer doação de comida, o que os novos homens, os que vinham chegando com a re(s)pública, não acharam mais conveniente dar. Na palavra do rei, sim, se podia confiar. Só assim é que foram ao trabalho, metamorfoseados em «cassacos» que é como ficaram sendo conhecidos os trabalhadores da construção de estradas de ferro por essas bandas nordestinas. Hoje já não se servem mais do trem, da única obra de utilidade pública, como na época dizia o presidente da província e pela qual tanto lutou. Servem-se da cadeia, ah, da cadeia se servem, sim, hoje os «pobres de ninguém», órfãos do rei que empenhara o último brilhante da coroa para não vê-los morrer à mingua. Foi aí que o santo chorou, dando o sinal do grande castigo que estava para ser cometido[40]. São agora os enteados da república, «pobres de ninguém», e farão daqui em diante muita força para responder-lhe ao chamamento da cidadania como é da lei dela. Mas o problema é esse que eu já disse: o de uma lei sem a devida matéria[41]. Isso é muito claro na forma como o governo trata a seca na virada do século, no contexto da indefinição política dos rumos republicanos. Na de 1898, enquanto os deputados disputavam no Congresso o poder de torná-la ou não realidade mediante a liberação dos fundos de socorro garantidos pela Constituição da República, dependendo da posição que ocupavam em relação ao governo estadual, se contra ou a favor, este preferia deixar os retirantes que chegassem à capital entregues à caridade pública, ou senão ao governador do Pará, que aqui cuidava diretamente da emigração para aquele estado, por intermédio de um agenciador que por cada cabeça embarcada recebia de seu governo uma comissão de mil réis. A pressão da opinião pública contra a omissão do governo cearense fez com que este tomasse a providência de «fechar os portos» à emigração, instituindo o imposto de um conto e quinhentos mil réis, cobrado por cabeça como cobrava ao gado saído do Ceará. Sendo inócua a medida, por não representar nenhum prejuízo por parte do agenciador, o governo criou uma «folha corrida» passada em Fortaleza, ao preço de vinte mil réis, que o que fez foi favorecer ao cartório local, de propriedade de um amigo do governador, o Dr. Antônio Pinto Nogueira Accioly. É o que conta a crônica da seca. Na seca de 1900, sendo presidente da República o Dr. Campos Sales, o primeiro da era republicana a se deparar com uma seca, depois de muito se pleitear o envio da verba constitucional de socorro, consentiu ele na abertura de um crédito de dez mil contos de réis, fazendo acompanhar ao Congresso uma mensagem na qual estabelecia que ele fosse exclusivamente para passagens aos retirantes para fora do Ceará. Houve discussões no Congresso e o crédito foi votado sem a cláusula do presidente. Dos dez mil contos foram gastos com o Ceará apenas oitocentos, ficando os retirantes espalhados sob a sombra das árvores de Fortaleza, ao abrigo mais uma vez da caridade pública. Na visão de Rodolfo Teófilo, um sanitarista, isso foi o que teve de bom, porque sem a aglomeração dos abarracamentos seria menor o risco das epidemias. Esse argumento é que ele quis fazer valer, mas não valeu, ao governo durante a seca de 1915, quando o Dr. Benjamim Barroso decidiu construir abrigos coletivos para os retirantes, como outrora, alegando que assim poderia fiscalizar a distribuição dos socorros, e sua mulher, virtuosa primeira-dama, velar pela honra das famílias expatriadas, cujas donzelas não deixavam de estar passíveis à concupiscência dos agentes da verba. Certamente uma justa preocupação, uma tentativa de nossas avós de deter o mal futuro, que acabaria incluindo Fortaleza na rota da prostituição infantil, agora que o estado, cansado de pelejar com uma empresa qualquer, agrícola ou industrial, que lhe dê rendas, resolveu tirar proveito do sol e transformar Fortaleza hoje na meca do turismo internacional. A tentativa feita pelo governador, de tratar os retirantes como se fizera no século passado, em conjunto, como filhos deficientes que precisavam de atenção especial sempre que sofriam uma crise aguda, depois de passada uma década e meia de indefinição da República, foi vã. Uma outra forma de relação começava a se desenvolver, pois eram outros os tempos. Desta vez o governador ainda foi pessoalmente receber na Estação Central de Fortaleza a primeira leva de retirantes da seca de 1915, vinda de trem, da cidade de Iguatu, agora o local de concentração dos migrantes, uma vez que era o ponto final da linha de ferro. Assim oficialmente recebida, foi abrigada no Passeio Público, sob as árvores da praça, enquanto se construía o abarracamento no Alagadiço, um quadrilátero de quinhentos metros de superfície em que se aglomeravam sete mil pessoas sob a sombra de velhos cajueiros, o qual viria a se transformar em breve em um foco de infecção, como era a previsão do sanitarista Rodolfo Teófilo, que assim descreve as condições de higiene do local: "Via-se aqui e ali, uma ou outra barraquinha coberta de esteira ou de estopa, mas tão miserável era a coberta que não impedia que a atravessassem os raios do sol. A cozinha era também ao tempo. Em algumas dúzias de latas, que haviam sido de querosene, ferviam em trempes de pedra grandes nacos de carne de boi, misturados a maxixes, quiabos e tomates, que subiam e desciam ao sabor da fervura. Achei esquisitas as verduras e mais ainda os tomates. Pendia de um galho de cajueiro um quarto de boi. Pude então avaliar a péssima qualidade da carne, só digna de urubus. Informaram-me que aquela era boa comparada a outras que mandara o fornecedor. Disse-me pessoa idônea que as reses que morriam, de magras ou do mal, eram mandadas para o 'Campo de Concentração'. [...]. Uma coisa que muito deve interessar à saúde daquela população era o local onde se depositavam as matérias fecais. Fui vê-lo. Ficava à sotavento do abarracamento, no fundo do cercado, ao poente, a pequena área coberta de pequenos arbustos, onde os famintos, numa promiscuidade de bestas, defecavam, ficando as fezes expostas às moscas. Aquele atentado à sã higiene não podia deixar de ter conseqüências desastradas. Visitei as aguadas. Eram as mesmas de Fortaleza, buracos à flor da terra, ao tempo". Por mais que as condições físicas aí descritas não diferissem tanto de épocas anteriores, assim como não se adequassem ao ideário republicano de civilidade — ciência e progresso — o fato é que alguma coisa já havia mudado, talvez muito longe, mas chegara aqui alguns resquícios do que tivesse de bom e de ruim nas mudanças. A guerra total promovia o primeiro ensaio de descolamento definitivo do humano de seu original estado de natureza, fazendo emergir no meio à pancadaria, como num flagelo, a nova forma social assentada no mercado quase-absoluto, sob a transparência das classes. E essa transparência era o que tinha de bom, porque dava aos homens a dimensão do tamanho e da forma da luta que eles deveriam travar daí em diante com o império das coisas, cada vez mais expostas nas prateleiras intercontinentais do grande mercado da nova era. Nós aqui prestaríamos a nossa fundamental contribuição, formaríamos até mesmo um eficiente exército para ajudar na conquista — o «exército da borracha» que marchou para os seringais da Amazônia — embora tivéssemos já um lugar reservado nas bordas do megaparque. Foi aí que pressentimos que não éramos mais apenas os «retirantes», os que tão-somente se retiram do seio seco da natureza enquanto Deus não manda chuva para outra vez intumescê-los de seiva e vida, como também se fazia com o rebanho, para sempre assim, entregues simplesmente ao amparo do rei sob os improvisados abarracamentos. Foi na seca de 1915 que apareceu a expressão «flagelado» em lugar de «retirante» e foi também quando denominamos de «campo de concentração» ao antigo abarracamento. Muito mais que denominações em voga por conta de uma conjuntura de guerra, dávamo-nos conta de que um processo social tomava corpo em lugar do que parecia vir apenas da natureza, pondo uma marca definitiva como era posta no gado para dizer quem era o dono: não éramos mais os «retirantes», sujeitos da ação; éramos os «flagelados», sofríamos a ação. De quem era a ação? De algo que nos encurralava nos «campos de concentração» da cidade para depois nos levar de volta ao sertão como peões das obras que o Estado prestava à Propriedade. Senão, sermos detidos nas instituições urbanas de disciplinarização e controle, que já eram muitas, dado o aumentado número de miseráveis que perambulavam pelas ruas: Dispensa dos Pobres, Asilo de Mendicidade, Patrocínio dos Menores Pobres, Escola para Menores Pobres, Dispensário Infantil, Patronato de Maria Auxiliadora para Moças Pobres, Asilo Bom Pastor. Sim, porque Fortaleza já não era mais a mesma, tornara-se a sétima capital do país, um empório impulsionado pelo crescimento dos negócios de exportação e importação. Éramos, a partir de agora, uma espécie diferente de pobre, e assim em quantidade tão grande, o começo de um problema de polícia. Mesmo que todos os despossuídos que vagavam pela cidade não fossem delinqüentes, eram considerados potencialmente perigosos porque viviam no ócio. Era preciso uma ação para controlá-los e a primeira coisa que fazer era distinguir o verdadeiro do falso pobre, em meio aos mendigos, aos vagabundos e aos flagelados que permaneceram na capital em razão da seca de 1915. Em uma operação policial dessa natureza, realizada no ano de 1918, foram identificados 97 mendigos «verdadeiros» — (recolhidos ao Asilo de Mendicidade, em cumprimento do acordo entre esta instituição e a polícia) —, inúmeros vagabundos contumazes que abusam da generosidade pública *(sic)* — (que tiveram de ser detidos) e 1.123 flagelados que, recolhidos e medicados, foram enviados de volta às suas glebas nativas, pelo trem, como consta do 1.º Relatório do Delegado de Polícia da Capital e Delegado da 1.ª Região Policial do Estado, Bacharel Waldemar Cromwel do Rego Falcão[42]. Alguma coisa estava acontecendo que mudava o entendimento sobre a pobreza no Ceará. O próprio Rodolfo Teófilo, o humanista que presenciara a seca de 1887 e sobre ela escrevera com o coração cheio de condescendência, não tinha mais perdão para os flagelados de agora, referindo-se à mendicância como um vício: "Pela manhã subia a onda de famintos e se espraiava pelas ruas da cidade a pedir esmolas. Centenas de mulheres, grande número delas trazendo uma criança escanchada no quadril, percorriam as ruas esmolando. A vida de pedintes as havia desbriado. Estendiam a mão à esmola com o maior cinismo. Não guardavam o óbolo sem primeiro examinar o valor dele. Essas infelizes expunham as crianças para mais tocarem a piedade pública. Não se importavam que os filhos, expostos o dia inteiro ao sol, adoecessem e morressem. [...]. Consideram a morte de um filho pequeno uma grande felicidade. É um anjo que sobe ao céu e vai rogar pelos pais que ficam degradados na terra das secas". O humanista não poderia ter ouvido a consciência de outra época, que ainda estava por vir mais de meio século depois, de que, abocanhado pelo latifúndio e sob a «custódia» do Estado, o homem do campo não era dono, sequer, de sua própria morte. Essa consciência foi ouvida no começo dos anos 80, vinda nas palavras do agricultor Luís Balbino de Oliveira[43]: "Naquele tempo a gente se sentia culpado pela morte das crianças. Tinha noite que, com minha mulher Teresa, ficava conversando que a gente poderia ter saído para procurar outros meios. O problema que a gente sentia era o problema de todos: a fome, o trabalho duro, a opressão e principalmente a falta de comida, porque no dia que a gente almoçava não jantava. No dia que jantava não almoçava. Assim nem as crianças e nem os adultos agüentavam. Agora é que sabemos que as crianças morreram em conseqüência da fome, da desnutrição e da poluição das águas. Mas as crianças que a gente perdeu nunca vai esquecer e não sabe como conseguimos sobreviver". A fome tem de ter raiva para interromper, diz a canção, e os poderosos já podiam pressentir essa raiva, raiva perigosa que era capaz de se manifestar de uma hora para a outra. Era preciso então controlar. Primeiro, convoca-se a polícia na cidade, ela sabe separar os bons dos maus pobres e como tratá-los. Depois, matando dois coelhos de uma cajadada só, pensa-se numa ação institucional que não só controle socialmente o pobre, evitando que as «classes perigosas» invadam e transtornem a urbe — como já era a providência em 1913 do governador Franco Rabelo, cuja gestão faz reforçar a Guarda Cívica de Fortaleza com novos distritos e postos policiais, não só para policiar os subúrbios, mas também para *ultimar a eliminação da mendicidade e vagabundagem nas ruas e praças da cidade*[44] — mas que também lhe tire grande serventia na produção das riquezas. Afinal, como é sabido, «o ócio é o pai de todos os vícios». A ação institucional, então, trata de «fixar o homem ao campo», expressão sob a qual ficou conhecida a medida mais eficaz da forma de acumulação do capital vigente na região, tendo sido explicitamente esboçada por ocasião da seca de 1932 — que passa por ser a maior da história, uma vez que o sertão estava mais povoado, mais constituído como economia e socialmente menos organizado para se defender, e, portanto, tendo mais que perder — quando foram criadas as «frentes de serviço», segundo seu idealizador, o então ministro da Viação, José Américo de Almeida, justamente com o objetivo de não desorganizar mais ainda aquele sistema[45]. Conta José Américo de Almeida que, em viagem de socorro ao Ceará no período daquela seca, a primeira coisa que fez foi suspender o embarque de um navio do Lóide, cheio de migrantes, assim como embargar a saída de pessoas do interior, abrindo grandes campos de assistência onde os sertanejos se concentravam aguardando que fossem feitos projetos para execução de obras, principalmente de estradas e açudagem, sendo então transferidos para os diversos pontos do sertão onde elas se realizariam, aqui para nós e o povo da rua, geralmente no interior dos grandes latifúndios. Pelo Decreto 566, de 14 de abril de 1932, "a Interventoria Federal, capacitando-se da necessidade de um apparelho administrativo organizado para executar e dirigir os serviços de soccorro aos flagellados, criou no Estado, em caracter provisório, o Departamento das Seccas para centralizar e uniformizar aquele serviço. O quadro da nova repartição foi também organizado com funcionários de outras para evitar despesas de pessoal. A emigração dos flagellados ficou subordinada ao ajuste prévio entre o Departamento das Seccas e o Governo, autoridades estaduaes, empresas, firmas industriaes e particulares idoneas para onde se destinassem os mesmos e a que pudessem interessar a emigração, de modo que lhes assegurassem a manutenção, fixação de salários normaes e demais garantias dos interesses dos emigrantes. O Departamento, por intermédio de representantes nos Estados, tinha também o encargo de fiscalizar a execução dos compromissos assumidos em defesa dos flagellados. Após a criação do Departamento das Seccas, tratou logo o governo de concentrar os flagellados em pontos diversos, afim de soccorrel-los com efficiencia e no tempo opportuno. Foram criados, sob a fiscalização do Departamento das Seccas, sete concentrações, depois reduzidas a cinco: Burity, no município do Crato; Quixeramobim, no município do mesmo nome; Patu, no município de Senador Pompeu; Cariús, no município de São Matheus; Ipu, no município do mesmo nome; Urubú e Octávio Bonfim, no município de Fortaleza. As verbas para alimentação vinham do Ministério da Viação, e as despesas com pessoal, quer com os funcionários do Departamento, quer das concentrações e os honorários médicos, e bem assim o material de expediente foram pagos com o producto da venda dos couros dos bois consumidos nas concentrações. O Estado, na possibilidade de sua força econômica e financeira também contribuiu com numerário para o serviço de soccorros aos flagelados, abrindo vários créditos extraordinários"[46]. E o que faziam os flagelados nessas concentrações? Quem responde é o próprio ministro da Viação, José Américo de Almeida, seu idealizador: "Nada. Eles esperavam que os projetos fossem feitos para que eu os fosse transferindo e mandando para as obras públicas. Não encontrei obras projetadas, não havia onde empregar essa gente. Para iniciar obras, precisava de projetos"[47]. E as obras foram projetadas: estradas na maioria das vezes no interior das grandes fazendas, e açudes sobre terras que não foram desapropriadas. Quer dizer, diferentemente de 1887, construímos outra espécie de cadeia — da seca fez-se a riqueza, por obra e graça do Estado. Havíamos sido assim apanhados formalmente por ele para a consecução do projeto oligarca, ficando definido de fora para dentro o nosso papel. Tanto é assim que, ao cabo de vinte anos, ainda não tinha sido realizada a desapropriação das terras onde se construíram os açudes, como é a queixa do próprio ministro que os mandara construir, quando nos anos 50 retornou ao governo com Getúlio Vargas. Dessa forma, manteve-se privado um grande patrimônio que não poderia ser público (embora devesse) em decorrência justamente do modo como agia o Estado, por intermédio do Departamento Nacional de Obras Contra a Seca — Dnocs. Como bem analisa Francisco de Oliveira (ob. cit.), o investimento em obras de açudagem feito pelo Dnocs acabou reforçando a estrutura arcaica ao favorecer, de um lado, a expansão pecuária dos grandes e médios fazendeiros, que agora dispunham de água a custo zero, e de outro, ao reforçar a existência do «fundo de acumulação» representado pelas culturas de subsistência dos moradores, meeiros, parceiros e pequenos sitiantes, mais facilmente desenvolvidas nas vazantes dos açudes. Esse autor caracteriza como «Estado capturado» ou «Estado oligárquico» a essa forma de ação do Estado existente no Nordeste e sobretudo no Ceará, onde não havia nenhuma outra atividade produtiva senão a determinada pela estrutura típica do latifúndio-minifúndio. José Américo de Almeida orgulha-se de ser o primeiro dirigente a criar uma frente de serviço, porque, como ele mesmo diz, "a seca não passa de desemprego rural, cessando as chuvas, cessam as atividades agrícolas". Não levava em conta o ministro que este tem sido um dos principais elementos de acumulação capitalista no Nordeste, oferecido com muita fartura ao que Francisco de Oliveira caracteriza como um verdadeiro mecanismo de «acumulação primitiva»[48]. E vejam que não se trata apenas de uma oferta elástica de mão-de-obra. Além disso, o mecanismo atua na própria remuneração do trabalho, por um lado, do ponto de vista monetário, afora as formas de pagamento na «folha» que significam sobrevantagens para o proprietário, também implicando o rebaixamento das diárias e até a demissão de antigos trabalhadores, trocados pelos da «emergência», pagos diretamente pelo governo[49] e, por outro lado, do ponto de vista ideológico, gerando uma ambiguidade na natureza da remuneração, que passa a ser um misto de salário e de ajuda, aumentando com certeza a dificuldade de emancipação do trabalhador, no sentido de fazer com que este emerja coletivamente como classe. Porque, se o salário é a representação quantitativa de uma forma social, a ajuda é algo que se presta ao indivíduo em particular, em razão de determinada circunstância. Sendo assim, acaba por não constituir um radical rompimento com o mundo da ordem — isso no nível das consciências individuais, e numa dimensão problemática da análise relativa à constituição das identidades — a passagem do estado de «alistado da emergência» para o de MENDIGO SERTANEJO, em que a impossibilidade de se alistar — geralmente por falta de vagas — ou porque "o dinheiro da 'mergência' é tão pouquinho, mulher, que o jeito é eu ir procurar um adjutório, que é pro mode melhorar a sorte do marido, né?"[50], torna-se um motivo muito comum para que o trabalhador desça para pedir esmola na cidade. Desse modo, tão grande é a dificuldade de explicitação da condição objetiva de classe, que levou cinqüenta longos anos para que a luta sindical incluísse no seu programa os problemas afetos ao trabalho nas emergências do governo, o que só veio acontecer no início de 1980[51]. Até aí prevalecia a imediaticidade do político nas relações de trabalho, nas quais o Estado, aparecendo como a face direta do poder, obstruía o surgimento da dimensão social capaz de organizar um espaço civil para o seu exercício. Por toda a primeira metade deste século pouca variação registrou-se na partitura: continuamos a tocar pela eterna batuta do governo orquestrador dos capitais, do norte ou do sul. A nota «grave» continuava sendo a arregimentação de abundante e muito em conta mão-de-obra nordestina, em que os períodos de seca eram sempre os momentos sonantes, perfazendo a harmonia de um réquiem da morte-vida severina. A próxima seca, a de 1942, tendo coincidido com o período da guerra, proporcionou ao Estado (Novo) brasileiro a oportunidade de prestar relevantes serviços à causa aliada enviando o «exército da borracha» para o trabalho dos seringais na selva amazônica. A necessidade de borracha na conjuntura da guerra, juntamente com o bloqueio do fornecimento da Malásia e demais países do Oriente, motivou o interesse dos Estados Unidos pela Amazônia, que já havia mesmo sido explorada por americanos como sendo a mina de «ouro negro», até por volta de 1910[52] — quando entrou no mercado a borracha oriental — para atender à demanda da indústria automobilística desse país e da Europa. Mas agora era a guerra, e o interesse dos Estados Unidos voltou-se para materiais estratégicos, como era o caso da borracha, tentando obter o controle de sua compra. Dessa vez tudo foi feito de modo muito organizado, de governo para governo, ave maria, no contexto mesmo da razão bélica. O plano migratório foi elaborado com a participação de teóricos americanos, respaldados na racionalidade fordista-taylorista do trabalho, incluindo a tarefa disciplinar como um valor prioritário na organização da produção. Assim, criou-se, a 30 de novembro de 1942, um órgão ligado ao Ministério da Mobilização Econômica, com o objetivo só de prestar esse serviço de arregimentar trabalhador, o Semta — Serviço Especial de Mobilização de Trabalhadores para a Amazônia, o qual, em dezembro do mesmo ano, assinou um acordo com o governo americano — o Acordo de Washington — por intermédio da Rubber Reservy Corporation, destinado ao recrutamento e encaminhamento de 50.000 trabalhadores para a Amazônia, que deveriam entrar em Belém até 31 de maio de 1943. Como diz Maria do Socorro Vieira[53], a mobilização foi geral, e o Semta aparelhou-se dos diversos serviços, como saúde, hospedagem, comunicação e outros, a fim de servir com eficiência à causa da guerra, proporcionando ao flagelado/migrante um sentimento de proteção que, aliado ao imaginário do desejo de melhores dias e à marca paternalista do Estado Novo, gerou, por assim dizer, uma «febre social» de, enfim, "livres e ricos!", a qual demorou para ser debelada, mesmo depois que muitos souberam que, febre mesmo, era a malária, muitas vezes fatal. Mas pelo menos até o ano da queda de Berlim, em 1945, enquanto durou o acordo entre os dois governos, a assistência à migração dos flagelados da seca mais pareceu a condução de um povo sagrado para seu lugar no paraíso. A imprensa de Fortaleza alardeava a excelente perspectiva de um grande progresso que se abria a cada indivíduo, sob a total segurança oferecida pelo Semta aos trabalhadores e às suas famílias, proporcionando-lhes a oportunidade de povoar uma enorme região brasileira. Além da participação da imprensa, o plano de migração contava com um aparato especializado de propaganda, que era levada a toda região interiorana do estado, sob a direção do pintor, retratista e desenhista Jean-Pierre Chablot, o qual, com certeza, emprestou sua criatividade à construção do sonho no coração cheio de aflições e desejos das gentes do Ceará seco. "Vida Nova! Na Amazônia!" "Amazonas, fuja da Seca!" E ilustrações, muitas ilustrações, dando o tom do contraste entre as cores da floresta e as da seca: o verde das matas exuberantes na parte superior; o cinza e o preto, o cardeiro e a carnaúba na parte inferior; de baixo para cima o caminho redentor, porque migrar *para a Amazônia é* (também) *ajudar o Brasil a construir uma nova ordem econômica*. Pois então? Preste atenção no cartaz de convocação e guarde no fundo do coração com muito zelo que é para manter o sonho:

Queres migrar para a Amazônia? Alista-te no Semta que te dará:
passagem com pouso e alimentação

\# equipamento
\# contrato de trabalho
\# assistência médica e religiosa
\# amparo à tua família

Tudo isso foi confirmado por um ex-soldado da borracha, entrevistado por Maria do Socorro Vieira (ob. cit.): "A gente comia bem, a gente merendava, era bom. Tinha médico para tudo, examinava o camarada na hospedaria toda hora. Tinha enfermeira, tinha médico, tinha tudo. O médico passava a injeção, passava o remédio. Não faltava nada, não. Toda hospedaria que nós ia tinha médico e enfermeira. Na viagem a gente era bem atendido, passava bem, muito comer. A gente almoçava carne, era peixe. Mudava de comer. Tinha muito leite com café, pão com manteiga, era bem tratado". Era o aperto de mão que o Tio Sam dava no Jeca (tão bem tratado!) por sobre as duas Américas, conforme ilustração de uma das conferências que o Semta promovia, esta sobre "O Acordo de Washington e as condições excepcionalmente favoráveis aos seringueiros brasileiros". Foi-se o Jeca, com merenda, médico e enfermeira... contribuir na união dos mercados (oh!, dos povos, perdoai-me!). Acreditou na oferta anunciada no boletim do Semta:

"Uma vez chegado aos locais de trabalho, que são cuidadosamente escolhidos pelas condições de salubridade, e ainda contando com assistência médica e material que lhe proporcionam os órgãos brasileiros encarregados da colocação dos nossos homens, o trabalhador tem direito:
1) a 60% da borracha que produzir. É preciso notar que um trabalhador extrai no mínimo quatro quilos de borracha por dia. A borracha está cotada de treze a vinte cruzeiros, conforme o tipo. Tomando por base o tipo mais baixo, ele produzirá diariamente Cr$52.000. Dessa quantia, 60%, ou seja, Cr$31.200 lhe pertencem.
2) 50% da castanha colhida.
3) 50% da madeira que derrubar.
4) Direito livre à caça e à pesca.
5) As peles dos animais silvestres são propriedade exclusiva do trabalhador.
Direito a um hectare de terra para plantio."

A imprensa mostrava outras vantagens, tais como: garantia de contrato com um dono de seringal, com duração mínima de dois anos; assistência às famílias dos trabalhadores casados, cuja subsistência fica a cargo do Semta, que lhes fornecerá alimentação, medicamentos e roupa; um risco mínimo de ser vitimado pelas doenças típicas da região, considerando que a Amazônia não é mais a das primeiras colonizações, e dispõe de gigantesco aparelhamento de saúde pública. Quanto à viagem era também muito bem assegurada, as turmas de trezentos ou mais homens partiam diariamente das hospedarias do Semta, nos caminhões do Semta, seguidos do transporte de víveres do Semta. Pois que o Semta era o que havia de mais importante e poderoso, e assim só tinham é que partir "alegres e cheios de esperança no futuro melhor que os espera no Eldorado amazônico, respondendo com demonstrações de entusiasmo os gestos dos que ficavam, prorrompendo em 'vivas!' ao Brasil, proporcionando às pessoas presentes momentos de vibração e contentamento", conforme noticiam os jornais[54]. Sei não... O que foi feito dessa gente quando acabou a guerra? Sabe-se é de uma caravana de deputados cearenses que seguiu para um lugar de nome Belterra, no Pará, para ver de perto uma propriedade que vivia à custa da União depois que a Ford se desinteressara pelos seringais, onde diz que havia falta de tudo, do leite dos meninos à farinha dos grandes, e mais de sessenta pessoas desejavam retornar. O número dessa volta, nem os malefícios adquiridos, não foram ao certo conhecidos. A peleja dos cantadores é que contou em versos as vantagens e as desvantagens dessa odisséia:

> "Eu andei pelo Amazonas
> Já conheço outro terreno
> Portanto sou diferente
> Desse meu irmão Heleno
> Que só conhece Monteiro
> Um município pequeno" — Canta Severino

> "Não saio do meu terreno
> Pra andar no terreno alheio
> Como você, que varou
> O Norte de meio a meio
> Saiu daqui na desgraça
> Na mesma desgraça veio" — Responde Heleno

Sei é que eu mesma presenciei, no ano de 1993, na mesma calçada da Hospedaria Getúlio Vargas, agora Unidade de Abrigo da Secretaria do Trabalho e Ação Social, a partida do ônibus que ia levar o antigo exército a um passeio pela cidade de Fortaleza, uma distração usual. E olhe que muitos tiveram de ser carregados nos braços dos seguranças, de tão abatidos ou paralíticos. Acabada a guerra, acabada a regalia. Os pousos com que contava o Semta para alojar os trabalhadores que chegam a Fortaleza a caminho da Amazônia, como falava a imprensa da época, e que eu falo agora em linguagem do desejo como sendo o ponto de onde partiram os cearenses na busca de seus sonhos — (obras adequadamente construídas para esse fim, contendo uma parte Hospitalar, outra de Alojamento e Adminsitração, parte Esportiva e parte Cívico-Religiosa, onde mil ou mais homens poderiam ser abrigados comodamente, repouso composto de alojamentos, cozinha, refeitório, armazém e depósitos, administração, enfermaria e serviço médico, quadra de esportes, cinema, capela, cantina, barbearia, sala disciplinar, instalações sanitárias, instalações de luz, etc.[55])... abastecimento de água pela mesma adutora que abastece Fortaleza) — é o mesmo para onde, tragicamente, desiludidos e mutilados, retornaram depois: as tais hospedarias públicas. Dentre elas, a mais famosa, a que perdurou no tempo, ainda agora presente na lembrança do migrante nordestino como a principal referência de chegada em Fortaleza, a Hospedaria Getúlio Vargas, hoje «Unidade de Abrigo» do Departamento de Assistência Devida da Secretaria do Trabalho e da Ação Social do Estado do Ceará. Pois não foi para aí que se dirigiu dona Francisca Matias com a família, quando fugiu do sertão de Sobral na seca de 1970?! Pois foi. Dona Francisca Matias veio para fazer o percurso de sempre, o percurso de seus antepassados, como se o tempo estivesse parado: chegar em Fortaleza e se acomodar na Hospedaria aguardando receber as passagens para o Belém do Pará. Era o mesmo o tempo do sonho, este sim imutável, não o da economia ou o da política. A lei do latifúndio agora era de novo prender o trabalhador no campo. Assim, encerrado o acordo do governo brasileiro com os Estados Unidos para a extração da borracha, em 1945, logo depois que acabou a guerra, o governador do Ceará, Faustino de Albuquerque, achou por bem proibir o êxodo para o Amazonas, convocando os promotores públicos do interior do estado para processar os aliciadores de camponeses. Alegava o art. 207 do Código Penal Brasileiro, que prevê multa ou detenção de dois meses a um ano para quem aliciar trabalhadores com o fim de levá-los a outras localidades do território nacional. Pouco tempo depois, em 1949, na Câmara Municipal de Fortaleza, os políticos solicitavam ao governador que impedisse a migração, mesmo reconhecendo o determinante da miséria da vida camponesa, mas já temendo o desfalque de mão-de-obra para a agricultura. Apesar disso, nesse mesmo ano, o representante de um proprietário do Alto Amazonas estava aqui arrebanhando pessoas entre vinte e trinta anos, com passagens pagas, tendo nessa leva embarcado quatrocentos, sem nenhum contrato de trabalho e com o salário a ser estipulado na chegada[56]. E independentemente dos planos governamentais de ora mandar embora a população, ora retê-la, bem como dos interesses particulares de proprietários forasteiros em levar vantagem da fartura de braços, o fato é que a migração em massa persistiu ainda por muito tempo, pelo menos até o final de 60, espedaçando ou não o desejo de centenas e centenas de cearenses. Quantos foram se extraviando no caminho da terra prometida, perdendo os laços, o nome, os afetos, os documentos, a esperança, o endereço — como a MENDIGA DO ABRIGO Marieta, que, já na volta de Goiás com a família, se perdeu desta e foi depois «coletada» em uma operação cata-mendigo na rodoviária de Fortaleza, sozinha, ainda mocinha, e nunca mais ouviu sequer falar de seu povo, vivendo desde então na «Unidade de Abrigo», antiga Hospedaria Getúlio Vargas? O que se sabe é que, em São Paulo, a Hospedaria de Colonização Bandeirante recebeu, em 1954, inúmeros pedidos de migrantes, feitos pelos fazendeiros de Goiás, a fim de serem aproveitados como mão-de-obra, conforme noticia em Fortaleza o jornal *O Democrata*, de 5 de outubro de 1954. Ou então, segundo o mesmo jornal, de 24 de abril de 1952, que a Hospedaria dos Imigrantes, também em São Paulo, encaminhava diversas pessoas para o interior, no trem que se destinava a Sorocaba. O movimento migratório foi assim se consolidando nas nervuras da sociedade, tomando talvez a forma de uma atividade econômica, com seus financistas, seus empresários de transporte, seus informantes. Via-se em 1948 um anúncio assim, publicado no jornal *O Democrata*, de 8 de julho daquele ano, mesmo contra a ordem da Secretaria de Polícia do Ceará dada aos delegados do interior para proibirem as saídas dos «paus-de-arara» que se destinavam ao sul:

> "Caminhão novo e adaptado para longas viagens, guiado por motorista experiente e responsável, partirá no dia 25 do mês em curso, com destino ao Estado de São Paulo. Conduzirá passageiros custando cada passagem 500 cruzeiros. Os interessados deverão entender-se com o Sr. Manoel Serafim Filho, no Campo de Aviação, n.º 1.639."

Foramos saudados por uma seca à entrada dos anos 50. Oito anos depois tivemos outra. As pessoas com alguma posse, mesmo arranchadas na Hospedaria Getúlio Vargas, viajavam daí com recursos próprios, conseguidos quer pela venda de bens, quer tomados de empréstimo a juros, em direção à região Sul. Os despossuídos aguardavam que algum rico proprietário mandasse buscá-los, ou então que o governo do estado, em pânico com o aumento de seu número, providenciasse passagens, agora também para Brasília que estava no chão esperando pelos peões. Estes iam em maioria para o Norte. Na seca de 1951 o governo estadual firmou um convênio com o Ministério do Trabalho, por intermédio da Delegacia Regional, para o fornecimento de passagens para o Amazonas. Na seca de 1958 foi a vez do Ministério da Aeronáutica, na pessoa do Ministro Brigadeiro Correia, que autorizou o deslocamento de dois aviões C-59, com 259 retirantes para Belém. Além destes, quatrocentos seriam embarcados em navio para o Sul. E não eram só estes. A Hospedaria Getúlio Vargas estava com uma superpopulação de seis mil pessoas — quando sua capacidade de acomodação era de pouco mais de mil — muitas vivendo da mendicância, dormindo sob os cajueirais do sítio em torno dos pavilhões da Hospedaria — (os mesmos cajueiros onde passou a viver o Sr. João Alves, MENDIGO DE ABRIGO nesta pesquisa, migrante índio de alguma tribo perdida do Iguatu, que percorreu o céu e a terra até ser recolhido, quase morto, à Unidade de Abrigo do Departamento de Assistência Devida, da Secretaria do Trabalho e da Ação Social do Estado do Ceará) — à espera de transporte para o Norte, Sul ou Brasília, mesmo sabendo que na congênere de Belém, a Hospedaria Tupanã, um número de mil nordestinos passavam necessidade por falta de verbas a serem aplicadas no atendimento das necessidades básicas. Mesmo assim, a maioria preferia migrar a voltar para o sertão[57]. Algo porém mais abrangente do que a seca estava alterando o comportamento social dos pobres do Ceará nesses anos de 1950. Os que desejavam migrar não desistiam de fazê-lo mesmo nos períodos invernosos. Permaneciam renitentes à sombra dos cajueiros da velha Hospedaria que já não mais os podia abrigar, dizem que por falta de verbas. Ou por que eram outros os interesses?... Em 1957 a Hospedaria estava com débito em torno de um milhão de cruzeiros com o comércio local, decorrente da alimentação dos migrantes. Como relata Gisafran Jucá (ob. cit.), tão precária era agora a assistência prestada pela instituição aos flagelados, que estes chegaram a invadir a administração, em 1958, em razão da demora na instalação de 857 barracas cedidas pelo Exército para acomodar os que ficavam fora do prédio. Os tempos eram mesmo outros, os pobres estavam se tornando comprovadamente perigosos — estariam se organizando? — todo cuidado era pouco. Em mensagem apresentada à Assembléia Legislativa, em 15 de março de 1952, o Governador Raul Barbosa já fazia menção a esses perigos, considerando que "por várias vezes o governo do Estado tivera de cooperar com a direção daquele estabelecimento oficial no sentido de provê-lo de gêneros alimentícios e de vitualhas *(sic)*, a fim de garantir uma ração mínima de alimentos aos que ali se encontravam hospedados, evitando movimentos de rebeldia e de desconfiança na atuação dos poderes públicos"[58]. O reconhecimento de que "uma numerosa população adventícia afluía constantemente à capital, ficando exposta, nos arrabaldes, nas areias, sem tecto, sem higiene e sem alimentação, tornando-se perigosa à saúde e à ordem públicas e à propriedade[59] fora já selado nos meios oficiais. Demandavam-se providências. Desde 1946, acentuara-se o combate à mendicância pelas autoridades policiais de Fortaleza, com repressão para quem estivesse ganhando dinheiro sem trabalhar, proibidos de apelarem à caridade pública. A imprensa conclamava dramaticamente pela imagem da cidade: "os forasteiros hão de perguntar a si mesmos se não teremos recursos para obstar que a miséria saia à rua com seus trapos, a sua imundície, à caça de esmolas", e sugeria a presença da polícia a fim de debelar o mal ocasionado pelos falsos mendigos e encaminhar os verdadeiros à assistência devida. Sensível a esse apelo, a Secretaria de Polícia baixou uma portaria determinando a retirada dos mendigos e flagelados da área urbana para lugares mais distantes, pois vinham enfeando dolorosamente com suas tétricas figuras a paisagem humana e social de Fortaleza, como noticia o jornal *O Povo,* de 27 de outubro de 1951. Neste mesmo ano, em face do "afluxo de flagelados para a capital, sendo grande a população marginal em Fortaleza, perambulando pelas ruas da cidade, pedindo trabalho e suplicando esmolas e assistência dos poderes públicos [diga-se] passagens para os Estados do Norte e do Sul do país"[60], o governo começa a aparelhar-se institucionalmente para a ação de assistência social. Cria um órgão específico para atendimento social às vítimas da seca, o Serviço de Socorro e Assistência às Vítimas da Seca — SSAVS, que passou a atuar principalmente no remanejamento dos migrantes para terras agrícolas pertencentes ao estado nas proximidades da área urbana, oferecendo aí trabalho na construção de açudes, estradas de rodagem, broca e destocamento de terrenos aráveis e plantio de mandioca, agávea e capim-elefante. O produto dessa plantação foi dirigido à «granja modelo» da Secretaria da Agricultura e Obras Públicas, como abundante forragem para o gado. Várias obras públicas foram construídas no período, como o açude no «Campo Agrícola do Itaperi», (agora câmpus da Universidade Estadual do Ceará), "construção sólida, possuindo cento e oitenta metros de parede, sangradouro de alvenaria e cimento e regular bacia, construído exclusivamente com o braço dos homens amparados pelo Estado, os quais, em pequenas e improvisadas padiolas, transportavam o barro próprio para a parede"[61]. Entre outras obras, destacam-se as realizadas no Educandário Eunice Weaver, destinado à guarda e educação dos filhos de leprosos, onde se fez limpeza dos prédios, reconstrução das cercas, estocamento e plantação de um bananal. Igualmente cria o Serviço Social do Estado — SSE, a título experimental, ressentindo-se de um aparelhamento especializado com função específica de encontrar a solução mais justa e mais humana para os casos que chegam ao conhecimento do governo. Já sob a assessoria de assistentes sociais, o órgão tinha a finalidade de dar orientação segura e técnica à aplicação de auxílios. Até aí o governador do estado, Dr. Raul Barbosa, tinha por rotina receber pessoalmente no palácio, às quartas-feiras, as diversas reivindicações dos habitantes tanto da capital como do interior, entre as quais as mais freqüentes era o trabalho, que a linguagem agora especializada do SSE caracterizou como «desajustamento econômico por falta de emprego, por crise de habitação, e por insuficiência de salário». Os outros eram os «desajustamentos de saúde» e «desajustamentos morais». Assim, os "casos sociais com providências tomadas" abrangiam um diversificado conjunto de soluções, tais como o encaminhamento para emprego e para serviço de saúde, medicamentos, roupas, redes, mantimentos, passagem, palhas de coqueiro para a cobertura das casas e até enxovais de recém-nascidos. No ano da seca, o trabalho do Serviço Social do Estado deu-se muito em colaboração com o Serviço de Socorro e Assistência às Vítimas da Seca, quando aquele encaminhava os desempregados para as obras públicas que este desenvolvia na cidade. Também organizou um ateliê de costura para proporcionar trabalho às mulheres pobres, cujas roupas confeccionadas destinavam-se aos flagelados do SSAVS, com o apoio do Serviço Social da Indústria, Legião Brasileira de Assistência, Banco de Crédito Comercial e algumas firmas particulares, como a Costa Lima & Mirtil, A. D. Siqueira & Cia., Carlos Jereissati & Cia. Sinais ainda muito difusos de um novo tempo que procuraria estabelecer um tratamento social à pobreza, em distinção à forma assistencial-policialesca de antes, é o fato de que o Ateliê de Costura passou a funcionar no prédio onde fora o Albergue Noturno Meneses Pimentel (hoje Arquivo Público do Ceará), inaugurado em 1945 pela Secretaria de Segurança do Ceará, divulgado pela imprensa da época como um dos melhores em todo o Brasil, fazendo crer que assim o chefe de Polícia começava a resolver o problema social da mendicância. Como ressalta Gisafran Jucá (ob. cit.), "o temor contínuo do 'falso mendigo' e a decisão de afastá-lo da paisagem urbana solidificaram-se em Fortaleza. A localização do Albergue

Noturno nas proximidades da Praça do Ferreira, na travessia do Pajeú, incomodava os residentes nas imediações. As famílias reclamavam do barulho noturno e de palavrões proferidos nas portas daquele abrigo. Ali dormiam pessoas com doenças consideradas perigosas ou portadoras de defeitos físicos, que não possuíam noções de higiene. A saída sugerida seria instalar em suas dependências, ou nas proximidades, os agentes da repressão à mendicância, para afastar os malfeitores ou prostitutas que buscavam acomodação". Esse fora até então, e sem nenhuma ambigüidade, o entendimento que se tinha da pobreza, no contexto do qual o candidato ao governo estadual em 1946, Desembargador Faustino de Albuquerque, formulara sua plataforma política: eliminação da mendicância de rua pela hospitalização dos mendigos doentes ou inválidos, e encaminhamento ao trabalho útil e remunerador dos mendigos válidos. Com efeito, sua gestão foi dirigida a "limpar a paisagem social de Fortaleza desse cancro, um dos aspectos de nossas ruas que mais depõem contra os nossos foros de povo civilizado, constituindo-se um dos principais problemas de nossa administração"[62]. A grande expectativa em torno do plano, elaborado com a participação de médicos reconhecidos em Fortaleza, devia-se a que, pela primeira vez, contava-se com apoio direto do governo federal, mediante a cessão das instalações da Hospedaria Getúlio Vargas. Ora! se ali fora de tanto sucesso o abrigo aos soldados da borracha, se há tão poucos anos houvera tanta fartura, por que iria ser diferente agora? Assim, todos os mendigos verdadeiros — (os incapacitados para o trabalho, porque os outros, os capazes, eram encaminhados à polícia) — ali seriam internados, ficando os hóspedes sob o controle do Departamento Nacional de Emigração, e o governo do estado, por intermédio da Secretaria de Polícia e Segurança Pública e do Departamento Estadual de Saúde Pública, responsável pela alimentação e assistência médica. Demonstra Gisafran Jucá (ob. cit.) que, apesar do otimismo quanto a essas medidas, a imprensa também emitia suas dúvidas, não só em relação aos parcos recursos financeiros liberados pelo governo do estado, como também referentes à inexistência de funcionários devidamente habilitados. Não sabiam essas autoridades que todo o aparato federal que emprestara tanto sucesso à Hospedaria Getúlio Vargas devia-se a que sua criação tinha o objetivo de arrebanhar mão-de-obra viril e bem disposta para os postos de trabalho que o capital solicitava longe do Ceará? Pois imagine se ia agora ter de despender recursos para acolher e cuidar daqueles infelizes impotencializados! Estes que esperassem pelos reinos dos céus. A primeira tentativa de assistência institucional propriamente dita só se daria no governo seguinte, do Dr. Raul Barbosa. Assim é que esvaneceu-se logo o projeto do Governador Faustino de Albuquerque. Tentaram-se algumas alternativas pontuais para apoiar o combate à mendicância, que apenas tiveram resultados passageiros, como era de se esperar. Uma delas foi a instituição de uma taxa sobre os ingressos de cinema, mas que não pôde ser aplicada porque a prefeitura já cobrava dez por cento para esse fim. Outra foi a organização da «Campanha do Asilo», por meio da qual pouco mais de meia centena de jovens, divididos em oito grupos de oito componentes cada, recolhiam alimentos, medicamentos, roupas e calçados pela cidade. A proposta da Igreja era que o governo concedesse subvenções a associações filantrópicas particulares. Em todo caso, prosseguiu a operação determinada a separar os verdadeiros e os falsos mendigos, instalando-se o Serviço de Investigação e Sindicância Domiciliar. As pessoas que viviam a perambular pelas ruas de Fortaleza, sem profissão definida ou sem nenhuma ocupação remunerada, assim como as famílias dispersas em miserável condição de vida, eram todas recolhidas, medicadas e alimentadas até que se recuperassem e se lhes dessem um destino: eram levadas de volta para o interior ou, senão, um trem da Rede de Viação Cearense as transportava para os campos agrícolas de Santanópole, Crato e Iguatu, onde se reclamava da falta de braços para as atividades do setor[63]. Falou-se que mudara o aspecto da cidade em decorrência de tais medidas, dissolvendo-se o *enxame de pedintes, verdadeiros ou simulados, que estendiam a mão ao transeunte, e até, às vezes, em súplicas berrantes, que ofendiam o amor próprio do nosso povo*[64]. Falou-se, falou-se. Mas quem não sabia que a precariedade do trabalho agrícola, mais a escassez das chuvas, iam de novo expulsar muitos do campo? Corriam para a cidade, e quando não conseguiam ultrapassá-la em direção ao norte ou ao sudeste, restavam nas ruas disputando com os vendedores ambulantes os espaços da expulsão. Divulgava o jornal *O Povo* de 5 de agosto de 1948, que estes ainda resistiam à perseguição contínua, insistindo em sobreviver da venda de bugigangas em diferentes pontos do centro de Fortaleza, depondo contra a cidade *(sic)*. Na verdade, e talvez sem nenhuma consciência disso, teimando em demarcar um limite que foi fluido desde o começo dos tempos, entre o trabalho de mascate e a mendicância, afinal egressos, biscateiros e mendigos, do mesmo ponto de partida[65]. Os novos tempos, contudo, teriam de especializá-los, cada um no seu papel e na sua forma, embora a sociedade já começasse a expressar explicitamente o reconhecimento de que eram, uns e outros, os filhos gestados numa mesma placenta abortiva. O MENDIGO DO SERTÃO Zé Ferreira que venha nos contar as agruras de seu desempenho tanto numa quanto na outra dessas atividades. E quando uma criança-vendedora em qualquer cidade desse país hoje pede: "tia, compra pra me ajudar", repõe-nos a dor de nosso nascimento pela fenda nutrida do mundo, nós os bem-nascidos, benza Deus que é para não botar quebranto. E até compramos como se pedíssemos: *Senhor, livrai-nos da culpa desse pecado que não cometemos.* Mas quem cometeu? O Coronel Cordeiro Neto, prefeito de Fortaleza em 1958, falou por todos nós: "O comércio ambulante, por contingências insuperáveis, instala-se nas calçadas e nas coxias das nossas ruas centrais. É um comércio que tanto afeta e depõe contra a cidade, e é explorado politicamente. Contudo, não deve ser encarado como um caso de polícia, mas estudado e resolvido em moldes profundamente humanos. É, antes de tudo, um fenômeno social, próprio de uma cidade que ultrapassou de modo inesperado e sem base a sua capacidade de crescimento e meios de vida. O sol nasce para todos: os pobres mercadores também devem ter o direito de comerciar. Nunca, em tempo algum, se negou esse direito aos pequenos, aos humildes. A natureza do negócio que eles exercem é própria das condições em que vivem. Como 'quem não pode não se estabelece' os sem-recursos tomaram conta do comércio de rua, comércio ambulante que sempre gozou de ampla liberdade para agir em todo o perímetro urbano. O que se condena é a facilidade com que os vendedores ambulantes tornam o seu comércio fixo, com estacionamento permanente às portas dos estabelecimentos comerciais que pagam pesados impostos"[66]. De quem é a culpa? Ainda pergunta? Ora! "Não se estabelece quem não pode"! Em todo caso, nessa última metade do século já se dera a certeza de que tínhamos diante de nós «um problema social». E a sociedade toda se perguntava: Como combater o mal? Como combater o mal?. Diz assim de Fortaleza o cronista Pádua Campos, no ano seco de 1951: "Cidade dos Mendigos. [...]. A seca parcial que, este ano, atingiu o Ceará, agravando as condições de miserabilidade de sua gente, muito contribuiu para que a cidade se enchesse de tantos párias, numa clara advertência quanto ao sombrio de nossa situação presente, saturada, já, no que respeita à fome da grande maioria da população, lado a lado com a ganância voraz e nunca satisfeita dos negocistas sem patriotismo. E como combater o mal com eficácia? Dando asilo ao pedinte? Seria esta uma forma de combate sem significação, pois que se cinge a remediar apenas os sintomas da anomalia, quando a sua cura estaria em que se evitasse que a pessoa chegue até ao extremo de mendigar. Entre nós, porém, não se faz uma cousa nem outra. Os mendigos — verdadeiros e falsos — vivem a perambular pela cidade, recolhendo níqueis, sem que nenhum poder deles tome conhecimento. E o sertão, abandonado à própria sorte, morrendo aos poucos pela pobreza, continua enviando para aqui os seus inválidos, ao mesmo tempo que enxota para as plagas do sul os melhores elementos que possui, aptos a trabalhar e produzir"[67]. De fato, algo novo e muito abrangente estava acontecendo naqueles anos 50. Ocorria uma outra voragem, outros ventos que não só os da seca arrastavam as levas de sertanejos para as capitais: eram os ventos áridos da expansão capitalista na região Nordeste[68]. Foi assim que, ao final de duas décadas, pelos anos 70, a questão regional do Nordeste não era mais a da estagnação de sua economia, uma vez que a região acompanhara razoavelmente as taxas e o estilo de expansão capitalista no Brasil, havendo no campo a mesma mecanização e desemprego que existia no país como um todo. Já na seca de 1951, a mendicância passou a ser identificada diretamente com o êxodo rural, falando-se então nos "deslocados da seca" como entes confusamente pressentidos que brotavam da nova ordem que aqui começara a se instalar. Não eram mais os «retirantes» apartados temporariamente do seio estéril da natureza, e também não eram mais os «flagelados» açoitados nas vastidões dos latifúndios pela aragem da seca. Eram agora os «deslocados da seca» que corriam para a cidade porque tinham ouvido falar pelo rádio que aqui havia recursos, des-locados em busca de se alocarem. Onde? Houvera muitas placas, sim, nas fachadas das indústrias novas, nas obras da constução civil, solicitando: Precisa-se de. E vinham chegando às carradas. Diz que os próprios prefeitos do interior, acossados pela vaga, alugavam caminhões e mandavam soltar aqui. A Hospedaria Getúlio Vargas sofreu horrores nessa época. O Sr. Expedito, hoje funcionário aposentado dessa instituição, contou que não tinham mais como acomodar o número excessivo, que era um verdadeiro exagero. Em novembro de 1958, esse número ultrapassou os onze mil. Foi aí que o ministro Lúcio Meira, da pasta da Viação, encaminhou ao presidente da República uma exposição de motivos, na qual sugeria providências. O presidente então, em despacho do dia 5 de novembro desse ano, na mesma exposição de motivos, determinou que daí em diante todos os navios que atracassem no porto do Mucuripe estariam obrigados, isso mesmo, obrigados, a conduzir flagelados da referida Hospedaria[69]. Em um desses navios, o Almirante Alexandrino, dona Maria Paula de Sousa, durante a viagem, deu à luz duas meninas gêmeas. Somente uma continuou a viver e a mulher flagelada viu ser jogado ao mar o corpo de uma das crianças. O que se diz é que não chorou porque já estava acostumada a sofrer e que falava bem baixinho enquanto balançava a sobrevivente: "Se tu tem que sofrer tudo que tuas irmãs sofreram, acho que Deus devia era te matar também". Mas a menina passava bem e seus oito irmãos queriam que ela vivesse para brincar com eles. Alexandrina foi o nome que a mãe lhe deu em homenagem ao navio Almirante Alexandrino que, segundo diziam os flagelados, viera para tirá-los do inferno[70]. Ninguém sabe se por onde andou alguma vez encontrou seu pedaço de céu. Sabe-se é de uma certa dona Alexandrina que desceu de Quixadá no ano seco de 1981, e que com o marido e quatro filhos — o mais novo dos quais um menino com vinte dias de nascido era a principal preocupação da mãe, uma vez que, naquele mesmo dia, acabara a lata de leite que uma moça lhe dera e daí em diante ele teria de comer angu de água com farinha — eram os primeiros "migrantes a fugirem da seca para viverem como favelados", conforme noticiou o jornal *O Povo* do dia 16 de agosto de 1981. Havia quatro meses que chegaram a Fortaleza e formavam um núcleo de casebres contrastante com os edifícios da Rua Luís Ribeiro, no Monte Castelo, encostado no muro da Fábrica Iracema, antiga Brasil Oiticica. O sr. Francisco Mateus, marido de dona Alexandrina, agricultor, desempregado, que mantém a família com a venda de papel, papelão e alumínio velho que cata no lixo, teve muito medo de construir o barraco naquele terreno, "mas o rapaz daquela casa azul — diz apontando para uma residência próxima ao barraco — "disse pro mode eu fazer um lugarzinho para a família. Então a gente arrumou material e fez isso aqui": dois pequenos cômodos feitos com pedaços de tábuas, flandres, papelão, palha e pano velho retirados do lixo. Pensou em fazer uma cozinha, mas ainda não tem material e também receia que, de uma hora para outra, apareça alguém por aqui e mande desmanchar seu lar. Afinal, desconhece se o terreno é da prefeitura ou se é propriedade de particulares. Antes, a família de dona Alexandrina esteve no prédio da antiga Hospedaria Getúlio Vargas, onde naquele período de 80 veio a funcionar o Centro de Reintegração do Mendigo. Aí recebeu medicamentos, comida e até uma proposta para a ajuda de construção de uma casa: "A dra. Margarida perguntou se eu queria cinco milhões para comprar material para levantar uma casinha" — diz o marido de dona Alexandrina à reportagem. "Ela disse que eu pagava só um milhão. Mas eu pensei e tive medo de não poder pagar. Agora estou arrependido. Se tivesse aceito, hoje eu tinha um cantinho para a família. A doutora disse até onde eu podia levantar uma casinha. Era perto de um rio que eu não sei dizer onde fica". Onde poderia mesmo ficar o lugar de dona Alexandrina, a que nasceu no mar? Me diga! E quem vai saber? Além dos navios, também apelou-se para os aviões. Foi. Eram aviões gigantes Geobs Masters que estavam servindo ao Ano Geofísico Internacional em Fernando de Noronha. Então houve uma solicitação diplomática para que esses aviões fossem cedidos por alguns dias para o transporte de flagelados, uma vez que cada um deles poderia transportar, de uma só vez, trezentas pessoas, o que iria num instante desafogar a Hospedaria[71]. O que foi feito de tantos «deslocados»? Teriam encontrado local? O Sr. Fernando Negrão, diretor da Divisão de Hospedagem do Instituto Nacional de Imigração e Colonização, dizia que na ilha das Flores era um bom começo, aí seriam entrevistados individualmente, receberiam excelente tratamento e teriam cada um de seus problemas resolvido. De lá da ilha das Flores é que definiriam seus destinos: os chefes de família poderiam escolher entre São Paulo e Paraná; já para o Rio de Janeiro só poderia ir quem tivesse parente estabelecido e em boa condição financeira. Brasília, nem pensar!, só recebia os solteiros e assim mesmo já estava saturada[72]. Afinal, eram muitos. Entre os meses de janeiro e junho do ano de 1958, a Hospedaria registrou um movimento de entrada de 23.300 flagelados, dos quais 10.218 viajaram, 1.344 desistiram, 571 morreram e 11.177 continuavam aguardando embarque[73]. Saíam de uma guerra para entrar em outra. As impressões de um repórter à margem da Rede de Viação Cearense eram de que "os vagões conduziam, na ida como na volta, contingentes de flagelados, que vinham de deixar os seus roçados e demandavam novas paragens. Em cada estação aumentava o número dos deslocados da seca. Ouvia-se a cada instante, o tilintar da vasilha acompanhada da súplica: uma esmola... Inconformados com a indiferença dos viajantes, penetram nos carros da composição exibindo nas faces e nas vestes o estigma dilacerante da miséria e da fome. Tem-se a impressão que viajam nos trens refugiados de guerra, egressos de um campo de concentração, tão grande é o alvoroço"[74]. Quanto aos que ficaram, iam pouco a pouco ocupando os subúrbios da capital, aí escondendo sua fome sem gemer, estóico exército perfilado aguardando ouvir o apito das fábricas para entrar em marcha — era a então denominada «pobreza envergonhada», aquela que, no dizer do Padre Leopoldo Fernandes, sofria mais do que os mendigos "que tinham sua válvula de consolação na pequena moeda recebida na mão, e no desafogo da voz que sabe bradar aos transeuntes"[75]. Por isso acorria o padre em sua defesa: "Pobreza envergonhada [...]. A designação não é humilhante como pensa certa gente, mas é triste. Jesus Cristo beatificou a pobreza, e ele mesmo foi pobre, tão pobre que uma toca que não falta à raposa quando quer dormir, faltou ao filho de Deus. A pobreza é, realmente, uma bem-aventurança, uma glorificação para o homem de alma sadia. Houve quem a considerasse como esposa de Jesus Cristo que, morrendo, a deixou viúva até que apareceu em São Francisco de Assis o modelo de homem que deveria ser seu segundo marido.

Agora está novamente viúva, e esta sua viuvez a vai arrastando por caminhos bem árduos, onde as dificuldades se multiplicam, os desgostos a devoram e a consome um tédio inexorável. É que o mundo a quer assim, e tudo tem feito e está fazendo para exilá-la do seio da sociedade que lhe desconhece sua marca divina que a transfigura na própria imagem de Deus, e olha para suas gloriosas cicatrizes com a mesma repulsa com que contempla uma abjeção moral"[76]. O fato é que a manifestação dessa categoria social suscitava a preocupação dos governantes e uma outra postura no seu trato. Já o secretário de Segurança Pública do Ceará, Coronel Murilo Borges, prometia diminuir o número dos que sempre incomodavam a tranqüilidade da cidade, mas agora numa "ação mais discreta e humanitária, sem criar ambiente de terror"[77]. Mediante uma parceria entre a Prefeitura de Fortaleza, a Secretaria de Polícia e o Serviço Social do Governo do Estado, instituiu-se um programa que fazia a apreensão diária de uma cota de cinco mendigos a serem remetidos ao Abrigo Meneses Pimentel por um período de três a cinco dias, o tempo em que eram tratados e entregues de volta à família, enviados a seus municípios de origem, internados em asilos, ou hospitalizados em caso de doença. Alguns trechos centrais da cidade foram interditados aos mendigos, como os perímetros compreendidos entre a Rua Conde d'Eu, a Rua 24 de Maio, e da Avenida Duque de Caxias até o Passeio Público, com o objetivo de "esconder a miséria que parte dos nossos subúrbios e vem mostrar-se no centro da cidade"[78]. Porém, a decisão de estender a busca de mendigos aos diversos bairros de Fortaleza[79], demonstrava que a questão já não era mais percebida como uma simples questão de estética urbana, mas um problema social que se espalhava. Tanto é assim que agora a campanha também incluía a ajuda institucional para que tivessem uma oportunidade de trabalho, quer no setor privado, nas residências ou nas repartições públicas[80]. Por outro lado, havia já algum indício de organização civil, tendo a Câmara Municipal de Fortaleza recebido um memorial do presidente da Associação de Assistência aos Moradores Abandonados pedindo recursos para a conclusão de sua sede própria[81], assim como emitido um projeto de lei relativo à liberação de um auxílio de vinte mil cruzeiros para a Sociedade de Proteção à Pobreza Envergonhada[82]. Portanto, coisas novas aconteciam, mudavam as mentalidades, ah, isso mudava. Quando dona Darci Vargas veio ao Ceará inspecionar as obras de assistência social mantidas pela LBA, na seca de 51, saiu daqui deveras impressionada, e, segundo ela mesma, "levando no coração a imagem do sofrimento", ao verificar, pessoalmente, "a fibra do sertanejo que, resignado, sofre confiante nas providências de seus irmãos de outras regiões do país"[83]. O que já corria na boca do povo, porém, é que "barriga seca não espera por promessa", que é como se despediam os homens de suas esposas, os filhos de suas mães, os pais de seus filhos, deixando-os em completo abandono e inconsolável pranto, não havendo, contudo, nesse precipitado gesto, nenhum laivo de ingratidão, pois que os filhos da seca preferiam tentar recursos em outras terras a perecerem de fome no torrão natal[84]. As manchetes dos jornais no ano seco de 1958 anunciavam um grande espanto: "A massa humana amontoada na Hospedaria Getúlio Vargas já não suporta mais". "Grupos numerosos acorrem aos jornais para reclamar providências." "Passeata da fome vai bater às portas do palácio do Governo." "Agitam-se as concentrações de flagelados, cidades são invadidas, postos de abastecimento são assaltados e saqueados, reinam a intranqüilidade e a incerteza." O maior de todos os espantos, porém: "É a primeira vez que se registram fatos dessa natureza!" Era a primeira vez, sim, que tinham alguma visibilidade política as manifestações organizadas de resistência, tanto de grupos mais bem situados socialmente, como também dos próprios flagelados, que começavam a desconstruir a lógica binária «bom e mau» *versus* «assistência e policiamento» — embora não a rompendo de todo. Essas manifestações surgem no quadro de um movimento mais amplo de reivindicação não mais apenas de combate às secas, mas já na direção mais propriamente de um planejamento social[85] que levasse em conta o problema da desigualdade regional, tirando o Nordeste de sua estagnação secular, incluindo-o no processo de desenvolvimento brasileiro sediado no Centro-Sul. Tinham como pano de fundo as grandes mudanças estruturais que ocorriam naqueles anos, marcadas pelo crescimento urbano e pela rápida industrialização, que ampliavam o mercado para os produtos agrícolas e a pecuária e levavam a uma alteração nas formas de posse e de utilização da terra. Esta passou a ser mais rentável, ocasionando a expulsão dos antigos posseiros e a elevação dos preços dos arrendamentos. O movimento de reação não tardou. Teve início com o surgimento das Ligas Camponesas, como posteriormente, em sua explicitação de classe nos anos 60, ficaram conhecidas as primeiras reações dos foreiros das plantações de cana em Pernambuco, ao fim de 1955; mas a evidência cotidiana e imediata dessa brotação política vinha diariamente estampada em notícias assim: "Operários do serviço de emergência localizado neste município [de Saboeiro] invadiram um fornecimento local, de onde carregaram todo o estoque de gênero alimentício ali existente. Desde ontem, ondas sucessivas de famintos avançam sobre esta cidade, ameaçando saquear o comércio local, sem que haja sido adotada, até agora, qualquer providência para debelar a aflitiva situação"⁸⁶. Os des-locados — não propriamente da seca, mas da nova ordem capitalista moderna — queriam a definição de seus espaços: na terra, no alimento e no voto do analfabeto, reivindicado por estes tempos. Não faltou quem dissesse que aquilo era coisa de comunista. Pois aqui bem pertinho, no município de Sobral, no dia 18 de junho de 1951, foram presos quatro deles entre os flagelados, insuflando-os ao roubo e à desordem, distribuindo boletins subversivos à ordem. Foi isso mesmo. O delegado de Sobral mandou uma escolta de soldados trazê-los à Fortaleza, e mandou junto um ofício explicando, além da razão pela qual foram presos os quatro comunistas, o perigo que se constituem a liberdade e permanência dos referidos indivíduos naquela cidade. Os presos eram: Francisco das Chagas Aldemiro, criminoso e sentenciado; Lauro Alves, Francisco de Paula Vaz e Hermes Pessoa Cunha Filho. Dos quatro, o primeiro era, segundo o ofício do delegado regional de Sobral, o mais perigoso, sendo em sua casa que se realizavam as reuniões e se traçavam os planos subversivos à ordem pública⁸⁷. Tamanho era o perigo que a revista *Life* se encarregou de dizer ao mundo que Francisco Julião e os camponeses brasileiros eram "a combinação revolucionária potencialmente mais explosiva da América Latina [...]. A conjunção dos dois elementos não é obra de Castro ou do comunismo. Foi determinada por velhos e simples fatores — a miséria e a compaixão"⁸⁸. É como disse Inaiá de Carvalho: "a imagem tradicional de uma região de retirantes, vítimas da seca e da inclemência do campo, cedeu lugar às preocupações com um Nordeste transfigurado em um barril de pólvora, prestes a explodir na violência das tensões sociais"⁸⁹. Mas aí tinha de salvar antes que explodisse. Foi o que se fez. Em 1955, na cidade do Recife, o Partido Comunista Brasileiro propôs um Congresso de Salvação do Nordeste, que se realizou com grande envolvimento popular e de intelectuais, contando com apoio de diversas tendências políticas, de governadores nordestinos, de parlamentares, e ainda sob a mensagem de saudação especial do Presidente Juscelino Kubitscheck. As conclusões desse Congresso apontaram a luta pela industrialização e pelo planejamento para o desenvolvimento regional, na direção das quais se nortearia a linha de ação da Sudene no momento de sua criação, quatro anos depois. O teor do Congresso de Salvação estava na crítica às políticas hídricas do Dnocs⁹⁰ e na exigência de outras formas de intervenção estatal que configurassem uma proposta de desenvolvimento para o Nordeste, cujo fundo político punha no primeiro plano do confronto as representações de duas frações de classe em luta pela hegemonia — a oligarquia agrária nordestina e a oligarquia industrial do Sudeste. Os des-locados, porém, não estiveram ausentes da acomodação das novas forças, começando como estavam, a se constituírem publicamente como classe, manifestando já o reconhecimento do seu outro. Luís Gonzaga e Zé Dantas espalharam o eco das novas vozes cantando:

> Seu doutor, os nordestinos
> têm muita gratidão
> pelo auxílio dos sulistas
> nesta seca do sertão.
> Mas, doutor, uma esmola
> para um homem que é são
> ou lhe mata de vergonha
> ou vicia o cidadão.
> Dê serviço ao nosso povo
> feche os rios em barragem
> dê comida a bom preço
> não esqueça a açudagem
> livre assim nós da esmola
> que no fim dessa estiagem
> lhe pagamo inté os juro
> sem gastar nossa coragem.

Anos depois, em 1990, não morto de vergonha e nem de vício — quem sabe?, agarrado como podia a uma forma de sobrevivência que lhe indicou lá seu modo de viver intuitivamente penetrado pela política — um casal de mendigos bate às portas das residências em Fortaleza pedindo — ou reivindicando? — uma ajuda mediante a apresentação de um recorte de jornal em que era a matéria viva da reportagem sobre população de rua. Eram já outros tempos, podíamos aí contabilizar o que fora perdido, mas também o que seria salvo. Ganhos? Até a voz que se ouviu cantar nos anos 90 dos jovens Skank dançando em ritmo *reggae* o cansaço pela ubiqüidade da brasileira miséria. Eis o espetáculo, Senhores e Senhoras!:

Na bateria, Haroldo Ferretti; no teclado, Henrique Portugal; no baixo, Lelo Zaneti; na guitarra, Samuel Rosa; e na voz, Samuel Rosa e Chico Amaral:

ESMOLA
> Uma esmola pelo amor de Deus
> Uma esmola, meu, por caridade

Uma esmola pro ceguinho, pro menino
Em toda esquina tem gente só pedindo

Uma esmola pro desempregado
Uma esmolinha pro preto pobre doente
Uma esmola pro que resta do Brasil
Pro mendigo, pro indigente

Ele que pede, eu que dou, ele só pede
O ano é mil novecentos e noventa e tal
Eu tô cansado de dar esmola
Qualquer lugar que eu passe é isso agora

Eu tô cansado, meu bom, de dar esmola
Essa quota miserável da avareza
Se o país não for pra cada um
Pode estar certo
Não vai ser pra nenhum

Não vai não, não vai não, não vai não
No hospital, no restaurante
No sinal, no Morumbi
No Mário Filho, no Mineirão
Menino me vê, começa logo a pedir
Me dá, me dá, me dá um dinheiro aí!

Daquele 1955 e seu Congresso de Salvação, havia surgido a proposta de desapropriação das terras a jusante dos açudes e barragens públicas, evidenciando que a questão da água não era mais apenas um problema da natureza a ser resolvido pela técnica. Festejávamos na época as primeiras experiências de chuvas artificiais — dizendo-se por aqui que, se havia Deus para dar as chuvas, também havia a inteligência dos homens para obtê-las — assim como a instalação da primeira estação meteorológica pela Universidade Federal do Ceará, que daí em diante poderia advertir em tempo sobre a aproximação das estiagens[91]. Era mesmo uma outra espécie de conhecimento sobre o sentido das águas que chegava e que corria até bem além do maior leito seco do mundo — o Jaguaribe, essa nossa façanha — encontrando-se com as enxurradas que desciam de lá do outro lado da nação brasileira. Transmutaram-se as águas, de agora em diante eram outras que iriam rolar. Pois foi aí que a menina gaúcha — conforme ela mesma me contou, quando anos depois veio viver no Ceará e só então soube o significado daquilo[92] — ouviu falar pela boca do pai, militante trabalhista, de um certo povo que vivia com graves problemas de falta de água. Era que a Confederação Nacional dos Círculos Operários, reunida em assembléia-geral, após telegrafar a Juscelino alertando-o para que fossem postas em prática todas as providências necessárias para a extinção definitiva das secas do Nordeste, mesmo à custa da completa paralisação de outros empreendimentos supérfluos de embelezamentos e comodidades, decidiu que os estados do Sul entrariam em contato com os seus respectivos Círculos Operários para, numa tarefa conjunta, conseguir auxílios em dinheiro, roupas ou alimentos, a fim de aliviar a situação no Nordeste[93]. De trabalhador para trabalhador, uma clara manifestação da solidariedade de classe. Muitas outras mobilizações da sociedade civil aconteceram naquela década, como o Encontro dos Bispos do Nordeste, realizado em 1956, em Campina Grande, Paraíba, que tratou de reivindicar um tratamento especial para o Nordeste, mediante as reformas sociais, e os Encontros reunindo políticos, empresários e intelectuais, em Salgueiro, em 1958, e Garanhuns, em 1959, este promovido pela Confederação Nacional da Indústria, com a participação do presidente da República. Mas o Nordeste ainda doía como a Espanha de Unamuno. Conta-se que uma criança aqui em Canindé, em meio ao suspiro da morte perguntou: "mãe, no céu tem pão?". E diz que a mãe respondeu que sim. O ministro da Viação José Américo de Almeida, na seca de 1951, chegou a pensar que só a Igreja teria meios de atender à obra de assistência social de que necessitava o povo naquelas circunstâncias. E, naquela ocasião, a primeira providência que tomou foi entregar a cada bispo da região uma quantia farta em dinheiro para que fizesse a distribuição da caridade[94]. Talvez tivesse razão, sim, porque há um momento crucial que escapa aos aparelhos administrativos, ao planejamento e às obras, aquele que repõe a tensão mais anterior da moral natural: é o momento puro e simples da misericórdia pelos que estão morrendo à míngua, este que "nos inspira uma repugnância natural por ver perecer ou sofrer qualquer ser sensível e principalmente nossos semelhantes"[95]. Os anos 50 pareceram querer pular sobre isso, era uma outra razão que se queria fazer prevalecer. Não que fossem desaparecer de todo as motivações primitivas, quer ligadas à Igreja ou não. Por muito tempo, e ainda hoje, continuamos a ler as páginas da história da pobreza escritas pelas senhoras caridosas, pelas instituições filantrópicas e pelos grupos remanescentes das ordens mendicantes. Mas havia uma passagem, uma mudança que tomava corpo a partir daquela segunda metade do século. A reportagem do jornal *O Povo,* em 28 de julho de 1976, diz tudo isso assim: "Pão dos Pobres: enquanto não chega o INPS". Desde 1975 já fora instituída em todo o país a Renda Mensal Vitalícia, que correspondia a meio salário mínimo regional e chegava em carnê pela rede bancária. Fazia jus ao benefício aquela pessoa com mais de 75 anos de idade, ou sem limite, no caso de ser inválida, que tivesse contribuído para a Previdência Social por um período corrido de doze meses, ou 24 alternados. Além do dinheiro, o beneficiário também tinha direito à mesma assistência dos demais segurados do Instituto. O benefício era pessoal e cessava com a morte. No Ceará, existiam 60.860 pessoas recebendo essa renda no ano de 1976. Pois, muitas vezes, estas pessoas eram os mesmos pobres inscritos na distribuição semanal de esmolas, uso tradicionalmente conhecido como «pão dos pobres» das paróquias de Nossa Senhora das Dores, em Otávio Bonfim, e Coração de Jesus, no centro de Fortaleza. Dona Jacira era a encarregada da distribuição na paróquia de Otávio Bonfim. Diz que para ali se deslocavam pobres de todos os pontos da cidade, até mesmo da Aldeota. Dona Jacira, quando ouvia alguém pedir*:* "Dona Jacira, me dá o da dona Raimunda, que num tá podendo andar", ela entregava sem titubear, mesmo diante da possibilidade de que dona Raimunda não existisse. "Afinal" — ela explica — "era tudo para eles mesmo"[96]. Claro, essa dimensão do mundo não se orienta pela lógica biunívoca da burocracia do carnê de pagamento — isto é, quando a corrupção ainda não tomou posse — sendo muito mais abrangente, tocando elementos arcaicos de motivação da dádiva. Pois a partir daqueles anos 50, era como se a História fosse substituir esses sentimentos. E até se estabeleceu uma meta quantitativa, seriam cinqüenta anos em cinco, diretamente do atraso para o progresso, da natureza para a civilização. As indústrias novas em folha, propagandeadas nos semanários ilustrados e noticiários de cinema, os automóveis nacionais rodando na rua, o imenso canteiro de obras em Brasília — uma arquitetura que passava por ser a mais moderna do mundo, e um presidente sorridente com um capacete operário na cabeça inspecionando tudo pessoalmente. E o povo pobre e esperançado chegando, chegando[97]. Quem não acreditou? Relembrando o período, Celso Furtado observa que naqueles anos pareceu possível uma arrancada recuperadora, que tirasse a diferença que nos separava dos países adiantados[98]. O pulo durou quarenta anos e por pouco não nos despedaçamos inteiros. Como se diz: nem mel nem cumbuca. Nem INPS e nem pão dos pobres. A reinvenção da solidariedade, hoje, no movimento geral e abrangente da sociedade brasileira que se mostra na Ação da Cidadania contra a Miséria e pela Vida, demanda mais esforço — "é preciso separar o trigo governamental estocado nos armazéns, do pão da solidariedade da sociedade civil", como disse o Betinho[99]. O importante é que retoma agora aquele sentido fundamental: porque parte da ética, porque desta vez deixou de ser uma reivindicação por caridade pública para ser a própria política, forma motivada na moral natural e disposta a propor um novo contrato, a inventar um novo conceito de cidadania[100]. É, enfim, um movimento de solidariedade à vida e pode representar uma luz no fim do túnel. Mas naqueles anos passados era tamanha a euforia desenvolvimentista, que até os céus se empenharam. Os Senhores me acreditem que, depois da seca de 1958, tivemos chuvas por toda a década seguinte, a próxima estiagem só aconteceu em 1970 e aí o sertão já tinha mudado completamente, "tinham-se aberto as comportas que represavam a população sob o guante das velhas estruturas agrária e industrial e, como uma onda gigantesca, praticamente toda pessoa válida foi incorporada ao mercado de reserva de mão-de-obra para os novos empreendimentos capitalistas na região"[101]. Os des-locados da seca haviam, enfim, encontrado os seus lugares por indicação da Sudene: o capital vinha da dedução do imposto de renda das empresas mais importantes do Sudeste, e até de multinacionais, e aqui os alocava bem dizer a custo zero, uma beleza, emprego para todos, ninguém precisava mais correr mundo afora em pau-de-arara para se defender da fome da seca e encontrar um meio de vida. Agora, o excedente populacional se convertia maciçamente em reserva de força de trabalho dentro da própria região. Aquele povo viu aquela fartura — era tanto trabalho!, eram tantos projetos! — e até acreditou no milagre, um milagre nordestino, assim diz Francisco de Oliveira: o de que, em 1972, 89% do aumento do emprego assalariado ocorrera na faixa dos que ganhavam até um salário mínimo![102]. Nunca ouviu falar que de esmola grande o cego desconfia? Pois que desconfiasse! Nessas condições, vai fazer diferença — me diga — a não ser de tipo estatístico, entre quem trabalha e quem deixa de trabalhar? Digo assim em relação à marcada tendência para piorar a distribuição de renda, que já no começo da década de 70 era mais concentrada nas cidades nordestinas do que no campo[103]. Mas diferença fez muita do ponto de vista das representações, pois cada vez foi ficando mais longe aquela certeza de que a fome era só uma ingratidão da natureza. Isso a gente vê até na mudança dos nomes que as populações despossuídas foram recebendo ao longo dos anos: de «retirantes» desde o começo das notícias sobre as secas, passaram a «flagelados», na seca de 1915; que passaram a «deslocados da seca», na seca de 1951; que passaram a «migrantes» nestes anos 70 e nos próximos 80; e que passarão a «mendigos sazonais» na seca de 1989-1993. São estes os que tiveram de fazer o percurso de volta ao se depararem com a tabuleta virada em que agora está escrito: Não temos vaga. Sua versão minoritária assistida pelo estado passou a ser «cliente» na Unidade de Abrigo do Departamento de Assistência Devida da Secretaria do Trabalho e da Ação Social do Estado do Ceará, no lugar onde era a Hospedaria Getúlio Vargas. Ao passo que a maioria é hoje a «população de rua» em qualquer pedaço do território nacional. E assim, nacionalizado e público, idêntico a todos os outros, eis que o nordestino pobre do campo conheceu a sua outra face, a sua verdadeira face. Isto acontecendo — ainda que a seca continue a ser um dado muito forte e muito presente na representação que ele tem de si mesmo — a identificação com o pobre brasileiro que ele se vê na condição de fazer a cada estação de tempo e lugar, acaba sendo a enunciação de um novo patamar político, potenciador de uma negação da negação. Porque agora é uma negação radical e não mais aparente da pobreza que está se desenvolvendo. Ou seja, identificando-se cada vez mais genericamente com o brasileiro pobre, o pobre nordestino do campo já não o faz afirmando esta condição particular que só aparentemente negava a pobreza como totalidade. Até há bem pouco tempo atrás, corria entre nossa gente uma brincadeira em relação à nossa forma craniana achatada como sendo o resultado de longos e contínuos toques da mão pesada do pai aconselhando o filho: "Cresce, menino, e vai-te embora para São Paulo". Agora não nos iludimos mais, sabemos por experiência própria o teor do pertencimento à grande nação brasileira dos «sem-terra», dos «sem-teto» e dos «sem-trabalho». Os anos 70 vieram três vezes em seca: em 1970, em 1976 e em 1979 indo até 1983. Mas daí em diante não se distinguiam tanto como antigamente os períodos de estiagem dos demais. A sociedade estava coberta pelo Grande Plano de Integração Nacional que não admitia dúvidas. E o Milagre estava ali para provar: punha-nos a todos nós sob a ação de suas graças, comensais de um bolo que crescia muito e aguardássemos ser servidos, façam favor. Pobreza? Psiu! Ninguém nunca ouviu falar, imagina! Todos os dias, a feliz esposa de João, que fora trabalhar em Itaipu, repetia nacionalmente pela televisão: "João disse que a gente se sente grande trabalhando numa coisa grande". Quanto aos trabalhadores nordestinos da região da seca — aí não se falava mais tão retumbantemente em flagelado da seca, e isso talvez fosse já um sinal que emitia o trabalhador do campo na sua constituição de classe — seriam recrutados pelas firmas empreiteiras para a construção da Transamazônica, cujo contrato com o governo federal previa que elas fossem as responsáveis pela fixação dos primeiros núcleos de colonização e integração, devendo oferecer as benfeitorias de água e luz, construção de residências para engenheiros, demais empregados e suas famílias, construção de escolas primárias, postos de saúde, agências do Banco do Brasil, postos de comunicação, posto do Ministério da Agricultura, posto de reserva de material agrícola, postos da Cibrazém e da Cobal, olaria e serraria[104]. Para a consecução da obra de integração, o governo federal fez uma modificação no procedimento de aplicação dos Artigos 34/18 — (mas o Engenheiro Elizeu Rezende, diretor-geral do DNER que projetara a grande via, assegurava que a Transamazônica não retiraria recursos do Nordeste) — de modo que uma parte dos incentivos deixaria de ser aplicada pela iniciativa privada, passando a sê-lo pelo governo federal da seguinte forma: 6% para construção de rodovias e 24% para obras de infra-estrutura visando a colonização e a expansão da fronteira agrícola nordestina. Riqueza havia muita! O Dr. Elizeu Rezende dizia que os vários projetos ao longo da estrada representavam enorme potencial econômico. Diamante e minério de ferro eram encontrados aí em quantidade superior ao quadrilátero férrico de Minas Gerais, além de que terras fertilíssimas serviriam para colônias agrícolas na região do Xingu, nas proximidades de Altamira. E concluía com entusiasmo que "o homem nordestino será o construtor da grande rodovia de integração"[105]. O rádio levava muitas notícias ao sertão sobre o Plano de Integração Nacional, cujo projeto principal, do ponto de vista da absorção de mão-de-obra nordestina, era justamente a Transamazônica. Consta que em diversos municípios da zona norte do estado do Ceará, como em Massapé, levas e levas de minifundiários e trabalhadores rurais estavam liqüidando seus poucos haveres por pouco mais ou nada, fretando paus-de-arara e se largando para o Norte, em meio ao desconforto e à incerteza, havendo caminhões que conduziam, de uma só vez, até oitenta passageiros, o que oferece uma idéia, por si só, dos sofrimentos enfrentados no curso da viagem. Mas lá se iam, aventurando e enfrentando as regiões desconhecidas, numa cega procura da sorte, como redivivos argonautas em busca do velocino de ouro[106]. Houve a celebração de um convênio entre o governo estadual do Ceará e a Superintendência de Desenvolvimento da Amazônia, com o objetivo de organizar a emigração nesse período, o qual previa que viajassem apenas as pessoas que tivessem parentes nos estados do Norte, sob a garantia dos órgãos de segurança do governo federal, que fazia sérias exigências quanto ao transporte delas. Mesmo assim não faltaram denúncias sobre o tráfego clandestino. No município de Jaguaruana, a Polícia Federal instalou inquérito para apurar denúncias de que vários caminhões estariam levando carradas e carradas de agricultores pobres sob a promessa de que o governo oferecia terra e trabalho aos emigrantes[107]. Terra e Trabalho! O sonho começava a ser esboçado e a magia dessas palavras seria posteriormente expressa na luta do Movimento dos Sem-Terra, que cansou de esperar promessas. O Plano de Integração Nacional também se realizava localmente, mediante inúmeros projetos executados no interior das regiões. Foi assim que, em agosto de 1970, desceu ao sertão do Ceará uma comissão de senadores para um contato pessoal com os técnicos e trabalhadores do Projeto de Irrigação de Morada Nova, dada a sua importância, enquadrado que estava como etapa fundamental no Plano de Integração Nacional[108]. Pois então? O combate à seca não era uma coisa diferente do Grande Plano, fazia parte, entende? Bastava inscrever os objetivos, assim: "Fazer observações aos trabalhos de combate à seca, pela Sudene, e encaminhar as medidas que se enquadram no esquema geral do Plano de Integração Nacional"[109]. Pronto. Seguiram-se muitos projetos. A partir da seca de 1970, o governo instituiu o Proterra e o Programa Especial para o Vale do São Francisco. O primeiro pretendia promover uma reforma agrária pacífica no Nordeste por meio da compra de terras aos fazendeiros, de modo espontâneo e ao preço de mercado. Dizem que esse programa transformou-se em um grande negócio agrário para os fazendeiros, que assim podiam desfazer-se de suas terras inférteis por bom preço, além de terem valorizadas as propriedades que conservavam. Dizem também que depois, sob pressão dos fazendeiros, o Proterra transformou-se claramente em um instrumento de modernização agrícola, sendo, no período de 1971 a 1977, a principal fonte de crédito rural subsidiado para os latifundiários[110]. Em 1974 surgiu o Polonordeste — Programa de Desenvolvimento de Áreas Integradas do Nordeste — que se assentava nos Programas de Desenvolvimento Rural Integrado, criados e implementados pelo Banco Mundial em diversos continentes, atuando em áreas especiais cujos efeitos podiam irradiar-se por outras. Esses Programas — conhecidos como PDRIs — propunham conjugar os esforços de vários órgãos estatais para promover, mediante a oferta de crédito, obra de infra-estrutura e assistência técnica, a modernização da agropecuária no meio de produtores familiares capitalizados que pudessem vir a ser a tão aguardada classe média rural, totalmente integrada ao mercado. Com o Polonordeste a estratégia esteve voltada para os médios produtores de alimentos de certas regiões, usando métodos modernos e fortemente subsidiados, como o caso do feijão em Irecê, na Bahia[111]. Quando caiu a seca de 1976 foi a vez do Projeto Sertanejo que, sendo próprio para atuar na área do semi-árido no sentido de proporcionar-lhe meios de enfrentar as estiagens, principalmente pela associação entre agricultura irrigada e agricultura seca, também esteve em plena vigência durante a seca de 1979-1983. Pretendia abranger, do pequeno produtor sem terra, ao pequeno produtor com terra, passando pelo médio produtor até chegar também ao grande. Como? Que critérios poderiam definir tamanha abrangência? O Ministério do Interior e a Sudene[112] faziam um cálculo mirabolante assim: "tendo como meta os quatro estratos — (I-Pequeno produtor sem terra; II-Pequeno produtor com terra; III-Médio produtor e IV-Grande produtor) — as ações concentrar-se-ão nas propriedades dos agricultores pertencentes ao estrato III. [...]. Os agricultores pertencentes aos estratos I e II poderão ser beneficiados pelo crédito fundiário, quando passarão a integrar o estrato III [...] mediante a incorporação de outras áreas [...] e, em tais condições terem acesso aos demais benefícios". Alguém ouviu falar nos resultados miraculosos desse processo de ascensão social? A que se destinava esse Projeto senão a reforçar a estrutura das propriedades rurais do Nordeste? Me digam. O fato é que, não chegando as chuvas em 1979, os trabalhadores que plantavam roça, sua ou cedida, viram-nas quase que completamente perdidas: do feijão perderam 67%, do milho 72%, do arroz 81%, do algodão 65% e da mamona 90%[113]. Em vista disso tiveram foi que se alistar nas frentes de serviço, o último ganha-pão, numa proporção que passava bem longe muito longe, de qualquer batente que os levasse para o patamar médio do Projeto Sertanejo: dos alistados em 1979, 20,1% eram pequenos proprietários — dentre os quais 59,9% possuíam menos de 20 ha, e 32,3% possuíam entre 20 e 100 ha — ao passo que 75% eram não proprietários, incluindo aí meeiros, posseiros, assalariados etc.[114]. Por fim, apareceu o Projeto Nordeste, implantado por imposição do Banco Mundial com a finalidade de incorporar os projetos anteriores, já considerados falidos. Este era muito mais ousado nos seus objetivos, propondo-se a erradicar a pobreza absoluta do Nordeste. Trouxe como novidade a destinação de recursos para os pequenos produtores — Programa de Apoio ao Pequeno Produtor, Papp — de forma que integrasse num todo os diversos problemas relativos à terra, crédito, financiamento, recursos hídricos etc., por meio do planejamento participativo que envolvia os agricultores em associações criadas por eles mesmos. Muitas foram as críticas a essa metodologia do Projeto Nordeste, dizendo-se que ela correspondia à necessidade de legitimação do Estado em período de crise, quando os trabalhadores começavam a romper os laços de dominação tradicional e se afirmavam como novos atores políticos, construindo suas próprias mediações. Segundo esta visão, o próprio mecanismo do planejamento participativo seria utilizado na cooptação dos movimentos sociais, já que a participação dos trabalhadores ficava relegada a certos espaços do micro, previamente concedidos pelo Projeto[115]. Certamente, do ponto de vista da estratégia global de modernização do capitalismo no campo, tantos projetos tiveram lá sua eficácia. E no meio deles, da eficiência que eles prometiam e divulgavam, dava para visualizar, assim à primeira vista, coisas como seca, miséria, fome, igual ocorria antes? Procurando muito ainda se podia encontrar uma notícia assim: "O menor de seis anos, Francisco Milton de Lima, é mais um que morre de envenenamento por macaxeira e seu irmão de quatro anos, Francisco Alberto, tem poucas possibilidades de escapar por haver também provado da auforbiácea, no bairro das Encruzilhadas, em Itapipoca. Os dois garotos são filhos do agricultor Manoel Araujo Lima — Manoel Tapera — que trabalha na propriedade de dona Dorlica Teixeira, arrancando mandioca para a ração do gado e, em face do estado de penúria da família, com algumas batatas de macaxeira alimentou os filhos. Manoel Araujo ganha uma diária de 2,00 para manter-se com a esposa, dona Raimunda Gomes, e seus dez filhos. Três vezes por semana ele arranca mandioca para ração do gado. No domingo, vendo a família com fome e sem ter outra alternativa, o agricultor reservou algumas batatas e levou para casa. Depois que os filhos se alimentaram, no dia seguinte, dois deles foram atacados por uma crise de desinteria seguida de constantes vômitos. Levados para o hospital da cidade, os médicos constataram envenenamento, tendo falecido o primeiro e o outro continua às portas da morte. O restante da família foi medicado e está fora de perigo"[116]. Além disso, fazia-se cuidadosa vigília para que as imagens da pobreza não perturbassem os propósitos do Plano. O repórter Souza Mendes, em Fortaleza, era um que mantinha esta atenção, preocupado porque havia por aí afora, "circulando no exterior, até em boca episcopal, uns certos boatos visivelmente intencionais para humilhar o nosso país, reduzi-lo à republiqueta de semi-antropófagos africanos. É essa estória de torturas a presos políticos, de genocídio praticado contra nossos pobres bugres remanescentes". E aí ele ficava a imaginar qual seria a nossa imagem lá fora, "se essa gente ou agentes da esquerda-volver de repente passassem a explorar, para seus fins inconfessáveis, o drama pungente da fome circulando nas ruas de nossas cidades ricas". E concluía com convicção que era preciso que se evitasse isto, quanto antes. "A miséria" — ele dizia — "ainda que ocasional, é péssima propaganda para um país como o nosso, exatamente agora que procura dar saltos mais seguros para deixar de ser o país dos coitadinhos"[117]. Mas não tenhamos dúvida de que a modernização da agricultura, de vários modos, rendeu seus resultados perniciosos ao sertanejo: na perda do acesso à terra nos casos dos posseiros e meeiros, na espoliação comercial, no aumento da renda da terra, na monetarização crescente da economia[118]. E quanto mais esse processo se intensificou, tanto mais os camponeses se tornaram vulneráveis às secas, até ao ponto em que, hoje, corridos para a capital a mendigarem o de-comer, são designados os «mendigos sazonais», como se a miséria social ocorresse por estação. Porém, ninguém se iluda: o «mendigo sazonal» Antônio Mulato sabe — e esse conhecimento que ele adquiriu é agora a sua grande fortuna — que desceu lá de Brotas, no interior de Miraíma, para a cidade de Fortaleza, não porque veio a seca de 1989 até 1993, mas porque se acabou o patrão, nas palavras lá dele, lembra que eu duzia? E isto muda fundamentalmente tudo. Tudo agora está inequivocamente explícito. E não foi por outra razão, senão porque o processo já se mostrava quase todo, que o pescador de açude no município de Senador Pompeu, Antônio Sabino dos Santos, no ano seco de 1976, ao ficar doente e não tendo dinheiro para comprar os remédios e nem mais o seu patrãozinho de quem se valer no sertão, correu à capital supondo que aqui encontraria recursos, conforme ouvira falar que era agora o preto no branco, uma ordem diferente, uns direitos novos. Mas — assim explicou dona Isaurina, sua mulher, que o acompanhava — como não tinha documentos e não contribuía para o INPS ou o Funrural, não conseguiu internamento nos hospitais de Fortaleza. Desiludido, Antônio Sabino encontrou uma pousada na estação do trem da Vila Manuel Sátiro, onde entre dois pilares armou sua rede e foi viver da caridade pública, enquanto esperava não se sabe se o trem para regressar, ou a morte. Em todo caso, esta chegou primeiro. Morreu na manhã do dia 17 de julho de 1976. Dona Isaurina não o viu expirar. Havia saído momentos antes para pedir auxílio e, ao regressar, só teve uma preocupação: a de conseguir uma vela para colocar na mão do finado. Mas nem isso obteve. Afinal, que passageiro lembraria de levar consigo uma vela para defunto a uma estação de trem? Às nove horas da manhã seu corpo deu entrada como indigente no Instituto Médico Legal, acompanhado de uma guia expedida pela Delegacia do 10.º Distrito Policial, de plantão. Só a polícia é que poderia sepultá-lo. Ficou lá a velha rede armada entre os dois pilares da estação, que o fotógrafo João Guilherme flagrara uma semana antes, reveladora de um momento da vida do sertanejo nordestino que foge e que procura. Estampou no jornal aquela imagem de tantas evocações e escreveu: "Embaixo, a lata vazia. Em cima, um homem vazio... de esperanças. O trilho, a solidão dos caminhos... o drama que se revive... a família que se desagrega. Uma imagem que poderia ser poética — o homem, a rede, o sono, a estação, o trem... — mas não o é. Ah, se fosse outra a sensação. Ah, se fosse outra vida". E conclui o fotógrafo: "Ainda assim, vale a espera, mesmo que seja ela a de uma simples ilusão"[119].

Poucos anos depois dessa morte, logo na seca seguinte, tão incisivamente estava feito o corte que o governador do Ceará, coronel Virgílio Távora, em reunião do Conselho Deliberativo da Sudene, no dia 18 de dezembro de 1981, apresentou moção ao Banco Central para que fosse permitido aos bancos que operavam na região seca excederem o limite fixado para as operações, ante a precária situação das empresas em decorrência da longa estiagem. A proposição do governador foi aprovada[120]. Quer dizer que agora os flagelados da seca eram as empresas? Que inexorabilidade era aquela que a tudo e a todos arrastava para o desígnio da natureza seca? Ah, homens mentirosos... E burros! Não vêem que assim condenam os pobres mas também a si mesmos? Vão talvez fosse o último esforço — ou ingênuo, alguém vai querer saber — naquele ano de 1976, da Arquidiocese de Fortaleza, ao se aliar ao estado e às classes proprietárias, a fim de que fosse encontrado não um paliativo para a situação, mas um lugar para o mendigo na sociedade. Sim, porque então a iniciativa religiosa parecia querer preservar o sentimento de compaixão que o Estado-beneficente não podia abranger. E a Igreja pôs-se à frente, como que fazendo uma passagem, ao imprimir o tom piedoso à forma secular de assistência do então Programa de Recuperação Social do Mendigo — Presme — em promoção conjunta com a Secretaria de Cultura, Desporto e Promoção Social do Estado do Ceará, e o Clube dos Diretores Lojistas. Por meio das diversas atividades paroquiais desenvolvidas pelos organismos integrados na Arquidiocese, entre os quais o Serviço Social, a Cáritas, a Campanha da Fraternidade e o MEB, esforçava-se na busca de solução tendo em vista a assistência, mas, mais que isso, a promoção do próximo marginalizado. Reconhecia, entretanto, ser vasto o campo e a necessidade de que seus recursos fossem multiplicados. Daí a ação conjunta com as instituições seculares[121], mas sem deixar de levar em conta que, à luz da fé cristã, o mendigo era um irmão que jazia à beira da estrada e perante o qual não era lícito passar indiferente: sua presença haveria de despertar o coração de bom samaritano que pulsa dentro de cada um. E mesmo reconhecendo que existiam mendigos aptos a exercer atividades, não o fazendo por preguiça, sabia que outros sofriam de limitações e deficiências, não devendo ninguém apressar-se no julgamento quanto à veracidade ou não de sua condição[122]. "Estive nu [...] estive com fome [...] estive doente [...] tudo quanto tiverdes feito a um destes meus pequeninos, a MIM o tereis feito" (Mt 25:35-45), citava em carta o arcebispo de Fortaleza, Dom Aloísio Lorscheider, aos vigários das paróquias, instruindo-os para que aderissem ao Programa. E dizia que, entre os numerosos problemas sociais que nos afligiam, merecia atenção especial o dos mendigos, pois que "a pobreza, em sua expressão extrema de miséria, trabalha tantos irmãos nossos, filhos como nós do Pai Celeste"[123]. Embora a expressão mundana de «falsos mendigos» também ali estivesse presente, como a pôr dúvida sobre o merecimento do cuidado dos homens, sendo mesmo definida tecnicamente pelos profissionais da assistência social como "aquele que se aproveita da caridade pública, que não necessita de viver pedindo mas o faz por comodidade", ainda assim esse mendigo não era considerado digno de menos cuidado. Ao contrário, este é que precisava ser incentivado a participar de atividades produtivas tanto em benefício de sua família quanto da sociedade. Recuperar era a palavra-chave, e o esforço de promover o mendigo, um só que fosse, devia ser dispensado por todos[124]. O Presme ficava assim, entre o céu e a terra, em busca "não de esmola, mas de um lugar para o mendigo na sociedade", como era seu lema. Era como que uma forma intermediária, como se não tivesse sido ainda dada a certeza de quem era o débito, se era de Deus ou se era de César. E, no meio a essa ambigüidade, o Programa iniciou uma campanha contra a doação de esmolas que, principalmente no início dos anos 80, pretendeu mobilizar toda a população de Fortaleza. Era feita por meio de propaganda educativa no rádio, televisão e jornais, assim como de *outdoors* espalhados na cidade pelo Clube dos Diretores Lojistas, que também instruía seus associados para que as telefonistas estivessem a postos e atendessem ao telefone com a seguinte mensagem: "Não dê esmolas, colabore com dona Luiza Távora no combate a esse mal social". (Em tempo: dona Luíza Távora era a mulher do governador Virgílio Távora.) Os empresários de ônibus também foram convocados a contribuir, proibindo que os motoristas permitissem o ingresso gratuito nos coletivos dos mendigos que pediam esmola aos passageiros por meio de cartões impressos[125]. O bispo auxiliar de Fortaleza, Dom Edmilson Cruz, entretanto, mesmo considerando que a doação de dinheiro de forma indiscriminada poderia ser um mal, era de opinião que se devesse descer às raízes da questão, ligadas a fatores de ordem social e econômica. Não queria mostrar-se um contestador, dizia, mas considerava seu dever de pastor chamar a atenção para o fato de que o problema dos mendigos tinha raízes profundas na sociedade. "A grande maioria" — completava — "não é mais de pobres, mas de empobrecidos". E mostrava-se preocupado quanto aos resultados de uma campanha que pretendia excluir de vez a caridade, entendida como todo gesto de bondade, amor, afeição e exemplo[126]. «Dar ou não dar esmola: eis a questão» parecia querer reviver aqui a grande polêmica herética do século XIV europeu entre católicos e protestantes, quando o espírito do capitalismo se encarregava de aprimorar a separação entre os dois reinos, fazia da pobreza um problema social e mal deixava antever o sentido da previdência como estado de bem-estar. Naqueles idos de 1532, um inquisidor de Lião, o prior dominicano Nicolas Morin, dissera que sua cidade teria mais a temer de um bando de hereges e infiéis do que de uma multidão de estrangeiros pobres[127]. Mas passados quase cinco séculos não se podia mais admitir a dúvida: que mandássemos sem nenhum remorso a grande fatura ao real devedor. E estando estabelecida a assistência como um direito civil e público, provavelmente a prática da dádiva teria já se transformado em questão de puro foro íntimo. Entretanto, quisemos nós grotescamente — (devia soar muito esquisito a pessoa ligar para uma loja e a telefonista responder dizendo: "Não dê esmola, colabore com dona Luiza no combate a este mal social"...) — fazer a re-edição da História. E todos fomos chamados a participar. Nas paróquias, a Arquidiocese fez distribuir folhetos explicativos à comunidade: "A mendicância não diz respeito somente ao mendigo. Diz respeito a mim, a você, a todos nós. É um desafio à administração pública e à comunidade. Você já refletiu sobre o problema? Sabe que circunstâncias levam o homem à mendicância? Nós somos responsáveis? E ele? Muitos mendigos sofrem de limitações e deficiências físicas ou mentais que os impedem da prática do trabalho. Estes, carecem de assistência em termos de ajuda financeira para alimentação e orientação para o atendimento de suas necessidades básicas: tratamento de saúde, problema de habitação, documentação para aposentadoria etc. Outros, contudo, são potencialmente aptos a exercer atividades lucrativas e não o fazem pela falta ou insuficiência de acesso aos bens, serviços, recursos de saúde, alimentação, trabalho, habitação e educação. São aqueles que necessitam de estímulo para se engajar no processo de recuperação social, através de treinamentos profissionalizantes, financiamento de recursos para uma ocupação rentável, programas de educação sanitária, familiar e social etc. A mendicância é, portanto, um problema social cuja solução depende da participação de todos"[128]. E muitos participaram: além da Arquidiocese e da Secretaria de Cultura e Promoção Social, o Presme contou com a representação de vários outros órgãos, como o Juizado de Menores, o INPS, a Secretaria de Segurança Pública, a Fundação do Serviço Social de Fortaleza, o Clube dos Diretores Lojistas, a Emcetur, o Movimento de Promoção Social, a LBA e a Fundação do Bem-Estar do Menor do Ceará[129]. O Programa foi desenvolvido sob a coordenação de uma assistente social da Arquidiocese, tendo por base o princípio de que, conforme era o lema, não se devia dar a esmola, mas oferecer uma oportunidade de promoção social ao mendigo. Como? Não dando esmola indistintamente e encaminhando os mendigos aos serviços do Presme. Dizia-se que "ninguém era tão pobre que não pudesse dar e nem tão rico que não pudesse receber" e as colaborações eram entregues na Arquidiocese ou na Secretaria de Cultura em forma de dinheiro, víveres, roupas, ou de ajuda voluntária. A contribuição mais valiosa, porém, era a oferta de trabalho[130]. Dependendo das condições físicas dos necessitados, estes eram encaminhados às empresas de construção civil e às locadoras de mão-de-obra que se dispunham a recebê-los. O atendimento acontecia por duas vezes na semana, na cripta da Catedral de Fortaleza, onde se procedia à seleção dos casos e se faziam os encaminhamentos devidos às instituições especializadas, como Unidades Hospitalares, de Amparo ao Menor, à Invalidez, ou se prestava diretamente o serviço, fosse assistência alimentar temporária, financiamento de material para construção e recuperação de casas em convênio com outras instituições, treinamentos em atividades que favorecessem a iniciativa profissional, financiamento de instrumental de trabalho e pequenos negócios e, também, a orientação social mediante palestras e reuniões de grupo com o objetivo de conscientizar o mendigo de sua condição humana e de sua responsabilidade de recuperação[131]. Eram imensas as filas no portal da Igreja da Sé à espera da providencial ajuda. Mulheres grávidas, homens deformados ou de aspecto doentio, e meninos, muitos meninos. Alguns pediam emprego, mas quase todos desejavam mesmo era a parcela de alimentos. A verba para isso, que vinha da Secretaria de Cultura e Promoção Social, entretanto, era pequena, e para suprir a deficiência tentava-se a obtenção de víveres do Inan. Havia os mendigos mais carentes que iam para o Centro de Triagem de Mendigos, na antiga Hospedaria Getúlio Vargas[132]. Após alguns meses de trabalho, o Presme tinha traçado um perfil da mendicância em Fortaleza e constatava que "o problema atingia uma clientela altamente diversificada em termos de graus de marginalização, havendo entre a mesma uma parcela em atividade de mendicância por fatores circunstanciais, portanto removíveis e condicionados a um atendimento de emergência ou a uma qualificação profissional. Em contraposição, o grande número de mendigos tem uma situação mais complexa, a requerer uma forma de ajuda significativamente ampla"[133]. A amplitude do social não coubera na unidade doutrinária da fé... A onipotência de Deus era a impotência dos homens... E agora? Assim, sem o milagre da multiplicação dos pães na Terra, findo o ano de 1977, a Igreja teve de fazer sua escolha: viu que precisava restringir-se ao nome do programa que instituíra — Presme: Programa de Recuperação Social do Mendigo. Porque tendo feito o balanço das ações assistenciais em dezembro daquele ano, a cúria metropolitana de Fortaleza contabilizou um número de 3.769 famílias atendidas. O trabalho desenvolvido com elas foi distribuído entre ajuda alimentar, atendimento para material de construção, atendimento com instrumento de trabalho e pequenos negócios, atendimento médico-odontológico e medicamentos, e encaminhamento de carenciados para instituições sociais ou locais de emprego. Na programação educativa foram realizadas palestras — em número de cinqüenta, com o objetivo de descondicionamento *(sic)* — treinamento sobre higiene ambiental e corporal, curso de corte e costura, e formados um grupo de lazer a cargo de voluntários vicentinos e uma colônia de férias no Centro de Triagem de Mendigos destinada a cem menores. Quanto à parte social o Presme realizou as festividades comemorativas da Páscoa, do dia das mães, festa junina, almoço do ancião no Palácio da Abolição (a sede do governo estadual) e natal. Durante a Festa da Amizade, uma promoção para arrecadar fundos destinados às instituições filantrópicas, o Presme armou um estande e uma barraca no Clube Militar onde foram expostos trabalhos manuais confeccionados pelos mendigos nos cursos oferecidos no Centro de Triagem[134]. No ano anterior, em seis meses de atuação, o Programa atendera a cem famílias, em sua maioria com ajuda alimentar[135]. Então, a assistente social da Arquidiocese explicava que, embora a campanha fosse destinada ao mendigo, como o especificava o próprio nome, o que vinha sendo feito atingia a uma quantidade bem maior de pessoas carentes, além do pedinte, em razão de ser o número daquelas bem maior que o de mendigos. "Os carenciados" — dizia — "não têm coragem de sair pedindo, já o mendigo se acomodou a esta situação. Agora o que temos de fazer é despertar nestes a sua situação"[136]. Um ano e meio depois o Programa estava sendo suspenso por essa mesma razão, como noticiava o jornal *O Povo,* no dia 30 de dezembro de 1977: "Foi suspenso, por algum tempo, o serviço de atendimento ao mendigo que vinha sendo realizado na Catedral de Fortaleza. O motivo da suspensão desta atividade é por não estar o Serviço de Promoção do Mendigo atendendo a seus objetivos, ou seja, a assistência ao mendigo, um trabalho que tem como finalidade a conscientização do pedinte para um trabalho mais proveitoso. Segundo informação da direção do Serviço Social, o maior número de casos ali registrados era mais de pessoas carentes do que mesmo de mendigo, e como o trabalho se dirige a este último, as coordenadoras acharam por bem suspender esta atividade, por alguns dias". A partir de então informava-se que, quando fosse retomado o trabalho, a ação seria dirigida para o mendigo propriamente dito, mudando o procedimento de abordagem e atendimento: o contato seria feito no próprio local de atuação do pedinte e a mobilização estaria a cargo de um corpo de voluntários formado por universitários. Do seu ponto de mendicância ele deveria ser encaminhado ao Centro de Triagem de Mendigos, órgão da Secretaria de Cultura e Promoção Social, para os serviços rotineiros de assistência, como higiene, alimentação e medicação[137]. No ano seguinte, em 1978, a sistemática de assistência já apresentava características completamente outras. A situação da pobreza mendiga já não queria conter nenhuma ambigüidade sobre ser um problema da alçada de Deus, dos governos ou de ambos: era daí em diante uma questão puramente civil, da competência exclusiva dos órgãos governamentais. A caridade cristã que fosse feita à parte, a seu próprio modo. Naquele ano, queixando-se das dificuldades enfrentadas, entre as quais a falta de um prédio que servisse como albergue noturno para abrigar os mendigos[138], o Programa contou com a colaboração dos grupos da Campanha da Fraternidade, cujo tema de mobilização era «Trabalho e Justiça para Todos». Mas quando chegou a seca de 1979 — que se prolongou até 1983 — os problemas de sempre se acentuaram e a ação assistencial do estado não podia mais ser protelada diante da evidência do inquestionável problema social. Fizeram-se algumas reformas administrativas e agora o atendimento ao mendigo saíra do birô da Secretaria de Cultura, Desporto e Promoção Social, estando a cargo da Fundação do Serviço Social do Estado do Ceará — Funsesce. Funcionava no mesmo prédio da velha Hospedaria Getúlio Vargas, que para esse fim sofrera uma reforma, e não mais se chamava Centro de Triagem do Mendigo, mas Centro de Reintegração Social. O novo Centro definira que a partir dali seu alvo eram os «mendigos visíveis» — "atender o carente não é nosso objetivo"[139], explicava a assistente social encarregada — e sua finalidade era "desenvolver e orientar programas promocionais junto a mendigos, estimulando-os a se engajarem no processo de reintegração social"[140]. O que poderia significar aquela expressão «reintegração social»? Quanto de desejo, de inocência, ou de ignorância, ou de má-fé? Mas era o propósito que conformava a ação diária dos servidores do Centro, a partir de uma base considerada plenamente legítima e factível: todo mendigo recolhido era submetido a uma profissionalização *(sic)* visando o mercado de consumo *(sic)*, que se aplicava à confecção de artefatos de tecidos —

como colchas, almofadas, bolsas e sacolas — feitos com pontas cedidas aos mendigos pelas indústrias têxteis de Fortaleza, durante os cursos que eram ministrados no próprio Centro. E para os egressos do interior, uma atividade especial que combinava com suas aptidões camponesas, qual seja, um projeto de horticultura na ampla área em torno do Centro, que o abasteceria, e cujo excedente seria levado para a comercialização. Só depois de engajado na família ou em alguma atividade produtiva é que o mendigo era desligado do órgão[141]. Os idealizadores do projeto, porém, deviam conhecer as insanáveis contradições que minavam seus planos de transformar os mendigos em produtores profissionalizados voltados para o mercado de consumo, não só relativas ao próprio mercado e suas leis de competição, mas também por uma razão de natureza antropológica elementar: o fato de que os mendigos vinham de uma convivência diária com a população e não seria possível retirá-los de vez da rua. Por isso idealizaram uma forma de mantê-los vinculados ao público, assim como produtivamente ocupados, mediante a venda de café ou pequenos objetos — por sinal, um antigo anseio deles, talvez um primitivo anseio, desde os tempos em que mendigos e mascates se misturavam, compartilhando a praça, a língua e os costumes. O problema é que tal alternativa batia de frente com o problema já enfrentado pelos vendedores ambulantes. De que modo poderia a prefeitura autorizar o comércio aos mendigos se não o fazia para os biscateiros? Abria-se uma fenda na ação institucional de assistência oferecida pelo Estado... diante de seu efetivo interlocutor, sua excelência o Mercado. Fazer o quê? E mais uma vez fazia-se um apelo à sociedade, esta sim, a verdadeira responsável pela persistência dos mendigos, ora! Afinal, por que as pessoas haviam de manter sempre o velho e prejudicial hábito de dar esmolas? Era aí que residia o problema, nesses residuais sentimentos cristãos que estavam sempre atrapalhando a emancipação dos homens pobres. A coordenação do Centro sugeria à comunidadede que canalizasse para ali as suas doações, onde se faria uso adequado delas, "ao contrário do mendigo" — dizia-se entre as coordenadoras — "acostumado a pedir e que, muitas vezes, gasta o dinheiro ganho em bebidas alcoólicas"[142]. E mais uma vez se retomou a campanha contra a doação de esmolas em Fortaleza — o lema agora era "Vamos salvar o mendigo" — que pretendia abranger colégios, clubes de serviços, indústria e comércio, por meio de palestras, cartazes, versos de cordel etc. Fora dos motivos religiosos, a campanha era agora tratada em outros termos, solicitando assim à população: "em vez de oferecer qualquer quantia em dinheiro a um mendigo, que não vai resolver a situação deste, envie sua colaboração para a sede do Centro de

Reintegração Social, na Rua Olavo Bilac, antiga Hospedaria Getúlio Vargas, onde está sendo desenvolvido um trabalho em prol da reintegração do mendigo, e onde há condição de se prestar uma assistência completa"[143]. Paradoxalmente, à mesma sociedade fazia-se o apelo a que comparecesse com trabalho voluntário, ajudando na ação de assistência: "As pessoas que queiram trabalhar como voluntárias, que se dirijam ao Centro de Reintegração Social onde poderão tomar conhecimento do trabalho ali desenvolvido e se integrarem à equipe. Estas voluntárias serão mobilizadas para um trabalho de recreação junto aos filhos dos mendigos que participam dos grupos de produção"[144]. Quer dizer, mesmo independente da instituição religiosa, a assistência prestada pelo poder público continuava impregnada de ambigüidades. Algum dia conseguiríamos tê-la limpidamente como um direito civil? A bem da verdade, o Estado brasileiro, de modo geral, nunca desenvolveu uma tradição de responsabilidade na área social, como direito de cidadania, preferindo habitualmente deixar que a própria sociedade tomasse lá suas iniciativas de solidariedade, o que, felizmente, não nos faltou. Aliás, pode-se até dizer que a tivemos evoluindo para as formas de reivindicação de atendimento governamental aos pobres, e — quem sabe, muito mais do que isso — estimulando o sistema social e político a assimilar as lutas que serviriam para ampliar o próprio conceito de cidadania em anos posteriores. A «operação recuperação» — como se denominava o procedimento da ação assistencial do Centro de Reintegração Social — começava fazendo o recolhimento de todos os mendigos da cidade e, após uma triagem, prestando-lhes a devida assistência. Oferecidos os primeiros serviços — higiene, medicação, alimentação, orientação psicológica etc. — a providência seguinte era cadastrar o mendigo e fornecer-lhe um cartão, o que promovia um vínculo constante com a instituição, possibilitando a manutenção da assistência. Não era simples a definição operacional de «mendigo visível», principalmente em período de seca, mas esse critério, juntamente com o fornecimento de um cartão de identificação, já demonstrava uma tentativa mais racional de institucionalização da assistência social. Entretanto, se naquele momento essa ação já era mais ou menos claramente reconhecida como tarefa técnica do governo, por outro lado não se desprendera ainda do seu caráter autoritário — ao contrário, reforçava-o[145] — o que se revelava não só no discurso oficial que a explicava, como principalmente na execução das tarefas que a compunham. A primeira destas tarefas, o recolhimento dos mendigos, por exemplo, era feita em forma de «blitz», como qualquer operação policial, por pessoal treinado da Secretaria de Segurança Pública, em carros do Detran e da própria

Secretaria de Polícia, ou em ambulâncias do Instituto José Frota. Realizava-se periodicamente mas nunca de forma sistemática ou em data prevista, justamente para evitar que os mendigos se escondessem a fim de não serem recolhidos. A avaliação técnica desta ocorrência era de que resistiam ao recolhimento apenas os mendigos profissionais; os outros, "os mendigos ocasionais, dão é graças a Deus quando são recolhidos", dizia Maria Nazaré Barros, uma das coordenadoras do Centro[146]. Contudo, o próprio Centro reconhecia que era muito mais demorada a reintegração daqueles mendigos, porque tornava-se muito difícil convencê-los a trabalhar para receber um salário mensal de apenas quatro mil cruzeiros, quando já estavam habituados a faturar mais de trinta mil com as esmolas[147]. Como analisa Aldaíza Sposati[148], a mediação dos serviços públicos tem papel relevante para os espoliados, significando muitas vezes o fim da purgação a que são sujeitos em sua situação de vida, mas a sua presença não significa necessariamente a ruptura com a situação política de subalternidade, pois, em vez de consolidarem direitos, esses serviços são, em geral, operados como favores fugazes do Estado aos mais espoliados. Aqueles mendigos que o dissessem! E por isso se escondiam, ah, como se escondiam. Mas como dizia a superintendente da Fundação do Serviço Social do Estado do Ceará, Idelzuite Carneiro, o problema não era recente e nem fácil de ser resolvido. A Funsesce, segundo ela, vinha fazendo um trabalho muito importante com o objetivo de livrar a cidade da presença dos pedintes, um trabalho que pretendia não apenas limpar as ruas, como também dar condições para que o elemento se enquadrasse na sociedade[149]. Ruas limpas. Elementos enquadrados. Muito bom. Mas havia um problema, uma pedra no sapato. Primeiro era que a seca evoluía já para o quinto ano e a cidade não parava de receber os agricultores de todo o sertão. Chegavam empoeirados nos trens, nos ônibus e nos caminhões. Em cada dobra de rua estava lá um magote com a mão estirada. Fediam a sol. De que jeito podia limpar? Nesses anos 80 eram poucas as ilusões de que fora do Ceará seria possível escapar. Também não havia nenhuma grande obra para onde o governo pudesse mandar as carradas de matuto, como tantas vezes já fizera. Tempos de recessão, de desemprego. E aqui uma longa seca de cinco anos. Os que não morreram — e diz que foram muitos, tantos que se pegou a chamar de Genocídio do Nordeste, um número em torno de 700.000 pessoas mortas de fome e de fraqueza naquele período de 1979 a 1983[150] — foram se espalhando pelas periferias urbanas resistindo como fosse possível. Mas diz que, apesar da vida miserável — é como conta Irmã Cleide Fontes, da Pastoral da Diocese de Crateús, deste estado do Ceará — o povo insistiu com coragem nas ruas, nas repartições municipais, exigindo emprego e comida. Quando as autoridades não o recebiam, procurava armazéns e mercados, lançava mão daquilo a que tinha direito. Muitos resistiram à morte por meio desses atos, dos gestos de solidariedade e partilha fraterna de muitos irmãos[151]. Sei é que o governo do Ceará precisou ampliar mais a sua definição de categorias despossuídas que devia assistir. Veio então a Cages — Coordenadoria de Assistência a Grupos Especiais — que abrangia desde cegos, presidiários, custodiados, mendigos e migrantes. Estes últimos eram os «visitantes ilustres», recepcionados em dois postos de atendimento, um na Rodoviária de Fortaleza, e outro na Estação Central da Rede Ferroviária. Estavam a um passo da «mendicância ocasional» e a dois da «mendicância profissional» e era preciso ampará-los antes que perdessem a vergonha e caíssem no vício. Por isso, duas vezes por dia, às dez horas da manhã e às quatro da tarde, um veículo do Centro de Reintegração Social os transportava daqueles pontos de desembarque diretamente para o Centro, a sempre Hospedaria Getúlio Vargas. Lá eles eram cadastrados e encaminhados para a resolução de seus problemas[152]. Não sei muito bem como, não sei que tipo de resolução, se no último ano antes de vir a seca, em 1978, ao cadastrar 103.761.185,2 ha da área total de 154.227.100 das terras nordestinas, o Incra encontrara resultados que davam conta da nossa grande concentração fundiária. Os dados eram estes[153]:

Minifúndios	14.231.327,1 ha
Empresa rural	3.048.345,0 ha
Latifúndio por exploração	71.673.726,6 ha
Latifúndio por dimensão	9.343.627,1 ha
Outros	5.428.159,4 ha

E como diz Daniel Rech[154], assessor jurídico da CPT Nacional, concentração é muito mais do que uma categoria espacial: corresponde a um processo político no qual uma classe assalta a outra com as bênçãos do Estado e de seus aparelhos. Pois assim, que solução haveria para os problemas daqueles pobres? Corria uma idéia desde aquela ocasião quando se começou a questionar o mal causado pela doação de esmolas, e que cada vez se aperfeiçoava mais: era a de que a reintegração social deles seria feita através do mercado — de trabalho e também de produção. O jornal noticiava assim: "A VITÓRIA NO MERCADO DE TRABALHO. São promovidos cursos profissionalizantes para especialização em couro, palha, rede e pequenos trabalhos artesanais. É importante ressaltar que essas pessoas não têm nenhuma qualificação profissional. Como fruto desses cursos, a Funsesce concedeu 41 créditos rotativos aos mendigos para que montassem pequenos negócios. Foram lançados no mercado de trabalho 70 mendigos que fizeram os cursos profissionalizantes"[155]. Vejamos que durante o período em que se preparavam para a vitoriosa entrada no mercado, eram assistidos por uma bolsa de trabalho, recebendo uma quantia em dinheiro ao final de cada dia. Já profissionalizados, a Funsesce não só financiava o material de trabalho — que após um certo período de carência era devolvido em parcelas mínimas, evitando que assim o crédito se transformasse em esmola — como também comprava toda a produção[156]. Dessa política é que vinha a indicação dos coordenadores da Cages para que a população, em vez de dar esmolas, adquirisse os trabalhos feitos nas oficinas do Centro de Reintegração Social expostos nas feiras de artesanato do bairro de Fátima e da Praça Portugal[157]. Mas, vai ver, houve algum problema com essa ação de enquadramento social pela via do mercado[158], vai ver o espaço era por demais estreito, ou já estava ocupado por grandes fabricantes, profissionais especializados, enfim. O fato é que a ação da Cages teve de ser ampliada a outros grupos, porque cada vez aumentava o número e a variedade dos que era preciso enquadrar. Uns eram os cegos. Essa clientela tendeu muito a aumentar, pois no período da seca se agravavam os problemas de desnutrição das pessoas, a ponto de comprometer seriamente seus tecidos oculares. Constatou-se que, nessa época, inúmeros eram os casos de «cegueira noturna» entre jovens e adultos durante meses e meses[159]. Outro grupo eram os dos presidiários, uma vez que a humanização dos presídios compunha outra importante tarefa da Cages. No antigo presídio do Amanari, depois Colônia Agrícola São Miguel, foi inaugurado o Centro de Recuperação Luiza Távora, assim como também foram implementadas atividades agrícolas, como cultivo de milho, feijão, algodão e horticultura. E para o Instituto Penal Paulo Sarasate foram designadas pela Funsesce quatro assistentes sociais, uma estagiária e dois técnicos de esporte, com a finalidade de proporcionar toda a assistência social e de lazer. Também estavam sendo instaladas algumas indústrias — de móveis, de colchões, cerâmica e olaria. No presídio feminino instalava-se a indústria de confecções. Como se vê, todo o espírito da assistência estava voltado também para o trabalho, e nos presídios foram implementados cursos profissionalizantes. A Coordenadoria de Assistência a Grupos Especiais queria com isso oferecer aos presidiários condições de uma especialização para quando saíssem do presídio[160]. Mas quão difícil era aquela tarefa! Ah, sem dúvida. E a clientela também! Imaginem os Senhores que os detentos do IPPS fizeram uma greve de fome e pararam toda a produção da fábrica de rede que também existia lá dentro. Sim, da fábrica Luiza Távora. Uma fábrica que já produzira, só no ano de 1980, 19.515 redes, produção totalmente comercializada e cujos lucros haviam sido revertidos aos próprios presos. Pois eles reclamaram da alimentação no presídio e pararam a fábrica[161]. Mas justiça seja feita, de uma coisa ninguém pode acusar as autoridades governamentais: tanto para os pobres quanto para os ricos elas sempre estabeleceram a mesma lei, que é a lei de mercado. E isso dentro da proporcionalidade certa, destinando aos ricos um mercado rico, e aos pobres, um mercado pobre. O problema é como diz a dr.ª Celene, assistente social da Coordenadoria, "é devido esses presidiários, mendigos e deficientes se sentirem marginalizados, e normalmente o são, pela sociedade e pela família, já criando dentro deles um espírito de inferioridade que dificulta o relacionamento"[162]. E em razão desta e de outras dificuldades — entre as quais a deficiência quantitativa *(sic)* da equipe, a escassez de verba para a aquisição de passagens que normalmente eram fornecidas aos migrantes para que voltassem às suas cidades de origem, assim como a execução de obras de restauração do prédio do Centro de Reintegração, a velha Hospedaria Getúlio Vargas, em razão do que até mesmo o posto médico teve de ser desativado, e, finalmente, o acúmulo de doentes e demais mendigos que lotaram a casa — viu-se suspenso o trabalho de assistência[163]. Nenhuma novidade. Como afirma José Álvaro Moisés: "os serviços de assistência social, mais do que reconhecer direitos de cidadania, [continuam] trabalhando com a velha concepção segundo a qual aos pobres cabe atendê-los circunstancialmente, mas nunca enfrentar as raízes que geram a sua própria situação[164]. E quando, de circustância em circunstância, chegamos aos anos 90, outra vez abertos numa seca (que durou até 1993), éramos já totalmente modernos. Conta-se de uma grande batalha havida aqui, no ano de 1985, contra a dinastia dos coronéis, a partir da qual tudo mudou. Tanto que daí em diante o governo do Ceará era também o «governo das mudanças», como se fosse um Ceará de antes e outro de depois. Diz que o assistencialismo foi uma das coisas que ficou no passado. O que tinha de ter agora era cada pessoa participando diretamente da construção de seu futuro — ser um cidadão[165]. A ação do governo era de apoiá-las nesse empreendimento, contribuindo para a geração dos mecanismos de ocupação e renda. A assistência social ficou restrita aos indivíduos comprovadamente impossibilitados ao trabalho. Para estes, agora denominados os «clientes» — (e que eu me pus a chamar OS MENDIGOS DE ABRIGO) — a Secretaria do Trabalho e da

Ação Social destinou a Unidade de Abrigo, lá no local da velha Hospedaria Getúlio Vargas. E as crianças não mais esperavam a morte para comer pão no céu, como as de antes, ao descobrirem a capital moderna e suas padarias: "lá no sertão não tem água e nem comida. Aqui é melhor. A gente pede pão na padaria e às vez dão"[166]. Logo na seca de 1987, o Governo das Mudanças criou o Projeto São José, na verdade uma reforma daquele Papp — (Programa de Apoio ao Pequeno Produtor), para mandar uma chuva esparsa de dinheiro — quarenta mil reais no máximo — caído diretamente sobre as comunidades dos sertanejos, que para recebê-lo deviam formar uma associação de pequenos grupos, fosse de pequenos produtores rurais, de pescadores, de artesãos, de donas-de-casa, de mães, de pais, de jovens, ou outro grupo de pessoas, desde que reunidas em torno de um objetivo comum[167]. Isso para que o matuto não ficasse só a esperar o inverno que São José sempre mandava avisar se vinha ou se não vinha, justo no dia 19 de março, o seu dia. Mediante o Projeto São José a comunidade podia desenvolver uma grande variedade de negócios. No setor produtivo, por exemplo, podia abrir uma olaria, uma casa-de-farinha, uma pequena indústria artesanal. O Projeto também permitia que fosse proposto o desenvolvimento da oferta de serviços essenciais, como educação e saúde para a comunidade, mediante reforma ou ampliação de escolas, creches, postos médicos e compra de equipamentos, desde que não pertencesse à rede pública municipal ou estadual. E caso interessasse à comunidade, também podiam ser encaminhadas propostas de ações para atender à infra-estrutura, como oferta de água potável ou eletrificação para a produção[168]. A novidade do Projeto São José, ressaltada pelos servidores responsáveis por sua execução, reside no fato de que ele obriga à associação comunitária dos interessados, o que — no entendimento daqueles técnicos — coloca a assistência pública em outro patamar político. Do ponto de vista econômico, porém, é provável que daí não surja um nível de acumulação capaz de fazer face à concentração capitalista no campo. Tanto é assim que, mesmo com aqueles pobres sendo transformados em empresários, a seca de 1990 foi só o mote para que aparecessem aos bandos pedindo esmola a um e a outro. Aí o governo criou um outro programa de geração de ocupação e renda, destinado a desempregados e subempregados sem nenhuma forma de organização. Este é afeto não mais ao âmbito do planejamento, mas da ação social, sendo executado pelo Departamento de Atividades Produtivas da Fundação da Ação Social. Seu valor não ultrapassa dois mil reais para o financiamento de pequenos negócios, tais como confecção, artefatos em couro ou alumínio, produção de alimentos, fabricação de produtos de limpeza, marcenaria, serralheria, pesca etc. Mas persistiam aqueles pedintes contradizendo o caráter moderno, manchando o novo perfil econômico e social do Ceará. A capital já se transformara na meca turística do Nordeste, quiçá do mundo. Entretanto, era também a terceira cidade brasileira em número de favelados — 313 núcleos de miseráveis e uma população de 544.730 famílias em extrema carência, significando 30,4% da poulação, segundo dados do IBGE, de 1991[169]. Foi aí que o governador muito se incomodou: afinal como compatibilizar características tão díspares? Era o auge da seca, o ano de 1993, e as ruas exibiam sem nenhum pudor a cara daquela cifra. Os «mendigos sazonais», como eram chamados pelos assessores governamentais, ocupavam as esquinas da Aldeota principalmente, lugar de rico mercado, plantados cardeiros espetando a sensibilidade dos (infelizes?) motoristas. Conta um mendigo que tinha deles que, quando paravam no sinal, dentro daqueles carros bonitos, quando viam os pedintes baixavam a cabeça na direção como se estivessem dormindo. Às vezes o sinal abria e eles estavam lá com a cabeça enfiada[170]. Não era para um governo desse tomar uma atitude? Pois aí o governador mandou retirar todos aqueles homens e meninos de sob os sinais de trânsito no cruzamento das grandes avenidas, mandou chamar o prefeito da cidade deles, que espantasse, que desse seu jeito. Que jeito? O prefeito deles perguntou. Desse seu jeito. Aí o prefeito viu uma idéia luminosa brilhando na sua mente, luminosa como o raio ardente do sol da seca quando batia no ferro do trilho de trem abandonado há anos, desde o tempo em que não teve mais algodão para transportar e ele não tinha de onde tirar recursos. — "Já sei!", saltou o prefeito: — "diga lá para o governador que mande instalar um sinal de trânsito em Miraíma!". Dir-se-á no futuro — e não terão sido os cínicos, nem os subversivos — que os anos 90 abriram um novo mercado, como já agora anuncia a imprensa do Ceará nesta chamada de matéria: MIRAÍMA EXPORTA PEDINTE PARA AVENIDAS DA CAPITAL[171]. Um mercado ao contrário, avesso, fruto de uma des-produção, como explica Manoel Alves, agricultor sem-terra, pai de quatro filhos menores: "além do mais, os serviços que estão sendo feitos não têm futuro, os açudes e cacimbas são todos nas terras de proprietários, a gente faz um açude e quando ele tiver água o dono não deixa a gente pescar nem uma piaba"[172]. Pois fazia para mais de dez anos que aquele mercado existia. Começara mesmo na seca de 1979-1983, consolidando-se mais na de 1990-1993. Tinha já, até mesmo, uma marca — era o «pombal», e seus praticantes os «pombalinos» — porque se caracterizava por uma rotina de arribação semanal, ou quinzenal. É o tempo de juntar alguns quilos de mantimentos e dinheiro — «mercadoria» e «diária», como eles próprios chamam, adequando com naturalidade a linguagem do mercado — levar para a família no interior e retornar para mais uma estada. Aqui, como se houvesse uma atração atávica, uma ligação indestrutível e remota, como se fosse o eco inolvidável do tempo, arrancham-se em três depósitos de material de construção, todos situados em torno da estação de trem de Álvaro Weyne, nas proximidades da velha Hospedaria Getúlio Vargas... A tendência desse «mercado» é crescer, não só em número de pedinte exportado — conforme declarou Raimundo Matias, 37, agricultor do distrito de Brotas, em Miraíma, «mendigo sazonal» desde 1993, "a firma é grande e cabe todo mundo"[173] — mas numa nova qualidade. Até incorporando elementos da cidade, os falsos retirantes, que assim se trasvestem porque já descobriram o filão, e estão explorando a boa fé dos fortalezenses, segundo Sâmia Benevides, da Divisão de Estudos e Informação, da Secretaria Estadual de Trabalho e Ação Social — são os moradores das favelas que há muito tempo já não têm ligação com o interior, se misturam aos flagelados e até respondem como estes[174]. O agricultor Raimundo Miguel da Mota, um exemplar original, diz-se decepcionado com a gente que se aproxima dele perguntando de onde ele veio e querendo saber como é a vida lá para responder a mesma coisa quando lhe perguntam. De acordo com Raimundo, os homens se misturam porque assim ganham mais dinheiro[175]. Por seu lado, o agricultor do município de Santa Quitéria, Antônio José de Mendonça, acompanhado da mulher e cinco filhos, demonstra o que já aprendeu na cidade: "Agora, eu fico mais distante da mulher, que fica com uma parte dos meninos. Desse jeito o ganho é melhor"[176]. Realmente, como diz Raimundo, uma vantajosa mistura que os leitores vão querer saber a composição. É o que eu estou pelejando para mostrar nesta narrativa que vos faço. Se vossa paciência ainda não esgotou, concedei-me só mais uma ou duas partes, por favor.

O DRAMA EM QUATRO ATOS

— Então o fim da história é mesmo aqui? Assim? Sem mais nenhum apelo? — É. É aqui o último ato do drama, o derradeiro tranco do escorrego, aqui nesses velhos galpões reformados onde hoje funciona a Unidade de Abrigo, na Avenida Olavo Bilac, 1280, e que era antes uma hospedaria gigante, muito conhecida do povo, com capacidade para receber até mil e duzentos migrantes. Sim, aquela chamada Hospedaria Getúlio Vargas, fundada no tempo da guerra, durante o primeiro governo daquele que lhe dá o nome. Na época de sua fundação, tinha por finalidade oferecer pouso provisório, na travessia daqui para o Norte, aos flagelados nordestinos que iam compor o «exército da borracha» — não por coincidência também o «exército da reserva». Pois aqui eu vim assistir à última parte do drama em quatro atos, que passo agora a vos contar, protagonizados nessa ordem de seqüência histórica:

1.º Ato — MENDIGOS DO SERTÃO
2.º Ato — MENDIGOS DE FAVELA
3.º Ato — MENDIGOS DA RUA
4.º Ato — MENDIGOS DO ABRIGO

A Unidade de Abrigo é uma divisão operativa do programa de assistência social desenvolvido pelo governo estadual, que acolhe idosos e deficientes especiais abandonados, ou membros de famílias que não podem arcar com sua manutenção, oficialmente denominados de «clientes». A Divisão está ligada ao Departamento de Assistência Devida, da Secretaria do Trabalho e da Ação Social. Por si sós, todas essas denominações já dizem muita coisa, porque, como se sabe, a linguagem não é apenas uma questão de nome, é também de batismo, e é no batismo que se criam e se confirmam os sentidos e o poder que deles emana. Mas digo isso só de passagem, só porque é de chamar a atenção que a «assistência devida» seja feita numa «unidade de abrigo» por uma instituição que no nome é primeiro «secretaria do trabalho» e depois «da ação social» e que funciona no mesmo lugar onde antes foi «hospedaria» pública para trabalhadores migrantes. E vai começar a contar a história de onde ela acaba por quê? Porque é daqui que partia em sonho o sertanejo cearense para ao fim aqui jazer, já quase de todo destituído. Pois a volta é para cá, e em número muito reduzido, claro, porque muitos foram enterrados foi pelas beiras das estradas, lá pelos lugares onde morreram. Será que nunca viu aquele horror de cruzes de um lado e de outro, que às vezes, quando algum cristão caridoso acende uma vela, forma assim uma estirada de pontinhos de luz piscando e indicando o caminho aos viajantes, feito sinalização de trânsito? Os que vinham para daqui partir eram para mais de mil hóspedes se renovando a cada dia, sãos, escolhidos a dedo para bem servir na lida; já os que retornaram para ficar, incapazes de lidar, não chegam a sessenta abrigados, agora denominados «clientes» na prática da instituição assistencial — e até muito carinhosamente — pelos funcionários da Unidade de Abrigo. Isso quando não vão do hospital direto para o cemitério. Porque morrendo não tem problema, o enterro tem de fazer seja como for, afinal já chega o tempo que enfeou e fedeu em vida. O problema é quando retornam assim, um perneta, outro cego, maluco, emudecido, ou então com essas feridas resistentes que parecem não sarar nunca, demandando muito trabalho, o serviço de toda a equipe. É um trabalho difícil, sim, e até perigoso, esse da assistência. Por isso que deve ter uma taxa de periculosidade. Esses que são hoje nossos clientes — os idosos e deficientes — já passaram por uma triagem, adequando-se aos nossos critérios de definição dos «segmentos especiais». Porque, veja, o Estado não tem condição de assistir a todos, então escolhemos dentre aqueles mais pobres, velhos e desvalidos, os mais pobres, velhos e desvalidos. Mas não foi sempre assim, essa é a norma de agora, não de antes. Mudou da segunda metade da década de 80 para cá. Esse governo que chama das mudanças, que diz que é da social-democracia brasileira, é que tem umas idéias assim modernas, diz que muito diferente de como governaram os coronéis no passado. Os atuais governantes se dizem *taxativamente contra o assistencialismo, que eles estão sempre se perguntando como é que a família pode ter sua própria subsistência, que querem organizar as comunidades para que elas tenham sua própria unidade produtiva,* isso eles dizem é no jornal, para quem quiser saber[1]. Por isso que aqui não é para acolher todo mundo como obra de caridade, ou casa de pai. Não, só os efetivamente incapacitados para o trabalho e que não tiverem ninguém por eles. Porque ao governo interessa é criar emprego e segurar o homem no campo. Não soube da instalação daquelas pequenas indústrias lá no interior de Miraíma? Pois então? Aquilo lá era para segurar o homem no campo e não permitir que o agricultor viesse acabar seus dias mendigando na cidade, adquirindo o vício de pedir, que é a pior coisa que pode existir. Infelizmente não deu lá muito certo aquelas indústrias no meio do mato. Mas a intenção bem que era boa, moderna, tudo no sentido de ampliar a cidadania, *que é a palavra chave*[2] da proposta de governo. Também, tão pequenininhas, indefesazinhas, desnutridazinhas. Pois ia competir com uma Cerâmica São Caetano, por exemplo, ou até com alguma menor daqui mesmo, aquela fabriquetinha de telha e tijolo que o governo mandou instalar com o dinheirinho curto da Ação Social lá nos confins de Miraíma? A prefeitura comprou de imediato o estoque todo, fiado, porque também não tinha outro comprador e era melhor vender logo de uma vez, pois não? Aí ficou aquele esparrame de telha e tijolo ali paciente esperando obra, que também não tinha. De qualquer forma, não se perde, não. Vai servindo a um e a outro que vem pedir para fazer um conserto na casa, principalmente em época de eleição, como é capaz de dizer alguma língua maliciosa. E aí, para os pobres da cidade sem parente e sem aderente e sem mais idade de trabalhar, o governo mandou restaurar dois dos oito pavilhões da antiga Hospedaria Getúlio Vargas, botou azulejo branco, separou por cômodo e construiu duas camas de alvenaria em cada um dos cômodos, separou também por alas — a dos homens e a das mulheres — enfim, deixou tudo muito mais fácil de limpar e de controlar. É só comparar com os demais galpões, os originais que ainda estão aí vizinho. Em cada pilastra daquela, e são muitas espalhadas pelo meio e pelos lados, cada uma apinhada de armador de ferro seguro, bem chumbado no tijolo, coisa de antigamente, que era só o matuto chegar e pendurar a rede. Era de perder a conta, não era? E também de arrepiar você imaginar centenas e centenas de famílias suspensas ali, aguardando o embarque, como carne fresca no açougue, pendurada pela haste de ferro, perdendo sangue. Diz que tem gente enterrada debaixo desse chão, principalmente criança que morreu na seca de 1958. Não, fotografar essas velhas colunas em ruínas e seus armadores enferrujados, não pode não. Eles não iam deixar, que é para não ficar à vista o estado desses prédios públicos. Nem como documento histórico, nem arquitetônico, nem trágico. Não adianta insistir. O arrepio é muito seu, a sensação de ouvir o gemido, ou o suspiro, de sentir o miasma, ninguém vai impedir, mas fotografar não pode. Faça o favor. Agora está tudo sob controle. Ainda tem gemido, sim, tem morte também. Mas os que hoje gemem ou morrem aqui não estão de partida para lugar nenhum, vieram aqui foi para isso mesmo, para gemer e depois morrer, e assim ninguém mais se assusta, é de rotina. Havendo uma perturbação maior, o enfermeiro do plantão aplica um sedativo e pronto. Depois, em comparação com outras épocas, quando esse prédio chegou a abrigar onze mil pessoas e muitas delas tinham de dormir amontoadas pelo chão, outras sob os cajueiros do pátio[3], o número de cinqüenta e poucos que temos hoje é um nada de nada. Esse é o espírito dessa época atual, a assistência deve ser dada dentro de parâmetros técnicos bem controlados, mesmo que atinja poucas pessoas, mas visamos a qualidade e não a quantidade. Dessa época, não, dessa gestão. A gente sem querer fala época porque quando chega um governo desse e baixa suas normas, a impressão que dá é que tudo aquilo é definitivo, o tempo parece que esticou para cobrir tudo e sobre tudo parou, é assim um tempo amplo, nem parece coisa de quatro anos ou nem isso, porque muitas das medidas são experiências de meio expediente. Vão ficando as estátuas dos gestores nos pátios, as placas de inauguração afixadas nas paredes. Olhe uma bem aqui na entrada da sala da administração:

> SECRETARIA DE CULTURA, DESPORTO E PROMOÇÃO SOCIAL
> DEPARTAMENTO DO SERVIÇO SOCIAL
> SERVIÇO DE RECUPERAÇÃO DO MENDIGO
> CENTRO DE TRIAGEM
> EDIFÍCIO RECUPERADO E AMPLIADO POR INICIATIVA DO
> GOVERNADOR ENG. CÉSAR CALS DE OLIVEIRA E DO SECRETÁRIO DE
> CULTURA, DESPORTO E PROMOÇÃO SOCIAL DR. ERNANDO UCHOA LIMA
> INAUGURADO EM 17 DE OUTUBRO DE 1972

Vejam só! Naquele tempo a secretaria que cuidava dos mendigos era a de cultura, desporto e promoção social... Pois é, vai entender! Era preciso um estudo específico sobre os diversos sinais deixados pelos governos para explicar por que cada medida tomada parece conter a Obra completa e acabada, o Tempo todo-poderoso do governador fulano de tal... O que não é o caso aqui. Depois que a Hospedaria Getúlio Vargas serviu aos fins para os quais foi construída, e desta vez sim, cumprindo totalmente seu destino que era ser ponto de apoio para a migração dos «soldados da borracha», acabada a circunstância da guerra, ficou de pé aquele prédio e sua fama de inegável abrigo, enquanto os governos sucediam os planos e as reformas para seu uso. Hoje ela está assim bem desfigurada do que era antes, não é mais aquela arquitetura homogênea parecendo um curral de gado mas que servia para arrebanhar gente. O prédio foi quase todo compartimentado e agora abriga outras atividades oficiais, como a Defesa Civil, o SOS Criança, esta Unidade de Abrigo. O resto são os velhos galpões em ruína. Mas tem uma unidade lá dentro, não digo no interior geográfico, mas lá dentro do sentido. Tudo aqui tem um jeito de despedida, de coisa perdida. Aqui parece o lugar do despejo, o campo da sucata, da inutilidade. Aqui a gente é como se encontrasse a própria impotência. Para onde se vira é deparando com a intransponibilidade. E foi de início um lugar de onde se saía para transpor!: a caatinga, as dificuldades, a seca, o infortúnio... E isso — esse sonho, esse desejo de acalento — os senhores pensam que acabou no coração do povo? Acabou não. Vejam aquela mulher que entra. Ela vem lenta, olhando em redor, para sob um cajueiro, no que pensa assim de pé junto daquele tronco?, avança, vejam, subiu a calçada, chegou à nossa frente: "boa tarde! a senhora deseja alguma coisa?". Deseja, sim, deseja uma ajuda. É uma mulher ainda nova, talvez tenha cinqüenta anos, muito alta e muito branca, pernas e braços roliços, um vestido de estampa clara, inteiro, um pouco abaixo do joelho, justo no corpo forte. Diz que é lavadeira de roupa mas o ganho está pouco. A assistente social explica que ali não se dá mais esse tipo de ajuda, sente muito mas não pode fazer nada, ali agora é para quem de todo não pode mais trabalhar. A mulher não sai. Lenta. Branda. Pensativa. Conta que já estivera ali no ano de 1954, com o irmão. Não era aqui a Hospedaria Getúlio Vargas? Era. Pois eu vim do sertão e daqui o meu irmão embarcou para o Amazonas, tinha vinte anos. Nunca mais deu notícia. Todo dia a mãe esperava que voltasse. Nunca voltou. Até hoje. Até que a mãe deixou de esperar... Aqui não deixa de ser um lugar de acolhimento, não. Lá por trás mora o Sr. Bento. Trabalha na Defesa Civil e ocupou uma ponta do prédio com a família já faz mais de vinte anos. Lá ele planta uma fruteira, tem uma pequena criação de porco e galinha, os filhos brincam, a mulher varre, vive como se fosse numa chácara própria. Assim como vivia dona Francisca Matias até comprar sua casa em Maracanaú, de onde vem agora todos os dias no trem para fazer o expediente da limpeza na Unidade de Abrigo. Tem disso pelo outro lado das paredes brancas azulejadas onde o estado abriga higienizados os pedaços com defeito da cidadania que ele jura que ajudou a construir. Mas foi daqui mesmo, desse canto de chão oficial, que partiram para o Pará as levas de trabalhadores que ainda hoje o governo se bate para libertar: agora mesmo o Presidente Fernando Henrique Cardoso criou um «grupo executivo de repressão ao trabalho escravo», formado por integrantes de cinco ministérios brasileiros — do Trabalho, da Justiça, da Agricultura, da Indústria, Comércio e Turismo e do Ministério do Meio Ambiente e Recursos Hídricos e Amazônia Legal — prometendo que não será só mais um grupo de discussão, mas de ação. O presidente esclarece o que é trabalho escravo, e saber, ele sabe: "é aquele que tira a liberdade de ir e vir do trabalhador. Isso acontece, principalmente, no sul do Pará. Mais de 80% das denúncias que chegam ao Ministério do Trabalho são do Pará. Em fazendas que fazem desmatamento, por exemplo, o trabalhador escravo é vigiado 24 horas por dia, por jagunços muito bem armados. Além disso, é obrigado a comprar do dono da fazenda tudo o que precisa para sobreviver. Na maioria das vezes, não sabe nem o preço dos produtos que compra. Aí, o que acontece é o seguinte: a dívida dele vai aumentando, não recebe nada no fim do mês e é obrigado a continuar trabalhando para pagar a dívida"[4]. Estaria esclarecido o sumiço, em 1954, aos vinte anos de idade, do irmão da mulher lavadeira de roupa de quem a mãe desistiu de esperar o retorno? Que alforria é possível agora, Sr. Presidente, assim tão tarde, quando, quem sabe?, *jaz morto e arrefece o menino de sua mãe?* Não, é bem esse o Estado, esse que se deixou capturar e tão eficientemente arregimentou os trabalhadores, até facilitou o pulo do «gato» que os levou para o Amazonas, comprou passagem, deu hospedagem... Agora vai fazer o quê? Cadeia para quem é do mal, papinha para quem é do bem. E isso nos recintos os mais higienizados possíveis, pelo menos é para isso que os governos se esforçam: algemados ou incapacitados na cadeira de rodas, o importante é que esses que, por razões as mais diversas, se desprenderam da massa de trabalho[5] sejam tratados como «cidadãos». Por isso que aqui continua sendo o que sempre foi, um lugar de acolhimento. Quando um desgarrado bate numa dessas portas em busca de abrigo, dirigindo-se diretamente ao Estado-Assistência, não está mais do que, naturalmente, cumprindo o percurso que lhe foi destinado, como a parte que não deu liga e escorregou da massa homogênea simulacro da classe trabalhadora que esse mesmo Estado tão competentemente pasteurizou. Se não baterem aqui, vão bater em porta de quem, se até a Igreja já mudou de disposição, sindicato não tem e as casas de família só tem gente à noite, na hora de dormir? Permanecendo bonzinhos e dóceis, poderão viver aqui para sempre. Se não, a porta da rua é a serventia da casa. Nesse caso, agirá o Estado-Policial, sua outra face. Quem escolhe é o cliente. A política assistencial do governo tem respeito, sim, por um dos direitos mais fundamentais do homem, que é o livre-arbítrio. Imagine se vai obrigar alguém a escolher o caminho que não quer seguir! Os miseráveis que chegam aqui, quando por uma ou outra razão se recusam a ficar, passam pelo mesmo procedimento burocrático de liberação: no item dos prontuários relativo à saída está escrito que *fulano de tal, por livre e espontânea vontade resolveu sair*. A vontade da pessoa é prontamente respeitada: é o seu momento de escolha, a chance por excelência do exercício de cidadania dos indivíduos até ali destituídos, agora senhores definitivos e exclusivos da própria carência. E que escolham bem porque não haverá outra chance: a decisão de sair é irreversível, e não saem enganados, cada um que sai recebe o aviso de que não poderá mais retornar. Ora! quem mandou desprezar assim, seres ingratos, a magnanimidade do Estado-Assistência? O Sr. João Alves e o Sr. Liberalino — MENDIGOS DE ABRIGO — aprenderam isso muito bem e expressam assim a lição: o primeiro diz no piscar de olho ladino que conservou do menino de Iguatu que queria ser cantor, foi para o Rio de Janeiro e chegou até aos palcos argentinos, mas acabou combalido, sozinho e à míngua, à sombra dos cajueiros da antiga Hospedaria Getúlio Vargas, como seus avós e seus pais que ele perdeu de vista. Aqui já era a Unidade de Abrigo e ele foi se encostando na seção de produção, fazendo um trabalhinho aqui e outro ali, desses que eles fazem com sucata, até que surgiu uma vaga e ele entrou definitivamente para o quadro de clientes. Hoje o Sr. João faz de tudo para agradar aos funcionários, não exige nada, é bem-agradecido e diz como quem é muito esperto: *arranjei aqui essa «sopa», né?, muito manera, não é de perder a «boca»*... Assim também o Sr. Liberalino, outro que correu o Sul em busca de um alimento, aprendeu que a «sopa» é líquida demais e escorrega pela urina. E diz: *aqui eu tô mais por fora do que azelha de caneca*. Falando assim, o que estão é re-conhecendo a natureza da única relação possível com o Estado e sua radical solidão diante dele, esse Estado que não se quer paternalista, mas que pai mesmo tem sido é dos outros, dos cidadãos de verdade e não só de falar, os proprietários, não sabe? Estes não vêm para cá, vêm? Aqui é o lugar do não, e quem fala assim é um terapeuta ocupacional da Unidade: "o que resta a uma pessoa que vem para cá é a escolha de outro não, ela escolhe ficar na rua e não ter alimento e dormida, ou vir para cá e não poder determinar nada de sua vida; aqui ela tem alimento mas não pode ter preferência por nenhuma comida, tem a dormida mas a qualquer hora pode ser removida da cama que ocupa". Sua conclusão: "na rua eles não têm nada, mas podem procurar"[6]. Sendo assim, isso aqui fica mais assemelhado a uma tumba do que a um abrigo, se aqui o homem é esvaziado de seu milenar bornal de caçador e caçar foi o que mais ele teve de aprender na vida. Caçava e corria para descansar e se proteger no abrigo. A terapia ocupacional seria então a tarefa do esvaziamento? Muito esquisito. Isso aqui é algo como uma «instituição total», como a definiu Erving Goffman[7]: do tipo em que a autoridade visa manter uma total regulamentação da vida diária de seus habitantes. Essa característica, porém, não traz interesse por si, senão quando pode revelar a relação entre o dentro e o fora da instituição, mostrando, no rigor de seus rituais de poder, os limites que governam o exercício do poder na sociedade como um todo. Os pobres caçadores feridos vieram então para cá esperar a morte? E quem os feriu assim com tanta gravidade? Psiu. Vem chegando um. Atenção. Prepare-se a equipe técnica, convoquem-se os chefes. Como? Não estão? Quem responde? Dois homens o trazem de carro. O velho estava abandonado há uma semana na rua, dormindo no estabelecimento comercial de um deles. O comerciante dava-lhe comida, os que passavam por ali também davam e isso não era problema. O problema apareceu quando o velho, cada vez mais triste e encolhido, ameaçou se matar dentro da loja. O comerciante viu então que precisava dar um jeito naquela situação: já pensou se numa bela manhã de boas vendas o homem amanhece morto dentro do seu negócio? Além do mais o velho é um ser humano, um irmão, precisava dar um jeito, sim. Foi quando o amigo disse que tinha aquele abrigo do governo e ele estava ali. Fato consumado, sem um telefonema prévio, sem uma consulta se podia? Não está certo. Não é este o procedimento. A assistente social se obriga a atender, faz perguntas que o comerciante responde: o velho foi abandonado pela mulher e pelos filhos, veio do Maranhão, trabalha com mecânica de automóvel, precisa se recuperar de uma operação que fez na barriga para então procurar serviço, sabe trabalhar, sim, é melhor chamá-lo aqui para que ele mesmo responda. E grita logo da porta para o velho que permanece do lado de fora, sentado no banco da calçada, aguardando, com uma sacola na mão, o selo sobre seu destino. Convoque-se a subchefe porque a chefe saiu para uma reunião. Esta repete as perguntas que agora o próprio velho responde, confundindo os dados. De propósito? Quem vai saber? Ah!, o senhor é que abandonou sua mulher e seus filhos há muitos anos, essa de quem está falando e que não foi buscá-lo no hospital, de onde o senhor saiu para a rua, é coisa recente, estou entendendo. Não está vendo? Não cuida da vida enquanto é tempo, não liga para a mulher, não liga para os filhos e agora se vê assim, não pode nem cobrar nada de ninguém. Escutem aqui vocês que ainda são novos, têm saúde, prestem atenção no exemplo. O comerciante diz que ele não, que a primeira coisa que pensa é no seu futuro e no de sua família, ave maria de abandonar meus filhos. Mas ia fazer o quê com aquele homem querendo morrer dentro do seu estabelecimento? O senhor precisava ter dado antes um telefonema, do jeito que o senhor agiu criou um problema para a instituição, a instituição não pode ir assim botando para dentro, segue-se a rotina técnica, tinha de fazer uma visita ao local, avaliar. A sugestão da subchefia era que ele retornasse com o velho, deixando o endereço, para que no dia seguinte fosse feita a visita de praxe e, aí, ser tomada uma decisão. A instituição estava ali para abrigar, sim, mas com dignidade, dando condições para que o cliente pudesse se reabilitar. Ali a pessoa tinha de se enquadrar dentro dos moldes, e será isso possível para quem vem da rua? Tudo isso teria de ser pensado. Ali teria de respeitar os horários certos de comer, de dormir, não iria poder sair, enfim, deveria acatar as normas da casa. O comerciante, seu amigo e o velho abandonado concordavam balançando com a cabeça, unânimes, um dizia e o outro repetia que, sim senhora, era muito melhor do que ficar na rua, que ali, pelo menos, teria um lugarzinho para estirar a rede, o velho trazia sua própria redinha, está aqui dentro da sacola, quer ver? Mas não pode. Tem as camas certas. O velho suspende o gesto que começara de abrir a sacola para mostrar a rede, olha em volta sem compreender. Não pode ir chegando e pendurando a rede, isso era antigamente, não adianta ter rede, está dito, agora os galpões foram reformados, separados em quartos e, em cada quarto, feitas duas camas de alvenaria, que corresponde justamente ao número de pessoas que se pode receber por quarto. Tudo muito direito, organizado. Mais se aflige o comerciante. Repete. Pede. Ia fazer o quê com aquele homem querendo morrer dentro do seu negócio? Tinha ido ali por um gesto de humanidade também, afinal tratava-se de um ser humano, de um irmão. O senhor já disse isso. Disse e repete. Não havia percebido o comerciante que seu gesto de humanidade era um ato privado, de sua própria alçada. A instituição de assistência não existia para responder pelos atos humanitários dos indivíduos, desse seu jeito. Que jeito? — não sabia. Todos em volta aguardam o desfecho: o comerciante e seu amigo, o velho abandonado, a equipe técnica de servidores e esta que vos fala, a pesquisadora. Não se encontrando a chefe para decidir, a subchefe resolve fazê-lo, o que enuncia pausadamente, com muita propriedade: "saiba o senhor que obrigada pelas circunstâncias, correndo o risco de ser desaprovada pela direção, e só porque o senhor já está aqui, infelizmente ele vai ser empurrado para dentro, já que empurrado para fora não pode ser". Como, infelizmente? Ora!, felizmente a subchefia tomou uma decisão. O comerciante se mostra aliviado, sai com pressa. Só então é que a técnica se dá conta, transtornada, de que não fizera a identificação do comerciante, nem nome e nem endereço, nada. A quem poderiam dirigir-se? Há que haver entre o órgão do governo que presta a assistência e o cliente que a recebe, um terceiro elemento que faça a intermediação, não é uma relação direta, não senhor. Em uma sociedade moderna e democrática que se preze, o Estado não age diretamente na direção do indivíduo, tem de existir uma sociedade civil organizada. E, se não existe, o novo governo manda criar as associações para que elas respondam burocraticamente pela sociedade civil. Mudou aquela forma anterior de operação caça-mendigo, massiva e irregular, que existiu até pela metade dos anos 80. A política social agora é mais voltada para o exercício da cidadania, isso é preciso estar dizendo o tempo todo para que a população se convença de que mudou a ideologia: esta é muito mais moderna, especializada. E, afinal, onde já se viu cidadão assim desgarrado que tem de laçar feito uma caçada? Não, cidadão tem uma identidade, uma origem, seja qual for. A instituição precisa de um nome, de um endereço. Não tem? Perdeu? Arranje-se uma maneira, porque a instituição não pode receber aleatoriamente qualquer um que venha chegando. O intermediador pode ser uma figura difusa, vinda da sociedade de um modo geral, lá de onde, também difusamente, solto, sem canto e cifra certa, veio o cliente: pode ser o hospital em que se tratava sem ter para onde ir ao receber alta, uma comunidade de vizinhos por intermédio da associação de bairro, uma paróquia, um parente sem posse, ou uma pessoa isolada como neste caso. Assim, ficou o velho lá, referência de ninguém. E agradece em nome de Deus, enquanto responde à ficha de inscrição, já que não sobrou quem por ele respondesse, como era a exigência da instituição. De repente interrompe a tarefa burocrática e pede licença para ir até à parede coçar as costas. A técnica suspende as anotações e todos o acompanham com a vista. Ele levanta a camisa e faz diversas vezes um movimento longitudinal, levantando e abaixando os pés, atritando a pele grossa das costas no reboco áspero da parede. Depois volta se dizendo aliviado, que não agüentava mais esperar. Aquele gesto era conhecido — quem nunca o vira? — e um porco não o teria feito com mais vigor na estaca da cerca enlameada. Mas alguma coisa fazia parecer que ali era de caso pensado. Porque, olhe, só pode é sair uma ira muito avinagrada lá de dentro quando um homem se depara assim frente a frente com o espelho da sua nulidade, pois o que todo aquele aparato refletia era a sua própria negação. É assim mesmo no Estado-Assistência, embora se queira fazer pela retórica o milagre da cidadanização. Com freqüência reporta-se ao princípio segundo o qual o Estado tem o dever de socorrer o pobre.

Porém — como bem o esclarece Simmel[8] — este dever não corresponde, para o pobre, a nenhum direito de socorro, uma vez que o direito que equivale àquele dever do Estado não é o direito do pobre, mas o direito que tem todo cidadão a que a contribuição que paga em forma de impostos seja de tal modo aplicada, que os fins públicos da assistência aos pobres sejam realmente conseguidos, a fim de resguardar a segurança da sociedade. Ou seja, a ação social de assistência não tem no pobre o seu fim último, mas o manuseio de certos meios objetivos, materiais e administrativos, destinados a suprimir os perigos e danos que aquele significa para o bem comum. Esse é o caráter da moderna assistência do Estado aos pobres, que se aplica abstratamente ao indivíduo e à sua condição pessoal. Por isso vai agora para a higiene o velho mecânico de costas encardidas, um pobre que o Estado acolheu. Vai lavar seus gestos a fim de se habilitar à Assistência Devida que, supõe-se, ele fez por merecer por ter sido trabalhador um dia, ou melhor, por ter permanecido honestamente na pobreza. Porque aqui é um abrigo mas não é de ociosidade ou punição simplesmente, não. Continuamos a nos pautar pelo trabalho, é certo que agora com uma função terapêutica, mas é trabalho em todo caso. O senhor verá como — e é possível que tenha uma visão diferente da nossa — mas será solicitado a participar, temos certeza de que, aos poucos, acabará se acostumando. Acostumando? Cansando? Driblando? Temendo? Os sentimentos não interessam, contanto que se mantenha a rotineira funcionalidade que ali se processa como resultado de tantos esforços de higienização e disciplinamento dos corpos, coisa absolutamente necessária ao controle da sociedade do trabalho, cuja preservação é a única finalidade. Afora isso, pouca coisa está em jogo, uma vez que o próprio mercado de trabalho já se encarregou de depositar ali suas peças imprestáveis. Imprestáveis diga-se do ponto de vista do mercado, ávido em extrair o máximo de excedente de cada uma dessas criaturas, pois poucas são as que se encontram de fato impossibilitadas. Aliás, velho aqui nem é muito velho, percebeu? É muito heterogêneo o grupo de clientes, muitos são mesmo pessoas novas, em idade produtiva, embora um tanto estragada, misturadas aos doentes entrevados, ou mentais, que permanecem dormindo nos alojamentos ou à toa no galpão da televisão, indo e vindo, calados ou falando sozinhos, o que dá no mesmo. Com estes a comunicação já é quase impossível, quer pela perda da lucidez ou da memória, quer pela dificuldade de articulação da fala trôpega. Alguns foram recolhidos das ruas há mais de dez anos e vivem ali um tempo parado e mesmo, até à morte, que também demora para chegar. Têm uma longa sobrevida, uma vez que são clinicamente assistidos. Suas feridas já não sangram tanto, as venéreas não escorrem mais dos ventres, os membros amputados já não fazem mais falta, o sono já voltou aos insanos. É verdade que ficaram as cicatrizes muito feias, mas todos convivem indiferentemente com elas. O importante é que o mal ali estacionou. Assim como o bem. Nada está para acontecer, a não ser a prevista atividade médico-assistencial dos funcionários, que muito pouco altera a rotina diária. Na sala de produção, porém, o tempo resiste em parar, mesmo se desenrolando tão lento. Alguma coisa ali quer ser produzida a todo custo. É possível perceber o quê? O ambiente é uma sala quadrada e espaçosa, ligada por uma porta à sala de terapia, ambas abertas para o pátio de entrada da construção, para além da qual um grande terreno arborizado faz as vezes de estacionamento. Os clientes não costumam desfrutar daquele pedaço de natureza, tristes lembranças antepassadas talvez o impeçam, pois foi ali o pouso dos flagelados, sob os cajueiros do que eram os arredores da Hospedaria Getúlio Vargas que, naquele tempo, de certo só ofereciam a sombra e os galhos para espichar a rede, ou o chão refrescado pelas folhas quando nem rede havia. Diferente de agora que tem a hora certa para comer e a cama de tijolo firme para dormir, mesmo que sob muitas condições.Os vigilantes da Unidade de Abrigo é que gostam de ir ali tomar o vento que os frondosos galhos oferecem, já que a atividade da vigília não necessita ser contínua, haja vista outros mecanismos mais duradouros de controle exercidos lá no interior da instituição. Na sala de produção estão dispostas as mesas daqueles estranhos trabalhadores, cada um ocupando sempre o mesmo lugar. De um lado do quadrado, na parte do fundo, a mesa da assistente social encarregada do setor; em frente, no lado oposto e vizinha à porta de entrada, a mesa de sua assistente; no centro, entre as duas posições de comando, as diversas mesas dos clientes. Nas paredes altas, em pedaços de cartolina colorida, máximas escritas em letra grande de forma, pretendem decorar o ambiente, mas principalmente avisar de uma certa visão que coordena altaneira e persistente o desenrolar dos feitos aí possíveis. Nas duas laterais o mesmo estímulo:

"Não há limite
para nenhuma
atividade humana
salvo aquele
que o homem
impõe
a si mesmo."

Ao lado deste, um aviso para que os freqüentadores daquele lugar não esqueçam a vida:

"Se todos os teus esforços
forem vistos com indiferença
não desanime, pois
todos os dias
o sol ao nascer
dá um espetáculo extraordinário
no entanto
a maioria da platéia
continua dormindo."

Um pouco abaixo, o manifesto de resistência de dona Adélia, uma preta velha que vivia na rua, tida como louca, contam que batendo com um pedaço de pau em quem passava, e hoje está aqui quietinha fazendo o seu trabalho — *o que não faz o trabalho com uma pessoa?!* — fazendo respirar, satisfeita com sua própria conquista, a assistente social encarregada do setor. Dona Adélia é doce no seu canto, costurando rodinhas de pano que depois serão presas uma à outra, formando coloridas mantas. Levanta o olhar quando alguém se dirige a ela, o que as assistentes sociais fazem com muito carinho, chamando-a Adelita ou Adelinha, e mostra um sorriso lento e mudo. Estando em um de seus momentos de comunhão com os espíritos, quando então sai de seu costumeiro mutismo, dona Adélia formulou a rima de sua experiência e de sua força:

"Não há bem que
sempre dure
nem mal que nunca acabe,
é com esta fé
que me mantenho em pé." — Adélia

Porém, sozinho no centro da parede de fundo, à vista de quem entra, um quadro em cartolina branca com letras vermelhas, expressa a ordem maior de tudo, pondo coisas e pessoas nos seus devidos lugares:

"Dai a César
o que é de César

e a Deus
o que é de Deus."

A lista nominal dos clientes, com sua respectiva atividade na sala de produção e a indicação da assistente social à qual está afeto seu acompanhamento individual, vem logo abaixo dessa lei de justiça dos céus, não vá dizer que propositadamente, mas numa coincidência que jamais espantaria a quem sabe que o coração tem razões que a própria razão desconhece. Trabalham com pontas de tecido doadas por uma fábrica, com as quais fazem algumas espécies de artesanato, principalmente tapetes e colchinhos, um trabalho manual a que facilmente se adaptam mesmo as mãos mais calosas ou trêmulas. As sessões de trabalho obedecem ao horário regulamentar que todos cumprem normalmente. Os que querem continuar trabalhando além do horário estipulado, fazem-no fora da sala de produção, o que não é muito comum. A atividade produtiva na sala é necessariamente assistida pelo técnico, no mais das vezes pela auxiliar da assistente social encarregada, que trabalha os dois expedientes. A chefe vai apenas no período da manhã, até às quatorze horas. Quando ocorre de a auxiliar não poder permanecer na sala até à hora estipulada, esta é fechada e os clientes devem suspender seus trabalhos. Por uma medida de segurança, assim como se recolhem as tesouras a cada final de sessão do trabalho, uma vez que ali convive a essência das «classes perigosas»? Por sinal, os técnicos recebem uma taxa adicional em seus vencimentos referente ao risco de vida, que varia de vinte a quarenta por cento dos salários, de acordo com o grau de periculosidade a que se supõem expostos. Ou haveria outro motivo, não aparente, situado na própria natureza do trabalho assistencial, definido em si mesmo, cuja razão de ser se encontra antes no resultado que se procura obter do que no direito do pobre a ser assistido? Veja o trabalho do Sr. Liberalino: que sentido vindo assim de fora poderá emprestar à sua vida assistida? Lá está ele, um homem forte, um índio de farta cabeleira lisa e negra, sentado à mesa baixa que é para dar melhor posição no movimento que faz com as mãos. Sobre esta, centenas de tirinhas coloridas de tecido de náilon que ele, uma a uma, vai introduzindo nos poros de uma estopa grande. A cada tirinha introduzida dá um nó apertado, de modo que o colchinho vai sendo composto de duas versões: o lado direito um fofo aconchego de cores entremeadas, uma vez que as tirinhas são amarradas muito juntas, ficando as duas pontas soltas e com o mesmo tamanho; pelo avesso, o desenho de uma rosácea de cor negra que corresponde justamente aos nós dados com as tirinhas pretas, preparado antes da composição colorida. O colchinho é a especialidade do Sr. Liberalino, produto para venda, que ele anuncia por quinze cruzeiros reais. Precisa de dinheiro porque pretende fazer uma visita a Sobral, sua terra natal. Mas antes, com certeza, empregá-lo-á na compra de fumo para a confecção de seus cigarros pé-duro. Não que os prefira, mas porque são mais baratos. É o cigarro de todos eles, de homens e mulheres. Compram os pacotes de fumo desfiado e fazem os cigarros com as sobrinhas de papel dos expedientes burocráticos. Um pequeno pedaço de papel rasgado em forma retangular, uma porção de fumo em fios bem mexidos com os dedos e o toque ideal de saliva passado com a ponta da língua à moda pincel na borda do papel para fechar o rolo: está pronto o cigarro, costume de quase todos, que se deliciam em roda no pátio, ou isolados num canto, soltando baforadas de cheiro forte. Melhor é o papel de seda, que se deixa envolver mais delicadamente pelo fogo. Mas é muito mais difícil de conseguir. Outro dia o terapeuta ocupacional escondia bem humorado umas folhas que tinha para fazer os trabalhos de arte, porque o Francisco da Silva estava fazendo fartas doações para a confecção dos cigarros. O Chico, como é chamado o MENDIGO DO ABRIGO, tem uma perna amputada e vive cuidando da sala de terapia. Sentado na cadeira de roda, ele varre, espana, arruma repetidamente a coleção de discos e revistas velhas que ficam sobre uma estante. Parece ter emprestado a essa atividade todo o sentido de sua vida. Surrupiando o papel de seda para os companheiros, cúmplice, ele talvez amplie esse sentido, ao distribuir porções de poder que traz lá de dentro do escritório, do íntimo da gaveta do senhor a que só ele tem acesso. Tem o cigarro então um grande significado social para aquele grupo, sua queima efêmera é, no entanto, matriz de sólidos laços, pode ter certeza de que é mesmo muito mais do que o desfrute de um prazer, ou vício, individual. Pois é principalmente pelos cigarros que eles trabalham, pelos cigarros eles dão seus reinos. O Sr. Liberalino tinha-os em vista ao por seu colchinho à venda por quinze dinheiros, antes mesmo de concluí-lo. Quem o compraria? Oferecera-se esta pesquisadora, pelo seu senso cristão e pela matreirice antropológica: afinal, missionários e antropólogos sempre souberam trocar muito bem quinquilharias pela confiança dos nativos. Ledo engano! Logo que concluiu seu trabalho o Sr. Liberalino mudou o preço, o colchinho custava agora sessenta cruzeiros reais. O efeito inflacionário teria acometido até mesmo o produto desse trabalho de fins terapêuticos, essa não-mercadoria? Ocorreu que a assistente social encarregada do setor de produção, sendo artista plástica com vendas no exterior, para onde exporta trabalhos manuais executados por populares com sobras de tecidos, baseados em desenhos de sua autoria, estipulou o novo preço para a trabalho do Sr. Liberalino. Contrariamente à determinação da chefe, sua assistente era de opinião que se deveria estabelecer um preço mais acessível para as peças produzidas pelos clientes, uma vez que eles não respondiam por nenhum custo, devendo prevalecer seus desejos, no caso, o desejo pelo cigarro, porque ela era capaz de jurar que qualquer um deles trocaria horas a fio de trabalho por um pacote de fumo. Sua idéia era de que fosse feita uma espécie de «feira» ali mesmo no pátio da Unidade, em que os produtos poderiam ser vendidos até para as pessoas da redondeza, e não a preço de dólar, obrigando as peças a ficarem empatadas durante tanto tempo à espera de comprador. A chefe, porém, sendo uma artista de nome a zelar, embora não assine as peças diretamente, orienta sua produção, em muitos casos chegando a traçar sua forma estética. Esse dado, certamente faz com que ela queira imprimir um valor monetário maior ao trabalho dos clientes. Além disso, tem uma compreensão emancipatória do trabalho que não faz parte da expectativa simplesmente terapêutica da instituição. Tal compreensão talvez tenha sido facilitada pela sua condição de artista, o que lhe oferece uma autonomia diferenciada dos outros, tanto subjetiva quanto financeiramente. Essa autonomia ela deseja imprimir à consciência daqueles destituídos, pouco a pouco, no cotidiano terapêutico do trabalho. Refere-se, por exemplo, à dificuldade que as pessoas têm ali dentro de vivenciar a produção de forma coletiva, de modo que a atividade de um complemente a atividade de outro. Cita o exemplo da escolha dos restos de tecidos, que cada um quer fazer a seu próprio modo, sem considerar que um certo tipo de retalho é mais adequado ao trabalho de um que de outro. E que ela mostra pacientemente o jeito que cada um teria de pensar no trabalho do outro ao providenciar o próprio. Com o mesmo objetivo de fazer despertar o senso de crítica e coletividade, ela diz que não adota a prática de reuniões formais com os clientes, como é de praxe no trabalho de assistência social. Costuma aproveitar as ocasiões que surgem naturalmente no ambiente diário da produção, no meio das conversas, dos desentendimentos, das novidades. Como outro dia em que observou a Ana pedindo cigarro ao Sr. Liberalino, "Bel, cadê o cigarro?", ela imita o jeito de falar da Ana dizendo que, sendo esta muito calada e pouco estimulada ao trabalho, o fato de poder contar com o predicado feminino da sedução *(sic)* só contribui para que ela não desenvolva sua capacidade de autogerência. Além disso, vê no jeito glamuroso de abordagem que as mulheres fazem aos homens, uma forma deturpada da relação entre os sexos. Contando o episódio ela pergunta: "Se a Ana consegue cigarro chamando o Sr. Liberalino de «Bel» com aquela voz, ela vai trabalhar para quê?". Levantou então a discussão com os clientes, no mesmo momento da ocorrência, fazendo ver à Ana e ao Sr. Liberalino que não era certo viver com jogos dessa natureza, e que bom seria conseguir os objetos com independência, por meio do trabalho. Mas é de se perguntar: que trabalho se desenrola no isolamento daquela sala, sujeito ao entendimento do chefe, pelas mentes e pelas mãos dos homens e mulheres outrora trabalhadores em tantas e tão variadas lidas? Sim, porque raro é aquele que produziu um só tipo de bem, ou exerceu um só tipo de serviço. Houve as cozinheiras que se tornaram mendigas, as mendigas que se tornaram prostitutas, as prostitutas que se tornaram lavadeiras, as lavadeiras que se tornaram tecelãs, as tecelãs que enlouqueceram, as loucas que se tornaram costureiras; e os agricultores que se tornaram biscateiros, os biscateiros que se tornaram lavadores de carro, os lavadores de carro que se tornaram serventes de obras, os serventes de obras que perderam a perna, os pernetas que se tornaram alcoólatras. Agora estão ali, coordenados, tecendo em tiras de pano talvez muito mais o passar do tempo. Como, aliás, diz o próprio Sr. Liberalino: "esse meu trabalho aqui é só para ajudar a passar o tempo...". Sim, o cotidiano na Unidade de Abrigo não se cansa de mostrar que há mesmo uma razão pouco perceptível que estabelece a primazia da assistência sobre os assistidos. É uma razão que prevalece ainda que muito tensamente, tendo de unificar pela sua norma política e administrativa, de um lado, as demandas materiais e simbólicas postas pelos clientes, as quais devem ser a todo custo homogeneizadas, e de outro lado, os diversos entendimentos que os técnicos têm do trabalho assistencial, profundamente marcados pelos valores pessoais, que eles em vão procuram materializar em algumas formas práticas de ação no interior da instituição. Assim aconteceu, por exemplo, com a assistente social que desejou aproveitar melhor aquela massa de conhecimento acumulado e invalidado, inútil patrimônio do trabalho. Queria um jeito de fazer com que os clientes vivenciassem a instituição como coisa deles. Como? Não varreram antigamente uma casa onde moraram? Não comeram do alimento que plantaram nos bons tempos de inverno? Pois que o fizessem outra vez agora. Mas varrer não pode porque são normas. E para plantar faltam as sementes e a água. Pensou que poderia dar um jeito, até tirar um dinheirinho do próprio bolso para comprar sementes e mandar consertar a bomba de puxar água. Mas como ia já entrar de férias, quem daria continuidade ao projeto? Além disso, apresentou-se outro problema: os clientes já se acostumaram a receber tudo nas mãos, vêem-se agora portadores de uns direitos, não estão ali para serem empregados de seu-ninguém, e agora é até uma ofensa fazer com que uma pessoa dessas cuide do canto que ocupa. Canto que ocupa: disse-o bem a assistente social. E não estaria aí o problema, no fato de que as pessoas sabem-se meros ocupantes de um canto, corpos que dão vida muito mais à instituição do que a si mesmas? Veja ali o Sr. João Alves na sala de produção trabalhando no seu tapete. Vem até ele uma funcionária que anuncia e sai às pressas: "Não esqueça que o senhor tem uma saída comigo agora". Vai para onde, Sr. João? Ele não sabe dizer para onde e nem o que vai fazer. A funcionária retorna logo para avisar que chegou a hora. Ele diz que vai só trocar de roupa e não demora. Ela diz que já está indo para o carro. Lá vai o Sr. João no carro oficial cumprir o destino que lhe deu a funcionária do Estado-Providência. Que destino? Agora chega o barbeiro para o corte de cabelo e barba. Um cliente deixou-se barbear mas quer deixar o bigode. Bigode não pode. A encarregada vem comunicar à assistente social do turno e pedir instruções sobre como agir. A assistente social dá a autorização para que fique o bigode: "Deixa que ele preserve um pouco da individualidade, afinal eles já têm tão pouco". Mas é contrariando as determinações da casa relativas às regras de higiene pessoal que ela decide. Assim seja. Trabalham a maior parte do tempo calados. Às vezes ocorrem confusas discussões sobre não se sabe bem o quê, uma teimosia qualquer para não esquecer a existência. O que interrompe o silêncio é geralmente vindo de fora: um aviso trazido por algum funcionário, ou a passagem de algum cliente que não pertence ao setor de produção. Tudo, porém, muito rápido e descontínuo. Entra assim dona Petronila, filha de antiga e poderosa família de Quixadá, que a teve por morta durante anos. Seu irmão, quando soube que ainda sobrevivia, recusou-se a aceitar a notícia. Queria-a morta, deus sabe lá por quê. Dona Petronila envelheceu e caiu-lhe o útero. Levada ao médico logo que foi recolhida pelo Abrigo, este preferiu não realizar a cirurgia porque o órgão já criara uma capa protetora em volta de si, à entrada da vagina, visível à luz quando ela anda. Uma funcionária observa o quanto é poderosa a natureza, ao vê-la passar naturalmente entre os outros, chegando na sala de produção, recém-saída do banho. A funcionária chama-a para que mostre sua brancura e sua limpeza, diz com carinho o quanto ela vive perfumada. É do que precisa para que, no meio aos outros de maioria descendente de negro ou índio, ela fale alto sobre suas origens, esticando o braço para que todos constatem sua alvura. Diz-se branca e reconhecida por qualquer morador do bairro onde vivia. Mas ninguém dá importância. São vãs suas palavras no profundo silêncio que foi ali instituído, tão absoluto que desfez até o poder branco de dona Petronila. Não é só a natureza que cria sabiamente seus invólucros... Já o Sr. João Alves prefere guardar as insígnias de seu extinto poder, sabe que *em boca calada não entra mosca*, a sua ele só abre para as cantorias raras da noite. O que tinha de cantar já cantou nos palcos de alhures, e hoje o que faz é recitar aquiescentemente um texto que não escreveu. O seu próprio não é conveniente ao ambiente, pois que consistiu em agradar senhores com preciosas meninas virgens, ofício que desempenhava nas boates do Rio de Janeiro, no intervalo entre uma música e outra. A Eunice é uma das poucas que não desistiu de falar. Foi empregada doméstica e faxineira de pensão. Conta histórias de patrões: os casamentos, as posses, as maledicências familiares. Faz versos para cantar os pequenos dramas de senhoras traídas pelos maridos. Arrola com orgulho os nomes, sobrenomes e endereços dos patrões, atribuindo-lhes mais importância do que provavelmente tiveram: nisto, por meio dessas lembranças, ela própria se mantém e se eleva. Diz vaidosa que preparou o rocambole da Senhora Fulano de Tal e o café do Senhor Sicrano, que serviu ao Sobrinho do Ministro da Justiça, ao Médico do Hospital-Geral, ao Juiz do Fórum de Fortaleza. Ainda hoje lança mão dessa memória para estabelecer diante dos outros o seu poder outrora exercido nos meandros das cozinhas, dos corredores e das alcovas das casas-grandes. Poder de quem conheceu os segredos, as preferências, os detalhes ignóbeis jogados para debaixo do tapete. Conta dos conselhos que deu, das pistas, das graças que pediu aos santos nos terreiros de macumba, para si e para seus senhores, para salvá-los de suas dificuldadezinhas. Muito dona de si, indica bem à vontade o nome e endereço dos antigos patrões para que algum precisado seu conhecido vá em seu nome pleitear favores: *basta dizer que fui eu que mandei que o doutor lhe arranja um emprego no fórum, o outro lhe faz a consulta no hospital, não precisa entrar na fila, é só dizer que foi Maria Eunice Rocha Lima quem mandou*. Mas ninguém presta atenção no patrimônio de Maria Eunice Rocha Lima, hoje apenas matéria de delírio. Há, entretanto, o espaço oficial de fala, burocraticamente denominado de «grupo operativo». Constitui-se das reuniões de rotina conduzidas pelo corpo de técnicos. Embora previstas mensalmente no cronograma de atividades, estas reuniões não ocorrem conforme a previsão, pelas mais diversas razões, o que também não afeta o andamento rotineiro da Unidade de Abrigo. Assim como não são demandadas pelo grupo operativo — virtualmente formado pelo conjunto dos clientes reunidos em dois grupos grandes, em ocasiões diferentes, de acordo com a disponibilidade da técnica encarregada — também não são prioridade dos técnicos, que agem conforme a regulamentação já estabelecida, sem nenhuma alteração mais conseqüente. Tais reuniões talvez tenham significação muito mais real para a tarefa de planejamento burocrático do que sentido orgânico para a organização do grupo. Os clientes sentam-se em forma de um grande círculo em torno da mesa dos técnicos, uma assistente social e uma terapeuta ocupacional. Aquela lê a lista de nomes do dia e recomenda que se ordenem, mas o entra-e-sai demora ainda alguns minutos. Muitos querem a confirmação se o seu dia é aquele ou é o outro. A Nambu continua muito irrequieta, mexendo-se na cadeira, xingando os vizinhos. A assistente social ordena: "Nambu, se aquiete!" Mas a negra velha desbocada, antiga prostituta do bairro da Piedade, talvez não consiga compreender o significado dessa outra coletividade tão disciplinada, tão diferente do rebuliço onde viveu respondendo aos insultos dos meninos na rua e às insolências dos homens na cama. A assistente social repete o comando: "Todo mundo aí quietinho, vão pensando nos assuntos", enquanto prepara o cabeçalho da reunião do dia no livro de atas. A Nambu ainda reclama alguma coisa e depois se cala. Alguém diz com timidez: "Eu não tenho nadinha", mas a assistente social insiste: "Vocês que vão dizer, os assuntos serão levantados por vocês. A reunião não é de vocês? Nós é que sempre trazemos os assuntos, mas hoje, não. Vambora, gente!". Todos continuam calados, olhando na direção dos técnicos. A Nambu então se levanta com rispidez e diz batendo no peito: "Eu vou é trabalhar". E sai com muita autoridade, como se dissesse não ter tempo para perder com tolices. Vai para a sala de produção fazer o seu colchinho. (Dias depois, numa discussão com a chefe do setor, Nambu chamou-a de puta, tendo sido suspensa das atividades.) Alguém diz em voz alta: "Não tenho novidade alguma para falar". Outro completa: "Tô feliz aqui, sou totalmente nada". Um homem resmunga que quer ir embora. A assistente social ouve e levanta a vista de suas anotações: "Aqui é a sua casa, vai fazer o quê na rua?". O homem não responde e se cala. Falam agora entre si, muita balbúrdia. No meio do barulho, o protesto do Sr. Liberalino: "Fale no singular, vocês é muita gente, não diga 'os outro', diga logo o nome". Dirige-se à Marieta, que reclamava do tratamento dado pelos companheiros à Eunice nos seus períodos de surto nervoso. "Dão chute nela", dizia Marieta, acusação da qual se defendia o Sr. Liberalino. A assistente social pega o mote, fala numa linguagem política, quer consolidar consciências cidadãs. Sobre que base? "Vamos pensar no caso da Eunice, no problema da Eunice que a Marieta levantou..." E fala então sobre a necessidade da paciência, da compreensão e da solidariedade para a existência da vida em grupo. Muitos se defendem: "Não foi eu!", "Nem eu!". E o assunto morre aí. Fala agora a Angeluce, preocupada com a filha, quer saber por que não a punham numa creche, de modo que ela pudesse trabalhar e vê-la. A assistente social responde que a criança está muito bem tratada, que ela não precisa se preocupar. Ela então se queixa de uma dor na barriga, que é por causa da operação que fez, que tem cisma disso. A assistente social torna a calar a cisma da Angeluce, dizendo que muitas mulheres fazem a ligação das trompas, que isso não é nenhum problema. A Angeluce teve um filho lá dentro do Abrigo e, nestes casos, a determinação é fazer a doação legal da criança. Sob que legitimidade? Além disso, a Angeluce é ainda muito jovem e tem problemas mentais. Assim, a orientação é mandar ligar as trompas. Sob a autorização de quem? Angeluce não se conforma, mesmo tendo depois disso arranjado outro namorado. Namorar é permitido, contanto que se faça a prevenção de filhos, o que é feito segundo acompanhamento médico. Vendo assim suas cismas tão sem respaldo, Angeluce agora se dirige em voz baixa para o seu vizinho. Estão muito bem esclarecidos os procedimentos para a assepsia sexual daquele lugar onde as feridas foram conservadas em formol, neutralizando o processo de putrefação. Mas permaneceu a resistência amorosa da Angeluce para com o namorado, de nome José Antônio, um homem bem mais velho do que ela, que todo dia sai para limpar carro no estacionamento de uma agência bancária nas redondezas do Abrigo, retornando no final da tarde, quando então sentam juntos, parados numa ternura pastel de retrato antigo. As certezas técnicas de como se deve proceder na «assistência devida» não atinaram e nem reduziram o espaço de desejo no coração de Angeluce. Mas seu assunto também morreu ali. Como a querer censurar a companheira, quem agora levanta a voz é a Alzira: "Tudo aqui é bom pra mim". A assistente social confirma diante de todos: "A Alzira é muito tranqüila". A reunião agora se encaminha para questões mais práticas: as preferências de cardápio e as providências para o próximo passeio. A assistente social manda que levante a mão quem gosta de cuscuz. Conta e conclui que a maioria quer cuscuz com leite no jantar. Outros querem baião-de-dois com ovo. No meio da algazarra, ouve-se uma voz de paixão e saudade: "Um baiãozinho é muito bom!..." É o prazer da comida do sertão, quando ao cair da tarde o sertanejo encosta a enxada no pé da parede e a panela de feijão com arroz fumega no fogão de lenha. Adeus para nunca mais? E aí outra voz chama à razão alimentar da cidade e dos pobres: "Aquela sopa aqui e acolá até que podia ser... aquela sopa é ruim". Fica então deliberado que o cardápio do jantar irá variar entre a sopa, o pão de milho com leite e o baião-de-dois para os saudáveis e o mingau para os doentes, não é isso? Ééééé... confirma a assembléia dos clientes do Estado-Providência. Depois anuncia-se que será servido à noite, na hora de dormir, um chá com biscoito. É bom esclarecer que café não pode em outra hora a não ser a da manhã, acompanhado de leite e pão, o que faz com que os clientes estejam sempre rondando em torno dos gabinetes dos funcionários, tentando merecer uma exceção e ser agraciado, quem sabe, com um golinho do café que é servido àqueles, para dar maior prazer à baforada do cigarro como era o hábito de antigamente. Mas não, café não pode, embora haja sempre um ou outro técnico disposto a desobedecer à regra e doar uma gota de sua graça. Resolvida a questão do cardápio, todos os gostos contemplados, vão agora discutir a programação rotineira do lazer para o mês em curso: o próximo «passeio curto», que será realizado na praia das Goiabeiras, no perímetro urbano da cidade. O «passeio longo» já fora programado para a praia do Iguape, a quarenta e quatro quilômetros de Fortaleza. Faz-se a lista de quem vai, quem já foi no anterior não vai neste, fulano não vai porque dá muito trabalho, é afoito demais e não pode ir para o mar. Pronto, está encerrada a reunião. Há um segundo espaço de fala, este talvez mais orgânico, embora também muito escasso. É o chamado «grupo despertar», que deveria reunir-se às terças-feiras mas sempre há um ou outro impedimento para sua realização, seja uma reunião do grupo técnico, falta pessoal do funcionário encarregado, férias. Nele discutem-se questões previamente escolhidas pelos clientes, geralmente na forma de palestras educativas proferidas por um convidado de fora. O objetivo do grupo é estimular a autonomia dos clientes, fazendo-os exercitarem alguma forma de pensamento e crítica. A Marieta sugeriu para esta sessão o tema das atuais epidemias de dengue e rubéola, das quais está acometida a população cearense nesse período da seca de 1993. Todos concordaram. A palestra foi proferida por uma enfermeira que fez detalhada distinção clínica entre as duas doenças. O dengue é provocado pela picada de um mosquito, o *Aedes aegypti,* o mesmo da febre amarela. É preciso repetir várias vezes o nome estrambótico, a enfermeira o faz pacientemente. Os clientes enrolam a língua e riem treinando «o latim». A enfermeira explica que a doença pode ser mais forte ou mais fraca, mas a mais forte, chamada hemorrágica, só dá em países da África e da Ásia, a nossa é das mais fracas. Cala a enfermeira sobre as ocorrências da dengue hemorrágica, que não estão sendo oficialmente divulgadas no estado do Ceará. Diz que contra a rubéola existe a vacina, só que muito cara. Contra a dengue não há nenhum tratamento, a pessoa atacada só tem de se alimentar bem e permanecer em repouso, a fim de adquirir resistência à doença, não existindo nenhuma dieta específica. A assistente social intervém perguntando didaticamente o que seria um alimento melhor: um pedaço de pão ou um copo de suco de laranja. Algumas vozes respondem em coro, como no grupo escolar: "suco de laraaaanja". Confirma a assistente social que é isso mesmo. Treinaram-se ali papagaios de uma outra floresta, aquele povo comeu foi bico de pão pelas calçadas, quando muito com um resto de garapa de cana para desentalar, deixado pelos mais generosos fregueses nos balcões da lanchonete. Suco de laranja não existe! Mas no meio do delírio, de repente, uma voz arrastada como é a nossa se destaca destoando o coro: "Rapadura!". Vai buscar na memória mais que secular de seu povo a lembrança doce do alimento de cana, desde o tempo da ocupação da província, em fins do século XVII: "Há lavouras de cana no termo da Vila do Crato, mas muito pouco assucar; surtem-se os povos de Pernambuco, e as canas do paiz são desmanxadas, em pequenas engenhocas, em rapaduras, que com farinha servem ao sustento do povo, que prefere com gosto a outro alimento"[9]. Felizmente alguém ainda é capaz de refazer o elo perdido, de chamar o passado e desfazer a pura formalidade desse momento. E foi tão surpreendente que todos caíram numa risada — (que está gravada). A assistente social deve ter pressentido que aquela palavra «rapadura», dita assim tão espontaneamente, tinha o sentido de um resgate e, no meio do riso, comandou outro enunciado: "A rapadura é um excelente alimento, principalmente aquela escura". Cada um, então, falou de seu próprio tempo: "É, rapadura é muito bom, até pra mulher grávida". "É comida doce, comida doce é que dá força." "Ainda mais aquela pretinha, de nome saburá, aquela é que é danada." Mas era um tempo encerrado, um tempo abandonado. Os clientes voltam e perguntam sobre sintomas, alguns querem esclarecimentos sobre suas próprias dores. A enfermeira explica que uma dor de cabeça, por exemplo, embora sendo sintoma de ambas as doenças, a dengue e a rubéola, não quer dizer que a pessoa esteja com uma ou com outra. Alguém completa que pode ser por causa de uma preocupação. Mas com o quê haveriam de se preocupar aqueles entes recolhidos do mundo, tantos chamados raimundo que viraram rima e não careciam mais de solução, para consolo do poeta Drummond? Assim mesmo a assistente social estimula o debate, pede perguntas. Por que não pensar a questão também sob o ângulo social, indagando a causa de persistirem doenças tão antigas, que sempre atacam os mais pobres? E nos períodos de seca esse problema é agravado. Por quê? Alguns se põem a descrever as dificuldades dos pobres diante das doenças, dificuldades que rico não tem, dizem. Que dificuldade? A carestia dos remédios, a falta de hospitais, de equipamento avançado para o tratamento de certas doenças. "Não é que rico não adoeça, rico também adoece, mas é muito melhor equipado para se defender das doenças", explica a assistente social. E conclui a reunião com uma salva de palmas para a convidada, antes discorrendo sobre as diferenças sociais, descrevendo as condições de vida nas favelas e denunciando o pouco interesse do governo em investir em saúde. Encerre-se esta sessão porque é hora do lazer. Todos a postos para o «passeio longo». Muitas providências são necessárias e desde cedo começam os preparativos. Os clientes andam de um lado para outro, banhados, excitados. O ônibus fretado espera no portão que sejam providenciados os últimos detalhes e os passageiros embarquem. A bagagem está pronta e é levada pelos funcionários encarregados, vestidos em roupa de banho: bujões de água potável, sanduíches, quentinhas, a sacola de medicamentos e primeiros socorros, uma bola de futebol. Os clientes vão entrando um a um, alguns com muita dificuldade de andar e subir no veículo, outros carregados nos braços do motorista, enquanto as cadeiras de roda vão para o porta-malas do ônibus; outros, apressados e nervosos, desfrutam da capacidade de locomoção e são os primeiros a entrar, correndo para as janelas, de onde apreciam o movimento do embarque e acenam com a mão. A equipe de chefia não vai desta vez mas está presente à partida, fazendo recomendações. A chefe, de pé no corredor do ônibus, ensaia um discurso de despedida, com ares oficiais. Vão a nutricionista, a terapeuta ocupacional e dois homens para o trabalho de fiscalização e segurança. É uma atividade restrita aos membros da Unidade de Abrigo, não pode ir a pesquisadora, que mesmo autorizada a acompanhar a rotina da instituição, não se lhe permite o acesso a atividades externas. Eram as normas, que não insistisse. Quando for domingo, quem sabe?, é de se pensar assim, todo mundo desobrigado das tarefas e das tutelas vai ter muito o que contar e grande prazer nisso. Qual nada! Os portões estão lá abertos, não como nos dias da semana quando ficam escancarados ao entra-e-sai dos carros oficiais e dos técnicos, mas só encostados, basta dar um empurrãozinho de leve que se entra fácil. Está lá o primeiro galpão, onde se encontram a sala da recepção, os escritórios dos funcionários e o setor de terapia ocupacional instalado em duas salas contíguas — uma destinada ao trabalho e outra às atividades recreativas. Com exceção da sala de recreação, onde alguns folheiam velhas revistas ou jogam sinuca, e um rádio espalha altos fragmentos de canções que falam de amor e solidão — "Meu mundo é diferente, minha alegria é triste... agora eu choro só, sem ter você aqui" o resto é tudo fechado, assim como a boca dos habitantes. Na recepção, um policial sentado numa cadeira ao lado da mesa, com as pernas estiradas e as mãos entrançadas por trás da cabeça, sustentando-a, como a querer fazer do próprio corpo a cama. Nessa posição ele emite gracejos para os clientes, talvez porque deva ficar acordado, e aí é feito uma lâmpada colorida piscando na escuridão. Os clientes permanecem indiferentes, sentados no banco comprido ou nas cadeiras de rodas, separados da cadeira do guarda por uma grade de ferro entreaberta. Além do policial, uma funcionária muito jovem, auxiliar de recreação, também faz a guarda, de vez em quando circulando pelo pavilhão dos clientes, enquanto a enfermeira toma as últimas providências em relação aos doentes, e alguém da cozinha encaminha os preparativos para o jantar, que será servido às dezesseis e trinta horas. É o plantão dominical na Unidade de Abrigo. Quanto aos clientes, ficam por ali indo e vindo no pouco espaço, entram nos quartos, saem, fazem um cigarro, olham à toa para a televisão ligada no programa do Sílvio Santos, resmungam, não fazem nada, calam-se. Inútil puxar conversa. Não fala o Sr. João, não fala a Marieta, não fala a Eunice! Nem entre si mesmos eles falam. Mudos. Isolados. Distantes. Estrangeiros de diferentes mundos. Esperava que, fora da rotina do trabalho de assistência, eles falassem de si, de seu passado, de seus desejos? Enganou-se. Alguma coisa os envolveu e eles não podem, ou não sabem, ou simplesmente não querem mais se descobrir. Mesmo os saudáveis, os que trabalham, recusam-se a falar, o que não aconteceu durante as sessões de trabalho na sala de produção, quando se mostraram mais receptivos, embora recusando a gravação da fala. Nem mesmo o Sr. João que, acostumado aos microfones, com tanto orgulho regravara na sala de produção seus *shows* de antigamente, enquanto cortava tirinhas de pano para a confecção dos colchinhos — tanto que o som provocado pelo atrito da tesoura sobre a mesa até deixou um ruído feio nas velhas canções que ele dizia serem as mais solicitadas nas serestas — contando também cada passo, cada gesto, cada atitude, cada nota, do mundo artístico que ele percorreu em busca de uma carreira de cantor, pois até o Sr. João, quando chegou o domingo, emudeceu surpreendentemente. O que teria acontecido? Por que agora que é domingo essas pessoas se mostram assim tão impermeáveis à comunicação, parecendo não tomar conhecimento de nada em seu redor? Seria o domingo a matéria de seu tempo, a sua única reserva, o seu bem guardado segredo, o instante preciso de sua identidade[10]? Sim, porque por toda a semana são mesmo os perdedores de tudo, que ao fim cederam sua carência à obra do estado, existindo tão-somente como completos objetos dessa obra. Parecendo dotados de sentido apenas durante os dias úteis da semana, aos sábados, domingos e feriados, quando não há expediente para os funcionários da assistência social, ficam como que suspensos do mundo, devidamente asseados e alimentados para que possam esperar pela segunda-feira e o primeiro técnico chegue pela manhã, bata o ponto, abra as gavetas, ligue as máquinas e dê início ao funcionamento do serviço. Do que seria mesmo aquela fábrica? No entanto, é na privacidade do quarto que só o domingo permite, que dona Adélia, MENDIGA DE ABRIGO, pode expressar sua sabedoria destituída: diz que são necessárias três coisas, sem as quais ninguém faz nada, ninguém se move, que são o tino, a memória e a compreensão. Mas a quem vai servir ali a ciência de preta velha, acumulada nos confins escuros da senzala, proferida ainda hoje pelo espírito dos ancestrais, que vez e outra, conforme ela diz, vêm falar pela sua boca? O que será feito das lembranças de viagem, das receitas culinárias, dos conselhos, das técnicas antigas de trato com a terra, das posições amorosas, de toda aprendizagem? O gato já comeu. Não é fácil manter um vínculo com a vida ali. Certa vez disse — e se riu — o Sr. Liberalino, que nos finais de semana o que eles faziam era ficar olhando o tempo lá fora para ver se ia chover ou fazer sol, parecendo representar o conteúdo da matéria de um jornal velho, cujo título era: "DOMINGO NO ASILO — O NADA FAZER DOS QUE VIVEM SEM AMOR". Já o Sr. Raimundo Nonato não, este prefere trabalhar de domingo a domingo. Carrega seu tapete em todos os intervalos, onde quer que esteja. Lá está ele ali trabalhando, sentado no banco do pavilhão da televisão, indiferente ao baú da felicidade, lotado das promessas de domingo eletronicamente enviadas pelo representante-mor dos bufões da elite nacional. Trabalha sem parar o Sr. Raimundo Nonato, dizendo que é para não pensar na vida. Traz há um ano uma inflamação no osso da perna esquerda em conseqüência de atropelamento anônimo, desses que o motorista foge e a vítima, também anônima, é socorrida por populares e levada aos hospitais públicos. Quando recebeu alta, não tendo para onde ir e não podendo andar, a ambulância foi levá-lo para o banco de uma praça, endereço fornecido pelo Sr. Raimundo Nonato, onde já vivera, uma vez que nas imediações residia um coronel do exército, cuja esposa, muito caridosa, mandava sempre a empregada deixar-lhe um prato de comida. Nessa época tinha acabado de perder o emprego num posto de gasolina, onde fazia lavagem de carro, e estava à procura de outro. Ficou estirado no banco por alguns dias, sem poder andar, até que foi visto por uma assistente social do Abrigo que fazia aquele caminho. Já foi operado três vezes e faz seu próprio esforço para não ter a perna amputada, "como esse daí" aponta com o lábio inferior para um homem de uma perna só que está à sua frente na cadeira de rodas — "que botaram nessa cadeira de roda e ele foi ficando, ficando, a perna endureceu até que cortaram". E diz: "quem precisa de mim é eu", garantindo assim seu compromisso com a luta anterior e primordial pelo corpo. Coisa espantosa — quem haverá de acreditar? — a ambulância de um hospital público entregar ao relento e a ninguém uma pessoa convalescente de um atropelamento anônimo! Difícil a localização nessa ordem inversa, difícil permanecer firme nesses vácuos. Mas os redutos de resistência à mudez e à morte são incansáveis. Como se quisesse oferecer uma cura mágica, ou combater a melancolia daquele ambiente saturnal, ali, na área do edifício da Unidade de Abrigo aberta entre os pavilhões da administração e do alojamento, sob caramanchões floridos, mandaram-se estender longos bancos de madeira e erguer uma placa de bronze onde foi chumbado um teimoso apelo de sonho. A placa — como um talismã destinado a resistir à estrela inimiga das forças vitais e da juventude — diz que se trata ali da praça dos namorados e é em homenagem aos enamorados pela vida. Está assinada pela atual diretora da Unidade de Abrigo, Regina Clara. É no recanto da praça que os clientes vão, sozinhos ou em grupo, desfrutar o gozo de seus cigarros, esculpindo de fumaça voluptuosas espirais sobre os dizeres da placa. Bem próximo à passagem da sala de recepção para o galpão dos clientes, duas gaiolas lotadas de periquitos australianos irrequietos, felizmente não calam um instante o bico. Foi neles que pensou a Eunice, quando uma época esteve hospitalizada por problemas mentais, e cantou versos de saudade:

"Na Hospedaria deixei uns lindos passarinhos
Só vou para a Hospedaria
Quando eles fizerem os seus ninhos."

Assim mesmo, o sentimento de quem se aproxima é de profunda impotência. E não só do ponto de vista da pesquisa, que para isso há várias formas de abordagem, mas uma impotência muito maior, dolorida e invencível como se quisesse ouvir os mortos falarem da própria morte. E que morte se guarda entre as paredes brancas de azulejos frios, nesse lugar assim tão higienizado que dá gosto? Quer saber? O direito é o grande morto. Ou alguém tem a ilusão de que aqui o pobre vai passar da condição de «pessoa carente» para a de «cidadão portador de direito»? Há quem tenha, mas isso pouco importa. O fato é que a precariedade histórica do trabalho não permitiu que emergisse uma ordem pública de direito, sequer como decorrência da mercadização do trabalho, de modo que grande parte do exército de reserva tombou sem nenhum vínculo, não tendo sequer ascendido à condição de mercadoria[11]. São os «grupos vulneráveis», na denominação de Francisco de Oliveira[12], dentre os quais o Estado acolhe meia dúzia e os demais ficam por aí pedindo uma esmola em nome de Deus. A história é essa que conta uma assistente social da Unidade de Abrigo:

"[...]. Era uma vez um pedreiro que fazia pequenos serviços. Era um homem muito trabalhador, desses que trabalha de domingo a domingo. Homem" — ela lhe dizia — "livre pelo menos os domingos, fique com sua mulher e os filhos descansando em casa. Mas o homem perguntava: e se eu não trabalhar, quem vai dar de comer a eles? Trabalhava sozinho, mesmo os filhos maiores viviam sob sua dependência, sendo que a mulher era para cuidar da casa. Uma filha moça não podia trabalhar numa casa de família para ajudar o pai? Mas não. Uma de quinze anos o que fez foi engravidar e ir para dentro de casa com o filho e ainda mais o namorado, que também não trabalha. O pedreiro, porém, tinha um pequeno defeito: gostava de tomar uma cachacinha. Uma noite, tendo tomado umas e outras, voltando para casa, foi atacado a pauladas por ladrões no bairro da Jurema, um dos mais violentos de Fortaleza. Ficou muito mal no hospital durante seis meses e, depois que saiu, não quis mais trabalhar. Vive se queixando de uma tontura e de umas dores, dizendo que não pode trabalhar. É um homem novo, tem trinta e nove anos. O que possui é uma casinha de conjunto, no Marechal Rondom. Vive agora da ajuda dos ex-patrões, quer dizer, daquelas pessoas onde fazia um servicinho aqui e outro acolá. Chega com um saco nas costas e espera que lhe dêem alguma coisa. Espera o tempo que for preciso. Se não dão, ele vai embora e volta outro dia, com o mesmo saco pedindo silenciosamente. Tem sempre quem dê uma pequena ajuda. Mas se as pessoas cansarem de dar? A gente também não tem tanto... Ele podia procurar a pensão que lhe é de direito, a que se chama 'renda mensal vitalícia', garantida na Lei Orgânica da Assistência Social, de 1993, devida a idosos de mais de setenta anos e a deficientes que não têm de quem depender obrigatoriamente. O homem foi tantas vezes procurar esse direito até que desistiu."

A história entrou no bico do pato, saiu no bico do pinto, quem quiser agora, que conte mais cinco. Eu conto! Pois então conte:

"[...]. Era uma vez um homem que tinha vindo do sertão para trabalhar de servente na construção civil de Fortaleza. Um dia foi atropelado por um veículo que subiu a calçada onde ele se encontrava e fugiu sem dar tempo de ninguém anotar a placa. Foi levado ao Pronto Socorro dos Acidentados e lá passou oito meses, de onde voltou sem uma perna. Quando recebeu alta, os médicos o mandaram pegar a medicação para a continuidade do tratamento na farmácia do governo. Ele vinha de lá pela quinta vez, se arrastando com a muleta, e o remédio continuava em falta. Agora não podia mais trabalhar e estava vivendo na casa de uma filha, no Jardim das Oliveiras, que trabalhava de empregada doméstica. O jeito era o homem começar a pedir a um e a outro. Quem sabe, se ele pedisse na farmácia, não havia uma amostra grátis, ou então ele tinha a sorte de encontrar com o representante da indústria de remédio?..."

Tem muito mais história mas por hoje chega, dizia a bisavó. Porém, ninguém foi feliz para sempre. Tem muito mais mesmo, é só sair por aí catalogando os homens e mulheres fortes, no vigor da idade, a quem falta uma perna, um pedaço do braço, a visão, o senso, um pulmão. Foram atropelados por veículos que fugiram sem os socorrer, ou atacados por bandidos, ou pegaram uma bala perdida, ou tiveram corroída a carne na poluição das fábricas. Vítimas de um tipo de violência que escapa ao controle da justiça, um tipo anônimo de violência que estraçalha não só os pedaços dos corpos, mas a vida inteira dos indivíduos e de suas famílias. Incapacitados para o trabalho hão de recorrer a quem, senão à caridade pública? A assistente social se preocupa que eles adquiram o «vício da mendicância». O vício? É até de se chegar a pensar que se trata da primeira rebeldia, me perdoe se falo assim essa heresia, porque nem sempre foi assim. Ou, senão, agora, do único jeito possível de reatar um laço que já houve, um que saiu dos primórdios do tempo e veio se desfazendo, se desfazendo, até que soltou de todo, sem nada à vista imediata que de novo ate. Pois que até da comunidade cristã — no seio da qual desfrutavam naturalmente o direito à ajuda oferecida pelas rendas eclesiásticas — foram arrancados, levados para o olho da rua pelo vendaval das mudanças políticas e econômicas ocorridas a partir do século XVI, e pelo processo de secularização aí embutido[13]. Se até então tinham sido os «pobres de Deus», Seus filhos prediletos, com um lugar certo à Sua mesa, agora, a pobreza tendo sido transformada em questão civil, são os «pobres de ninguém», enteados preteridos do Estado-de-mal-estar[14]. Também houve povos, como os antigos semitas, para os quais o direito dos pobres à participação na comida se devia simplesmente à afiliação social e ao uso religioso[15]; assim como outros, como os daiaques, que chegaram a desenvolver todo um sistema de direito e de moral sobre o dever de não deixar de repartir a refeição que fosse assistida por outrem, ou que alguém visse preparar[16]. Desse modo, Marcel Mauss[17] chega a falar na «obrigação de receber», pois um clã, um grupo doméstico, uma caravana ou um hóspede não tinham a liberdade de não receber presentes ou não solicitar hospitalidade, associando desse modo as idéias de hospitalidade, alimento, comunhão, paz, troca, direito. E não é preciso ir muito longe, não. Entre o povo daqui, povo do meu Ceará, por exemplo, ainda demanda muito o costume de hospitaleiro. Isso tem servido bem à indústria do turismo, é agora uma boa moeda comercial. Mas também persiste no íntimo das relações cotidianas, resistindo com a tradição às imposições da razão mercantil. Basta ouvir dona Fransquinha, MENDIGA DO SERTÃO, contando das ocasiões em que as mulheres donas-de-casa a convidam para entrar quando ela lhe bate à porta pedindo uma esmola, oferecendo-lhe uma refeição, um banho, ou que ela se sente para descansar. Claro que são modalidades de relações sociológicas diferentes: um mendigo moderno não é a mesma coisa que um nativo maori, ou um visitante numa casa de família nordestina, e que vai muito distante o significado do direito em um e no outro caso. Mas se — como analisa Simmel[18] — o direito é o que existiu primordialmente, sob a forma das diversas pretensões humanas, quer sejam materiais, afetivas, religiosas, cognoscitivas, as quais depois se converteram em deveres dos outros, criando assim as relações de pertencimento e as formas de contrato, é de se ingadar a respeito da dita comunidade de direitos e deveres da qual o mendigo moderno derivou, supondo que eles decerto não foram adequadamente atendidos para que hoje se encontre o mendigo assim nesse estado de «viciado em pedir», embora quem escutasse dos dois lados, tê-lo-ia ouvido dizer que foi «obrigado a pedir». Quem promete deve, não é assim? Sobre um direito negado, outro direito se cria, que é o direito de cobrar o devido. Não foi por outra razão que, em outubro de 1992, um juiz federal americano, com base no argumento de que o Estado violava a primeira emenda da Constituição dedicada à liberdade de expressão, deu ganho de causa aos mendigos de Nova York, proibidos pela lei estadual de mendigarem nos lugares públicos[19]. É muito geral afirmar ter sido o mercado a proposta da modernidade para abranger sistematicamente a equivalência dos direitos e deveres, com capacidade de incluir a todos os indivíduos livres, então denominados cidadãos. Mas foi isso que aconteceu, a retumbante utopia[20], que continua mobilizando muita gente, incautos ou inescrupulosos, de que todos seriam equivalentes entre si, o mercado promovendo a equalização, o grande sistema circundante no meio do qual cada um gozaria plenamente como membro de suas ordens concretas, tais como o «mercado de trabalho», o «mercado de consumo», o «mercado de lazer», o «mercado dos conhecimentos», e assim por diante. E tudo como um direito inalienável do homem. Pairando sobre tudo, mas sem em nada interferir, o Estado como a fonte mesma do dever, sempre a postos para servir em alguma emergência — fosse um combate por fronteiras e comércio, a prisão de um vadio, o socorro a algum mais pobre. Mas o que teria dado errado nesse idílio para que tão grande número de pobres, aumentando a cada dia, fizesse estornar a contabilidade da assistência pública, tornando débito o que devera ser crédito, deixando o Estado com uma dívida social que não paga nunca? E nisso ficam os governos quitando uma prestação aqui, rolando outra ali, tentando manter as aparências e a todo custo não gerar o pânico ou a revolta dos que são os principais credores. Coisas paliativas e tão semelhantes que quem ouviu uma providência governamental de socorro aos pobres ouviu todas. Como esta que segue só para caracterizar melhor o cotidiano da Unidade de Abrigo, conforme vem sendo delineado nestas linhas, a fim de marcar bem a protagonização destes que fazem a história social dos mendigos no Ceará, nas cenas do quarto ato, a dos MENDIGOS DE ABRIGO: na seca de 1993, sendo muito mais visíveis os quadros da miséria, expostos assim na rua como um museu de mutilados de guerra ao ar livre, a imprensa de Fortaleza divulgou uma reportagem sobre famílias que viviam há dois meses sob o viaduto da Avenida Borges de Melo. Depois disso o governo estadual mandou recolhê-las à Unidade de Abrigo. Eram ao todo vinte pessoas: cinco mulheres, quatro homens e onze crianças. Alguns com feições muito marcadas por traços indígenas e aparentando bom aspecto físico. Um dos casais viera de Aracoiaba, no Ceará, com dois filhos pequenos. Os demais vieram do Piauí, sendo todos parentes de primeira linhagem, irmãos e sobrinhos. Uma das mulheres era solteira, com três filhos. Estavam há três dias no Abrigo e aguardavam o médico. Uma das mulheres quer saber se ele vem do "hospital mental", porque ela sofre de dor de cabeça e de muita agonia no juízo. A assistente social avalia tratar-se de "uma estratégia para não trabalhar, o que é recorrente entre essas pessoas". A mulher, porém, diz que de jeito nenhum, é acostumada a trabalhar nas casas, trabalha em casa de família desde que chegou aqui, faz seis anos: "tomara que saia essa casa de mutirão mesmo, boto meus filhos pra debaixo dela e vou trabalhar de doméstica". Um dos homens foi acometido de dengue, também aguarda o médico. As famílias chegaram no dia em que era concluída a reforma na dependência para receber os «clientes externos», aquela modalidade de assistência prestada nos casos eventuais de pessoas que vêm de passagem do interior e precisam permanecer na capital por mais de um dia mas não têm onde se abrigar, ou de idosos que se perdem na cidade e a polícia recolhe enquanto a família é localizada. Para o caso de famílias que estão na rua não existe nenhuma instância governamental responsável, e essas tiveram de ocupar a área nova, embora esse tipo de ação não fosse prevista na Unidade. Mas como a matéria havia chegado à Assistência Devida e o governo mandara que fosse tomada uma providência, a direção do Abrigo fora obrigada a recebê-las. Estão, porém, todos muito preocupados, imagine se a notícia se espalha entre o povo de rua... Por outro lado, a chefe supõe que essas pessoas, tendo encontrado teto e comida, não hão de querer largá-los espontaneamente. Por isso orienta-as para que procurem uma alternativa na rua, que continuem fazendo o que já faziam sob o viaduto, afinal os portões estão abertos: que saiam à cata de trabalho e de esmolas. Como? Quer dizer que trabalho e esmola não são possibilidades antinômicas de sobrevivência? Quer dizer que a mesma instituição de assistência acata também a mendicância, sanciona-a? E como será possível então compatibilizar a aprovação dessa prática com aquela avaliação de «vício da mendicância»? Enquanto isso, porém, formalmente, a Assistência Devida providencia a construção de casas na periferia, sob o regime de mutirão, seguindo a política de habitação popular do governo estadual, para onde serão transferidas as famílias, o que a chefe da Unidade aguarda ansiosa, a fim de retornar à rotina da instituição. Como vai agora entrar de férias, o problema passará para as mãos da vice-chefia, "que vai ficar danadinha quando chegar", por sua vez, também das férias. Problema? Sim. Por exemplo: começaram a surgir as brigas entre as crianças, assim como as disputas entre os adultos, principalmente com respeito à promessa de casa; as mulheres denunciam umas às outras de já haverem sido beneficiadas com casas que venderam, o que não é permitido no regime de mutirão do governo mas é uma das práticas mais usuais entre os beneficiados. (Um esclarecimento: com referência às populações pobres diz-se «beneficiado» e não «usuário», como é usado no caso das demais classes.) Outra ordem de problema é com relação ao alimento. A Unidade estava oferecendo três refeições diárias, mais o leite para as crianças. Pois não é que eles vieram reclamar que os meninos estavam passando fome e até ameaçaram de ir embora?! Aí providenciamos leite com biscoito para a merenda nos intervalos e para mais um lanche à noite. Agora me digam as mães desses meninos: como é que viviam debaixo do viaduto com os filhos se lá nem água tinha?! E agora, tendo até o leite, podem falar de fome?! As mães responderam que lá eles comiam de instante em instante, que os vizinhos davam. Que vizinhos, se aquilo é uma ponte só de carro?! Quer mesmo saber? É de supor que, mal comparando, a vida assim é como se fosse numa floresta onde se vive da caça e dos frutos silvestres: é colhendo e comendo, não tem hora marcada e nem cardápio previsto; o estômago é então toda hora enganado, parecendo não ter fome. Quanto à vizinhança, é até onde a vista alcança e as pernas chegam para bater numa porta e pedir um bico de pão, uma caneca com água, um resto de refeição. É isso. Mas que surpresa! A técnica não retornara ao alojamento desde que chegaram. Vira-os imundos, você precisava ver, pretos, manchados, uma face esquisita. Agora não, a pele está assentada, são de uma cor uniforme que se caracterizaria como «pardo» pelo censo oficial. Como eles puderam adquirir uma aparência tão boa em apenas três dias?! A técnica se surpreendia com o *aspecto de gente*, como disse, que adquiriram tão logo foram tocados pelas graças que as gentes precisam. Então eles não são como bichos? Então eles não são viciados? Então eles podem ser como nós somos? Para você ver... Pois é só imaginar a vida sob aquele viaduto, localizado na saída da BR-116, por onde trafegam as toneladas dos grãos que paramos de produzir, dos bens que não pudemos industrializar e vêm todos do Sul, da força de trabalho migrante que não quisemos ocupar, imagine o peso, o barulho ensurdecedor; imagine o chão escaldante e poeirento, distante de qualquer equipamento urbano e de residências. A sombra agora de um teto, a fartura da água encanada, a espuma do sabão nos corpos, o conforto das camas e o aconchego dos lençóis, o alimento quente e certo, calculado profissionalmente segundo as regras de combinação nutritiva, o médico em casa e o medicamento na mão, quem havia de desejar mais? Só um par de *chinelo velho, se a senhora tiver para esse menino que tá de pé no chão,* pede o homem. Tenho não. *Então a senhora não é do governo?* Sou não senhor. Pois é, para você ver como tem solução, para você ver como é imediata a reação. Conclui indagativa a técnica: "É, no Brasil é só querer, mas quem é que quer?". Foi aí que chegou uma assistente social vinda da visita de praxe a um homem hospitalizado que receberá alta e não tem para onde ir. Coisa de rotina, os hospitais públicos, principalmente a Santa Casa de Misericórdia, estão sempre convocando a Unidade para receber pacientes indigentes. A lei é mandar sair a fim de desocupar o leito para o próximo. A assistente social faz o relato: o homem vive na rua há cinco anos, veio de Morada Nova, onde tem dois filhos muito pobres que não podem arcar com o seu sustento. Tem um defeito nos pés, que são virados para dentro e não anda, se arrasta pelo chão, em razão do que tem uma ferida muito profunda na perna. Vivia de pastorar carro no centro. Tem quarenta e nove anos mas aparenta muito mais. Diz que é obrigado a pagar aos «mirins» para não ser assaltado. Estranha lei, estranha forma. Mas o homem não vai poder ser aceito na Unidade de Abrigo, que está lotada. A assistente social, pensativa, se pergunta: "Como é que nós vamos resolver a contradição, já que não podemos receber o homem porque estamos com esse pessoal do viaduto aqui?" De menos importância parece o abandono de um e dos outros diante do procedimento burocrático, a contradição que a preocupa não é a dessa matéria, mas da forma. Ela quer saber o que deverá responder ao hospital que fez a solicitação e o que vai escrever na ficha. Pensa mais um pouco até que encontra a solução: "Já sei! A gente diz que o pessoal estava na rua e tinha criança". Pronto. Estabeleceu-se formalmente a medida da indigência. Para além da forma, desolador é ver a miséria conformada a critérios de «mais miséria». Como diz a chefe, quando é obrigada a escolher: "Mendigo tem carência de tudo e nós não podemos suprir". Em assim sendo, como está prevista uma grande festa nacional por ocasião do tetracampeonato do Brasil na Copa Mundial de Futebol, neste abençoado ano «real» de 1994, também de boas chuvas que é ano terminado em quatro, a nutricionista da Unidade de Abrigo que trate de providenciar os mantimentos para a alimentação dos clientes, deixando tudo organizado com antecedência, porque já ordenou a chefe a seus funcionários: "Se ganhar, não é preciso nem vir".

Brasiiiiiiiiiiiiiiiiiiiiiiiiil!

Foi aí que chegou o filho da Conceição para abrir as cenas do terceiro ato. Nascido de Maria da Conceição de Oliveira Lima, MENDIGA DE RUA, um menino alvo, de cabelo liso e bem afilado, segundo a descrição do Carlinhos, o encarregado do estacionamento de automóveis da Rua Barão do Rio Branco, quase esquina com o «Bec dos peixinhos», que é como ela oferece seu endereço, onde passa a maior parte do dia, recebendo as esmolas e as intimidades dos homens quando vão guardar ou apanhar seus carros. Vendo-a sem a barriga, um deles pergunta se ela está moça de novo, sorrindo e olhando-a com a ternura lasciva que despertam as putas, e a concupiscência que ocultam as mães acabadas de parir. Ela responde com a voz indefesa de mulher rebendo homem, *a bença meu padrim*, e estira a mão. Mas imediatamente se recompõe e pergunta pela família do homem que, numa fração de tempo, transfigura-se em respeitável pai de família perante nós e a si mesmo. O outro é mais explícito e suas palavras chafurdam diretamente, sem nenhum pudor, a barriga desocupada da Conceição, referindo-se ao pai do menino, que poderia ser qualquer um, menos ele mesmo porque *você nunca deu pra mim*. A Conceição enrubesce e ri, *respeita a presença da mulher, rapaz*. Não é nenhuma ofensa, não se importe por mim mas por si. O encarregado do depósito, ao contrário, é respeitoso e solidário com ela. Foi quem a levou ao hospital quando entrou em trabalho de parto e agora a orienta como um velho e compreensivo amigo. Aconselha-a a mostrar para as pessoas da família e para o filho que ela havia mudado, que não era mais a mulher que eles conheciam. Diz-lhe que ela não podia só acusar os parentes, que estes também tinham as suas dificuldades. A Conceição, porém, embora reconhecendo sua culpa ao contar as estripulias que já fizera na casa do irmão, não escondia sua mágoa pelo tratamento que recebera, principalmente da cunhada. Ao receber alta do hospital, a Conceição foi levada com a criança à casa do irmão, na Vila Manuel Sátiro, por uma prima enfermeira da maternidade onde deu à luz. A previsão era de que o menino seria dado a um casal sem filhos, com o qual a Conceição já havia acertado tudo, tendo a mãe adotiva até mesmo ido conhecer o bebê na maternidade. A prima, porém, desfez o trato, pelo que a Conceição não parava de repetir que nunca iria perdoá-la. Chegando à casa do irmão com a criança, levada pela ambulância do hospital conseguida pela prima enfermeira, teve de voltar para o estacionamento, sozinha, de ônibus, em noite de chuva, porque, segundo a sua versão, o irmão não a aceitara, ficando apenas com o recém-nascido. Que tanto fizera a Conceição para não receber assim o perdão da família? Conta episódios de muita violência, de ameaça de morte, de espancamentos, de incesto, de estupro, de drogas, de bebedeiras. Diz que deve à cunhada o estar na rua, porque, quando perdeu a virgindade, ela foi uma que vivia dizendo *se tu não é mais de nada por que não vai logo pro meio da rua atrás de homem?*. E diante de tão determinante causa, se curva a Conceição: *aí eu não tive por onde, eu fui*. O Carlinhos depõe sua inocente mentira: *ora, Conceição, ninguém cai na vida por causa de outro, não; você foi porque quis*. Ela ri e cala. Ele aproveita para fazer-lhe uma recomendação: *e vou lhe dizer mais uma coisa, você se lembre de mim quando sentir vontade de beber e fazer besteira porque não quero mais você aqui, lhe dou uma surra de cinturão e lhe boto pra fora*. O Carlinhos é o amparo da Conceição, e o estacionamento da Barão do Rio Branco é a sua casa diurna. Lá ela guarda seu saco de roupa e algum produto de higiene pessoal, toma seu banho e lava a roupa. Em frente há um açougue onde ela geralmente almoça com a funcionária do caixa. Quando sai, não se afasta muito desse ponto. Ao cair da noite ela vai dormir sob a marquise da Samasa, loja de departamentos situada a três quarteirões dali, na esquina da Rua Assunção com Pedro I, sob a proteção do Sr. Almeida, vigia da quadra.

Qual teria sido a primeira perda da Conceição, ela que faz questão de dizer que teve pai e mãe? É porque eles morreram que ela se encontra assim ao léu, porque pai e mãe sempre recorrem o filho quem quer que ele seja, supõe o Carlinhos. E qual teria sido a primeira perda? A virgindade? A proposta de casamento? Os pais? A perna? Os filhos? Aí diz o Carlinhos: *Conceição, você bem que ganha alguma coisinha aqui. Pois tome juízo, junte algum, e quando for dia de domingo você vai levar para o seu filho, fica com ele um pedaço, ele vai crescer sabendo quem é a mãe e, quem sabe, se no futuro ele venha lhe servir?* Calada, as lágrimas que não se sustentam nos olhos, a Conceição talvez no seu íntimo recomponha o último filho perdido, uma possibilidade de ganho, uma reconquista. Não perdeu ainda a esperança a Conceição... Mas resistirá? Quando fala, com a voz entrecortada, profere um misto de ressentimento e autocensura: *por que é que eu não tenho as duas pernas?*. E diz que tem hora que sente uma coisa tão ruim na cabeça que sua única vontade é sair bebendo pelo meio do mundo. Ao que o Carlinhos insiste: *Não faça isso, Conceição, mostre que você mudou.* Sentada num banco de madeira à entrada da guarita de recepção do estacionamento, os pontos do parto e da ligadura das trompas que ela acredita que a médica fez, conforme tinha combinado no pré-natal, ainda vivos, ela deseja um lugar para esticar o corpo, está cansada, não dormiu nadinha à noite passada. Um manobrista aponta para o chão e pergunta por que ela não se deita ali. É cruel o manobrista. Não vê que o chão está inteiramente molhado pelas chuvas do ano de inverno? Por que joga merda na Geni? A Conceição o olha e não diz nada, nenhuma defesa. Ó, imbecil, não está vendo que o chão está molhado, que em plena luz do dia uma criatura não pode se deitar na passagem do trabalho dos outros? Não sabia? Pois numa cidade do oeste da França, La Rochelle, o prefeito fez foi decretar que era proibido, tanto para as pessoas como para os animais, deitar-se ou manter-se em posição alongada nas ruas da cidade, de modo que dificultasse a circulação dos pedestres[21]. Pensa que aqui é diferente, que é feito o terreiro da casa da mãe lá onde o cão perdeu as esporas? Mas não diz nada. Recebe a pancada e parece nem retesar os músculos. Ela é mesmo feita para apanhar? Ela é boa de cuspir? O Carlinhos sugere que ela faça uma tentativa com a madrasta de ficar em casa dela, pelo menos durante o resguardo. Ela acha que é inútil, que só vai é se cansar mais ainda com aquelas muletas, subindo e descendo dos ônibus. Madrasta é a mulher em razão de quem morreu de desgosto a mãe da Conceição. Diz que vivia em sua casa cuidando dela e dos irmãos e o pai se pegou com ela. A mãe soube e adoeceu até que morreu. Enquanto o pai foi vivo a Conceição permaneceu na companhia deles, mesmo já tendo se desmantelado na vida. Quando chegava embriagada era o pai quem cuidava dela. Mas depois que este também morreu, a madrasta não a quis mais em casa. Uma mulher parida precisa de repouso, até chamam o período do resguardo, as mulheres comem canja de galinha do terreiro, permanecem na alcova. Foi assim quando Conceição nasceu. Será que ela não gostaria de ir para um abrigo do governo até sarar do parto? Ela vê um problema: de que jeito poderia passar sem o cigarro? Ah, não poderia. O Carlinhos promete não deixar faltar, manda deixar. E que abrigo é esse, onde pobre pode descansar? É um próprio para isso, Conceição. Venha. Mas antes tem de acertar com os funcionários, aguarde só um pouco. Quem decide é a chefe, mas ela foi a uma reunião de cúpula e quando regressar, no final do expediente, é apenas para apanhar seu carro, não tratará mais de assunto de trabalho. Mas a moça está ponteada, no meio da rua, e só tem uma perna. Você já me disse isso. Ela precisa de um lugar para repousar. Eu sei. Mas tem uma rotina de trabalho, não pode fazer nada. Telefone amanhã, às nove horas, que o caso será levado à chefia para avaliação, mas logo lhe adianto que será muito difícil obter uma resposta favorável, porque a Unidade de Abrigo já está com sua capacidade de alojamento lotada. Olhe, os pedidos de vagas são muitos, existe uma lista imensa de espera, deixe o nome da pessoa com o seu pedido. Mas não é meu pedido, não se trata disso. A moça não pode esperar, com o passar do tempo se esgota o próprio motivo, bem imediato, pelo qual ela está necessitada de assistência. Isto não importa, é um aspecto secundário. E há outro problema a considerar que é o seguinte: a Unidade de Abrigo recebe temporariamente, mas só nos casos em que o cliente tem uma meta para o final do prazo de alojamento. São os casos em que a pessoa está à procura de emprego, ou de passagem para outro lugar, ou esperando que alguém a venha buscar. No caso da Conceição, que justificativa tem a instituição para mandá-la embora no final do resguardo? Ora!, o final do resguardo. Pois imagine outro tipo de problema, digamos que a Conceição resolva ficar, isso vai mudar as regras do trato. A instituição dá lá seu jeito, abre uma vaga, flexibiliza, eu é que vou saber? Pior ainda poderá acontecer. Especulemos assim, digamos que seria muito normal, até previsível, que uma pessoa que vem da rua não se adeqüe às normas, ao regulamento da casa. É possível. Veja, uma mulher aos trinta anos, sem profissão, cheia de vícios, rejeitada pela família, é uma pessoa que não plantou e que por isso não pode agora querer colher, tendo sobrado para ela apenas a instituição. E não é para estes, para os que não plantaram (aspas) que existe a instituição? É. Mas será que uma pessoa assim vai querer ficar confinada aqui dentro? É, então, o lugar do confinamento, da deposição? Não é a morte o último limite, o último limite é o julgamento inapelável, de que não colherá quem não plantou, da funcionária da assistência social do governo. Pode recuar se não agüenta ouvir, se tem medo, ou raiva, ou sei lá o quê. Fala a voz de quem tem muita prática, muitos anos nessa profissão de assistir. Ainda assim, não gosta de ver o que está acontecendo. Olhe, outro dia, tendo ido a uma pizzaria, voltou horrorizada porque viu pela primeira vez o rosto, nunca tinha visto o rosto!, dos meninos de rua que rondam pelas mesas arrastando os restos de comida. Nunca?! E onde é que viveu esses anos que nunca viu?! É um absurdo, veja você, mesmo o gerente proibindo a presença dos meninos no local, de nada adianta, eles teimam e não deixam ficar nada sobre as mesas. Aí a pizza perdeu o gosto, foi. Quem vai ter gosto de comer assim? Diz que já houve gosto, sim, e não só entre povos exóticos, não. Esse nosso também, vem daí uma qualidade de povo hospitaleiro, que gostava de oferecer. Era o dom da dádiva. Mas vem se acabando. Pois bem, a menina pequena, a filha, ficou espantada quando viu aquilo, aqueles meninos fumando, cheirando cola. Disse a ela que era outra coisa, que eram cigarros de brincadeira, os meninos estavam brincando de fumar. E quando ela perguntou o que eles faziam com aquele saco enfiado nas fuças, não esclareci que era cheirando cola não, menti de novo, ora! deve-se proteger a inocência das crianças contra esses mirins perigosos, disse que eles estavam gripados e aquilo era para espirrar e assoar o nariz. Pois não quer a assistente social do governo ver, e nem que a filha veja, como são as pessoas que não plantam. E mais tarde, quando não tiverem o que colher, ela saberá dar um jeito: fazer-lhes o enterro do que poder ter restado de esperança. E isso após uma correta avaliação técnica feita no decorrer da visita de reconhecimento, como tem de ser de praxe. Porque é preciso ter cuidado, principalmente quem trabalha com esse tipo de gente, pode ser por ocasião da tomada de decisão se é caso ou não de abrigar, mas pode ser também numa pesquisa como essa, é preciso ter muito cuidado com os mendigos viciosos, não pode confundir os desempregados com os vagabundos. Não vê esses de Miraíma que depois que aprenderam a pedir nos sinais não querem saber de outra vida? Não querem plantar, não querem mesmo. No final, vão colher o quê? Sabe a assistente social que não colhe quem não planta. Mas não sabe, certamente não leu nos jornais a nota que dizia:

"NORDESTE

Ceará
Os moradores de Miraíma ficaram
isolados devido ao transbordamento,

há quinze dias, do rio Aracatiaçu. A água interrompeu a única estrada que dá acesso à cidade. Os moradores estão usando barcos, bicicletas e cavalos como transporte."[22]

Como também não deve ter tomado conhecimento de que, quando depois foi iniciada a construção da ponte, foi preciso trazer trabalhador de fora especializado em ferragem, serraria, encarregado de serviço e outros, coisa que não existia em Miraíma[23]. É assim, ficou seco durante três anos, tostou tudo. Depois, assim que o inverno apareceu, foi chuva muita, até que transbordou, agora encharcou tudo. Tem semente que chegue? Ora, sinhá dona!, antes de distinguir entre o trabalhador e o vagabundo, tem que distinguir é entre a Moral e a História. E haja sociologia! Mas continuam as negociações. No segundo dia, a decisão tomada é comunicada pelo telefone: como amanhã é feriado nacional, no dia seguinte será feita uma visita de reconhecimento à Conceição parida, não se sabe se pela manhã, ou se à tarde. Se for o caso, a parturiente será trazida à Unidade de Abrigo. Mais dois dias? Bom, se ainda for do seu interesse, a visita será realizada no dia marcado. Meu interesse? Não é meu interesse, o caso é de urgência, imagine se fosse um defunto para enterrar, ia esperar tanto tempo? Olhe, casos de enterro são tratados diretamente com a Assistência Devida e tem as próprias regras. Ah. Agora tem de fornecer o endereço. Que endereço, se a moça vive na rua? Já que é assim, um ponto de referência pode ser o endereço. São três, pelo menos: o estacionamento da Barão do Rio Branco; a calçada do INSS, na Rua Pedro Pereira, onde ela às vezes esmola; e o seu ponto de dormida mais usual, que é a marquise da Samasa, na Rua da Assunção. Referência da noite não serve, porque ninguém trabalha à noite. Claro. A enumeração deste foi uma tola vingança à lei do trabalho de assistência do governo, que vale por si, sendo o indivíduo necessitado muito mais o pretexto. Quem não sabe? A Conceição esperou pelo expediente da repartição pública, e finalmente foi levada para a Unidade de Abrigo. Ficou logo estabelecida uma data para sua saída. Foi examinada pelo médico que lhe receitou remédios para dormir e uma cadeira de rodas a fim de que não force os pontos do parto ao andar de muletas. Seu primeiro desejo é não mais ir embora, como previra a assistente social, conta os dias que faltam e pede um jeito de ficar. Espere sarar, Conceição, recuperar as energias, só então comece a se preocupar com o que vai acontecer. Ali cuidada, parece não se incomodar com os senis e inválidos sentados a seu redor. Quer saber do filho. Diz que do outro ela pegou logo abuso e nem ligou quando deu. Mas deste não consegue esquecer. Mostra o leite vazando dos peitos cheios como se fosse um apelo da criança. Agora chora sem esconder. Antes não quis falar sobre o menino e nem como as coisas haviam acontecido na casa do irmão. Traz agora os detalhes e mostra o suor escorrendo no rosto e nos braços, olha como eu fico suando de falar nisso. Não precisa falar agora, deixe passar um tempo. Mas ela faz questão de falar, sentia-se muito abafada sem poder falar com ninguém. Sou toda ouvidos. Porém, como estabelecer a separação entre a condição da pesquisa e as carências afetivas da MENDIGA DE RUA? Surgem laços de confiança para além da necessidade posta pela pesquisa. Ela diz emocionada que sente muita intimidade em relação a mim e que me vê como se fosse sua irmã, que pensava que ninguém no mundo gostava dela, mas que descobrira a mim e ao Carlinhos, que só com palavras poderia nos agradecer, mas Deus estava vendo e nos recompensaria. Talvez seja o afeto o ponto de partida para que ela recomponha o entendimento de si e do mundo. Mas quem a proverá disso? Da família, foi apartada porque não acatou suas normas, ela mesma reconhece que já *aprontou até demais com eles,* muita coisa de que se diz arrependida, e o afeto que vem da rua é fluido e descontínuo, precisa ser caçado como uma presa para o alimento do dia. O filho talvez fosse a sua retomada de vínculo com a vida. Porém, o absoluto de impossibilidades a que chegou exige um esforço de recomposição também absoluto. Falta tudo à Conceição e ela está só. Tirará de onde algum resto de poder para recomeçar? Na comoção do momento ela imagina poder contar comigo. Mas sabe que a minha atenção é interesseira também e percebe que faz alguma espécie de troca, direta e indiretamente pede coisas — é a pasta de dente que está no fim, é o cigarro pé-duro que está sendo obrigada a fumar pela falta de outro, é o trocado que não tem mais para mandar comprar um cafezinho e um pedaço de pão na merenda, já que ali o pão só é servido pela manhã. Certamente quer ter dinheiro na mão, acostumada como é a nunca faltar algum, à liberdade de comprar o cigarro, um cachorro-quente, um gole de café. Ora, Conceição, se não está passando fome, o que você deve é se adaptar aos horários certos de comer no Abrigo. Mas deixe estar que indagarei se é permitido trazer-lhe um lanche. Pensa um pouco, não, pergunte não que elas podem não gostar. Talvez faça um cálculo interior e mudo sobre o que pode significar viver ali dentro e agora não sabe se quer continuar. Está preocupada também porque a mulher a quem prometera a criança tinha ficado revoltada diante dos gastos que já fizera com ela. Fizera negócios a Conceição, pedira adiantado um *trocado para comprar uma calcinha e mais o do cigarro.* Mas afirma que não vendera a criança, que a dera, pronunciando com força a última palavra. Parece não querer perder o filho. Pede que o localize e procure alguém para criá-lo no caso de a cunhada não ficar com ele. Convalescendo na Unidade de Abrigo, ela me põe a caminho para averiguar os encaminhamentos possíveis. Vou. Complicações de ordem epistemológica se põem à vista. Talvez indaguem sobre a objetividade da pesquisa. Respondo que estou absolutamente dentro do método, que é já pesquisa a pesquisa que a Conceição me incumbiu de fazer com sua família sobre as possibilidades de reconciliação. Reconstruindo assim todos os laços de onde ela se desprendeu, ou mais honestamente, os que puder perceber, mais não estou fazendo do que, do ponto de vista da pesquisa, delineando sua «história de vida», já que, de modo geral, considero insuficiente apenas a fala do sujeito para esse fim. E mais insuficiente ainda nesse caso, uma vez que o «espaço da rua» onde conheci a Conceição e a elegi como a principal protagonista do que aqui está sendo conceituado como MENDIGO DE RUA, é de muito difícil acesso. Assim, o que aparecer como envolvimento, algo de missão política ou religiosa, é antes de tudo um procedimento da pesquisa, o que mantenho, ou pretendo manter, sob o controle da crítica. Estaria aqui como o Barão de Münchhausen, querendo arrancar-me do pântano puxando-me pelos meus próprios cabelos? Ponho-me a caminho, vou à procura da família da Conceição. Primeiro, à casa da cunhada, indo saber ali o que fora feito do menino. Esta havia avisado à Conceição que o entregaria ao SOS-Criança de Fortaleza, entidade que abriga casos de emergência ou abandono infantil. Mas lá o menino não foi aceito porque existiam membros da família que poderiam se responsabilizar por ele. A cunhada, contudo, julgando-se incapaz de ficar com o sobrinho, deu-o a um casal de protestantes, cujo marido trabalha com vendas em domicílio, a forma do antigo prestamista que entre nós ainda sobrevive com a denominação de «galego», a quem o sobrinho rapaz da Conceição costumava comprar. Diz a cunhada que o bebê vai muito bem, que a mãe adotiva teve muitos gastos com o enxoval, que o bichinho já está bem gordinho, que já tem um nome que recebeu na igreja lá deles, chama-se Antônio Salesiano Lima, e é muita coincidência, porque Lima é o mesmo nome de família da Conceição, que veio de seu pai. Mas está apreensiva a cunhada da Conceição. Tem medo de haver praticado um ato ilegal e vir a ter problemas com isso se a Conceição resolver reclamar a criança. Assegura que não foi venda que fez do menino, há quem esteja dizendo isso, mas não é verdade. O que fez foi ir ao Juizado de Menores e declarar que uma criança havia sido abandonada em sua casa sem que ela tivesse condições de criá-la. Com base nesse argumento o juiz a autorizara a dar a criança. De certo modo — ela dá a própria versão — o menino fora mesmo abandonado, a mãe se tinha ido e ele ficara com ela. Mas dá a impressão que fala mais para convencer-se a si mesma, demonstra outro tipo de apreensão, dúvidas mal formuladas, talvez mais danosas à sua consciência. Não tem muita certeza sobre sua decisão de haver dado a criança sem o consentimento da mãe. Parece saber que se descartou muito facilmente de ambas, que com um pouco mais de esforço poderia dar uma mão à Conceição. Diz meio evasiva que ela bem que poderia viver ali na sua casa. Conta que a mãe morta da Conceição já lhe tem aparecido algumas vezes, sente roçarem os cabelos compridos dela no seu braço e o peso do corpo da morta sentado a seu lado na cama. Tem certeza que ela vem para lhe falar alguma coisa e é a respeito da Conceição. Mas volta calada lá para o lugar de onde veio, deixando-a à espera de uma mensagem. Ou de um perdão? A uma certa altura, percebo dela um longo olhar perscrutador em minha direção e me percorre um arrepio. Que profundezas não consigo atinar no oculto dessas histórias? Que paixões? Que pecados? Ela depois pergunta, então sem arrodeio: *quer dizer que tu acha que eu devia ficar com o menino dela?*. Sei não, dela quem sabe é ela. Mas que o filho talvez fosse um jeito na vida da Conceição... O que irá lhe dizer por ter dado o menino? Qual será a reação da Conceição? É quando a cunhada perde a expressão indagativa e fala com uma agressiva convicção: *não vou dizer é nada; e sabe qual vai ser a reação dela? Vai é tomar um porre e vir pra cá botar boneco*. Volta-se imediatamente para a sua própria realidade, os próprios filhos, suas dificuldades. A filha de dezessete anos põe-lhe no colo o neto de cinco meses que acabara de acordar, para que lhe dê uma papinha de maçã, enquanto vai prepar um suco de laranja. Cria um neto? Pois é. Talvez sofra um conflito atroz fazendo isso assim com tanto zelo, ao mesmo tempo que sabe do sobrinho desamparado. Deve ter sido obrigada a fazer uma escolha. Vive com muito sacrifício, trabalhando como vendedora numa loja de autopeças em Messejana, bairro distante de onde mora. Fala de si. É uma mulher que vive de casa para o trabalho, em função dos filhos e agora desse neto. Passa o dia no trabalho, só chega em casa para dormir e nos finais de semana aproveita para resolver os problemas domésticos. Quem quiser falar com ela só se for nesses horários e desse jeito, sem poder dar atenção direito, que a desculpe. Chegam dois agentes policiais da delegacia do bairro que ela convocara em razão de uma disputa com o proprietário da casa onde mora. O homem quer a casa de volta e, na noite anterior, chegara a arrastar um facão na janela, sem deixar ninguém dormir. Água e luz não tem mais porque ele mandou cortar. Ela diz que quer entregar a casa mas precisa procurar outra ali perto por causa do colégio dos filhos. É uma casinha baixa, estreita, escura e úmida nesses tempos de chuva, localizada em um bairro velho da periferia de Fortaleza. A janela lateral, que dá para o quintal do proprietário e onde ele arrastou o facão, está presa por uma única dodradiça, quase para cair. Separou-se do irmão da Conceição há oito anos, de quem tem quatro filhos. O mais velho trabalha num depósito de material de construção civil; os dois mais novos estudam e a que é mãe do neto deixou o trabalho e a escola para cuidar do menino. Como é contra o aborto, ao engravidar do namorado decidiu ter o filho, e hoje vivem assim, cada um na casa dos próprios pais. O menino ainda não foi registrado, mas tem o nome de Ronald porque o pai é Ronaldo. A avó quis registrá-lo como filho próprio, mas precisaria de uma autorização da mãe para isso. O tempo vai levando. Diz que esse negócio de registro de criança não é coisa para se brincar. Enquanto as medidas não são tomadas, quer pelo pai, quer pela mãe do menino, ela vai suprindo bem as necessidades básicas do neto, um robusto bebê acolhido com carinho por todos da casa. Volta a falar da Conceição. Diz que às vezes, quando é de noite e está chovendo, ela fica só se lembrando da Conceição dormindo por esses pés de calçada, no frio. Suspende o neto do colo e fica a olhá-lo por um momento, calada. Chega a filha mais nova, de treze anos, com notícias da amiga que teve neném. *Ela não achou quem quisesse ficar com o menino, não, mãe.* A moça está na casa de uma prima porque o pai não quer saber, sequer, de vê-la. O homem que fez o mal desapareceu e a pobre estava sozinha, sem um pedaço de pano para botar no menino, não tinha dinheiro nem para ir para a maternidade, um homem arranjou um carro para levá-la. São as dramáticas dificuldades das moças do subúrbio, exuberantes meninas filhas dos trabalhadores dessa cidade, achatadas no chão duro quando caíram do desejo, e não existia nenhum equipamento urbano, nenhum bem de cidadania por perto. Havia sido perversamente fácil o parto da Conceição, a da rua. Que coisa esquisita, invertida! Dona Helena instruía a Conceição a respeito dos recursos sociais da urbanidade: *Conceição, é só tu ligar dali do orelhão pro SOS que a ambulância vem te pegar aqui. Ou então tu pede a um guarda desses de viatura que vive passando aqui, que eles te leva na mesma hora.* A Conceição, a da rua, a pública, contou com todo o aparato. Mas pense nos trabalhadores doentes, em suas mulheres grávidas, em seus filhos moribundos. O que é feito destes, no sertão ou na periferia da capital, onde a assistência médica passa tão distante? *Ela é bem novinha, não tem quinze anos, o problema agora é saber o que vai fazer com o menino.* O problema agora são os meninos nascidos assim herdeiros das perdas, dos quais também se perdeu a conta. Permanecerão por um fio, precários, sem registro civil porque nem nasceram da civilidade[24]: para que registro? A cunhada retoma a palavra e conta que retornara à casa da mãe adotiva para ver o menino da Conceição e esta lhe havia dito que continuava com a criança por uma caridade, que não queria confusão, que devolveria o menino se assim a mãe o quisesse e que, quem sabe, o menino até fosse a salvação da Conceição. Quem sabe, uma criança não fosse mais a moeda miúda do atual, desprezada por falta de lastro no mercado, mas o retorno à primitiva lei em que a criatura dá e continua o sentido do criador. Mas não, esse é um sonho morto cujo cadáver anda por aí tirando o gosto de comer pizza. Muita gente acha, a cunhada da Conceição também acha, que o problema é porque agora tem assim uma loucura muito grande pelo lado do sexo, com a Conceição aconteceu isso, isso foi a perdição dela. Desde pequena, todos já sabiam que era para isso mesmo que ela ia dar. E por que sabiam? E vai agora repetir para a cunhada da Conceição que "a explicação que deve ser atingida não é através da indagação por que certamente tipos de pessoas são desviantes, mas por que passam a ser considerados desviantes"[25]? Se isso tivesse o poder de mudar as coisas assim de uma hora para outra, bem que ia. Mas ela continua insistindo que sabiam porque a Conceição vivia por debaixo das mesas com os meninos, por trás das portas. A mãe não a deixava sozinha por nada nesse mundo. Botou uma professora em casa que era para a Conceição não sair de perto dela. Era muito católica a mãe da Conceição, era filha-de-maria. Uma vez, ela teve de fazer uma viagem e foi deixar a Conceição na casa de uma prima, não queria deixar na casa do irmão por causa do cunhado que vivia com eles nessa época. Pois não deu outra. Sabe o que aconteceu? Na casa da prima o marido desta fez mal a ela. Mas a Conceição foi dizer que tinha sido o próprio irmão, o mais novo. O rapaz depois disso deu para beber até que se suicidou. Era um rapaz direito, um menino bom, trabalhava. Entrou embriagado no mar, foi entrando, entrando, e não voltou mais. Ela foi dizer a mesma coisa do irmão mais velho, que ele ia mexer com ela de noite na rede. Ele se desgostou muito com ela por causa disso. A Conceição falou de medo, que ficou com medo do marido da prima e aí inventou que era o irmão caçula. Mas achava que ele a perdoara lá de onde está. Tanto que, na hora em que sofreu no Rio de Janeiro o atropelamento que a fez perder uma perna, sentiu que só não morreu porque o espírito dele amparou a pancada todinha do carro, sentiu o peso do corpo dele entre si e o carro. E pede a confirmação: *se ele não tivesse perdoado não teria feito isso por mim, você não acha?* Um arrepio percorre quem ouve. Medo da alma do afogado, que vai ver está ali pelo meio da conversa, mas medo também diante do grande desconhecimento dos segredos desse mundo, tanto por saber. Quanto ao irmão mais velho, o ressentimento está lá no coração da Conceição, houvera um beijo, sim, numa noite de Natal ou Ano-Novo, que o povo maldou e ficou dizendo aquelas coisas dela, mas ela não esperava aquilo dele, ele não podia fazer isso com ela, afinal, foram criados juntos e ela gostava muito dele. Conheci-o depois, quando fui portar a voz da Conceição na tarefa da reconciliação que ela me atribuíra. Ele manteve-se muito reservado, dizendo que já fizera de tudo para mantê-la dentro de casa. Ela é que não quer. Mesmo quando sofreu o acidente, a família nem sabia que ela se encontrava no Rio de Janeiro. Recebeu foi um chamado telefônico no trabalho para ir buscá-la lá. Não podia ir e ela veio de ônibus, sem a perna. Quer ver os documentos da polícia civil e do hospital do Rio de Janeiro sobre o atropelamento dela? Ele os guarda no fundo da gaveta, estranho cofre do que é perdido. Que tesouro em negativo é aquele? Na ficha de ocorrência da polícia tem um item chamado «narrativa», onde o policial de nome Antônio Carlos Simonaci escreveu em letra de forma: "Chegando ao local encontrei no acostamento uma vítima de possível atropelamento, que removi para o hospital-escola de Vassouras, no Estado do Rio de Janeiro". Era a Conceição, no dia nove de fevereiro de mil novecentos e noventa. O irmão mora hoje no Conjunto Ceará, da Cohab, com a segunda mulher. É gráfico, funcionário da imprensa oficial do governo estadual. Também sofreu um acidente, de moto, a caminho do trabalho, e está de licença desde então, há três anos. Talvez não volte mais a trabalhar, porque ficou com um grave problema na perna, anda de muleta. Após o desastre, vendeu a moto e estabeleceu uma pequena lanchonete na entrada da casa. Estava agora concluindo uma rápida reforma e mostra com orgulho as paredes branquinhas dizendo que, nesse negócio de merenda, a limpeza é muito importante. Passa o dia vendendo devagar os salgadinhos que a mulher prepara nas madrugadas. De vez em quando chega alguém com uma caderneta para dar baixa no fiado ou acrescentar mais um pequeno valor na conta. Recebe também o salário do governo. Agora, finaliza a cunhada, a única coisa de certo que a Conceição tem é o túmulo da família no cemitério da Parangaba. E isso se for encontrada depois de morta, se não for logo enterrada como indigente. A cunhada até quis providenciar uma aposentadoria, conhece uma mulher que faz aposentadoria. E tem mulher que faz aposentadoria? Tem, ela arranja essas coisas, é só a pessoa ir lá com os documentos que ela disser. Mas nem disso a Conceição quis saber. O que pode ela fazer? Pronuncia alto a pergunta, quer ouvir uma resposta que não posso dar. Calamos as duas. Voltei assim de mão abanando à Unidade de Abrigo para prestar conta com a Conceição. Ela havia ido embora, não esperara a data marcada para o cumprimento do resguardo. Estava escrito na ficha, como era de praxe, que deixara a Unidade por livre e espontânea vontade. A assistente social encarregada do grupo ao qual ela fora agregada diz ter feito de tudo para demovê-la da súbita decisão, já tendo visto a possibilidade de mantê-la por mais tempo do que o inicialmente estipulado, de modo que ela ia ficando, ficando, até quem sabe em definitivo. Isso porque a via se ambientando, querendo ir para o setor de produção trabalhar com os outros na confecção de tapetes, conversando com os companheiros, interessada. Alguns dias depois circulava uma novidade no Abrigo. Novidade? A Conceição fora vista duas vezes pelas imediações, completamente embriagada, com a blusa amarrada debaixo dos seios e a perna da bermuda arregaçada, com a barriga de fora e o coto de coxa à mostra. Descrevendo assim com tantos detalhes, parecia que a chefe desejava confirmar o diagnóstico que adiantara sobre a Conceição, uma pessoa inválida e descompensada *(sic)*. Mas o fato de a Conceição vir do centro da cidade para tão longe não significaria que um pedaço de si ela havia deixado no Abrigo? E supondo assim, não seria mais justo que as instituições de assistência pudessem considerar com mais atenção as singularidades de cada caso? Não seria de se pensar que a drástica diferença entre a ausência de regras da rua e as regras inarredáveis da instituição fechada haveria de requerer, pelo menos, um período de adaptação? Sem resposta. O que a Conceição diz é que não teve problema para sair, que pediu autorização e assinou um papel. Depois um guarda a pôs no ônibus com as suas duas sacolas. De volta ao estacionamento, parece haver desistido de mudar o rumo da vida. Não fala no filho e mostra-se aliviada porque o irmão não se manifestou. Queixa-se de uma dor na perna e de ferimentos debaixo dos dois braços — é que tinha perdido o costume de andar com as muletas, de tanto que ficara sentada na cadeira de rodas. Ao sair do Abrigo, tomou banho com meio vidro de perfume que ali um pretendente lhe dera em galanteio. No caminho de volta para a rua, jogou para o alto, numa encruzilhada, seu pente, seu espelho, seu batom e seu isqueiro — seus bens de primeira necessidade — em homenagem a uma entidade macumbeira. Deixou escurecer e foi tomar banho de mar. Entrou na água até o pescoço. Viu na praia uma rapaziada bebendo e fumando maconha e ficou com vontade de participar livremente como sempre fizera, mas resistiu. No segundo dia pegou outra vez o caminho da praia mas a dor na perna e os ferimentos nas axilas fizeram-na voltar. Dormiu como antigamente na sua cama de papelão, sob a proteção do Sr. Almeida, o vigia. Tem de novo à mão o pequeno saco plástico onde guarda as cédulas que recebe de esmola. A de quinhentos ela chama «acerola» porque é vermelhinha. Arruma-as mais que conta, de vez em quando, e quer sair para comprar merenda. Há que sobrar também o do cigarro que comprará de dona Helena, durante a noite. Aliás, já está devendo cinco, só de ontem. Está mais magra e brinca dizendo que faz um concurso para entrar numa garrafa. Deve ser porque no Abrigo comia nas horas certas, Conceição. O Carlinhos completa que é também de preocupação, mas ela não lhe dá ouvido. A vida outra vez como um piquenique bom. Ninguém sabe é a volta. O que se passará no coração dessa vadia? Entre os projetos que fazia no Abrigo, ela anunciava o nome que daria ao filho, ia ser o mesmo do avô, Raimundo Clemente Lima Neto, e queria que ele também fizesse parte desse livro, pedia. Havia perguntado ao pretendente Liberalino se ele o criaria. Respondera este que sim, e como prova, apresentava que já tinha criado um de uma mulher com quem vivera antes de chegar à Unidade de Abrigo. Mas antes teria de ir a Sobral, a terra natal, a fim de tratar de sua aposentadoria e aí, sim, poderiam pensar em como viveriam juntos. Planos rápidos dos desterrados, para eles a vida urge sem tempo de namorar, noivar e casar. Para o Liberalino a Conceição se penteava e pintava a boca de batom desde os primeiros dias de chegada ao Abrigo. E para desfrutar mais ainda do seu apetite, o Sr. Liberalino lhe dera de presente um vidro para lá do meio de perfume. Namoravam até mais tarde da noite na sala da televisão e o Liberalino queria muito mais, chamava-a para algum canto, mas ela não ia! Dizia com firmeza, mantinha-se intacta, aguardava o casamento como uma virgem. Mas queria saber que tempo ainda faltava para acabar de cumprir o resguardo. Vendo a Conceição assim tão animada e cheia de planos, pedi a Deus que lhe desse cautela. Porque de um sonho tão das alturas, só Deus podia dar conta. Conceição, se você quer mesmo criar o menino, não conte certeza com nenhum homem, só com você mesma. Imagina se ela ia poder ouvir isso. Dispõe ainda de uma longínqua propriedade no mundo, não é ilusão de todo, ficou um estreito canal de ligação. Por isso, também, queria ver o irmão e pedir dele que lhe repusesse a parte do dinheiro da venda da casa que os pais deixaram de herança. Mas dissera a cunhada que, desse dinheiro, a Conceição não tinha visto nem a cor porque já estava vivendo nessa vida. Os familiares haviam gasto a sua cota, mas a Conceição devia-lhes a honra. Estavam quites. Tratasse agora de não perder o menino, Conceição. E este parece ser seu desejo profundo de auto-reconstrução. Era assim que ela avaliava as formas possíveis de organizar a vida com o filho: podia ser o casamento com o Sr. Liberalino; indo morar com a cunhada, mas essa alternativa era mais problemática em vista da rixa entre as duas; algumas vezes, pensava em permanecer no Abrigo, mas, nesse caso, como ficaria a criança?; por último, podia alugar um quarto, indo viver de esmolas e manter o menino numa creche. Para qualquer uma dessas hipóteses a MENDIGA DE RUA teria de recompor as perdas acumuladas ao longo de tanto tempo, algumas irreparáveis, e admitir que ficara só. Fora-se da família, para quem continuará sendo aquela que nem *adianta a gente querer ajudar porque ela não quer nada com a vida.* E quem não quer nada também não quer casa: fica portanto liquidada a dívida pela venda da pequena herança. Fora-se da instituição de assistência social porque ela é a que *tem um distúrbio e não é capaz de se adaptar a uma vida regular,* ficando cumprido também o papel institucional, o de oferecer-lhe a regularidade que ela — *ah! infelizmente —* em razão do distúrbio que já trazia da rua, não pode acatar. Só não se foi da pesquisa, ficou aqui impressa, como dado. Enfim, ficamos todos muito contentes com nossos respectivos desempenhos, cada um de nós fez a sua parte. A família fez a sua, a instituição fez a sua, assim como a pesquisadora também fez a sua — observou-a desenhar o ciclo inteirinho e fechar-se dentro. Só a Conceição é que não fez e por isso pagará seu filho, destinado a errar pelo mundo e procurar o vínculo que ela, *porque nunca quis nada com a vida,* cortou irremediavelmente. Ficam então em aberto as cenas de rua a que sua mãe já dera início. É apenas mais um número e isso não tem problema porque logo logo fundaremos outras instituições e acrescentaremos novas pesquisas, iguais a esta, parte por parte como nos compete, nas quais ele provavelmente será incluído. O que não poderá é reatar uma família para sua mãe, que, aliás, parecia ter consciência disso antes de vê-lo nascido. O que ela queria era ter a sua casinha, *minha, eu não digo mais nada não, porque quando eu tiver esse aqui eu vou mandar ligar, se Deus quiser, se tudo der certo, o homem lá falou que tudo tá certo, mandar ligar minhas trompas aí eu não vou mais ter família. Eu achava melhor que tudo desse certo, eu não quero mais ter filho, ainda mais assim aleijada. Embora que eu não tivesse, eu vou viver sozinha num cantinho só pra mim, com uma amiga, assim de confiança.* Tinha já em vista a amiga de confiança, a Luciana, uma que perambulava pela rua sempre que estava desempregada de doméstica e não queria retornar para a família no interior. Ela é que a levara ao hospital para fazer o pré-natal. Não era como pensavam as funcionárias da assistência social do estado, tinha planos para uma vida regular a MENDIGA DE RUA, como qualquer moça moderna, para bem viver sua autonomia e sua sexualidade. Difícil era executá-los, quanto mais agora que já acumulara tantas perdas, até mesmo de parte do corpo. Aquele era o terceiro filho, os dois primeiros eram de um com quem ela vivera regularmente, em casa alugada, ou na boléia do caminhão pelas estradas do Sul, que este era o Cícero caminhoneiro e mecânico, filho de pais migrantes que na época Conceição foi conhecer no bairro da Penha, em São Paulo, como qualquer noiva. Era, porém, muito violento o motorista das carretas. A Conceição também tinha lá sua independência, sabia o gosto de homem, fazia suas reivindicações, já não fora como sua mãe, filha-de-maria morta de desgosto pelas traições do marido. Tiveram uma relação violenta e trágica. Esse passado de desmonte e teima, porque teima para remontar tem muita e todo tempo, isso que só pode aparecer como irregularidade aos olhos míopes da assistência social pública, esse passado é que empurra a Conceição contra a parede de mármore cinzento do INSS, dormindo na calçada como coisa nenhuma. De uma pouca distância é algo indistinguível, que somente o guarda Tomás que vigia o prédio, a moça Luciana que no momento está desempregada, e eu que sigo atenta para encontrá-la, é que sabemos tratar-se da Conceição. A mendiga perneta dorme encolhida e tão colada à parede como se fosse um ventre, às duas horas da tarde, no dia santo de sexta-feira da paixão de Cristo, em meio ao deserto urbano da cidade de Fortaleza. Quanto ao presente, é assim um dia da vida da MENDIGA DE RUA. Teria fome, já que os bares e lanchonetes estão fechados pela data santificada? Levo-lhe um prato com feijão, arroz e peixe frito, o cardápio instituído para hoje, que ela própria, na noite anterior, nas conversas com dona Helena, havia prescrito que comeria. Supus na ocasião que era puro delírio, ela queria preservar um costume do qual já fora excluída; afinal, se a cidade não ia funcionar, de onde ela tiraria a refeição cristã? Foi aí que resolvi levar-lhe o prato, como parte da minha técnica de sedução. Cheguei tarde, porém. A Conceição já estava farta, duas missões católicas tinham levado lanche e almoço, além da comida que ganhara dos vigias. Reservou meu prato para o jantar, recomendando antes que nada dissesse à Luciana. Não queria repartir a comida? Estranho, porque há pouco reconhecera a solidariedade da companheira, que era graças a ela que estava fazendo o pré-natal, tomando remédio e tudo. Ou armava uma carta para ganhar o jogo comigo, fazendo-me acreditar que a minha dádiva era-lhe muito mais valiosa do que a amizade da Luciana, sendo esta uma forma de apropriar-se de mim? São surpreendentes as tramas que ocorrem no escancarado da rua onde nenhuma instituição prévia ordena a ação ou os sentidos. Estes se instituem e destituem permanentemente, num instigante jogo de esconde-esconde, de alianças feitas e dissimuladas, ou desmanchadas aqui e logo ali refeitas. O fato é que aquela era a segunda vez que presenciava a Conceição negar a Luciana. A primeira foi quando um dia ela chegou no seu Almeida, acompanhada de outra mais novinha, e ficaram as duas passeando abraçadas na rua, vestidas ambas com uns *shorts* colados que elas puxavam de vez em quando para cima fazendo aparecer a popa da bunda, ao que os homens respondiam com gritos e beliscões. Faziam um pequeno *show* no ponto de dormida dos MENDIGOS DE RUA, dirigido aos transeuntes que voltavam à casa no final da tarde. Quando finalmente um as levou de carro, dona Helena as apresentou como sendo *umas que anda mais a Conceição*. Esta, que preparava seu papelão para dormir, rebateu com pressa, *não! comigo mesmo não!*, e eu acreditei que naquela recusa a Conceição fazia a crítica ao comportamento das jovens prostitutas. Quando a encontrei no dia seguinte, ela mostrou um sabonete que a Luciana havia trazido do motel e lhe dado, contando rindo que as duas tinham passado a noite com o homem que as apanhara. Havia agora na sua expressão um toque de cumplicidade com a amiga, e só então compreendi que a sua atitude diante de dona Helena era uma forma de responder às expectativas que o jogo de papéis entre ambas exigia: Conceição, uma pobre aleijada que a malvadeza dos homens vitimara com aquela gravidez, como dizia dona Helena — *os bicho véi num respeita nem a pobre duma aleijada;* e esta, dona Helena, a firme, trabalhadora e zelosa esposa do sr. Almeida, protetora dos desvalidos, a mãe. A Conceição com certeza não queria perder os favorecimentos que recebia na condição de vítima. Saída dali ela trocava de moeda, contava outras histórias[26]. De onde estávamos agora, sentadas sobre o papelão na calçada do INSS, o seu ponto de esmolar, ela apontava para o alto de um prédio em frente, mostrando a Luciana que de lá, miúda por causa da altura, acenava com a mão. Havia subido com um vigia, era a dona do prédio, da cidade, do homem. A Conceição diz daqui de baixo: *eu pensava que era só eu que gostava de guarda, mas ela também gosta*. E conta os detalhes de como dormia com o vigia até que engravidou: "ele levantava um pedaço da porta, eu empurrava as muleta na frente e entrava atrás me arrastando, isso era toda noite". Depois da gravidez o vigia não a quis mais. Ela disse para um funcionário da loja o que havia ocorrido, foi chamada pelo gerente para confirmar e o vigia perdeu o emprego: "Foi, eu disse tudim que tinha lá dentro, a cor da geladeira, o lugar do banheiro e tudo. Se eu fosse uma ladrona sem-vergonha tinha roubado o que quisesse. Mas só tive de fazer isso uma vez, nas loja Americana, tava en-maconhada e o camburão me levou, faz tempo, ainda tinha as duas perna". Olha para o alto do prédio outra vez e diz que "uma menina dessa pode fazer o que quiser", como se lamentasse a sua perda dessas antigas armas. *Eu mando ela pedir cigarro aos home e eles dão, eu não posso ir desse jeito, a uma aleijada grávida isso não condiz.* Mas como ela mesma diz, *é por enquanto.* Passar as noites com um vigia não é só a festa do sexo, é principalmente a garantia de uma dormida mais segura e confortável, um lugar com banheiro, água gelada, um lanche, o cigarro. Tudo quanto a Conceição pode e precisa agora. Foi-se o tempo das suas duas pernas. Muito depois a Luciana desce e se junta a nós. Quer saber se eu conheço alguém que esteja precisando de empregada doméstica, acabara de deixar o emprego porque não gostava da vizinha da patroa e a pior coisa do mundo é a criatura acordar e ter de aturar uma pessoa de quem não gosta. Onde já se viu? A livre Luciana não gostava da vizinha da patroa e, por isso, deixara o trabalho. Gostava de subir nos prédios com os seus vigias. Não tinha carteira assinada, ia aturar a criatura por quê? Falava enfatizando com uns gestos de mão e um olhar ríspido. Ficaria na rua até aparecer outra oportunidade. Mas não gostava da rua não senhora, não gostava de ficar solta no meio do mundo não senhora, preferia mais era estar trabalhando sim senhora. Acredito, minha filha. Todo ente no mundo quer trabalhar e ter a sua liberdade. O que não quer é contrariedade, vizinha de cara feia, ficar largado como cachorro sem dono, o corpo seco sem o apego de outro, isso ente nenhum no mundo quer nem para o seu pior inimigo. Então me diga: por que um prazer assim tão inocente é negado a tantas pessoas?. Um guarda que dera comida à Conceição se aproxima e, brincando, conta o número de refeições que ela fizera durante o dia, quatro!, e ela responde insinuante: "viu, bichim, se você fosse viver comigo ia saber o que é uma mulher que exige de home, ia ter de trabalhar de dia e de noite pra dar conta de mim". O guarda percebe o duplo sentido e sai rindo. A grávida Conceição arrasta a enorme barriga entre as duas muletas, mas o que ela não perde é a sua sensualidade e a confiança no seu senso feminino. Fica arretada quando pede uma esmola e a pessoa censura porque ela é aleijada e está grávida. Logo responde que é aleijada é das pernas, não é daquilo, não. *Ora, mulher, eu não sei o que é que esse pessoal pensa da gente, não.* Não sabe, Conceição? Sabe, sim, e já deu a resposta quando você mesma diz que é aleijada é das pernas e não daquilo. Você é uma pessoa destituída, Conceição, sem nome, sem família, sem identidade, sem classe. Também não pode ter lá suas intimidades, não. Essa sua barriga obscena mostra isso, que você mantém seus segredos, coisas vivas dentro de você, e isso não se admite! Era muito bom que sua avó escrava, aleijada como fosse, procriasse em todas as luas.

Mas você, não, Conceição. Sua cria é uma ameaça. Você é uma pessoa despertencida, Conceição. Aliás, nem pessoa você é. Por isso é que vaga na rua, fora do sistema, coisa sem definição. Você, seus camaradas e as descendências de vocês! Vocês teimam, Conceição! Imagine o quanto foi difícil distingui-los, não digo na aparência, que nisso não são diferentes da quase totalidade da população brasileira. Difícil de perceber foi a matéria íntima de sua socialidade. Penei! E pensa que consegui de todo? Percorri muitos pontos onde vocês se aglutinavam, principalmente para dormir. Ia com um grupo espírita que distribui sopa aos pobres às noites das sextas-feiras, depois voltava na companhia de um dos integrantes do grupo que chegou a me apresentar a muitos de vocês[27]. Até que finalmente fui sozinha, já sabendo que cada um daqueles pontos se organizava segundo uma trama de interesses muito própria, embora essas especificidades não eliminassem os elementos de determinação comum e geral. Escolhi depois o ponto que se forma sob a marquise da Samasa, uma loja de departamento situada no centro de Fortaleza, na esquina das ruas Pedro I com Edgar Borges onde continua a Rua da Assunção. Lá onde estava você com o seu barrigão e seus companheiros vagabundos, Conceição. Eu olhava aquele movimento de vocês e era como se estivesse no interior de um cinema ordinário, assistindo a um filme *noir* de péssima qualidade técnica. As imagens passavam contorcidas, mal focadas naquele fundo escuro, e eu a esforçar-me para percebê-las e poder compor o enredo na memória. Impossível. Aguçava todos os meus sentidos até o esgotamento e mesmo assim os resultados eram muito poucos. Precisaria rever cada cena mil vezes, parar o filme em muitos detalhes, mas só me era dado vê-lo uma única vez e de forma corrida. Permanecia na sala de exibição mas nunca acontecia uma reprise. De que modo familiarizar-me com a trama? Tudo era muito estranho, rápido e fluido. Todos os episódios e todas as falas a acontecerem sem previsão, desembocando indisciplinadamente como água descendo na rampa e se amontoando lá embaixo, formando um espelho ao fundo do qual tudo parecia — ou era de fato — invertido. *Menino sai pra lá que tu tá puro a cola!* — a MENDIGA DA RUA espantava carinhosamente o menino-mirim acabado de chegar de uma sessão de tóxico e o menino-mirim se ria dizendo que cheirara esmalte. Ou era a mãe de família ordenando ao filho-menino que fosse ao banho — *você está puro a sol!* — quando este regressava do passeio de bicicleta? O MENDIGO DA RUA chega trazendo uma rede que ganhara — *ainda bem boazinha*, mostrava — e precisava saber como iria inaugurá-la. Quem é capaz de responder? Naquele inverso dormitório, *ninguém podia deitar na rede porque na casa não tinha parede.* Mesmo assim, a Conceição é uma que faz questão de preservar seus hábitos íntimos de alcova. *Vire o rosto, home de Deus,* que ela se despe: prepara-se para a noite usando um lindo lingerie branco. Ganhou, Conceição? *Foi, ganhei da moça da sopa, ela gosta é muito de me dá roupa de baixo.* Então, boa noite pessoal, eu também já vou indo. De volta para casa, pouco mais de dez horas da noite, três homens armados me assaltam. Aumenta meu medo de ir ao encontro do avesso do mundo. Mãinha, quando acaba o lombo redondo da terra a gente cai no abismo? É capaz. Mãinha, de baixo do chão, no lado escuro do mundo, fica o Japão? Fica o Haiti. *O Haiti não é aqui.* Não precisa se preocupar tanto, porque o Brasil — e o Nordeste, então! — é um paraíso. Mas eu sentia medo, sim. Ainda mais porque aqueles homens amigos da Conceição tinham uns olhares encompridados, umas palavras meladas, umas passadas de mão friorentas. Chrrric! Mas é o de que não abrem mão nunca: de sua sexualidade. Expressam-na a cada minuto, nas lembranças, nos gestos. "Bom é as enfermeira no hospital, vive seminua passando pela gente, só com aquela manta branca toda aberta, cada mulher que é de cortar o coração..."suspira o Ventinha, MENDIGO DE RUA, relembrando os dias em que estivera hospitalizado. "Tu tá confundindo, homem, quem anda assim é as doente"alguém esclarece. "É tudo mulher, mulherão!"rebate o Ventinha, estabelecendo o que era de fato do seu interesse. E eu prosseguia — quanta dedicação! — até que abrandassem seus apelos eróticos. Às seis horas da noite começavam a chegar para dormir. Alguns não queriam conversa. Muitos vinham embriagados. Mas havia noites em que o encontro era como a movimentação de uma grande família retornada da rua, nos preparativos para o jantar. Comentários sobre os acontecimentos do dia — o time que ganhou, o caso de morte, uma briga, um roubo, perguntas, rixas, problemas para o dia seguinte. Até que se aquietavam no sono. O sr. Almeida ia deixar sua mulher, dona Helena, na parada do ônibus de volta para casa e retornava ao ponto de vigília, sentado no seu banquinho de pernas curtas, o cassetete na mão, cochilava no meio do ronco de sono solto dos «barrigudinhos» no chão a seus pés. De vez em quando dava uma volta lenta pelos arredores, na rotina de seu trabalho de vigia. Dormem os «papudinhos» sob a guarda do sr. Almeida, na calçada da Samasa. A calçada parece ter sido planejada para à noite servir de cama, pois que o batente que separa o piso da loja da calçada propriamente dita tem a mesma altura do que seria nosso confortável travesseiro. Quando cai a noite e vêm chegando com os seus colchões de papelão debaixo do braço, disputam com argumentação de direito adquirido esse privilegiado pedaço de chão. Estiram aí a cama e com muito cuidado preparam o lugar especial onde deitarão a cabeça. Uns de bruços, outros de lado e meio encolhidos, mais discretos do que aqueles que, de barriga para cima, expõem sem pudor a boca aberta desdentada e os roncos engasgados pela baba do álcool. A mulher perneta e grávida não abre mão de seu lugar longe de quem ronca ou fede. Todos respeitam sua vontade, embora resmungando. Dizem que ela quer ser merecida porque é protegida do sr. Almeida. É verdade, Conceição? *Nã!* — ela diz cheia de asco — *eu não quero ser melhor do que ninguém, não, mas ficar perto dessa catinga faz é mal à gente.* Afasta todos. Uma vez era o homem idoso que chegara com a calça suja de fezes líquidas escorrendo-lhe pelas pernas; outra vez era o comissário de polícia, alcoólatra, o mais neurastênico de todos, com seu antebraço inteiramente coberto de uma ferida antiga destilando um pus constante. A Conceição explica o quanto é asseada, que toma três-quatro banhos diários lá pelo estacionamento onde passa os dias. Acha muito esquisito como é que uma mulher, sendo mulher, não toma banho e não troca a calcinha, como aquela Rosa — exemplifica — perto de quem a Conceição também se recusa a dormir. Ainda bem que a Rosa não vem toda noite. Dona Helena e o sr. Almeida também acham melhor quando ela não vem porque ela é muito da «bonequeira», ela e mais aquela criatura dela, aquele que gosta dela. A Conceição quer pasta e escova de dentes porque está com um gosto ruim de boca suja, coisa que ela detesta. Dona Helena confirma: "a Conceição é uma menina muito limpa e boazinha, não dá trabalho à gente". A Conceição pede-me aqueles objetos de higiene pessoal, veste-me do papel de protetora aquinhoada, apossa-se de mim. E eu me entrego dócil porque também tenho cá os meus interesses. Levo-lhe o dentifrício e a escova, fingindo que a Conceição não tem mais do que quatro dentes na boca. Ela certamente não se reconhece assim desdentada, senão não sentiria necessidade daqueles instrumentos de higiene bucal. Teimava assim contra o imponderável das perdas a perneta MENDIGA DE RUA. Se no chão rente a Conceição nega seus dentes caídos, acima de sua cabeça um anúncio luminoso chama-nos para que mudemos a cor dos olhos usando lentes de contato verde, azul, cinza e mel. Pensei cá comigo se mudando a cor dos olhos mudaria a cor do olhar: com qual colorido iria ver os dentes arrancados à Conceição, seu coto de perna, o pedaço de papelão feito cadeira da sala de visitas em que ela me convida para sentar? É final de tarde, os MENDIGOS DE RUA aguardam na calçada de frente que a cidade seja desocupada para que eles possam armar seu lar. Chega um, chega outro, e assim, poucos e dispersos, podem ser confundidos com os trabalhadores que se demoram na volta para casa. A Conceição está ali sentada no batente. Vou chegando e ela me cumprimenta e convida a sentar — *senta aí* — apontando ao seu lado um pedaço de papelão dobrado. Juntinho está o banco baixo do sr. Almeida que fica para o uso de dona Helena até à hora de ela ir embora, lá pelas dez ou onze. Depois disso, é o leito de seu cochilo de vigia. Às vezes dona Helena pernoita lá, e então o banquinho permanece à sua disposição. Aconteceu de me fazerem as honras da casa oferecendo-me o assento privilegiado, o trono do dono, e quando aceitei foi para não fazer desfeita. Agora é cedo e o banquinho está aí desocupado à espera de dona Helena que foi logo ali comprar um churrasco. Volta trazendo um espetinho de tripa de porco assada que me oferece e recuso por causa do mau cheiro. A Conceição pede uma tirinha da tripa e um tiquinho de café, que dona Helena parece servir com muita alegria, sempre sorrindo como uma boa mãe. Dona Helena vende café e cigarro a retalho naquele ponto de dormida dos MENDIGOS DE RUA, todas as noites. Estes são seus principais fregueses, mas vez e outra ela também vende para algum trabalhador conhecido, um vigia, um biscateiro, um empregado de bar, uma prostituta, que a tratam pelo nome e com o «dona» na frente — dona Helena isso, dona Helena aquilo. Além do pequeno comércio, dona Helena mantém uma ligação amorosa com o sr. Almeida, sendo identificada como sua esposa. Não moram juntos, porém. Dona Helena mora no Tancredo Neves, a grande favela de Fortaleza, na parte drenada do antigo Lagamar, às margens do rio Cocó, que expulsava ferozmente seus habitantes sempre que era ano de bom inverno no Ceará. O sr. Almeida mora na outra ponta da cidade, num conjunto popular do bairro operário de Antônio Bezerra. Pois é no ponto de dormida dos MENDIGOS DE RUA que dona Helena e o sr. Almeida exercem-se no seu estranho casamento, cuidando daqueles filhos igualmente estranhos — os «papudinhos» como são chamados em razão da quantidade de álcool que quase invariavelmente todos ingerem. Ela senta no banco e assim matrona distribui água, café, cigarros, conselhos, censuras e as ordens que o sr. Almeida estabelecer. "Deixa o Almeida chegar." "Peça ao Almeida." "Saia daí que o Almeida não quer." Não se cansa de orientar a um e a outro como uma boa dona-de-casa administrando seu lar. Enquanto isso o sr. Almeida anda de um lado para o outro, tomando providências, pedindo e dando informações, prestando pequenos serviços que lhe rendem algum dinheiro ou um pouco mais de prestígio: o vendedor ambulante quer entregar-lhe a chave de sua pequena caixa de miudezas, o funcionário de escritório quer que ele vigie seu carro que quebrou ali por perto, a prostituta quer que ele guarde o dinheiro arrecadado por causa dos mirins. Ele vai e volta, vai de novo. Agora é a Conceição que não trouxe o papelão de dormir e o sr. Almeida sai para catar outro. Depois é a água que acabou e ele corre apressado antes que feche o bar onde se abastecem. Que filhos trabalhosos! Logo mais é o comissário, completamente embriagado, que derrama restos de comida na calçada, justamente no lugar de preparar a cama. O sr. Almeida traz uma vassoura — de onde, meu Deus? — e junta a sujeira. *Pronto! Agora te deita aí e dorme!* — ordena com autoridade. Olho, olho, olho. Agora mais familiarizada com o enredo, digo a mim mesma que não estou inventando nenhum lirismo, que mesmo a mais fria sociologia não pode deixar de perceber os invisíveis laços de uma esquisita instituição familiar, fixa e ao mesmo tempo sem lei, imperceptível estrutura que acontece de noite, mas que de dia todos os filhos errantes, onde estiverem, sabem que ela existe em um tempo sem data porém presente, aberta no meio da rua à devassa mas também ao elo. E vêm para o aconchego daquela impalpável casa[28]. Chega aí a lembrança do poeta Drummond, sua nostálgica Infância, matéria intangível das diligências do sr. Almeida e da atenciosa entrega de dona Helena, no avesso afamilhar-se de ambos:

"Meu pai montava a cavalo, ia para o campo.
Minha mãe ficava sentada cosendo.
Meu irmão pequeno dormia.
Eu sozinho entre mangueiras
Lia a história de Robinson Crusoé,
comprida história que não acaba mais.

No meio-dia branco de luz uma voz que aprendeu
a ninar nos longes da senzala — e nunca se esqueceu
chamava para o café.
Café preto que nem a preta velha
café gostoso
café bom.

Minha mãe ficava sentada cosendo
olhando para mim:
— Psiu... Não acorde o menino.
Para o berço onde pousou um mosquito.
E dava um suspiro... que fundo!
Lá longe meu pai campeava
no mato sem fim da fazenda.

E eu não sabia que minha história
era mais bonita que a de Robinson Crusoé."

E você, Conceição, quando era pequena, de que é que você se lembra? Ah... perdida menina do pai que trabalhava na estrada de ferro e depois veio para Fortaleza ser vigia do Clube do Núcleo Ferroviário-Ceará. Ele também trabalhava em negócio de construção, ele era pedreiro e tudo, fazia casa e tudo. Então cadê a casa, Conceição, que teu pai-pedreiro construiu? Cadê o trem, Conceição, onde teu pai-ferroviário trabalhou? Por que te deixou assim, largada na estação, feito mulher da rua, Conceição? Ah... o pai bebia, ele tinha uma bebida muito violenta, que logo quando ele bebia ele se armava, ele usava revólver e tudo. Pois que não era vigia? A mãe ficava muito nervosa mas ajeitava ele, a mãe sabia ajeitar ele, acalmar ele, só quem acalmava mesmo ele era a mãe. Mas tinha a Selma, essa mulher que vivia em casa, que ajudava a criar a menina. Os cuidados dela voltaram-se mais para o pai... A mãe morreu de desgosto. A Conceição em pequena andava dentro de casa ou ficava só deitada na rede. Também brincava com as crianças e tudo. A mãe não a deixava sair com ninguém, só ficava ao lado dela dentro de casa. Ela ia fazer as coisas, o serviço de todo dia de uma casa, sempre com a menina ali ao lado. E quando era o dia do aniversário, a Conceição ganhava festa, a mãe convidava as crianças, fazia comer para todos, guaraná, bolo e tudo. Aí, quando era de noite, era cantar os parabéns, rezar o terço e tudo, era muito legal, muito bonito, ganhava presente e tudo[29]. A Conceição nunca ia esquecer. Ela diz: "Nunca me esqueci". Não chora, Conceição, não chora. Toda infância vai-se um dia. Vai-se, mas a lembrança volta para re-fazer o seu tempo no presente — dirão. Pois que lembrar não é reviver, é re-fazer: é reflexão, compreensão do agora a partir do outrora[30]. Não para a Conceição, porque a rua seccionou seu tempo como uma lâmina atroz, seu passado foi tolhido como sua perna, suas lembranças não reatam a história — ao contrário, surgem como a falta-mesma. Ela diz: "Lembrança eu tenho muita da minha mãe, muita falta, né?". Pois alguém diga se for capaz: como poderá a Conceição remontar seu tempo no escancarado da rua, ante suas irreversíveis perdas? Por isso chora a Conceição, no horror de uma solidão que nem mais a memória pode ter a função de acompanhar... Chora a MENDIGA DE RUA sua solidão intransponível. O sr. Almeida, o protetor, chega e sai, chega e sai, é assim. É tão certo e efêmero quanto uma bolinha de sabão. Ainda que, ao afastar-se, sua vista vigilante não deixe passar nenhum deslize à ordem lenta e invisivelmente criada, essa que, enquanto dura, ordena a Conceição. Ela toma sua proteção — voltou seu pai, Conceição? voltou sua mãe?. E dona Helena parece gostar daquilo, diz vaidosa que "o Almeida não tira os olhos daqui". Com efeito, do outro lado da rua, ele grita para um homem que acabava de chegar e se punha de pé diante das três mulheres sentadas na calçada: a Conceição, dona Helena e eu — "Sai da frente das senhoras!". O homem obedece prontamente e, do lugar mais distante de onde se detém, pergunta com o sorriso desconfiado: "Posso ficar aqui?". Dona Helena o autoriza com um gesto de cabeça. O homem travava uma polêmica, aparentemente desnecessária e sem sentido, com o comissário — o policial aposentado que desta vez não está alcoolizado — a respeito da limpeza pública. Talvez fosse uma quizila anterior dos dois. O sr. Almeida não se dá por satisfeito com o distanciamento do homem e se volta prepotente: "Ora! Tanto pé de parede aí e esse baitola sem-vergonha vem ficar aqui na frente das mulheres... Comigo pode ser quem for. Nem eu fico em pé na frente das mulheres e ele vem querer ficar!". Repete com ira que o homem é baitola, que anda pela rua de mão dada com outro cabra sem-vergonha. O código moral do sr. Almeida recusa terminantemente o homossexualismo. Pública como for aquela calçada do centro de Fortaleza, na sua casa não se encosta um baitola. Quando é mais tarde o movimento da rua vai diminuindo, os trabalhadores já foram quase todos para casa. A julgar pela aparência, vão primeiro os mais qualificados, empregados de banco, comerciários, algum profissional liberal, um pequeno proprietário, talvez. Passam envolvidos com a sua conversa ou a sua pressa, parecendo não perceber a outra espécie de ser que, parado, aguarda que desocupem a cidade. Um fragmento de um e de outro grupo parece remeter para um único mundo. É quando a moça de saia justa e sapatos de salto alto que vai passando diz a seu acompanhante que "lá o preço da caixa de sabão é oitocentos e vinte cruzeiros", ao mesmo tempo que dona Helena, sentada entre os MENDIGOS DE RUA, diz que "ainda estou fazendo dois cigarros por cem porque é pra vocês, mas tem delas que já faz é só um por setenta". Falam de um único sistema que as circunda e as unifica sob um mesmo tempo. Mas por que, naquele preciso momento, apenas as justapõe em recíproca indiferença? A Conceição pergunta se o sr. Breno ainda não havia ido embora. O sr. Breno é o proprietário de uma ótica em cuja calçada os MENDIGOS DE RUA aguardam que a Samasa cerre seus portões para que eles possam ir preparar seus leitos. Logo que sai o sr. Breno, o sr. Almeida convoca o deslocamento para a outra calçada, dizendo que findou a alegria do local. Que alegria, sr. Almeida? Era porque tinha ido quem era gente boa, o amigo Breno. Quando passa, o sr. Breno abaixa a vista para onde estamos sentados a seus pés e esboça um sorriso passageiro, como um cumprimento mudo, um pedido de desculpa, ou um perdão — quem vai saber? Estão ali o proprietário, o trabalhador-vigia e os mendigos: que desconhecidos afetos irrigam o ser e a rotina daquelas três nações de gente? Ao atravessar a rua em direção à calçada da Samasa, o sr. Almeida apanha um copinho de plástico, recipiente vazio da distribuidora de água Indaiá, limpa-o com cuidado, tira os restos de metal que lhe cobriam as bordas e o entrega para dona Helena: é seu cuidado de homem no jeito possível de concreção da aliança com a vendedora de café. E o copinho — no qual ela distribuirá a água aos mendigos — deixará de ser somente o lixo do grande projeto moderno para se transformar na ínfima e quase imperceptível forma em que se tocam as suas duas distantes extremidades. O copinho de plástico da água Indaiá estará ali à mão dos mendigos, porém, como o sorriso do sr. Breno, o proprietário, na pura forma de uma prenda inacessível. Agora instalam-se para a noite sob a marquise da loja. Alguns chegam muito embriagados com a cama de papelão dobrada debaixo do braço. O empregado da Samasa que até àquela hora ainda permanecia no local, diz que não sabe como é que eles conseguem chegar. Dona Helena rebate, como que ofendida: "Ah! Mas chega! Às vez chega um agarrado com o outro e cai feito um saco de gato em cima de nós, mas chega!". E tudo por causa do sr. Almeida, o vigia de loja guardador de mendigo. Uma vez em que ele se atrasou, a Conceição, quando deu sete horas, foi dormir na calçada do INSS, seu ponto diário de esmolar. Foi mesmo achando muito ruim dormir lá. "Pois foi de besta" diz dona Helena — "porque ele nunca falta, faça chuva ou faça sol". Que não se ponha em dúvida: o sr. Almeida é o dono daquela casa, chefe daquele lar. Estranha apropriação do espaço público e perfeitamente sancionada por todos quantos têm suas rotinas de trabalho ali e o conhecem. Dizem assim referindo-se ao ponto da calçada: "aqui no Almeida". Ali não encosta marginal — o sr. Almeida garante — assim como os próprios mendigos dormem com essa certeza. A sede da Secretaria de Segurança do Estado fica nas proximidades e há, até mesmo, um ex-comissário de polícia, alcoólatra, que dorme no ponto. Por sua vez, o sr. Almeida conhece bem os policiais, que o cumprimentam quando passam. O sr. Almeida, porém, é apenas um homem idoso, já meio curvo, de andar e voz vagarosos, cuja força de trabalho, nas suas condições físicas atuais — como a de tantos outros homens idosos por todo este território nacional — nos últimos anos de vida vem servir à vigilância do patrimônio alheio que ele em novo, com certeza, ajudou a construir. Carrega sempre consigo um cajado que muitas vezes é motivo de carinhosa galhofa: "Cadê o pau do home?". "O pau do home desapareceu!" Entre os mendigos, todos são guardiões da mesma norma, entre si mesmos ou em relação aos de fora, dessa norma que é estabelecida pela autoridade do sr. Almeida, o pai. Como entre os nossos filhos uns recomendam aos outros a ordem familiar, assim também o fazem os MENDIGOS DE RUA, controlando um ao outro, de modo que mantenha a organização interna do grupo noturno. Constituem um nós muito aberto, porque a qualquer hora chegam os novos ou retornam os antigos; e ambíguo, porque sua relação com o sistema abrangente é solta e improvisada. Mas é um nós. É por isso que a Conceição ameaça o rapaz pornográfico de que vai contar tudo ao sr. Almeida, tanto desrespeito pelas senhoras o vigia não permite: "Ele já num disse que num era pra dizer esses nome na frente de dona Helena e das outras pessoas que tejam aqui?". Que nomes, Conceição? São uns impronunciáveis do lado de cá do mundo, que a Conceição explica: "quando não tiver nem ela e nem outra senhora aqui, tando só nós, tu pode dizer o que quiser, mas com elas aqui, não". Quantas faces tem a cidadania, Senhoras e Senhores? Quantos pesos e quantas medidas? Já vem ali o sr. Luís, reservado e cabisbaixo MENDIGO DE RUA. De onde ele vem? Diz que de uma família de trabalhadores. Mas traz uma mágoa: "a minha revolta é porque as pessoa passam por mim pensando que eu sou um cachorro sujo, mas eu sou um home pai de oito filhos empregados". Quando a noite vai efetivamente se estabelecendo, já por volta de oito-nove horas, é uma outra espécie de gente que começa a passar, indo ou voltando na direção do terminal de ônibus. No sentido de casa seguem os trabalhadores periféricos, malvestidos, raquíticos, encardidos: são os carregadores de porta de loja; os vendedores de quinquilharias de quase valor nenhum — que trocam dois cigarros por um vale-transporte; as mulheres de saia curta e larga, com suas garrafas térmicas, oferecendo um café ralo aos desempregados nos bancos das praças; as crianças que vendem coisinhas nas ruas de pedestres, pedindo a estes que comprem só para ajudá-las. Também retornam os mendigos dos bairros pobres que pedem no centro da cidade. No sentido inverso, da periferia para a área central, vêm chegando as prostitutas, os travestis, os meninos de rua para seus locais de dormida. Vêm todos em busca de aventurar o que é mais próprio deles e da noite. Tanto os que saem quanto os que chegam, têm sempre o que dizer aos MENDIGOS DE RUA. Contam-lhes histórias — às vezes, episódios sucessivos da mesma ocorrência — dão notícias de conhecidos comuns, trocam informações diversas. Era a menina de menor que a polícia, finalmente, depois de uma semana que estava desaparecida, fora deixar em casa naquela madrugada — tinha fugido, coitada da mãe, aquela magrinha de lá do Tancredo Neves que pede na porta das Americanas, que passou por aqui perguntando, não lembra?. A pobre ficou procurando a filha em todo lugar do mundo, até no necrotério ela foi procurar. Pois a menina voltou. Deus seja louvado! Era o rapaz que deu uma surra no elemento embriagado que jogara o carro por cima de seu pai e o filho indignado dizia que por pouco não tinha fechado ele, porque filho é para defender pai, enquanto dona Helena o aconselhava a entregar a Deus, que a justiça divina não falha, e ele recusava com um muxoxo de desprezo: "Nã! Tudo que não presta a negrada entrega a Deus, que diabo é isso?", mas com ele não ia ter moleza, não, senhora, ele foi defender seu pai, que isso, sim, é que é papel de filho. Era a mulher que abrira a cabeça do marido com o gargalo da garrafa, tendo ficado só com o cotoco de vidro na mão, porque ele tinha lhe dado um bofete na cara que ela rodou e em cara de mulher não se bate. Era o rapaz a quem uma vagabunda vivia se oferecendo e ele não sabia que ela tinha um namorado e este viera para cima dele com uma turma de mais de vinte e quase o mata, mas no outro dia ele o apanhou sozinho e aí foi a sua vez. Era a filha moça e enfeitada, colorida e apressada, da velha prostituta que agora fornece marmita no prédio velho encostado da Secretaria de Polícia que vinha mostrar o cachorrinho pequinês, filhote da cachorra velha que sua mãe trazia de herança do bordel, e aquela era a última barrigada, que aquela ali não dava mais nada, e aquele filhote era para o sr. Almeida avisar a quem se interessasse que ela estava vendendo por cinco cruzeiros. Eu me interessei e fui comprar, principalmente para conhecer o ponto de apoio de alguns dos MENDIGOS DE RUA, e aí encontrei, num pequeno cômodo entulhado de objetos, o sr. Antônio e o sr. Válter, que estavam acabando de jantar e dali iam para o lugar da dormida. Era o louco que quase toda noite, quando dava nove horas, corria de uma ponta a outra da rua e parava para pedir água que dona Helena servia recomendando em vão que ele não voltasse mais. Histórias de lutas. Histórias de sangue. Eu também quis contar a história de meu assalto uma vez quando saía de lá, e todos ouviram muito interessados, pedindo detalhes, recomendando-me cuidado na volta, melhor seria eu sair junto com dona Helena porque ali naqueles lados estava cheio de cabra safado e a gente nunca sabe. E eram também os grupos caridosos que rondam a noite cuidando dos pobres. Cada noite passa um grupo diferente. Na noite de terça é o grupo que traz só um lanche — pode ser um pedaço de bolo, um pãozinho, um punhado de biscoitos, sempre servidos com café. No sábado ninguém gosta, é aquela sopa horrorosa feita só de verdura, a Conceição recebe mas nunca bebe. Ela explica: "É um pessoal que não come carne, sei lá como é o nome. Mas se eles não gostam de carne, tem quem goste, né?". Na sexta, já entrando pela madrugada de sábado, passa a Sopa Fraterna da União Espírita Cearense. Esta é mais agradável ao paladar dos mendigos, feita com frango, macarrão e legumes. Durante a oferenda da sopa, o grupo promove um ritual de cânticos e palavras, todos se dão as mãos fazendo um grande círculo no meio da rua deserta:

"Irmão sol
irmã lua
Abra os olhos
quero ver a luz
o vento
a chuva
Cantem para mim
canções que tragam a paz
Eu amo o mundo
gosto de viver
livre nos campos
entre meus irmãos
Sempre cantando
com muita alegria
passo os meus dias
pregando o amor."

Alguns mendigos se levantam e participam, outros permanecem como estão. As palavras do encarregado da «mensagem fraterna», são intercaladas pelo coro que louva a caridade: "Quando a caridade chega, toda tristeza se vai, quem chorava não chora mais". Enquanto os responsáveis pelo trabalho de enfermagem fazem pequenos curativos, receitam analgésicos, escutam as queixas. Algumas vezes distribuem-se roupas, calçados, cobertores etc. Quando saem, algum mendigo comenta que aquele grupo é bom porque os anima um bocadinho e a noite passa depressa. O movimento de casa para a rua dos habitantes da noite diminui mas não cessa. A Conceição dorme e acorda, dorme e acorda. Uma hora conversa com as pessoas que passam. Outra hora fica olhando o amor dos bichos. Porque é também a hora deles, principalmente dos ratos e dos gatos. Uma noite dessas apareceu uma coruja. Aí o Cacareco, o biscateiro, pegou e levou para casa. Teve um homem que botou mil cruzeiros nela, mas ele rejeitou. Quando o Cacareco passa na calçada, dá notícias de sua coruja, está bem, uma belezinha. A Conceição fica apreciando a vida noturna dos animais, a sua sensualidade se confundindo com a deles: "É tão bonitinho o rato pegando a rata, eles faz aqui, eu acho é graça, só não aparece é um gato". Ao que dona Helena contesta: "E tu num tá vendo esse horror de gato aí não, menina?". E ela responde safada: "É gato de três perna, tia, eu tô dizendo é gato de três perna, é home!, tia". Responde com o que, ao fim, resta invencível: o desejo. Agora, no escancarado da rua, assim: sem pudor e sem limite. Dona Helena vendo aquilo nem se admira, até sorri humanizada, talvez porque tenha conhecido a resistência da Conceição: "Imagina se isso num fosse aleijada...". Mas é só das pernas, dona Helena, é só das pernas — a cicatriz mais visível. Quanto às que ficaram na alma, a Conceição tem pudor no modo de mostrar, mas não mente sobre nenhuma. A rua já expôs tudo, vai mentir por quê?

— Senhoras e Senhores, com vocês: O Absoluto da Rua! Em cena, sem máscara, a verdade nua e crua!

"Agora eu não me lembro, não... Depois que o meu pai morreu, aí eu saí da casa da minha madrasta, aí comecei a viver no meio da rua, bebia e tudo, passava a noite nas farra bebendo e tudo... Bebia, só, comprava a bebida, quando a cerveja era barata eu tomava cerveja, comprava a cerveja sozinha e ficava bebendo, botando som e bebendo, me lembrando... Lembrava...

"Eu não quero dizer que eu fico com vergonha, sabe? Bebendo e me lembrando do pai do meu filho que já morreu, o que ele fez com o meu garotinho, matou meu filho dentro do meu ventre. Não foi de pancada, não. Quando eu me lembro me dá muita vontade de chorar, que o bichinho já tava todo perfeito e tudo, era homem, era homem o meu filho, tava todo perfeito a criança. Ele fez uma coisa... que eu não... tipo estrupou a criança dentro do meu ventre. Ele colocou um negócio dentro — como é que a gente chama isso aqui? Vagina, é. Na vagina, um papelão retorcido, aqueles fino. Tava en-maconhada, nós dois tudo en-maconhado, aí ele com raiva, com ciúme de mim, fez isso. Deu muito em mim, já apanhei muito de facão. Toda vida quando ele queimava maconha ele dava muito em mim e tudo. Só que às vez eu...

"Nós não morava na rua, não, nós tinha a nossa casinha, nossa não, né? Era alugada, mas nós tinha nosso cantinho e tudo. Ele não era mau dentro de casa e, quando faltava, ele dava todo jeito, tinha o trabalho dele, ele trabalhava. O nome dele era Cícero Bento de Lima. Era mecânico e caminhoneiro. Ele enrolava um mangote de... um mangote de entrada do conversor, pra colocar dentro do caminhão, a tubulação de ar. Eu ajudava ele, eu ficava assim... eu enrolava os tubo que ele ia — como se diz? — quando tinha um todo amassado, ele reformava, batia, desamassava, aí reformava, ficava novinho. Ele trabalhava bem pra caramba, ele era artista demais, só que ele nunca soube dar valor ao trabalho dele. Bebia também, usava droga e tudo.

"Quando nós se conhecemos eu já usava droga há muito tempo, aí quando eu conheci ele eu não sabia que ele usava e nem ele sabia que eu usava e tudo. Aí, quando foi uma vez, eu fiz as coisa tudo dentro de casa, comê e tudo, aí fui dormir. Aí fui dormir. Aí quando ele chega já vinha com as coisa dele, aí ele viu a carteira de cigarro que ele comprou pra mim, aí foi tirar uma seda, daqueles papelzinho que tem — sabe? — de dentro da carteira de cigarro. Aí ele começou a ajeitar, ele pensa que eu tava dormindo, aí eu vi na hora quando ele chegou, aí eu disse: 'Ciço, o que é isso que tu tá fumando?'. Ele fez que nera nada não. Eu disse: 'Me dê aí porque se você não me der eu tomo das suas mão'. Aí ele não me deu, eu tomei da mão dele e comecei a fumar mais ele. Aí ele toda vez que comprava me dava.

"Na primeira vez quando eu fumei eu senti um troço muito horrível, fiquei tonta, caí no chão, foi na primeira vez foi na praia: eu vi os cara fumando aí eu senti o cheiro e o cara disse assim, os pessoal que viram eu indo pro lado dele disse assim: 'Não vá pra lá não que ele tá fumando droga'. Aí eu digo: 'Num tô nem aí, eu vou já atrás de pedir'. Eu disse assim: 'Só pra mim ver o gosto que tem'. Aí depois eu me acostumei, mas eu não sou viciada não, eu deixei, faz é tempo. Nem bebida, eu também não sou viciada em bebedeira não. Eu só tive de beber um dia desse, mas deixei. Bebida eu fico triste... e às vez me alegra...

[Ouve-se um tec-tec-tec ininterrupto, rítmico. É a Conceição batendo uma muleta na outra: tec-tec-tec.]

"Nesse dia que eu cortei o braço foi porque nesse dia que eu fui beber eu já tava com raiva, me lembrando da minha família, quando minha mãe era viva, meu pai, meu irmão. Aí eu me lembro que a minha mãe morreu, que era doente do coração, eu me lembro que essa minha madrasta vivia dentro de casa, ela era uma moça e tudo, ela traiu minha mãe dentro de casa, meu pai desonrou ela e tudo, né? Aí eu fiquei com raiva, eu tenho raiva quando eu me lembro, minha mãe podendo tá viva comigo e morreu tão novinha, que a minha mãe não era velha demais não. Ela era uma mulher nova, bonita, alva, os cabelo bem grandão, ela era filha-de-maria antes de casar com o meu pai. Ela vivia na igreja de crente, ou, na igreja católica, nas irmã, ensinando catecismo às criança. Aí casou e teve muitos filho, minha mãe, eu não era nem nascida nesse tempo, mas ela teve muitos filhos, tanto mulher como homem. Só quem ficou vivo foi o Zé. O Antoin, ele morreu, o Antoin. Só tem o Zé, mas o que eu queria mais bem foi o que morreu, que era o Antoin. Que o Zé eu não quero muito bem, não, que o Zé já me bateu muito por causa dessa mulher, a Graça. Mas assim mesmo eu ainda me lembro é muito dele que ele é meu irmão e tudo, apesar dele não se lembrar de mim, mas eu quero bem a ele um pouquinho. Eu tenho às vez muito medo dele morrer, apesar dele não se lembrar de mim, mas quando... Ele tem uma reza muito forte, quando eu passava a noite pelo meio do mundo que ele ia me buscar e me levava pra dentro de casa e me trancava dentro de casa, quando eu não conseguia dormir, ele rezava na minha cabeça, eu num instante dormia.

"Agora quem eu me lembro também é do meu filho que eu tive e não posso mais ver ele, que ele mora em Juazeiro, é o Daniel, meu garotinho, meu primeiro filhinho que eu tive. Tá um rapazinho, ele. Eu dei ele bem novinho pra Celina e pro seu Caboco. Mas eu já vi ele grandinho, já tava andando no tempo quando eu vi ele. Ele não sabe que eu sou a mãe dele, não. Eu sou assim muito tola, me esqueci de dar o endereço lá onde a minha madrasta morava, porque podia se os pessoal chegar a falar lá que eu era a mãe dele pra ele se quisesse me procurar ele saber onde era que eu tava, mas nem isso eu deixei lá. Aí acho que ele nunca vai ter condições de saber quem é a mãe dele e encontrar eu, né? E agora, eu sei que ele vive no Juazeiro, mas num me lembro mais da casa, não sei mais como é que faço pra ir pra lá e tudo. Os caminho tudo direitinho do Juazeiro eu sei onde é, mas pode já ter se mudado também.

"Eu lembro deu pequena, meu pai trabalhava na estrada de ferro, aí, depois que ele trabalhava na estrada de ferro, depois que ele deixou de trabalhar na estrada de ferro — ele era vigia lá do Clube do Núcleo Ferroviário Ceará — aí ele trabalhava num negócio de... ele era pedreiro e tudo, fazia casa e tudo. Mas ele bebia e tinha umas bebida muito violenta, que logo quando ele bebia ele se armava, ele usava revólver e tudo. Minha mãe ficava muito nervosa e tudo, mas ajeitava ele, minha mãe sabia ajeitar ele, acalmar ele, só quem acalmava ele mesmo era minha mãe. Eu andava dentro de casa e tudo, ficava só deitada, brincava com as criança e tudo, mas minha mãe não deixava eu sair com ninguém. Só ficava mesmo ao lado dela dentro de casa. Aí ela ia fazer as coisa, ela tinha essa mulher que vivia dentro de casa, a Selma, né?, ela era minha babá e tudo, aí quando era dia do meu aniversário minha mãe convidava as criança, fazia comê pra nós e tudo, guaraná, bolo e tudo, aí quando era de noite era cantar os parabéns, rezar o terço e tudo, era muito legal, muito bonito, nunca me esqueci, ganhava presente e tudo.

"O primeiro lugar longe que eu andei foi na terra dele, na terra do Ciço, em Juazeiro do padre Cícero. Aí depois fui pra Bahia, viajava com ele no caminhão, com o Ciço. Aí fui pra Bahia. Bahia, Moçoró, Teresina, fui pro Rio de Janeiro, São Paulo. A mãe dele morava lá no Bairro da Penha, em São Paulo. Mas eu conheci ele aqui, na Praça da Estação. Eu tava bebendo, aí ele chegou por trás de mim, me agarra e tudo, aí me fez um convite pra mim sair com ele. Eu tava com as duas perna no tempo que eu conheci ele, aí ele me levou pra conhecer a mãe dele, aí a mãe dele me deu conselho, não me negou, não, a mãe dele nem o pai dele não me negou não, disse que ele não era a pessoa ideal pra viver comigo não, que ele gostava assim um pouquinho de... não ligava pra pai nem pra mãe que dirá pra mulher. Aí como eu gostava dele e já tava querendo bem a ele fiquei com ele, mas só pra sofrer. Fiquei muito tempo com ele, tive dois filho dele, esse que morreu e o outro que tá no Juazeiro, que eu dei. Mas quando eu dei foi no tempo quando ele morreu, o carro atropelou ele lá na... ele trabalhava mais era no Posto São Cristóvão. O Ciço morreu aqui em Fortaleza, lá no Posto São Cristóvão, ele ia com a... — como é o nome? — carregando na cabeça, aí parece que ele não olhou nem pra um lado nem pra outro, aí o carro pequeno pegou ele, aí jogou ele muito longe e esbagaçou ele todinho. Quando ele morreu eu num tava mais ele nesse tempo, eu tava no Rio, eu tava até acidentada, eu tava desse jeito, já do carro que me atropelou. O carro me atropelou lá no Rio de Janeiro, em Vassouras. Eu tava embriagada, aí fui atravessar a pista, não olhei nem pro lado nem pro outro, aí o carro me atropelou. Aí esbagaçou minha perna e quebrou meu braço. Aí eu vim, eu sou daqui, eu fiquei aqui.

"Antes do Ciço teve um que era viúvo, eu não conhecia o Ciço, eu não tinha nem filho ainda, o nome dele era Sérgio, era viúvo. Aí ele fez uma carta bem bonita. Eu não sabia ler, guardei, quando foi no outro dia de manhãzinha eu mandei a dona Fátima, mulher do seu Pedro, ler pra mim. Aí eu respondi, mas com ele só quis ficar duas vez, namorar com ele duas vez, gostar dele duas vez. Aí, no dia que ia comprar as aliança, aí eu desabei no meio do mundo pra ir beber, mas me arrependi, agora tá sem jeito. Podia hoje ser diferente, sei lá, do jeito que ele gostava de mim, né? Do jeito que ele fez a carta, sei não... Nunca mais vi ele não. Também já gostei de homem casado, que quando eu morava lá no Aracapé, ele era Luís de Camões, ele era casado com a Nira, eu já fui junta com ele...

"Agora... Meu irmão tivesse... me chamasse pra morar na casa dele, me entendesse um dia. Eu tinha muita vontade de pedir muita desculpa a ele, que eu já fui muito grosseira com meu irmão, se ele tivesse, assim, confiança mais um pouco em mim, que eu já deixei de beber, que eu não sou mais a mesma como eu era, não uso mais droga nem nada, não ando fazendo o que fazia de primeiro... Eu às vez dava até pra andar com esses pessoal assim, que gostasse de mexer nas coisa dos outro e tudo, só que eu nunca fiz na minha vida, né? E fiz uma vez mas faz muito tempo, fui pegada. Foi na Loja Americana, que eu fui tentar roubar na Loja Americana aí me pegaram, aí me prenderam. Eu tinha a perna normal e eu tava endrogada nesse dia quando eu entrei na Loja Americana. Fui pegada e fiquei lá uns dia lá, aí depois me soltaram.

"Ah, agora eu tenho um pouquinho de raiva do meu irmão, que eu tava, eu tava lá na casa da minha madrasta, ou da minha cunhada, aí eu fui beber mais os meus amigo na Vila Manuel Sátiro, uma reca de homem, aí comecei a beber mais eles, aí eles botaram droga na minha bebida, aí eu cheguei endrogada, a minha cunhada estava de resguardo, parece que era um dia de resguardo e tudo, aí eu tentei enforcar ela com a mão, aí ela conseguiu gritar pelo meu irmão, aí o meu irmão me deu um balão, aí eu caí no chão, aí quando eu me levantei fui pra cima do meu irmão pra dar na cara do meu irmão, e dei um chute na virilha do meu irmão, aí meu irmão começou a ver se tentava me amarrar e tudo, aí chamaram mais gente pra acodir meu irmão lá, que eu tava atrás de quebrar as coisa, tava com muita força, enorme, aí foi o jeito que teve ele me amarrar eu todinha e chamar a polícia, camburão pra mim, a viatura, o camburão. Aí nesse tempo eu fui pro Juizado de Menor, eu era de menor ainda, aí terminei fugindo de lá. Meu pai ainda era vivo, só não minha mãe.

"E eu tenho um irmão, meu irmão que morreu, esse foi por minha causa. O cara que me desonrou, ele — normalmente eu não conto a história direito — esse homem, quando eu era pequenininha, ele me dava de tudo, sabe? Presente, boneca, calcinha, chinela e tudo. Aí tentava me... ele mexia nas minhas parte, num sabe? Ele comprou uma pomada, colocava no dedo e usava na minha vagina, pra colocar o dedo, sabe? A mãe ainda era viva nesse tempo, aí minha mãe mandava eu ir pra lá, a Teresinha pedia pra mim ir, eles tinha pouco tempo de casado, não tinha filho, eu era mesmo que ser os filhos deles. Aí eu ia pra lá. Aí quando eu fiquei maiorzinha ele transou comigo, transou comigo. Quando minha mãe morreu, ele... meu pai pediu pra mim ir pra casa dele, pediu à minha prima pra mim ir pra casa deles lá. Essa minha prima, a mãe dela era irmã legítima da minha mãe, a finada Maria, e o nome da minha mãe é Noêmia de Oliveira Lima. Aí esse meu primo me desonra. Eu tava dormindo na cozinha, ele sai da cama dele e foi pra minha rede, quando eu tava dormindo — eu tenho uma mania de dormir toda escangalhada — ele começou a me alisar. Aí eu disse assim: 'Chinês, o que é que tu tá fazendo aqui na beirada da minha rede?'. Aí ele só fez arrudiar, pulou em cima da minha rede, tirou minhas calcinha, só o que deu. Aí eu conversando com umas amiga, né?, e tudo, aí a gente sem querer a gente descobre, aí eu disse que ele tinha ido na minha rede e tudo. Só que, não foi assim como... quando é moça não sai sangue, né? Pois o meu não saiu não. Eu só senti uma dorzinha, pouca coisa, sabe? Aí, no lugar deu dizer que tinha sido ele que tinha me desonrado, eu disse que tinha sido o meu irmão que é o caçula, encostado comigo, uma coisa que eu nunca devia ter feito, se eu não tivesse feito isso meu irmão ainda tava vivo, eu acho. Eu sinto a culpa todinha que fui eu que matei o meu irmão, mas todo mundo diz que não foi. Tem gente que diz que foi, tem gente que... Tem gente que diz que fui eu que matei, meu irmão morreu de desgosto de mim. Bebeu e foi pra praia tomar banho, aí andou muito pra dentro do mar e quando quis sair já tava sem jeito, não podia mais. Aí eu disse que tinha sido o meu irmão que tinha me desonrado. Agora pros outros eu digo que foi meu primo que botou uma faca em cima de mim, e mandou eu culpar meu irmão, sabe? Mas não foi não, fui eu mesma, que saiu da minha cabeça, eu com medo da minha prima eu fui dizer que tinha sido o meu irmão que tinha me desonrado. O Chinês depois queria mais, mas eu que não queria. Eu nunca mais vi ele, porque ele morava na Vila Manuel Sátiro, ele tá viajando, ele tem um bocado de filho e uma filha. A minha prima fala comigo, só que não é como naquele tempo que me dava muito valor e tudo, mas assim mesmo, quando ela morava na Vila, ela ainda me dava um prato de comida quando eu ia lá.

"Lembrança eu tenho muita da minha mãe, muita falta, né? Porque eu não tinha o costume de viver nas casa, assim trabalhando e tudo, nunca fui mesmo de fazer nada em casa. No tempo que minha mãe morreu eu sofri muito, pra caramba, que eu num sabia fazer nada, nem botar um feijão no fogo, um arroz, nem nada. Eu deixava tudo queimar, aí meu pai brigava e eu ia fazer tudo de novo. Sinto muita falta da minha mãe por causa que... Eu vi minha mãe morrer no braço de meu pai, e bem dizer no meu, e foi ligeiro, porque na hora que ela tava dando as agonia da morte, meu pai me chamou bem ligeiro pra mim vê e dá a bença a ela, me despedir dela, aí eu comecei a limpar a escuminha dela que tava coisando, sabe?, escorrendo, aí eu vi ela morrendo, dei a bença a ela e tudo, ela não podia arrotar e tudo, tudo que ela tomava pra ver se ela arrotava, ela botava pra fora, não conseguia. Ela era muito religiosa, antes dela morrer ela ainda rezou a metade do terço, quando ela não conseguiu, ela deu pra minha madrinha terminar de rezar.

"Das reza que ela me ensinou a rezar eu tenho pouca lembrança, é muito pouco o que sei a reza, às vez eu não sei as reza direito que ela me ensinava tudo, eu rezo pela metade. Deus me perdoe pelo amor de Deus, mas é muito difícil eu rezar, faço muito é me benzer quando eu vou dormir. Mas o que ela me ensinou a acreditar em Deus eu acredito, né?, porque se eu não acreditasse em Deus eu não era viva como eu tô. O que aconteceu comigo, do carro ter me atropelado no Rio, no Rio de Janeiro e tudo, se não fosse por ele, eu tava morta, tinha morrido. Foi ele que me salvou naquela hora. Eu tinha ido pra lá com o pai do meu garotinho, eu viajei com ele pra lá. Nós fomo por São Paulo, primeiramente pra São Paulo, lá pra casa da mãe dele, no Bairro da Penha, nós passamo uns tempo pra lá. Aí foi no tempo que meu pai morreu, aí eu pedi a ele pra voltar, aí ele nada de querer voltar, aí eu disse assim: 'Rapaz, pois então tu fica que eu vou voltar só de carro, mais os caminhoneiro'. Aí eu volto sozinha, ele fica lá, aí eu chego primeiro aqui em Fortaleza, aí depois ele chega de ônibus, aí nós se encontra de novo, aí eu disse: 'Rapaz, bem que eu disse que meu pai tinha morrido'. Aí nós passa uns tempo por aqui, ele volta de novo pro Rio, aí me chama, eu vou de novo, aí foi na hora que nós tivemo uma briga de noite, aí eu começo a beber mais os caminhoneiro, aí os caminhoneiro pagando bebida, cigarro, tudo, o que eu quisesse eles pagava, eu era nova ainda, gorda, cheia de vida e tudo, a bundona grande, aí quando eu fui dormir, né? Saio da companhia dos caminhoneiro e vou dormir, aí quando é de manhãzinha, bem cedinho, eu não acordo nem o Ciço pra dizer que eu ia me embora sem ele, aí parece que foi um castigo tanto meu como dele. Eu saio, começo a beber mais os outro cara e tudo, de manhã, aí quando chega tarde da noite eu começo a endoidar no meio da rua, atrás de correr, que às vez eu tenho mania de receber caboco, sabe?, de índio, de criança. Aí eu saí correndo, correndo, aí eu não sei se eu tava embriagada nessa hora, aí o carro me atropela, mas só que eu não vejo a cor do carro. Aí nessa hora o espírito do meu sobrinho, que é o Antônio Cristino, filho do meu irmão, o Toinho, apareceu no meu pensamento, atrás de... pro carro não me pegar. A Lurdinha, que era minha professora, disse assim: 'Conceição' — ela atrás de me agarrar pra mim num sair correndo — 'Conceição, pelo amor de Deus, não corra que você vai morrer, o carro vai lhe atropelar'. Aí ela viu que não tinha jeito, chamou o meu irmão que morreu na Praia do Futuro: 'Antônio, pelo amor de Deus traz a tua irmã, segura a tua irmã que ela vai morrer, que o carro vai matar ela nessas carreira dela, nem eu posso com ela'. Eu tava com a força do demo, pra dizer, aí meu irmão me laçou tipo uma cobra, eu noto que ele pega a batida do carro todinha por mim. O espírito dele morto, sabe?, me acudiu, me salvou da morte. Quer dizer que meu irmão me perdoou e gosta de mim, né? Eu acho, sei lá, tem hora que eu penso que meu irmão... não sei se ele me perdoou mesmo de vez, tem hora que eu penso que ele tá com uma... sei lá. Agora a mulher que gostava dele, a Marli, que tem um filhinho dele, do meu irmão que é o Antoin — o nome do meu sobrinho é Antônio Cristino, e o nome dessa mulher é Marli — sei lá, eu sou doida que ela me perdoasse, mas ela já falou comigo várias vezes, mas não era como era antigamente, alegre e tudo, gostava de mim e tudo.

"Agora eu só tenho um irmão vivo, que é o Zé, que é o que não dá muito valor a mim. Ele trabalha no bairro da Água Fria. Ele tem duas mulheres, a outra que eu gosto é a Mardete — eu chamo ela de Mardete, mas o nome dela é Maderte — eu gosto mais dela. A outra é a Graça, que nós não se trata muito bem uma com a outra, nós já briguemo, ela já deu na minha cara, eu dei na cara dela, e logo ela fez muito...

"Nunca mais eu viajei não. Viajei uma vez assim aleijada, mas eu ia pra... Eu tava com destino de querer ir pra São Paulo. Queria ver meu menino ainda, ir atrás do meu menino, né?, pra mim vê ele ainda. Aí depois voltei, desisti. Eu queria ver meu filho ainda, o que tá no Juazeiro, eu nunca mais vi ele não, mas eu tenho muita vontade de ver ele. Bem bonitinho, ele, dos cabelinho todo piradinho, alvinho, não aparenta comigo, não.

"Eu fiquei assim por causa do estrago mesmo. Meu corpo era bem limpinho, eu tenho raiva, sei lá, às vez aparece uma natureza ruim em mim, dormindo de noite mesmo, eu estou dormindo, sabe?. Logo nesse dia quando eu me cortei aqui minha perna, na coxa, eu tava dormindo e o cara que eu gostava... Sabe o que é que eu ia fazer? — Deus me perdoe pelo amor de Deus — me deu aquela natureza ruim deu pegar a faca e passar no pescoço dele, eu peguei a faca, sabe?, eu pego a faca e boto no meu cós. Na hora que eu vou fazer assim, aí vem outra coisa, outra natureza pra não cortar ele, mas eu me cortei todinha, me retalhei nos dois braço e na coxa.

[A Conceição se cala porque se aproximam dois guardas: "Agora é os dois, tem que parar agora, depressa!".]

"Trabalhar eu já tentei trabalhar uma vez numa casa duma mulher, mas a mulher, eu não sabia fazer comida direito, a mulher não me aceitou lá. Aí eu terminei saindo da casa da mulher, ela pagou o dia que eu trabalhei e tudo, aí eu vim embora. Já trabalhei em bar, despachando as bebidas. Era só despachando bebida pro pessoal, entregava bebida. Eu morava lá no bar mesmo, com eles lá. Eu gostava do trabalho, mas tinha uma hora que eu achava, sei lá, chato. Mas melhor é trabalhar do que ficar parada, né? Mas eu não posso fazer nada. Já no tempo que eu tinha a outra perna... Porque eu acho que eu realmente nunca quis nada na minha vida. Por isso que eu fiquei desse jeito assim como hoje eu sou, né? Não foi falta de conselho do meu irmão nem do meu pai, nem da minha mãe, nem da minha família, não foi, porque conselho eu tomei demais, me deram demais. Eu que nunca mesmo, acho que eu nunca quis prestar na vida. Eu queria ficar dentro duma casa, ter filho, cuidar, eu queria, né?, mas eu nunca tive sorte pra ninguém na minha vida. Já me chamaram muito pra mim viver foi naqueles ambiente, morar em ambiente, fazer a vida num ambiente, e meu irmão — isso aí eu morro e não me esqueço — que meu irmão fez um bem por mim. A mulher foi — a mulher do ambiente — me chamou pra lá, pra mim fazer a vida lá, pra mim morar lá no ambiente. Aí meu irmão disse que eu não precisava disso não. Mas tem outra coisa que eu não me esqueço, que meu pai mandou eu procurar, sabe?

Que Deus me perdoe, isso aí eu não perdôo meu pai não, nesse dia chega eu chorei, quando eu me lembro eu choro, que meu pai mandou eu procurar um brega por causa de um homem que foi falar pro meu pai que eu era dessas mulheres que não podia passar sem homem, aí meu pai disse que lá na casa dele era cheio de homem, que era os filhinhos dele do coração, que eu não podia ficar em casa não, porque eu era desse jeito. Por que que eu saí de uma vez de dentro de casa? Foi por causa disso, porque o meu pai mandou eu procurar um brega, dessas mulher que vão fazer a vida, que mora logo lá, só, os home chega, sai mais elas, paga elas e tudo. Por causa disso. Comecei... conheci o Ciço, aí me mandei com ele no mundo, não quis mais saber de família, nem de pai, nem de ninguém, só do mundo mesmo. Mas também eu me arrependi, porque agora tá sem jeito, que ninguém quer eu em casa mais. Agora eu peço esmola: 'Me dê uma esmolinha pelo amor de Deus'. Quando eles não dão eu digo do mesmo jeito que Deus perdoe, que Deus proteja, que dê muitos anos de vida e saúde. Mas, sei não, me dá uma tristeza quando eu me lembro que eu tinha meu pai, minha mãe, e foram embora já, tão todos no céu. Ter um irmão e viver assim de pedir esmola, podendo estar morando mais ele, estando numa boa, sem estar precisando de andar pedindo, estar dormindo na frieza, dormindo no meio da rua, ele querer ser um home tão... Tá certo que ele é bem empregado, tem o diploma dele e tudo, aí, sei lá, eu queria viver lá na casa do meu irmão e tudo, mas meu irmão quer ser muita coisa, ele é formado, tem o diploma dele e tudo. Tá certo, eu já estudei muito e tudo, tive até professora, minha mãe pagou até professora pra mim ensinar dentro de casa, que não queria eu junta com os menino nem nada, pra mim num aprender coisa feia nem nada. Aí botou professora dentro de casa, mas eu nunca... nunca entrou leitura na minha cabeça, na minha vida, só aprendi coisa que não devia, assim, andar assim... beber e tudo, as coisa que eu não devia ter aprendido, o certo, ter aprendido coisa melhor, cuidar dum home, que eu não caísse na vida cedo e tudo. Mas a minha mãe já sabia há muito tempo que eu ia cair na vida cedo, só que ela nunca disse pro meu pai. Ela sabia porque ela era uma mulher experiente e tudo, porque ela viu o meu jeito, danada demais. Eu deixava ela dormindo mais o meu pai de manhã, meio-dia, e ia namorar na cerca com os rapaz.

[Tocam os sinos da igreja do Sagrado Coração de Jesus, na tarde da sexta-feira santa. Réquiem para os sonhos de Maria da Conceição de Oliveira

Lima, nascida no distrito de Parangaba, no dia 22 de fevereiro de 1965, que agora apresenta a identidade que tem — muitas cicatrizes: na pálpebra esquerda, nos ombros, no único joelho, nos braços — registrada nos cortes que foi pouco a pouco amealhando como a herança do não. Por dentro, na alma, quem haverá de enxergar tão fundo?. Fecham-se os sonhos da Conceição no final do terceiro ato:]

"Eu, quando tinha um radinho... Ave maria! Eu sou louca por um radinho, eu tenho muita vontade de possuir um radinho. Eu já possuí rádio, meu pai comprou um rádio pra mim mas depois vendeu, meu radinho, eu chorei tanto. Eu tinha tanta vontade de possuir a minha casinha, minha eu não digo mais nada... porque... Quando eu tiver esse menino aqui eu vou mandar ligar, se Deus quiser, se tudo der certo, o homem lá, o doutor, já falou que tudo tá certo, mandar ligar minhas trompa, aí eu não vou mais ter família. Eu achava melhor que tudo desse certo, eu não quero mais ter filho, ainda mais desse jeito, assim aleijada e tudo. Embora que eu não tivesse, eu vivia sozinha mesmo num cantinho só pra mim, com uma amiga, assim de confiança e tudo. Uma que eu queria que morasse mais eu era a Luciana, eu queria, a única que me levou pro hospital foi ela, se não fosse ela, eu nem sabia quantos mês eu tava, não sabia se tava com anemia, nem nada. Eu agradeço a ela."[31]

Já dona Raimunda, ao entrar para a abertura do segundo ato — MENDIGA DE FAVELA — não trazia essa língua nua e solta. Ao contrário, sua fala era de muitas reticências, pausas, múltiplas versões. Ouvindo-a, não havia como escapar da dúvida: qual seria mesmo a verdade de dona Raimunda?[32] Até compreender que pouca importância tinha sua verdade individual, pois que ela vinha representando no seu falar, nos seus trajes, em sua ação e em sua máscara, a coorte histórica de seus ancestrais expulsos desde o primeiro momento, há centenas e centenas de anos. Embora viesse sozinha, vinha já presentificando — na própria imagem de pobre-velha-avó-mendiga — a primeira e ainda constante das indagações entre o verdadeiro e o falso[33]. Sua cena era precisamente a da ruptura decisiva da ordem estabelecida, de modo que a partir dela a história estaria claramente dividida entre o lado de cá que é do bem, e o lado de lá que é do mal[34]. O seu camarim — em tempos remotos sua metamorfose em avó-mendiga teria sido feita no «pátio dos milagres»[35] — é um terreno baldio e cheio de lixo que também serve de sanitário público aos pobres e vadios que transitam pelo bairro rico da capital, na confluência da Rua Vicente Aguiar com a Avenida Treze de Maio, no bairro de Fátima, em Fortaleza. Ali dona Raimunda troca suas vestes comuns por uma fantasia de uma senhora idosa: saia larga e muito abaixo do joelho, uma blusa solta de manga três-quartos, e um pano amarrando a cabeça à moda camponesa. É uma mulher morena e baixa, cabelos pretos e lisos misturados aos fios brancos. A natureza dotou-a com um caroço saliente no rosto, um pouco abaixo do olho esquerdo, que lhe enfeia muito a face, ajudando a compor o semblante miserável. Não leva nenhum pertence para a ação, sempre deixa a sacola guardada numa casa de conhecidos da Avenida Treze de Maio. Estira a mão desocupada pedindo dinheiro aos motoristas que param no sinal de trânsito. Quando recebe em gêneros, corre a guardar na casa. É uma mendiga que trata diretamente com o equivalente geral das mercadorias. Portanto, Senhoras e Senhores, toda a atenção é necessária, porque o teor do drama de agora em diante não gerará mais o espanto, a estranheza total — ele até que nos é bastante familiar — mas a nossa desconfiança em relação àquela protagonista, a dúvida sobre o papel que representa, o receio de estarmos sendo ludibriados, nós, honestos trabalhadores de uma tão antiga lida.

Seu nome é Raimunda Alves Martins, e representa a categoria de MENDIGO DE FAVELA[36]. Hoje diz que tem a idade de sessenta e três anos. É natural de Catuana, no município de Caucaia, nas proximidades de Fortaleza. Tem uma irmã mais velha, na localidade de São Gonçalo do Amarante. Os irmãos eram sete, dos quais morreram quatro, dois machos e duas fêmeas, restando dona Raimunda e mais dois que vivem em Fortaleza: um que tem um botecozinho e outro que mata criação, mas que de tão ruim — diz dona Raimunda — nunca deu nem um grama de carne, nem para ela, nem para seu finado pai, e nem para sua mãe. Os pais têm pouco tempo de falecidos: o pai está com quatro anos, a mãe com dois, e um irmão com três. Morreram todos assim perto, foi. Dona Raimunda via-os com muita freqüência e como gostava e queria bem! Morreram bem velhinhos, o pai com cento e dez anos, a mãe com noventa e oito. Já não viviam mais no interior, tinham se aposentado e vindo para cá, moravam nesse lugar de nome Tancredo Neves. Eram bem velhinhos e ganhavam uma micharia — diz assim dona Raimunda. Naqueles tempos no interior possuíam uma criação, um bocado de roça, venderam tudo e compraram uma casinha em Fortaleza, no antigo Cocó. Ficaram morando ali com mais duas filhas solteiras e um irmão. Uma casada vivia no interior e dona Raimunda saíra já de casa. Mas quando em pequena, dona Raimunda estipula sua riqueza. O pai tinha um pedacinho de terra, não era coisa de grande valor, hoje pode até ser que aquele lugar tenha se valorizado — ela supõe — mas naquele tempo não valia nada não. Valia para plantar, para plantar tinha valor. Cada carnaubal! Fazia aquela cera, vendia. Cada mangueira de manga doce! Uma beleza! Mas o pai tinha, também, suas bebedeiras. Quando ficava bom — pronto! — voltava para dentro de casa. Era assim. Era barriga cheia o pai de dona Raimunda, o que trabalhava era para dentro de casa. Estragou muito dinheiro com a bebida, isso estragou. Naquele tempo tinha um baú em casa, desses de botar roupa. Pois ele mandava a mulher guardar dinheiro ali. As crianças viam a mãe guardar o dinheiro e trancar à chave. E quando ele queria sair para beber, era uma luta, a mulher não queria dar a chave, ele quebrava a fechadura, tirava, levava, bebia. Mas era barriga cheia dentro de casa. Barriga cheia. Passaram muito bem dona Raimunda e seus irmãos no tempo de criança: "Meus pais tinham um recursozinho, uma terrazinha, lá no meu interior. Papai, toda a vida, foi um homem trabalhador. Trabalhava em carnaubal, tirava aquelas... aquelas palha, fazia cera, vendia. Toda a vida era trabalhador. Minha mãe também, trabalhava... Papai plantava muito. Meu pai matava de criação pra nós comer. Não vendia nem um pedaço. Quando era no tempo da fartura mesmo, era feijão, era tudo dentro de casa. Papai tinha um quarto que ele botava feijão, tudo. Fazia farinha daquela roça dele. Botava pra gente comer o verão todinho. Passei muito bem quando eu era menina na casa dos meus pais. Foram gente boa. Ainda hoje eu choro muito. Morreram bem velhinho". Ela se emociona e chora. Talvez vá buscar muito longe a lembrança de uma perda mais antiga, de quando só tinha treze anos de idade e fugiu de casa com um homem casado. Em respeito à sua dor, aciono a pausa do gravador e deixo de registrar um depoimento dos mais humanos para a memória social dos miseráveis do Ceará. Logo, porém, ela se recompõe e diz bruscamente: "Mas seja lá a vontade de Deus". Todos os irmãos de dona Raimunda trabalhavam, menos ela porque era a mais nova. As mulheres demoraram para casar, casaram já tudo velha. Viviam no interior, viviam de plantação e artesanato: faziam chepéu, bolsa, rede de corda, daquelas de trancinha cabeçuda. Dona Raimunda recorda que viveu um tempo bom: "Vivi, vivi um tempo bom. Mas agora me acho tão fraca, minha senhora. Vivo passando fome, a comida é escassa, ninguém pode comer assim um pedacinho de carne..." Além de que tem os quatro netos para criar, em nome dos quais pede esmola. Ela demonstra como tem sido desde a primeira vez que pediu: "Eu dizia assim — ainda hoje eu digo, porque não é por outra coisa, é por isso mesmo que eu ainda hoje digo. Eu digo: 'Senhora' — se for mulher —

'a senhora pode me dar uma ajuda pra mim comprar ao menos feijão pra meus neto comer? São quatro neto passando fome. Eu queria que a senhora me desse uma ajuda'. E quando é home, eu digo: 'Senhor, me dê uma ajudazinha pra eu comprar ao menos um feijão pros meu neto comer. Tô passando fome com eles'. Aí eles me dá". Uma vez ou outra os traz para aquele sinal, ali onde pede esmola, só deixa em casa a bichinha, a Maria de Fátima, que tem oito anos. Fica com a tia, a filha mais nova de dona Raimunda. Mas prefere vir sozinha porque diz não ter mais resistência de andar com uma criança no braço. Quando os traz — explica — "é porque... é pra mim ganhar mais uma coisinha, porque, às vez, eu passo uma semana sem vim, pra comprar umas coisinha pra comer. Mas eu não gosto de trazer eles pra judiar, levando sol quente, e tudo. Eu não gosto. Eu não tinha essa coragem de fazer isso com os meu neto, não, coitados. Às vez eu trago, sento eles naquela sombrazinha, pro mode eu ganhar qualquer coisa pra comer, passar a semana sem vim, é assim". O Francisco Júnior tem nove anos e já estuda nos colegiinhos de graça que tem lá no bairro de Ancuri, local muito depois de Messejana, onde ela diz morar com uma filha de dezoito anos e os quatro netos pequenos. A mãe dos meninos diz que é louca e vive internada no Hospital São Vicente de Paula, em Parangaba. O menino e a menina já estão no terceiro ano escolar. O colégio só pede farda, lápis, que dona Raimunda pede. As mulheres dão e eles levam o material completo: "Farda e lápis. Lápis de cor, tal de tesourinha pequena. Isso aí eu arranjei. Aí, nessa livraria aí, tem uma moça, que ela é muito boa pra mim também. Ela me dá de cem conto, ela me dá caderno do bom pra mim levar — desses caderno só duma cor só, da capa duma cor só — ela me dá de dois caderno, caixa de lápis, tudo bonito. Aqueles tubo de cola, de colar... que precisa aquelas colinha, ela me dá de dois vidro também pra mim levar. Ela é boazinha". Dona Raimunda pede esmola ou pede escola? Afora os dois estudantes, tem os dois mais novos, que só vivem doentes, um é até desnutrido, magrinho. Dona Raimunda quer muito bem a eles, os bichinhos, criancinhas, não sabem de nada. Ela pensa, calcula: "Mais amanhã, mais adepois — três machinho e uma feminha — serve pra mim, serve". Quer dizer que a senhora é sozinha para cuidar da família, dona Raimunda? Sozinha mais Deus, Nossa Senhora e elas, as filhas. É sozinha assim: "Eu não quis mais saber de ninguém, que ninguém tinha resultado, minha filha. Não tem resultado que eu vejo... Só o que casou com a minha filha, eu vejo o que foi que ele fez, que até que ela.. Ela não tinha o juízo bem bom, não. Era essa mais velha. Ela não tinha o juízo bem bom, não. Ela era meia lesada, retardada. Mas então... Toda vida ela foi calma, aí houve essa separação dele mais ela. Ele foi se embora com outra mulher. Lascou a cabeça dela de resguardo do mais novo. E aí, pronto. Ela... Isso não foi só uma vez. Já tá com umas quatro vez que eu interno ela aí nesse hospital de Messejana, e duas naquele de Parangaba, que se chama Vicente de Paula. Ele não prestava, queria viver batendo nela e tudo, não prestava não. Foi se embora com outra mulher, nem deu mais notícia, nem pros filho. Foi pra banda de Belém, ele mais ela. Essa mulher, que ele pegou ela, carregou ela, ela vende confecção pra banda do Belém e levou ele. Vive bem, vende confecção, roupa feita. Aí, foi, levou ele mais ela. Eu fiquei com os bichinho e a mãe deles internei. A outra minha filha nem namorar ela namora. Tem dezoito anos. Mora mais eu, ela é quem fica com os meu neto. Trabalhar, ela trabalha não, porque... Ela trabalhava. Mas ela aqui-acolá tá pegando assim uma roupazinha e lava. Esse pessoal... Tem esse pessoal rico, que tem aquelas casona, pessoal rico. Ela pega lá uma lavagezinha de roupa. Ela lava num dia — é duas vez por semana — ela lava num dia e engoma no outro. É assim. Aí ganha trezentos, quatrocentos, pra lavar e engomar. Lava num dia, no outro engoma, é que recebe o dinheiro. Ela me dá o dinheirinho todinho, mas é o dinheiro dela comprar as roupinha dela, né, minha filha?, que ela precisa, os calçado e tudo". Dona Raimunda já trabalhou muito no interior, diz que toda vida foi trabalhadora. Fazia chapéu naquela forma, se os senhores vissem... Tudo bem feitinho. Também fazia aquelas redes cabeludas, que deixa o tucum todo assim para fora, balançando. Fazia também bolsa, surrão, tudinho em corda. Trabalhou muito no interior. Hoje em dia é porque já vive cansada e tudo. Depois que teve essas bichinha... Mas toda vida trabalhou. Agora ficou com uma certa idade... Perdeu muito de sua saúde, foi dona Raimunda? "Olhe, a senhora me acredite, eu queria que a senhora visse, passei oito dia com uma dor nas minha costela, falta de forgo, tudo. Aí vim pedir me arrastando. Quando cheguei ali, aqui no sinalzinho aí, uma mulherzinha me deu quarenta mil. Aí eu fui pracolá, ganhei mais cinco lá duma mulher. E a senhora me deu quinze. E agora me deu esse dinheirinho. Com esse dinheirinho eu vou fazer isso: vou comprar um leitinho, um pacote de leite, pra levar pra esse que vive doente, que é desnutrido. E o resto, vou ver se arranjo mais um dinheirinho, aí comprar um quilo de feijão, comprar um arrozinho, deixar pra eles comerem. Amanhã eu venho de novo. É, venho de novo. Quero ver se eu vejo umas conhecida minha que passava ali, naquele sinal, minha filha, porque elas me via com eles, aí já sabe que eles são meus neto e tudo. Aí, quando elas vem, elas traz uma roupinha velha, às vez, um feijão, arroz, macarrão, me dá pra eles. Até esse que é doente, que eu truxe um dia desse, a mulher deu... trouxe uma lata de leite — a mulher do carro — trouxe uma lata de leite Ninho, desse bem forte, e uma lata de... daquele... daquele que tem o gosto de biscoito, que é pra ele comer com leite, que é pra ele comer com leite. O bichinho gostou foi muito! Porque... ele ficou mais fortezinho. Mas ele não tem nem sustento nas pernas. É desnutridozinho. Nem fala, só fala pai, mãe... Só chama eu de mãe. Pai, coitadinho, como é que ele pode chamar pai? Eu não reclamo, não, que ele chame. Porque ele é uma criança que não sabe de nada". Vive assim dona Raimunda, a MENDIGA DE FAVELA, no seio de sua família remontada, mulher sozinha, chefe e provedora, zelosa mãe, zelosa avó. Mas me explique, dona Raimunda, que matemática a senhora faz do tempo: se viveu com o pai de suas filhas durante sete anos, dos treze aos vinte anos de idade, como é que a senhora estando hoje com sessenta e três tem uma filha de dezoito? Está bem, dona Raimunda, não importa a contagem dos anos, importa que a senhora faça de si uma boa defesa moral apresentando-se assim como uma mulher íntegra que, após a primeira decepção amorosa, recolheu-se à causa de seu lar, foi cuidar estoicamente de sua família. Isto, sim, a faz merecedora de todas as esmolas do mundo, a senhora está certa. Eu também preciso dar-lhe a minha parte. Tome, dona Raimunda, ponha no meu crédito perante Deus. Não foi assim que nos ensinou Salomão, que «quem dá ao pobre empresta a Deus»? Não precisa prestar conta, o dinheiro que lhe dei é seu, faça dele o que quiser. Uma que a senhora está diante de mim é como mendiga mesmo, o que me transforma numa alma caridosa, aquela que doa. E outra que muito do seu tempo eu venho tomando com estas minhas curiosidades. E a lei dos homens já estabeleceu que «tempo é dinheiro». A senhora está deixando de ganhar enquanto se ocupa comigo. Ciência? Da minha ciência eu que preste conta[37]. Mas se a senhora quer dizer, que diga, estou ouvindo. Comprou um par de sandália japonesa por cento e cinqüenta, e um pacote dos grandes de leite em pó Itambé para o neto desnutrido, o bichinho, com três anos de idade, ainda nem anda. "Depois de ter bebido o leite, o menino amanheceu amilhozinho" ela diz. É uma forma de agradecer e agradar? Ou porque um copo de leite no organismo de quem tem fome faça mesmo muita diferença? Comprou as sandálias mas continua descalça, seus chinelos velhos roídos estão ali encostados no pé do muro que fica ao lado do seu ponto de mendicância. Por que não calça, dona Raimunda? "Minha fia, porque pesa tanto, me cansa. É de um jeito que quando é de noite eu preciso botar os pés de molho na água morna pra poder dormir..." Então seus pés descalços não fazem parte da indumentária de pedinte? Está certo, vamos em frente. A casinha onde diz morar com a filha e os netos, ou melhor, o quartinho, conforme quer ser mais fiel dona Raimunda, é própria. É de palha, mas é um quartinho bom, que não goteja. Dona Raimunda conseguiu-o pedindo o canto lá, uma mulherzinha deu o canto pertinho da casa dela. Mas o terreno não é próprio não, é da Prefeitura, coisa assim. A mulher lhe deu o cantinho. Aí ela pediu as palhas lá — palhas de coqueiro — aí mandou fazer pelo marido dessa mulher. Aí vinha para cá, para o ponto de esmolar, ganhava um dinheirinho e dava a ele também, porque ele também é pobre. Pagava o serviço. À tarde, quando chegava, dava-lhe uma coisinha. Aí ele fez. Mas não é um cantinho seu ainda não. Essa é a sua vontade — uma vontade tão grande! — possuir o seu próprio cantinho. Diz assim: "Lá mesmo, onde eu moro, no Ancuri, tem dois conjunto que o terreno foi invadido e o governo mandou material pra fazer as casa. Esses conjunto que pobre por aí mora tudo em casa boa de conjunto, foi tudo ele que deu o material e deu ordem pros pobre invadir, fazendo barraca pra morar. Olhe, a senhora sabe que quem fez lá um beneficiozinho no mundo por os pobres, que esses terreno desocupado tudinho ele mandou os pobre invadir e dá material e tudo, é um que chama Ciro e outro que chama Tasso. Era carrada por cima de carrada de material. Não chegou pra mim, não. Lá, só tem lá um horror de casinha, casebrezinho, todo de palha, todo de palha. Eu ainda também não peguei um cantinho, não. Mas eu tenho vontade de pegar. Eu tenho... Eu tinha tanta vontade de ganhar um terreninho, mas eu não conheço esse pessoal. Lá onde eu moro tem uma mulher — essa mulher é tão danada! — que já foi não sei quantas vez falar com o Ciro. Mas eu não conheço esse pessoal..." Pois conhecer é preciso, dona Raimunda. São as formas de organização e luta dos pobres para conseguir seu canto. Ou a senhora pensa que é tudo pelo amor de Deus? Posso ir lá com a senhora, dona Raimunda? Posso ir conhecer de perto como é o jeito de misturar os reinos da graça e da guerra? Me diga, dona Raimunda, a senhora se insere no movimento de lá, na política de lá, a senhora se relaciona com eles de lá? "Minha filha, eu saio de manhã, eu não sei, eu saio de manhã..." Sabe que o povo de lá trabalha, seja moço ou seja velho, tem de trabalhar, vai trabalhar. E sabe também que o lugar é calmo porque tem bem pertinho uma cabine policial com dois soldados todo dia de plantão. Promete que me leva com muito prazer e combinamos o dia: domingo, depois que ela fizesse a coleta dos cristãos após a santa missa. Iríamos juntas e ao final do dia ela me deixaria no ponto do ônibus de volta. Comprei uma galinha para almoçar na companhia dela e, quem sabe?, de seus vizinhos trabalhadores e mendigos. Guardei no *freezer* esperando o dia. Chegou o domingo e ela não apareceu ao ponto do encontro. Estava lá a sua amiga Rute — a que pastora carro no pátio da Igreja de Fátima — encarregada de me prestar uma satisfação: "Ela mandou lhe dizer que foi buscar umas comprinha com a freguesa dela, de carro, por causa do peso". E a Rute me orienta que nem adianta esperar porque, nestes casos, quando é grande a quantidade de esmola que ela ganha de alguém, a própria pessoa vai deixá-la em casa de carro. Ah, sim, claro, não tenho dúvida. Vai ver, alguém vem pagar promessa a Nossa Senhora de Fátima oferecendo uma boa cesta de alimento a um pobre de Deus... Mesmo desenganada permaneço no lugar do encontro. Acabou a missa do domingo, os cristãos tomam seus carros para a volta ao lar e ao descanso do sétimo dia. A amiga Rute vai de um para outro recebendo a recompensa pelo trabalho que lhes prestou — ficar pastorando suas propriedades móveis enquanto eles rendiam graças ao senhor. De intervalo a intervalo corria até mim e contava coisas. Dizia que seu maior sonho era deixar, antes de morrer, um cantinho para as filhas viverem. Que não as trazia consigo porque ali junta muito cabra safado. Que não queria mais saber de homem, que já agüentara muito, homem para ela agora eram as filhas e os carros para pastorar. Que as freguesas viviam falando que queriam vê-la bem velhinha fazendo aquele serviço de pastorar seus carros. Que estava com quarenta e dois anos de idade. Que antes trabalhava lavando roupa e fazendo faxina nas casas, até que quebrou um braço e ficou inutilizada para esse tipo de trabalho. Em compensação, só agora, pastorando carro, é que veio ter um bocadinho de sossego, que pode descansar. Que esmola não pedia, mas que as freguesas de dona Raimunda sempre lhe davam também um agradozinho, uma besteirinha. E queixava-se de outra mulher que também pastora carro no pátio da igreja, dizendo que a mulher queria tomar o seu lugar, que ela queria tudo para si. A mulher queria ser o que não é, vivia se mostrando, falando que mora numa casa que é uma beleza, mas a Rute não queria saber nem onde é que fica, a Rute não queria nem saber. Ela mesma também tinha a sua importância, pois que já participara de uma reportagem para o jornal, cujo recorte as filhas guardam num álbum de retrato. Não sabe ao certo sobre o quê, foi algo relacionado à invasão de um terreno onde ela tinha uma casinha. Agora é hora do almoço e ela vai para a casa de uma irmã, almoçar com uma amiga que também não tem canto e que dorme na casa de uma mulher. A andarilha vai agora tomar um banho e descansar em família, no bairro do Lagamar, até mais tarde, quando retornará para o segundo expediente. E dona Raimunda que não vem. Outro dia a senhora me leva, dona Raimunda? Ela prometia.

Porém eu via que, pelo seu gosto, ela preservaria essa parte, preferia mantê-la sob seu próprio domínio. Tanto insistisse, ela sempre tinha um motivo para adiar. Mas prometia, enquanto continuava a me apresentar, durante nossas conversas quase diárias no seu ponto de esmolar, as passagens de uma bem preparada «história de vida», uma combinação variada de episódios reais com outras versões inteligentemente dosadas para melhor servir às expectativas de valores de seus caridosos fregueses — que é como ela chama as pessoas que lhe dão esmola costumeiramente. Ela olhava tudo, sabia de tudo. E também soube que eu era uma espécie diferente de freguesa, pressentiu que eu queria estabelecer a relação entre o fato e as versões. De nada adiantou explicar-lhe meus objetivos científicos, eles não alterariam sua vida ou seu roteiro. Mas desconfiou do olhar perscrutador que lhe dirigia, desse olhar que queria ver para além de sua forma exposta de velha-avó-mendiga. Pois eu tinha até tirado fotografias! Que, infelizmente, queimaram. Ela as cobrava cada vez que me via. Até um dia, quando as circunstâncias a obrigaram a despir seus trajes diante de mim e eu a vi pelo avesso. Concluiu que não me queria ter como freguesa e nunca mais me procurou, assim como eu também passei apenas a cumprimentá-la ligeiramente sempre que passo pelo seu ponto de mendicância. Foi quando dei por encerrada a parte de campo desta pesquisa relativa à categoria de MENDIGO DE FAVELA. E estou agora aqui para contar a história. Então diga, dona Raimunda, como é que tudo começou, e o desfecho deixe que eu mesma conto. Diga, vá dizendo que estamos todos ouvindo:

"Aí, depois, foi tempo que eu... Com treze ano de idade — a idade era essa — um cabra ruim, casado, buliu comigo. Aí eu tive essas duas filha. Saí de casa porque quis, fugido do meu pai e da minha mãe. Fui morar mais ele. Moremo no interior e moremo aqui também, no Barroso, perto do Ancuri, que é onde eu tô morando. Ainda vivi mais ele sete ano... Sete ano. Ele não prestava não. Era ruim e era casado. Aí, pronto, deixei... Deixei e não quis mais saber de ninguém, que ninguém tinha resultado. Mais vale só do que mal acompanhada. Hoje em dia não tem ninguém que preste não. Nem meu pai mais minha mãe, que eles era unido mas também papai bebia. E quando ele bebia ele gostava de querer espancar minha mãe. Espancava... Ela não brigava mais ele não, ela cansou foi de dormir, às vez, até nas casa dos vizinho quando ele chegava tomado. De noite, ela pegava os menino mais pequeno e dormia nas casa dos vizinho e deixava a casa desocupada pro mode ele entrar. Ele... meu pai, às vez gostava de espancar minha mãe. Novo nesse tempo. Quis mais ninguém não. E outra que ele falava muito que se eu arranjasse outro home, botasse, ele tomava as menina. Nesse tempo tinha uma lei que as filha feme era dos pai e os macho era da mãe. E eu nunca quis ter ninguém porque toda vida quis bem a elas. O tempo passou, passou... Faz muito tempo, ele foi se embora. Não dou notícia. Não sei se é vivo... Viajou pra longe. Quando tinha aqueles trabalho em Brasília, pros lado de Brasília, ele viajou pra lá. Agora tinha uma coisa: tudo era... era tempo de fartura, tudo barato, era bom. Ele fazia feira, trazia pra mim comer a semana todinha. Mas... só a ruindade que ele tinha é que chegava morto de bebo, me maltratando. Mas nunca passei fome com ele não. Fome nunca passei não."

Foi na seca de 1958 que dona Raimunda saiu do sertão de Catuana com destino a Fortaleza. Vinha grávida da primeira filha, essa que é doente da cabeça, e acompanhada do pai da menina. Recorda que naquela época só tinha aquele grande poeiral, era uma seca que só tinha aquele poeiral. Cinqüenta e oito não deu uma neblina de chuva. Tinha aquele redemoinho, que era uma poeira medonha do mundo. Morreu muita gente naquele tempo. Dona Raimunda estava grávida e adoeceu com uma «asiática» que deu, uma gripe forte que matou muita gente. Os que ficaram escaparam com água de caju com limão, a água do caju misturada com a água do limão, um santo remédio. Dona Raimunda veio morar em Fortaleza, no bairro de São João do Tauape, perto do trilho de ferro. Mas quem diria! Cinqüenta e oito foi um ano bom. Era seco e era bom? Era seco e era bom, era um ano rico! Carne de boi de vinte mil-réis, daquelas cédulas que nem existem mais. Tinha fartura, era muito bicho morto. Dona Raimunda explica a economia do ano de 1958: "Devido à seca, eu acho que devido à seca, os bicho antes de morrer de fome, os pessoal trazia, matava, vendia barato a carne. Era bom! Foi bom! Foi ruim porque foi seco, mas foi bom, negócio de fartura, teve muita fartura". Também apareceu em quantidade aquele peixe atum, que a carne é mesmo que carne de camurupim. Dona Raimunda aponta um arbusto e compara: "A carne era dessa grossura aí desse pau". Então comprava um peso: um quilo, de meio quilo, de dois. Eles cortavam com aqueles facãozões, batendo. O peixe não tinha de tirar o camurupim, peixe gordo. Tudo era barato nesse tempo. Barato, barato. Dona Raimunda recebia em casa a comida que o marido trazia: "Ele era bom. Fazia, minha fia, a feira pra casa, comida. E ele era bom mesmo, não era ruim não. Tinha a ruindade de querer espancar, maltratar, pra bater. Eu nunca agüentei peia nem do meu pai e nem da minha mãe!". Dona Raimunda não o quis mais por causa disso, porque ele tinha um modo de espancar. Foi criar as filhas sozinha, com muita dificuldade. Quando foi um dia, há muito tempo, ela calcula há uns dez ou doze anos... No lugar onde dona Raimunda foi morar, no Ancuri, tinha lá também um bocado de esmoler, pobrezinho. Dona Raimunda conheceu uma mulher, essa mulher pegava uma criança — a criança era dela — vinha, pegava esse menino dela, botava no braço, chegava por aqui... Ela vinha todo dia. Aí ela dizia para dona Raimunda: "Mulher, tu, como é que tu passa fome, deixa de ser mole! Vambora mais eu pro sinal. Eu levo tu pro sinal lá da igrejinha da Treze de Maio. Lá tem outro sinal. Lá que tem uma sombra, tem uma mangueira. Eu levo tu. Tu fica olhando eu ir nos carro, aí tu vai também, que eles te dão, eles te dão também". Ai, pronto! Trouxe dona Raimunda, ela ficava olhando a outra que ia nos carros, que pedia. Aí dona Raimunda também foi nos carros, também pediu. Diz: "Vim e fiquei porque não tinha outro meio e porque arranjei muitas pessoa boazinha, muitas alma caridosa que me ajuda". Vem de ônibus todos os dias, para o mesmo ponto, desde a primeira vez. A não ser que adoeça. Alguns motoristas a trazem sem pagar, mas ela sempre se preocupa em pedir o dinheiro da passagem. Queria agora conseguir a «carteirinha de velho» que era para andar de graça nos ônibus. Estava ultimamente com alguns dias sem vir porque passara mal, com uma dor debaixo das costelas e outra muito forte na cabeça. Só hoje é que veio, tendo deixado apenas o feijão em casa e um pedacinho de toicinho — lá de frente onde mora tem um rapaz que mata porco e a mulher dele lhe dá sempre um pedacinho de couro, é assim, com isso ela tempera o feijão. E apresenta a programação do dia: "Minha fia, agora... agora... hoje, eu vou mais cedo. Eu deixei o outro sem nada. Eu vou mais cedo, se Deus quiser, eu vou comprar o leite. Pedir mais um dinheirinho. Aí, quando for lá pra uma hora ou duas hora, eu vou embora. É o jeito. Eu ainda vou voltar pra lá, praquele outro sinal, que eu quero ver se eu vejo a mulher do doutor Fernando, pra pedir um remédio a ela, remédio tá muito caro". Mais tarde ela irá tomar um café com pão, ela com a amiga Rute, na calçada da casa de uma freguesa da Avenida Treze de Maio. Aconteceu que o seu ponto de mendicância havia sido invadido por outra pedinte acompanhada de um magote de menino e ela diz irritada e com a boca cheia: "Saí azilada com a muié que bota os menino tudo pra correr atrás dos carro". Depois da merenda iria procurar uma melhora no sinal do outro lado da avenida. Queixa-se de que a coleta não tem sido muito boa de ontem para hoje, mal tendo sobrado o dinheiro da passagem de ônibus. Despede-me com um beijo desajeitado no meu braço, afastando-se em direção a um carro, e eu me retiro certa de que sou ali mais uma alma caridosa com registro no coração da velha-avó-mendiga: "Agora deixe eu ir pedir as minhas esmolinhas, minha fia". Ela também faz seu cronograma de atividades, adequando-se bem à divisão social do tempo: sexta-feira não virá, a filha de dezoito anos vai lavar roupa fora e ela aproveitará para bater uns paninhos de casa. Domingo também não virá, vai descansar. Está contando com alguns mantimentos que uma mulher lhe prometeu pelo dia do ancião que vem chegando. Mas o que queria mesmo nesse dia era receber as prendas da Paróquia de Fátima: "Minha fia, eu tô doida é pra vê se arrumo é umas comprinha. Pelejei pra arranjar um cartão daí, que a gente recebe, mas cadê? A mulher disse que tinha encerrado, ó! É agora, no dia vinte e sete... É. É agora no dia vinte e sete... umas comprinha... Mas cadê? Fui aí, andei bem duas vez, ela disse: 'Não, os cartão acabou, ainda ficou foi velho pra vim receber. Porque já encerrou'. Ela disse". E então dona Raimunda profere a sua primeira mentira: "Ela deu cartão pouco". Dona Raimunda sabe bem o motivo de sua exclusão, sabe que não é merecedora das graças da igreja porque ali é reconhecida como mendiga profissional, que é igual a ser falsa mendiga. Pois se o padre até mandou expulsá-la, e a outros que aparecessem, do chão sagrado da casa de Deus! "Botou, minha filha, botou segurança na porta da igreja. Não é nem só um não, é três, quatro. Eles fica aí... Fica aí no patamá da igreja, de uma ponta pra outra. Não tem quem... esmoler nenhum que chegue, que eles botam a gente pra correr. O padre Amorim conheço demais! Nunca fez uma caridade pra ninguém, minha filha, padre Amorim. Agora tinha um padre bom aí, era o padre Luís. Saiu daí. Era muito bonzinho. Olhe, minha filha, esse padre Amorim, ele pede... pede roupa usada, móvel usado... Na hora da missa, ele diz que é pra feira dos cacareco, pros pobre, pra dar os pobre. Os pobre faz é comprar aí. Faz é comprar, faz é comprar. Roupa que dão. E os pessoal dão um horror. É uma tal de feira do cacareco aí, é dinheiro. Eles faz duas vez por ano". Dona Raimunda abaixa o tom da voz e pergunta se está gravando quando prepara sua vingança: "Diz que ele uma vez fez mal uma mulher, uma moça bem novinha. Um dia desse, eu tava nesse sinal pedindo esmola, e tem uma mulher que pastora os carro aí, por nome Rute, ela pastora os carro aí. Pastora e pede também, que ela pede aí. Ela só vive porque as barona traz... traz sacola de compra pra ela comer e tudo, e roupa e tudo. Ela mora lá pra banda dacolá. Aí, quando chegou uma senhora forte, de óculos, com um envelope desse tamanho. Aí ela... aí chamou essa Rute, e eu tava no sinal, vendo tudinho. Aí eu fui, me encostei lá perto dessa mulher, eu até pedi um trocadinho a ela. Aí, era pra Rute ir deixar uma carta pro padre Amorim, e aí ela ficou botando uns papel nos carro assim — não tem aqueles vidro dos carro? — assim do lado de fora, e ficou botando. Aí dizia assim: 'Padre

Amorim, hoje é dia dos pais. Não se esqueça que você é pai também'. Aí botou nos carro. Pois desgraçou ele junto com esses papel. Aí, ele mandou os segurança tirar tudinho, ligeiro demais, bem depressa. Foi. Aí a mulher foi e mandou a Rute deixar essa carta a ele com o retrato da menina. Rapaz, eu queria que a senhora visse. Aí a Rute... ele chamou ela: 'Olha, eu devia... Leve bem ligeiro. Eu devia não deixar mais você pastorar carro aqui na minha igreja'. Veio foi com muita malcriação. Veio foi com muita malcriação pra Rute. Aí a Rute, depressa, trouxe o envelope com o retrato da bichinha. Diz que ele é pai da menina. Aí, antes dele ver esses papelzinho, muitas pessoa já chegava pegando o carro pra sair, aí lia os papel. Eu sei que desgraçou ele aí. Eu ouvi dizer que ele adotou essa moça pra não... adotou pra encobrir, pra ele não sair daí". E finaliza assim: "Ave maria, minha filha, ele come muito dinheiro aí, na igrejinha de Nossa Senhora de Fátima. O pessoal tem muita devoção com ela e faz promessa e tudo. E, aí, um casamento é pago, é caro. E tem aquele salão que ele fez de um lado e outro, pra os pessoal comemorar lá, é outra quantidade de dinheiro. Tudo é pago aí". Pois dona Raimunda, vou lhe contar uma história e explicar uma coisa que a senhora intui na sua prática e precisa esclarecer. Há muitos e muitos anos, em 511, houve o Concílio de Orleães, que determinou que os bispos dedicassem um quarto de seus rendimentos às necessidades dos pobres; nas paróquias rurais, um terço das oferendas lhes era destinado. Depois, no século VIII, estas regras foram introduzidas nas novas dioceses fundadas na Germânia por São Bonifácio. Os direitos dos pobres sobre os rendimentos da Igreja eram reconhecidos com tal força que, renovando as afirmações de Santo Ambrósio, a fórmula «assassino dos pobres» *(necator pauperum)* retornava constantemente nos apelos à ordem emanados dos concílios e de bispos como São Cesário, em oposição aos espoliadores. Competia aos bispos exercer pessoalmente a misericórdia em relação aos desgraçados e estimular clérigos e laicos à caridade. O bispo era o «pai dos pobres» e sua casa tornava-se sinônimo de casa dos pobres. À sua porta, às vezes de suas próprias mãos, os pobres recebiam roupas e víveres; alguns dentre eles, como São Dizier em Verdun, endividaram-se para poder prestar socorro aos pobres. São Gregório com sua Pastoral em Roma, e São Cesário com suas Homilias em Arles, deixaram os ensinamentos diretamente baseados no Evangelho: encontra-se Cristo nos pobres; a posse dos bens terrenos não é mais que uma gerência; o supérfluo pertence ao pobre; a esmola extingue o pecado, mas Deus não se deixa corromper por ela; todos os cristãos devem exercê-la. E esses ensinamentos eram efetivados na prática de assistência aos pobres sob a forma institucional das «matrículas», que existiam tanto nas cidades quanto no campo. As «matrículas» eram as listas nominativas dos pobres mantidos a expensas da Igreja, e foram inspiradas nas «diaconias» do Egito, que dedicavam aos pobres um décimo das colheitas trazidas pelos proprietários da vizinhança. Com o tempo, como tudo muda, e tendo aumentado tanto o número de pobres, a instituição das «matrículas» perdeu sua função social de assistência e se transformou numa função puramente litúrgica[38]. As coisas continuaram mudando, dona Raimunda, mudaram muito. No lugar do bispo Dizier que se endividou em Verdun para socorrer os pobres e depois virou santo, a senhora foi conhecer o padre Amorim, que organiza a «feira dos cacarecos» para vender aos pobres o produto da coleta da paróquia de Fátima. De um modo muito adequado a seu tempo, dona Raimunda, tempo do mercado, que não pode esperar morrer para acontecer. "Espera, não, minha fia. De primeiro era melhozinho era pedir esmola na porta da igreja, porque aquelas mulhezinha já me conhecia, já trazia alguma coisinha pra mim, de comida... Era. Trazia tudinho. E aí, ficou mais difícil, né? Mais difícil, porque ninguém pode encostar. Nem eu nem as outra que pede também nunca no mundo encostou uma mais ali pra pedir, ele não deixa, não. Esse... esse segurança não deixa não. Diz que foi o padre que botou, o padre Amorim. Já tá mais ou menos com dois ano que ele fez isso. Agora... agora muita gente diz que é porque ele quer comer o dinheiro todinho. O pessoal... o pessoal diz, já disse muitas vez pra mim, todo mundo aí já me disse isso. A mulher que me dá as coisas disse: 'Sabe o que é isso tia, que ele fez isso? Pra vocês não ficarem na porta da igreja, porque, às vez, nós deixava de dar na hora da missa pra eles, porque se fosse ao menos pra santa, né?. Mas é pra ele. Aí nós dava à senhora na porta, ele enxergou isso'. É, muita gente me disse. Só quer comer tudo". Pois então, dona Raimunda! As coisas mudaram. O que a senhora carrega é a memória[39] daquele mendigo muito antigo, de quase dois milênios de anos, quando a norma de vida era que as relações sociais fossem impregnadas de caridade, tornando a mendicância algo muito funcional. Porque se dizia — nas palavras de Santo Elói — que "Deus teria podido fazer todos os homens ricos, mas quis que houvesse pobres neste mundo para que os ricos tenham uma oportunidade de redimir seus pecados"[40]. Mas isso vem mudando muito, dona Raimunda. No mundo cristão, desde o que Michel Mollat chama de a «idade dos bispos»[41], passando pela influência beneditina, por toda a polêmica luterana[42], até chegar à modernidade e se transformar em «assistência aos pobres» e, posteriormente, nas «políticas sociais» dos Estados-de-bem-estar. Esse processo de secularização e constituição das democracias sociais, porém, não é um processo acabado, conserva todas as ambigüidades que a senhora possa imaginar na combinação dos reinos de Deus e dos homens. O sonho de trazer o paraíso perdido aqui para a terra tem feito crescer demais no coração de muita gente o receio de que — com a aplicação de programas sociais como direito dos pobres — o trabalho seja desincentivado. E esse receio aumenta muito mais porque se acredita que a quebra da ética do trabalho traga efeitos perniciosos sobre a economia, uma vez que também desestimula os investimentos, rompendo assim com sua eficiência. Esta é uma visão muito conservadora, mas ainda hoje bastante em voga no mundo inteiro. Enfim, se tanto quanto Deus nos tempos passados, o Estado agora como a fonte do direito fosse dar excessiva proteção e segurança aos homens, eles iriam trabalhar para quê?! É o que perguntam. A indagação vem de longe, desde o tempo das *poor laws*[43], e na sua base está esta convicção de que os pobres existem porque há quem lhes assista, ou melhor, acreditam que a assistência não existe porque há pobres, mas há pobres porque a assistência existe. Desse modo, basta suprimir a assistência para resolver o problema da pobreza. E sendo assim, é melhor deixar ao arbítrio do Mercado — livre! diga-se de passagem — aquela peleja do céu com a terra[44]. É por isso que a senhora, ao mesmo tempo, também carrega a indefinição do que ainda será no futuro, dona Raimunda, porque o árbitro não se resolve nunca, é um árbitro sem limite e isso não pode ser. Então fica a senhora solta, desligada e excluída pensando que é, e querendo ser, servida por dois grandes senhores: por Deus e pelo Mercado! E no final das contas, nenhum dos dois se dispõe a si. É esse o seu problema: extinguiu-se seu lugar à mesa de Deus — ficou só na lembrança; e não se construiu outro à mesa dos homens — ficou só na vontade. A senhora ficou foi sem lugar, dona Raimunda! Ela diz: "Olhe, minha filha, eu vou lhe dizer uma coisa, às vezes tem deles que diz assim: 'Vá trabalhar! Vá trabalhar!'. E eu digo: 'Rapaz, o seguinte é esse: eu não tenho estudo, eu não tenho... eu já tenho sessenta e três ano. Eu não... O jeito que tem é eu pedir pra não morrer de fome'. É o que eu digo, também não digo malcriação, não. Malcriação digo não. Já essa daí diz, essa que veio mais eu, ela diz é muita coisa, viu?, com eles. Quando não tem, chama eles de tanta coisa: 'Miserável, você tem, não dá porque não quer'. A gente sabe que eles não dão porque não quer, mas não é obrigado eles dá. A pessoa que dá uma coisa à outra, vai dar porque tem um bom coração, e aí tem pena e dá. Mas a outra não quer dá é porque é mais ruim: não. Ninguém pode obrigar uma pessoa dá uma coisa à força". Ela mal distingue algo a que possa atribuir responsabilidades: "Minha filha, eu vou dizer uma coisa: essa aposentadoria dos véi... dizem que mulher com sessenta ano se aposentava. Andei tanto, minha filha, só com sessenta e cinco, e precisa você ter... ter declaração que trabalhou, isso, aquilo outro, tem que ter pra você poder se aposentar. Ainda diz é coisa comigo. É gente ruim. Tem quem cuide dos pobres, é pra ter, mas não quer cuidar". Ah, dona Raimunda, a senhora ficou foi sem lugar... Vai viver na beirada do mundo, só bastando se postar ali para receber as migalhas e os refugos, o que não lhe faltará. Veja agora: o ano seco de 1993 em mais nada parece afetar sua vida. Nada muda em seu dia-a-dia. Sempre pede aquela coisinha. Sempre tem. Nem da água sente falta, porque lá onde mora existem as cacimbas com a água bem docinha. Aqueles que moram na parte urbanizada da favela têm até mesmo água tratada pela Companhia de Água e Esgoto do Estado do Ceará, que dona Raimunda anuncia com entusiasmo: "Lá tem água de torneira!". Ainda guarda a lembrança das dificuldades que a seca traz para o povo do sertão: "Naqueles tempo veio muita gente do interior morrendo de fome, veio aqui pra cidade. Tinha deles, nessa época, que invadia era esses mercantil onde tinha muita compra. Se juntava de muito e invadia, tirava de saca de mercadoria pra comer. Morrendo de fome. Minha mãe sempre falava que teve uma seca no quinze, no ano quinze, que morreu muita gente de fome também nessa seca. Ela sempre falava muito nessa seca. Mamãe dizia que, uma vez, saiu um senhor mais um filho. Aí, diz que o menino tinha dito assim: 'Papai, osso, o que é isso? Papai, osso, o que é isso?'. Diz que ele respondeu assim: 'Meu filho, isso é osso do bicho gado. Um que a gente já comeu muito e a carne era boa'. Quer dizer que não tava aparecendo nem carne... É. Porque fala, porque diz, que essa seca foi muito cruel, essa seca do quinze". Por causa dessas lembranças, dona Raimunda também guardou alguma solidariedade aos errantes que neste ano seco vêm compartilhar com ela o seu ponto de mendicância: "Ainda hoje, naquele sinal que eu tava hoje, que a senhora me viu, ali sempre vem dois home do interior. Cada qual com um saco, pedindo. Às vez, eu saio daquele sinalzinho, vou praquele outro assim, pra deixar os pobre pedir ali. É pessoal do interior. Até fala até ruim, a fala deles. São de lá do interior, de Lavras da Mangabeira, todos dois. Quase toda semana eles vem. Quer dizer que eles... eles vem pedir, aí leva, aí vem de novo, né? De novo pedir". Conversam muito com dona Raimunda, ela estranha a língua deles: em vez de *vaca*, eles dizem *raca*; *vinte*, eles dizem *rinte*. É a língua errada do interior — ela diz. No seu também falava assim quando ela era de lá: *velho* era *réi*. Eles dizem na conversa com dona Raimunda que lá no interior deles o povo está comendo calango assado: "Ele me disse, não sei se é mentira dele. É mentira, que calango é muito venenoso, é mesmo que cobra. Mas talvez ele disse como modo de dizer, pra dizer que a fome tava grande, né? Ele disse assim: 'Senhora, lá onde eu moro, pobre lá tá comendo calango assado pra não morrer de fome'. Ele disse. Talvez disse como modo de dizer que tava ruim demais, né?". Dona Raimunda conhece bem, dona Raimunda sabe por sua própria experiência, a relação entre a matéria e o símbolo. Ela sabe o teor da metáfora. Ela sabe que não é mentira. E explica: "Sabe, minha fia, o seguinte é esse: na cidade é porque tem muita gente rico, que tem tudo com fartura. Interior, não, é aqueles pobrezinho que já vive morrendo de trabalhar. Muitos deles trabalha por dia de serviço. Na hora que chega com aquele dinheirinho é que vai comer uma comidazinha, comprar pra comer. Aqueles que vive mais melhor é os que cria algum bichinho, aí mata pra comer. Mas tem deles que não tem, é trabalho, como se diz, só come por aquele suor, é aquele dia de serviço que deu. Aí, pronto, quando tem seca, pronto, os pobre, aí, pra não morrer de fome, vem se embora de lá pra cá". É, dona Raimunda, tudo assim tão alterado, acaba fazendo pouca diferença ano seco ou ano bom. Fica só uma lembrança cada dia mais longínqua, que vem de muito tempo formando o jeito que a gente aqui tem de se compreender. Até que desapareça a lembrança, e aquele modo de ser retirante se transmute em um jeito de ser mendigo, até que desapareça qualquer diferença, até que sejamos todos os «novos pobres» — do Ceará, do Brasil, da América, do Mundo — indistintos entre si, calados na borda, como se anda prevendo que ficará quando se extinguirem todos os traços de comunidade. Como a senhora mesma diz: "Daí pra pior, é que nem a cantiga da perua, é daí pra pior!". E diz que ninguém pode esperar mais nada não. Nem chuva, dona Raimunda? Só Deus, pelos milagres de Jesus Cristo que é muito bom, só pelo milagre Dele é que se pode viver. Se todo dia as coisas sobem! Se tudo está muito caro! Lá onde mora, um quilo de galinha é cento e cinqüenta, um ovo é dez, feijão é cento e quinze. Tudo é caro! Mas assim mesmo, dona Raimunda insiste em manter suas preferências, nega como pode sua própria negação. Ela não gosta de mendigar nas casas de família, pedindo de porta em porta. Uma, que no sinal os carros passam apressados e não voltam, não há tempo para falar nada, não tem conversa, não tem pergunta. E outra, que ela prefere mesmo é o dinheiro vivo, com o qual vai ao supermercado e compra o que quer. Mesmo com as coisas pela hora da morte, ela prefere o dinheiro, inserir-se no mercado como qualquer cidadã. Diz que nas portas as pessoas só dão o que não presta, até comida estragada dão. Outro dia dona Raimunda recebeu um feijão-preto. Na nossa região, esse tipo de feijão só é consumido nas feijoadas, normalmente aos sábados, prato rico e raro, que não chega aos pobres. Estes, preferem o feijão-de-corda, com o qual fazem diariamente o baião-de-dois (o feijão cozido junto com o arroz e temperado com alho e pimenta-do-reino), que hoje se transformou em comida típica do Ceará, servido aos turistas com paçoca (a carne-seca torrada e pilada com farinha de mandioca e cebola roxa). Em período de seca, o preço do feijão produzido aqui aumenta muito, ao passo que o preto, importado do Sul, fica mais barato. Mas não é bem aceito, sendo até considerado inferior e doentio. Dona Raimunda ganhou desse feijão e diz que ele é duro como o feijão do governo... Mas ela tem lá seu modo de resolver o problema. Ensina: "A senhora pega uma faca, ou um garfo, desses bom, e bota pra cozinhar junto". E quer dizer que amolece, dona Raimunda? "Ora! Fica que é uma papa!". O menino mais novo, porém, não poderá comer dele, porque dá diarréia. E os outros, dona Raimunda, gostam? Responde ríspida, como se acusasse — a quem acusa? — "Eles gosta é de tudo!". É sua segunda mentira, dona Raimunda. Eu vi que nenhum de vocês perdeu o gosto. Esconderam-no. A senhora sabe o gosto, dona Raimunda. E não vai ficar totalmente sem escolha. Olhe, à primeira vez que a abordei, surpreendeu-me muito a sua disponibilidade, a sua aquiescência em seguir-me sem fazer perguntas: sua entrega seria o preço da minha esmola? Constrangeu-me aquele animalzinho me seguindo às cegas quando lhe pedi que nos deslocássemos até o lugar da praça onde eu poderia ligar o gravador. E reparei que tinha uma mão lisa, carnuda, como mão de criança — quis fotografá-la de pura comoção mas contive-me. E como uma criança avara, segurou o tempo todo o dinheiro dobrado na mão fechada. Agora que escrevo, pergunto se não haveria alguma arma dissimulada na mão de dona Raimunda. Haveria algo que ela não entregou, ela que me seguiu tão docilmente? Pois até que chegou o dia de descobrir. Naquela vez ela não me recebeu com o costumeiro sorriso no seu ponto de esmolar. Havia um homem numa cadeira de rodas a seu lado e pensei que fosse algum problema com ele. Perguntei se estava zangada. Ela se afastou um pouco dizendo que queria falar em reservado. Acompanhei-a meio apreensiva e ela foi direta ao assunto: "Vamo deixar as coisa onde tá, não dá mais certo. Umas barona[45] que mora lá perto donde eu moro disse que esse negócio da senhora ir na minha casa, tirar retrato, a senhora quer é carregar meus neto pra vender. Vamo ficar por aqui". E saiu apressada, já estirando a mão diante dos carros parados no sinal. Custei a me refazer. Afloraram lembranças difusas de rejeições antigas. Senti raiva dela e de suas conselheiras. Quem pensam que são essas senhoras caridosas? Acham que não conheço a arrogância de suas graças? Como ousam desprezar assim meus bons propósitos libertários, meus exercícios de igualdade e fraternidade? E com que mesquinhez tratam a minha ciência! Acaso a senhora não avisou, dona Raimunda, que faço ciência, que escrevo livro, que defendo uma tese? Tese... Repito: para além do seu texto, a vida que não foi passada a limpo... E voltei para casa engasgada com a humilhação, sentindo um gosto ruim como se o marido me houvesse trocado por outra mais feia. Só depois é que pensei em dona Raimunda, premida entre o poder de suas conselheiras e do meu próprio, poder de onde ela esperava recolher apenas as prendas. Até que apareceu a ameaça, nosso poder não era só de graça — nosso poder também podia o mal. Principalmente o meu que não era de caridade e queria coisas, coisas a que ela não atinava. E foi aí que senti a vergonha e a culpa. Por que não? Também não sou de ferro. Com que direito escarafuncho a sua vida, dona Raimunda, sua luta e sua vulnerabilidade? Se nunca lhe abri meu coração, meu destino, minha casa? Pois que de antemão sabia que a senhora trazia o perigo, constituía o meu risco e de meus familiares, de meus vizinhos, de minha classe, de nossa nação. O mal era agora o nosso elo. Como prosseguir? Também fui direta ao assunto: "Dona Raimunda, eu quero que a senhora vá até a minha casa me conhecer. Vá buscar sua galinha que ainda está lá, congelada". Pela primeira vez, depois de meses, ela perguntou meu nome e sorriu de novo. Avisou que viria no comecinho da noite. Esperei mas também desejei que ela não viesse, que me livrasse de tamanha batalha. Que batalha? De radicalmente confrontarmos nossas diferenças para daí distinguirmos nossa igualdade. Avisei ao porteiro e aguardei. Moro no segundo andar de um prédio sem elevador. Quando ela se anunciou pelo interfone, abri a porta e fiquei olhando para baixo, esperando que aparecesse na escada. Subiu olhando para cima e com as duas mãos espalmadas na parede, parando nos degraus, indecisa, cambaleante. Era uma pobre-velha doente das pernas, tonta, suada, assustada. Mandei sentar-se à mesa e ofereci um lanche. Ela aceitou apenas o café com um pedacinho do bolo, guardou o pão dizendo que o levaria para os netos. Depois mostrei cada compartimento da casa — começando pelo gabinete que era para ela ver o meu trabalho, com o qual muito se espantou: "Vixe Maria, a senhora tem muito livro!" as fotografias da família, os filhos. No quarto de dormir, ela passou a mão na beira da cama de casal e disse que a sua barraquinha era do tamanho daquela cama. Me arrepiei de medo como se tivesse de consolar alguém pela morte de um ente querido. Que consolo é possível? Disse a maior de todas as asneiras porque não sabia o que dizer: "Meu trabalho é para que todo mundo possa ter uma casa como essa". Ela me olhou e só perguntou: "É?" Voltamos à cozinha, entreguei-lhe a galinha congelada, ela pediu instruções sobre como proceder, se botava sal e pimenta ou se deixava para o outro dia. Saiu dizendo que mostraria a galinha às mulheres que me haviam acusado: "que é pra elas saber que a senhora é gente boa". Recuperamos assim o bem, ela voltou a ser a velha-avó-mendiga e eu, uma senhora caridosa, tão boa... E fiz imediatamente o meu cálculo, que também não sou inocente: será que terei agora a franquia de freqüentar sua casa e prosseguir com minha pesquisa? Mas dali em diante tudo ficou mais difícil, nossa inocência fora perdida e a minha ciência não tinha mais como fingir-se de neutra. Ela me recusava a sua privacidade, mas passou a freqüentar minha casa, talvez, com mais assiduidade do que seria preciso para a continuação da pesquisa. E eu persistia em recolher, de suas histórias, a matéria de sua consciência... Como um certo senhor inglês, Thomas Harman, que em 1566 escreveu a obra intitulada *Caveat or Warening,* cuja narrativa foi construída com base na experiência de vida e dos fatos que conheceu pessoalmente ao receber os vagabundos em sua própria casa. Harman dedicou vinte anos de sua existência à exploração dos costumes dos vadios. Não podendo sair amiúde — por causa de uma doença — chamava-os à sua casa e, em troca de bebida, comida e dinheiro, conseguia informações sobre os segredos do ofício da mendicância. Sua intenção, porém, era que — como disse na carta dedicatória à Condessa de Shrewsbury — revelando os delitos dos vagabundos, os tribunais pudessem funcionar com maior eficácia, observando melhor os estatutos recentes e as ordenações a respeito dos vagabundos, pois que, do contrário, a vida do homem e a sua propriedade nunca estariam seguras no seu país[46]. Já a minha intenção, ao contrário da do senhor Harman, era decifrar esse aspecto de nossa sociedade, conhecer o desvio de sua dualidade, no sentido que José de Souza Martins[47] diz ser a função da sociologia e da pesquisa sociológica: refletir sobre as relações sociais, explicar os mistérios da sociedade, suas leis ocultas, descobrir possíveis históricos etc., no limite de dois mundos porque foram constituídos como mundos aparentemente diversos. E então, não podendo deixar de pensar no verso do poeta que diz:

"Em toda pessoa eu vejo a mim mesmo;
nem mais nem menos um grão de mostarda,
e o bem ou mal que falo de mim mesmo
falo dela também" (Walt Whitman),

responder à questão que vinha querendo explicitar-se, mas que parecia ter medo — ou orgulho, sei lá — de perguntar: o que nós trabalhadores temos em comum com os mendigos?⁴⁸. Longe de mim uma dor como a de Fernando Pessoa — ("Estudei, amei e até cri. E hoje não há mendigo que não inveje só por não ser eu") — mas outra tristeza também muito grande acomete-me ao compreender que nossa principal diferença começou porque eles brotaram do lado do mundo onde não pegava a luz... E talvez por compreender isso é que a presença de dona Raimunda, a MENDIGA DE FAVELA, sentada no chão da minha cozinha — o lugar que ela mais gostava porque dizia ser bem friinho — tanto me constrangia. Por mais que a razão teórica me aliviasse a culpa, o coração não podia deixar de sofrer. E quem no meu lugar haveria de escapar a esse profundo desgosto?!

Ela falava de suas relações, de seu modo de vida:

"Tem dona Arlete também, que tá doente. Casada, ela. Marido novo. O marido dela também pastora carro aí. Mas, agora, saiu. Tá empregado, o marido dela. Aí, ela vem com os dois menino dela: uma bichinha e um bichinho. Ela pastora carro. Ela mora, ela parece que ela mora no bairro do Bom Jardim, é. Ela pastora e pede à mulher que chega nos carro. Ela pede roupa, pede compra. A mulher traz."

"Tem uma mulherzinha que tem um carro desses aberto. Ela tem uns cinco carro, essa mulher. Toda vida eu via ela até em C-10 ela tem, C-10. Aí, ela tem um jipe, um jipezinho assim, assim... chamam aquele jipe... é *buggy!* Aí, quando eu ficava aí, na porta da igreja, essa mulher foi a que mais me ajudou. Aí, eu não tinha mais visto ela... Eu fiquei pedindo lá praquele sinal, aí eu... só gosto de passar por aqui de tardezinha, já pra mim ir me embora. Teve um tempão que endireitaram aí esse sinal, aí passava lá algum carrinho. Aí eu achava ruim, aí me mudei, fiquei naquele, passando a tarde. Pois bem, aí essa mulher... eu tava tão cansada, aí me sentei ali, aonde a senhora tava sentada, eu me sentei mais arredado no chão. Lá debaixo daquela mangueira, que tava na sombra, a senhora tava sentada era na raiz da mangueira, eu tava sentada era no chão. Eu fiquei tão cansada, aí me sentei no chão. Aí, criatura de Deus, quando lá se vem... aí o sinal tava no vermelho, aí os carro tudo parando, aí quando eu vi foi aquele... assim, mais na frente, aí, vi foi aquela pessoa: 'Ei! Ei!' Eu olhei, era ela: 'Venha cá!' Aí, ela botou mais o carro assim, assim, bem pra pertinho da calçada, que era pros outros passar, os outros carro. Aí, ela disse: 'Cadê seus neto?' — que ela viu eles, teve um tempo que ela viu eles. 'Cadê seus neto, tão bom?' 'Tá, mas aquele mais novo só vive adoentado.'

'E o pai dele tá passando bem?' 'Não senhora, que, às vez, eu também fico doente, passo de dia sem vim. E as coisa tudo caro.' Aí, ela disse assim: 'Taí.' Me deu aquela cédula, que é vermelhinha, de quinhentos cruzado. 'Taí, compra ao menos um quilo de carne pra comer.' Deu quinhentos cruzado. Aí, eu fui embora logo, tinha ganhado uns trocadinho. Fui embora."

Fazia suas análises de conjuntura:

"Ave maria! minha fia, eu vou dizer uma coisa: tem pobre morrendo de fome. Tem, morrendo de fome. Não vê? Olhe, aquele Collor matou os pobre de fome, muito pobre morreu de fome por aí. Filho de pobre, desnutrido, dando agonia de fome. Quem começou a matar foi ele. Porque era aquele Sarney, as coisa ainda era boazinha, ele congelava, tudo era barato. Congelava três mês as coisa, depois é que subia. Entrou esse Collor, começou a matar. Esse Cambraia, agora, tá acabando de matar o resto dos pobre tudinho de fome."

Falava dos homens de boa vontade:

"Graças a Deus tem muita gente boa no mundo. Tá com uns três mês, minha fia, que eu ia passando lá por acolá, quando eu entrei no outro beco, pracolá, e um rapaz moreno foi e me chamou, gordão, ele. Isso lá é uma firma. Acho que é, que tem umas máquina, é, é uma firma. Tem um horror de carro encostado. Aí, eu ia passando, ele foi me chamou. Ele é muito alegrezinho, gente boa, é assim. 'Ei!, tia!' — me chamou de tia — 'a senhora se lembra de mim, quando toda vida que eu passo na kombi ali no sinal da igrejinha ali, aí eu dou um dinheirinho à senhora?' Aí eu olhei pra ele e disse: 'É.' 'Tia, sente aí nessa calçada que eu vou ali.' Pegou o carro dele — um carro bem novo, bem bonito — aí foi pra banda do mercantil. Não sei se foi pra banda daqui, desse daqui, se foi pra banda dacolá, do Jumbo, não sei se foi no São Luís. Eu queria que a senhora visse. Eu levei... eu levei essas coisa de duas vez. Eu guardei ali, numa mulherzinha, porque eu não agüentava levar de uma vez, de jeito nenhum. Ele fez... olhe, um saco de compra desse tamanho... Me botou dentro do carro, disse: 'A senhora quer ir pra onde? A senhora mora aonde?' Eu digo: 'Eu moro no Ancuri.' 'Tia, é longe, eu não vou deixar a senhora porque eu já tenho outro serviço pra fazer e é muito tarde.' Eu digo: 'Pois me deixe só ali na igrejinha, no seu carro.' Ele disse: 'Eu vou deixar a senhora.' Quando chegou aí, ele parou o carro, desceu, tirou o saco de compra: 'Tia, a senhora conhece muitas casa aqui?' Digo: 'Conheço.' Porque tem uma mulherzinha aí que sempre tomo um cafezinho, aí, às vez... no dia treze — todo dia treze — ela me dá uma comidinha feita. Eu fico aí, no pé de pau, em frente à casinha dela. Aí, quando ele botou as compra assim, até de... aquele negócio ali, que ele botou. Aí eu arrumei uma sacola lá, aí parti as coisa tudinho, aí fui pedir à mulherzinha — essa mulher, fica bem vizinho — aí eu: 'Dona Maura, a senhora deixa eu guardar essas coisa aqui, que eu não posso levar tudo duma vez. Foi um rapazinho, que sempre me dá um dinheirinho. Aí ele comprou essas coisa pra mim.' Mas eu queria que a senhora visse como era. Aí ela mandou eu guardar. Mas antes deu guardar, quando eu parti, eu olhei o que era, sabe? Olha, eu queria que a senhora visse. Olha: café, leite, arroz, macarrão, feijão. O arroz, foi dois pacote daquele de quilo e um de cinco quilo, grande. Era um pacotão grande de cinco quilo. E bem uns quatro de feijão, ou três, por aí assim, uma lata de óleo, sabão, tudo. Fósforo, tudo ele deu, minha filha. Tudo ele comprou e botou. E disse: 'Olha, agora não, que eu vou viajar...' Ele disse: '... Eu sou gerente aqui, dessa firma. Eu vou viajar pra Itapipoca. A senhora daqui, mais ou menos — isso tá com dois mês a três que ele fez isso pra mim — a senhora vem aqui com quatro mês que eu fiz essas compra pra senhora. A senhora venha aqui, que eu vou lhe dar uma ajudazinha bem boazinha de novo. Porque eu vou viajar...' Ele é gerente aqui, mas faz entrega lá pra outras... outras firma, que tem pra banda de Itapipoca. Às vez, ele viaja também pra Sobral, que ele disse pra mim. É gente boa, ele, o rapaz. O nome dele é Romeu. Olhe, eu encontro muita gente boa na cidade, encontro, encontro. Os meus neto... os meus neto dorme em rede porque eles me dão rede, rede seminova, redinha boazinha, eles me dão pra mim levar. Talvez eles tenha pena, né? Já viu eu com meus neto aqui também, nesse sinal. Só leite, esse rapaz comprou uma lata de leite, mas não foi leite Ninho, não. É daqueles que tem... uma vaca assim... Itambé, foi, Itambé. Aí, comprou quatro caixa de arrozina também, tudo ele botou. Ele deve sentir pena..."

E entendia bem a razão entre a solidariedade e o conteúdo de sua própria prática:

"Tem, minha filha, tem muita pessoinha boa que ajuda, é. Mas tem muitos que são ruim, mas tem outro que é bom. Minha filha, olhe, vou lhe dizer uma coisa: eu só passo fome se eu não sair de casa, mas eu saindo, eu arrumo o meu dinheirinho pra levar, pra comprar... Taí, pelo os milagres de Jesus Cristo. A senhora já me deu duzentos, eu posso arranjar mais cem, já levo pra comprar o leitinho, meio quilo de uma coisinha... Tudo isso. E se eu tivesse como eu tava, doente? Minha filha, se eu não sair morro de fome. Tem que sair. Se não sair, olha, taí... Deus dá e ajuda mas a pessoa também tem que procurar. Se tivesse em casa não tinha ganhado um dinheirinho. Porque lá, ninguém dá nem a temperadura do sal. E faz até vergonha se for ocupar uma pessoa que é igual a gente. Lá, essa favelinha que eu tô, só mora gente pobre, é favelado. É. Ninguém pode ajudar, pode nada! É pobre. Ora, eu que peço esmola, aquela vizinha minha, que eu disse que ela sofria, é de pedir colher de café pra fazer três xícara pra beber mais os filhos. E eu tendo eu dou. A senhora não vê dizer: 'Santo Antônio dá... Santo Antônio pede'? É, 'Santo Antônio dá e Santo Antônio pede'. É assim."

Mas fazia seus sacrifícios e sofria seus medos:

"Fico tão cansada, que a gente anda! Gostar, não gosta. Ave maria! Eu tenho é medo. Tenho medo deles. Não digo malcriação, digo não. Outra coisa: eu tenho muito medo de morrer atropelada. Eu já fui atropelada naquele sinalzinho. Não foi propriamente naquele sinal ali, onde nós tava, mas ali tava ruim, aí fui atravessar praquele outro que fica assim. Exatamente, tem aquela pracinha que vem e tem aquele outro sinal, que fica assim? Aí eu fui atravessar. O carro me pegou ali. Fiquei com a cabeça lascada em dois canto. Assim com a cabeça maior do que o corpo, aqui, da grande pancada."

E seu balancete de vida:

"Fui pra escola mas não aprendi nada, fui mas não aprendi nada. Sei lá! Tinha lá uma bicha véia, que gostava de arengar comigo. Uma vez, eu taquei um lápis na venta dum. Botou foi sangue. Porque eles arengavam. Elas ficavam passando de duas, três. E, às vezes, tinha aqueles pés de mangueira, que a gente passava, uma manga pra comer não deixavam. Era ruim, aí eu cansei de fazer isso também. Deixe que, hoje, já me arrependi tanto, depois que não aprendi ler... Foi... Talvez, minha filha, no tempo de nova, se eu soubesse ler... no tempo de nova, talvez, hoje eu já tava com essa mesma idade que eu tô, mas, talvez, já tava com um emprego, tinha um empreguinho, já tava comendo dele, aposentada pelo emprego, né? Porque, naquela época, pra pessoa se empregar precisava ter leitura, né? Se eu tivesse, hoje em dia, talvez, não pedisse nem esmola. Tivesse um emprego, pelo tempo e pela idade que eu tem, tivesse aposentada pelo emprego..."

Tinha uma coisa de si que dona Raimunda garantia com certeza:

"Eu vou dizer uma coisa pra senhora: Deus me livre na minha vida... eu nunca agüentei peia nem de meu paizinho e nem da minha mãe. Nunca no mundo. Pra agüentar doutra pessoa. Nem quando eu era novinha e me deixei desse homem, que eu nunca mais quis saber. Avalie... Deus me livre! Não! Como eu vejo... Lá mesmo, onde eu moro, essa... essa mulherzinha que eu... Apanha! Apanha tanto dele, do marido dela. Chega bêbado, chuta ela, sofre, pobre, anda suja. Eu não... Tenho é pena dela, eu, dela sofrer tanto. Mas é uma mulher nova, talvez não queira deixar ele. Eu garanto como ela fosse só, embora que ela pedisse esmola pra comer, ela não apanhava daquele jeito, nem sofria."

Dona Raimunda vinha à minha casa quase sempre acompanhada da amiga Rute. Dizia que sentia vergonha mas insistia: "Vambora, mulher, a mulher num disse pra gente ir tomar um cafezinho?". Formavam uma aliança de diâmetro adequado para capturar-me e desenvolverem seus respectivos interesses. Mas estava claro que a presa que eu era pertencia à dona Raimunda e não à Rute. E por isso dona Raimunda vigiava a fim de que eu não me deixasse prender pela parceira. Na ausência desta, a MENDIGA DE FAVELA tinha muitas críticas a fazer-lhe: "Aquela... aquela Rute, eu ignoro, senhora: uma mulher já velha daquela, tá com a cara toda encolhida, cabelo branco... Ela pinta o cabelo. Tem um macho. Quem sustenta ele é ela, algum dinheiro que dá nos carro. Ela inventa que ele é irmão dela. Ele vivia na praça, mas agora ela levou ele pra dentro duma casa, ela mora numa casa. Ele dá nela também. Mulher, como é que uma mulher daquela, todo santo dia, pede pras mulher trazer é uma sacola de roupa, é tudo. Ela não tem vergonha... Não, a pessoa não... Sabe o que foi que uma mulher tava dizendo um dia desse aí? — uma barona, de tardezinha —: 'Olha, tia, uma bicha véia dessa, todo dia pede roupa aí, pra vender, pra dar o macho dela pro mode comprar cachaça pra ele'. Disse! 'Olha, ela não tem vergonha. Essa roupa aí, quem deu, tia, foi eu, da minha filha e ela dizendo que era pra uma filha dela. Taí mostrando quase a bunda dela'. Pra filha dela! Ela diz a mim que só tem quarenta e poucos ano. Uma mulher daquela tem cinqüenta. Tem! Vive alegre. Mas tá vendo que um home daquele não quer ela, criatura?! Quando pega aí o dinheiro — que ele também pastora carro aí — pega o dinheiro aí, aí ele passa quatro, cinco dia no meio do mundo. Ela vai buscar ele. Uma coisa dessa serve de nada! Ave maria!". No dia 24 de dezembro do ano seco de 1993, chegaram as duas: vinham buscar o Natal, como explicaram. Fomos juntas ao supermercado, onde comprei uma pequena cesta para cada uma: frango congelado, arroz, feijão, farinha de mandioca e macarrão. Elas ficaram esperando no portão e nem perguntei porque não entravam comigo. Eu penetrava no primordial templo da cidadania e concedia por minhas mãos, às duas miseráveis, um pequeno punhado de nossa magnanimidade ocidental-cristã. Era o 'Natal sem fome' da recente fraternidade brasileira. A intenção da pesquisa pareceu implodir ali, no gesto grotesco da caridade involuntária. E pensei comigo mesma, se me permitem a minha má educação: 'Natal sem fome uma ova!'. Enquanto retornávamos — cada uma delas com a sacolinha de compras, e eu com o talão bancário — elas não se cansavam de louvar minha bondade e de pedir a Deus graças para mim e meus familiares. Haviam-se invertido os papéis: apossadas de mim, agora era eu o 'objeto' delas ao fazerem-me o sujeito da caridade que as agraciava. Ainda perguntei se não iriam participar da campanha pública do 'Natal sem fome'. Dona Raimunda não tomara conhecimento e a Rute disse que lá no bairro do Jardim América estavam distribuindo uns alimentos, mas que tinha uma fila muito grande. Compreendi que preferiam contar com uma alma caridosa — era muito mais cômodo, não tinha fila e, principalmente, não alterava em nada seus tradicionais quadros cognitivos: ao contrário, reforçava-os como agora faziam diante de mim, expostas e afirmadas mendigas... Até o dia em que dona Raimunda retornou muito estranha. Chegou falando já da porta e repetindo várias vezes que estivera sem vir pedir esmola há muito tempo porque estava doente, continuava doente, muito doente de uma dor, sentindo-se muito fraca. "Faz é muito tempo que eu não venho, desde aquele tempo que a senhora deu aquelas comprinha, a galinha nós comemo de três vez. Ganhei também umas coisinha do Natal" repetia. Eu a vira no sinal há cinco dias e não quis me aproximar. Pois me diga dona Raimunda: «faz tempo» é quanto tempo? Com que cronômetro a senhora mede a demora do tempo? Que calendário é o seu? Vai ver, cinco dias para quem junta grão a grão o alimento demora mais que cinco dias, demora o tempo todo, o tempo inteiro, o tempo sem fim e sem medida. Dona Raimunda falava, falava. Como se quisesse me convencer de algo, repetindo detalhes, apresentando provas. Era a unha do dedo do pé sangrando por causa de uma topada, eram umas bolhas inflamadas nos braços. Pediu remédio. Dizia que tinha ido atrás de umas castanhas de caju lá onde mora a fim de fazer um dinheirinho. Caju na segunda quinzena de janeiro, dona Raimunda, a senhora logo não vê? A senhora parece que bebe, dona Raimunda! E então, de caso pensado, imediatamente preparei-lhe um laço, no qual eu também muito me emaranhei: falei que estava precisando «tomar uma». "E a senhora bebe?!"ela perguntou com espanto. Respondi que era porque estava me sentindo mole desde que acordara, por causa da menstruação, e que precisava esquentar o sangue. Ela me faz recomendações: "Pois não beba não que lhe faz mal, vou lhe ensinar um remédio que a senhora fica boazinha, não beba não, a senhora tome duas cibalena que é num instante, eu tomava nos tempo da minha regra". Cala por um momento e me surpreende assim: "Eu tô muito preocupada, a senhora me acredite que voltou hoje as minha regra, depois de muitos ano, eu sou uma mulher de sessenta e três ano." Que significado teria a mentira de dona Raimunda? Um jeito calculado de me bajular e tirar vantagem? Uma reação inconsciente de se pôr no meu lugar, de partilhar, de se solidarizar, de também me dar alguma coisa? Ou não era mentira nem desejo, era uma real possibilidade clínica numa mulher idosa de vida tão cansativa? Foi então que um fragmentozinho de certeza passando às pressas me deixou um instante em paz com dona Raimunda — nisso, eu senti que éramos apenas seres da mesma espécie compartilhando a idêntica biologia... A harmonia foi ainda mais perfeita, nossa comunidade de origem mais explícita, quando ela disse estar ali na minha casa morrendo de vergonha de viver me aperreando. Agora era eu que me entregava a ela, que me solidarizava a seu mal-estar. Mas por um instante muito breve, pelo tempo rápido em que a dúvida se ausentara. Logo então pergunto em consciência, já no interesse da pesquisa: "E a senhora tem vergonha de quê, dona Raimunda? De pedir?". Responde que só não tem vergonha no sinal porque lá os carros passam muito depressa. Ah, entendi. Ela outra vez na sua condição mendiga me pede ainda um caldo — (o que faz confirmar minhas suspeitas sobre sua bebedeira), — cigarro e cem cruzeiros para completar a passagem do ônibus. Dou-lhe carne para que ela vá preparar o caldo em casa, e mais o dinheiro do cigarro e o do ônibus. Assim suprida, ela resolve — segundo diz — não retornar para o sinal e ir logo direto para casa. Convida a amiga Rute que viera junto, para ir deixá-la na parada do ônibus. Dali em diante, cada vez mais os trajes de velha-avó-mendiga abrigavam menos o ser total de dona Raimunda. E eu iria presenciar sua nudez crua. Uma manhã, muito cedo, vejo-a subindo a calçada da praça da igreja de Fátima. Está sem o lenço na cabeça, descalça com os chinelos na mão, e veste uma bermuda curta lilás. Custo a reconhecê-la fora de sua indumentária habitual. A certeza só tive quando pude prestar atenção no caroço do rosto. Iria encontrar dona Raimunda em outro papel, isso os novos trajes e a hora da manhã evidenciavam — era preciso abordá-la. Viria de uma noitada de farra? Estaria embriagada? Que roupas eram aquelas? A velha-avó-mendiga fora arrastada para os proibidos prazeres da carne... Se não fosse pela pesquisa, passaria discretamente por longe — afinal, ela também podia ter seus direitos ao festim. Quando me vê, deixa a impressão de que fugiria se pudesse. Mas permanece sentada no banco da praça e tenta se esconder cobrindo o rosto com a mão. Mal me aproximo e ela, de cabeça baixa, diz estar sentindo o maior desgosto de toda a sua vida, que morreu a filha insana mãe dos netos que ela cria, que está sem comer e sem dormir desde o dia anterior, que vai ficar mais três dias perambulando por aqui até ter coragem de voltar para casa. Diz que a Rute, mesmo sendo tão falsa, foi quem lhe valeu. E conta detalhes contraditórios do percurso da morte da filha. Que ela vinha muito atacada de uns tempos para cá, que nem mais reconhecia a mãe nos dias de visita, que ela puxou ao tio louco que morreu escrevendo debaixo de um cajueiro. Escrevendo, dona Raimunda? Ela explica com irritação: "Riscando. Riscando no chão". Diz que a vida é uma ilusão. E que vida a senhora queria que fosse a sua para que não fosse uma ilusão, dona Raimunda? — pergunto perversamente imbuída da minha tarefa científica. Responde que queria que a filha fosse boa de saúde, e que ela poderia ser pobre mesmo, porque ser pobre era da vontade de Deus. Depois fala dos netos, cita-lhes os nomes: o Júnior, o Francisco Alexandre, o Antônio Ricardo e a Maria de Fátima. Chora ao pronunciar o nome da menina, e enxugando as lágrimas com a palma da mão, a voz engasgada, diz que é o nome mais bonito que a filha escolheu. Talvez na sua comoção venha a confundir a neta e a santa que lhe dá o nome, pois é no pátio da igreja de Nossa Senhora de Fátima que dona Raimunda pede suas esmolas ao final das missas de devoção. E quando é todo dia treze, o dia da santa, dona Raimunda tem um jeito diferente de pedir: senta na calçada de uma casa vizinha à igreja, à beira do caminho dos fiéis, e ali não fala nada — apenas sorri como se recebesse cumprimentos. Muitos já vêm com uma moeda ou uma sacola de mantimentos ou roupas na mão. Já se conhecem de muitos anos — a MENDIGA DA FAVELA, seus clientes devotos e bem vestidos sempre de azul ou branco, e a santa da Cova da Iria. São longos parceiros. Dona Raimunda diz agora que irá embora para o interior onde vive uma irmã. Vai aproveitar que está chovendo e plantar um pedacinho de terra. Mas enquanto não colhe o legume a senhora vai viver de quê, dona Raimunda? Responde com outra pergunta: "E aqui, dona Neara?". E conta que continua devendo na bodega, que chegou a juntar o dinheiro de pagar mas não pagou porque não havia de deixar a família com fome. E que a dívida continua aumentando, que passou de dois mil e quinhentos para os três mil por causa dos juros. Então vai dar um jeito, vai pagar para ir embora sem deixar dívida. E eu, dona Raimunda, o que posso fazer pela senhora?

"No sé que te dé, de dolor de ti,
Ni puedo a tus males ponerte remedio.
Partamos aquesta mi capa por medio;
Pois outra limosna no traigo aqui:
Rógote, hermano, que ruegues por mí,
Pues sufres doloros nesta triste vida,
Tu ánima en gloria será recebida
Com dulces cantares, diciendo así." (Gil Vicente, *Auto de São Martinho.*)

Ela, porém, não quer mais que a glória imediata de uma tragada que lhe encha os pulmões... Diz que já fiz muito, já reparti muitas vezes a minha própria capa, já fiz por merecer seus rogos a Deus — o que queria agora era um cigarro. Não tenho cigarro, dona Raimunda, nem fumo! Convido-a para vir até à minha casa tomar um café quente. "Quero não, dona Neara, tô muito perturbada da minha cabeça, vou ficar aqui". Insisto: vá descansar junto de seus netos, dona Raimunda, é muito perigoso dormir na rua. Não vai dormir na rua — explica — vai dormir onde dormiu ontem, onde dorme sempre de sábado para domingo quando fica no sinal até mais tarde aproveitando o movimento do final de semana, e também todas as noites dos dias treze quando tem a novena da santa: no chão da área da casa onde também guarda seus pertences, na Avenida Treze de Maio. Permaneço no meu desassossego íntimo, sentada no banco da praça ao lado da MENDIGA DE FAVELA, duvidando da morte. Em certos momentos, quando percebo que algumas informações se compatibilizam com outras, sinto alívio de poder acreditar e simplesmente exercer a minha humanidade, até que, quase de imediato, a desconfiança de novo se instale. Entretanto prevalece a pesquisa, e pouca importância tem a verdade ou a mentira de dona Raimunda: importantes são os sentidos que vão ali se constituindo. Pois que o elemento desta pesquisa não é justamente a desconstrução da norma, as formas de reposição feitas no mundo do não? É preciso, portanto, que as emoções, muito mais exacerbadas nesse momento, não interfiram na percepção. Em todo caso, trato dona Raimunda como uma mãe a quem morreu a filha e necessita de cuidados. Ofereço-lhe os cuidados que se oferecem nessas ocasiões. Dona Raimunda, então vamos fazer o seguinte: compro umas coisinhas para a senhora comer, a senhora fica três dias em casa com seus netos, descansa, não se preocupa. E já vou levantando do banco para providenciar, dizendo que logo estarei de volta para ir levá-la em casa. Ela parece se animar, olha-me interessada, mas impõe uma condição: esperar a Rute chegar e ir com ela. Venho embora e logo depois a Rute bate à minha porta para pegar a encomenda — diz assim — a mando de dona Raimunda. A Rute é de opinião que dona Raimunda tem vergonha de me mostrar sua casa, porque é um quartinho de papelão. Confirma a morte da louca, mas sua versão dos detalhes é inteiramente outra da que contou a MENDIGA DE FAVELA. Aviso à mensageira que vou mesmo contra a vontade de dona Raimunda e saio para o supermercado. Quando já estou no caixa pagando as compras, a Rute retorna acompanhada de um rapaz que apresenta como sendo o filho de dona Raimunda. Filho? O rapaz tem os olhos injetados e as pernas inchadas. Apanho o carro e vou com os dois ao encontro dela na praça. Está agora sentada no meio de um bando de homens. Diz que está ali conversando e que não vai agora porque está esperando um dinheiro que lhe prometeu uma doutora sua amiga que ia ainda fazer o saque no banco. Eram nove horas da manhã e ela pergunta se vou ficar esperando. Então, dona absoluta da cena, como se explicasse o teor da próxima parte, diz que precisa é de dinheiro, que se eu quiser dar, que dê. Dou-lhe um trocado para o cigarro que ela torna a pedir. Mas ao mesmo tempo, querendo conservar a freguesa e compreendendo também meu interesse, diz que não me preocupe, que antes de viajar para o interior ela me levará para conhecer sua casa e seus netos. E eu que ainda me debatia entre a fraternidade e a ciência, respondo que sim, que quero mesmo ir, mas que naquele momento o que desejo é protegê-la. Ela aí promete que mandará a Rute me chamar em casa na hora que for, logo que receba o dinheiro que está esperando. E pede as compras, dizendo que o filho iria levar, assim a filha já podia ir adiantando em casa. Entrego prontamente — representando bem o meu próprio papel — e me retiro do palco. Ao cair da noite do terceiro dia, tal como anunciara dona Raimunda que seria o tempo de sua perambulação, a MENDIGA DA FAVELA voltou a me procurar. Vinha acompanhada da amiga Rute, que se queixa por ela não a ter deixado «pegar carro», pois no decorrer de todo esse tempo não se afastava dela um minuto sequer. Dona Raimunda encerrara o ciclo da bebedeira e precisava da companheira no lento regresso ao comum de seu cotidiano. A Rute agora falava por ela, tomava as iniciativas, dona Raimunda aquiescia e a seguia. Haviam ido as duas buscar umas compras que uma mulher lhes dá todo começo de mês, e a Rute dizia que tinha subido sozinha ao apartamento da mulher para que ela "não visse ela assim". Mas trouxera apenas dois pacotes, um para cada uma, coisa pouca desta vez porque a mulher estava doente e não pôde sair para comprar, tendo prometido mais para o começo do próximo mês. A Rute explicava que a freguesa era de dona Raimunda e que esta arranjara para que ela também ficasse recebendo. De mim também queriam algo e é dona Raimunda quem relata, de mim não é mais possível esconder: queria que eu fosse resgatar um relógio que deixara empenhado por três garrafas de cachaça que bebeu com a «negrada» lá no Tancredo Neves. E prometia que de lá me levaria até sua casa. Recusei de imediato por causa da surpresa, mas também de medo de ir àquela hora da noite para o interior de uma favela. Prometi que iria na manhã do dia seguinte. Agora a velha-avó-mendiga negociava abertamente... Era uma mulher bandida. Seu rosto sempre tão doce fazia caretas, a voz sempre tão mansa saia de uma caverna, a linguagem sempre tão medida agora vinha de uma taberna. Diz que já cortou muito macho, bem uns vinte! Cortou! E faz o gesto com a mão. A Rute confirma que ela corta de gilete. Outra hora ela chora. Então era isso: eu vira uma raiva controlada em seu lamento uma vez quando se queixava de ouvir muito perdoe de uns tempos para cá. Dizia que sentia vontade de responder que não comia perdoe. Ah, dona Raimunda, muita raiva deve estar saindo agora no esgar do seu rosto bêbado. Dói dentro de mim a bebedeira de dona Raimunda, sua velhice, sua miséria, nossa impotência. Até que resolve ir embora e me pede o dinheiro do ônibus, dizendo que iria dormir na casa do filho — (filho?!) — que lá tinha uma televisão e ela ficaria vendo filme já que não conseguiria dormir. Ao que a Rute ajunta: "Ela não dorme quando tá assim, conheço a Nonato faz seis anos!" Nonato?! Dou o dinheiro do ônibus e ela pede também para a Rute: "Dê uma coisinha pra ela que eu não deixei a pobre ganhar nadinha hoje..." Como uma criança prometendo à mãe que não terá um mau comportamento, quer que a amiga a ponha dentro do ônibus sob as minhas vistas. Sigo com as duas até a parada mais próxima da minha casa e estranho que a Rute faça parar justamente o transporte que vai para a favela Tancredo Neves. Peço esclarecimento e ela diz que é melhor assim, porque "se a Nonato apanha outro ônibus ela vai direto pro botequim". Dona

Raimunda segue seu destino e a Rute fica ainda conversando por algum tempo. A morta, agora na versão da Rute, não é mais a filha insana, é uma neta mocinha que dona Raimunda cria desde pequena, filha de um filho. Dona Raimunda vira bicho quando alguém diz que a menina não é filha dela. Pelo que descreve a Rute, é provável que a menina tenha morrido de cólera, pois que há uma epidemia da doença na cidade. Depois a Rute fala de si, do aluguel de cinco mil que sobe de três em três meses: "Pode subir assim?" Não sei, não pago aluguel, moro em casa própria, faça o favor. Agora pede para lhe conseguir um trabalho de engomadeira, lavar não pode por causa do braço que já foi quebrado, mas engomar pode e faz muito bem feito, não deixa uma prega sequer na roupa, nas golas das camisas de homem. Diz que o movimento na igreja está muito fraco, que não está tirando mais quase nada. Então responda-nos algumas perguntas, dona Rute: Depois que a senhora surgiu como trabalhadora na história — essa que a separou de seus instrumentos e de seus objetos de trabalho, da terra e de sua família, particularmente[49] — a senhora percorreu a trilha do bem ou a trilha do mal? Que trabalhadora é a senhora que, quando é todo final de tarde, se junta a uma roda de homens nos jardins da praça? Que provas apresenta para que possa merecer entrar assim numa casa de família e passar a roupa de seus membros? Não seria muito perigoso? Nem sabemos se a senhora fala a verdade ou se mente! Volto confusa para casa. Não há verdades e nem mentiras, há uma morte muito antiga em cuja cova não fechada vão sendo depositados outros restos, todas as perdas, lentamente, interminavelmente. E assim mesmo nossas mal traçadas linhas conservam a esperança de juntar os destroços antes de apodrecerem de todo: dona Raimunda saindo do porre, a Rute pedindo emprego, e eu contando essa história. O que ainda poderemos refazer? No dia seguinte, por volta das onze horas da manhã, conforme o combinado, dona Raimunda chegou. Não viera mais cedo porque estava esperando a Rute e, como esta não apareceu, tinha resolvido vir sozinha. Estava deveras interessada em reaver seu relógio a MENDIGA DA FAVELA... Ofereci-lhe comida e ela não aceitou. Também recusou o café, dizendo que já havia tomado um bocado de cachaça desde a primeira hora da manhã. De repente, enuncia que dali para a frente não irá mais me enganar — "A senhora não merece". Não, dona Raimunda? E faz o relato dos acontecimentos da noite anterior: fora para a casa de uma conhecida lá do Tancredo Neves, lá perto de onde estava empenhado o relógio; esta conhecida está para se operar de um caroço pretinho que tem no pé do umbigo, a pobre grita noite e dia de dor; a pobre pediu para dona Raimunda me levar lá para que eu veja o seu estado. Pronto! Ela agora me doou para toda a sua confraria, quer que eu distribua minhas graças com todos seus amigos. Estou: (com licença da palavra). Dona Raimunda não cumpriu o prometido, não foi para dentro de casa, para o lugar apropriado a uma avó zelosa. Permaneceu na rua, no botequim, bebeu. É essa a confissão que me faz com promessas de sinceridade de agora em diante. Chega assim tão confessadamente do mundo masculino e senta-se no chão da minha cozinha. Quando minha filha pequena passa só de calcinha por nós, ela adverte sorrindo, numa carinhosa repreensão de avó: "O que é isso, Nearinha, nua pelo meio da casa?!" Mas imediatamente ela mesma conclui pela ausência do mal: "Ah, sim, não tem home em casa..." Mais tarde, na casa do filho, mostrou a mesma preocupação com a neta de nove anos, dizendo que a menina já estava ficando mocinha e não era certo o pai ficar bebendo e a mãe dizendo o que dizia na frente dela, a mulher mandando o marido sair atrás das raparigas por aí para criarem os filhos deles. Não vê que isso não está certo? Não, não gosta quando eles ficam à noite nessa cachorrada. Dona Raimunda tem uma romântica história a respeito do relógio para contar, e é por causa dessa história que ela faz tanta questão por ele. Comove-se e chora: pois tinha sido o pai de seu filho, aquele aonde iria me levar, que lhe mandara o relógio, mandara pelo próprio menino: "Diga pra sua mãe que é pra ela se lembrar dos ano que ela vai fazer agora". Na casa do filho eu soube que o relógio fora comprado por este para presentear sua mulher, por um preço muito barato a um vizinho que estava aperreado, e que dona Raimunda, tendo se embelezado muito do relógio, acabara ficando com ele. Quando se veste de mendiga-avó dona Raimunda tem sessenta e três anos e outro dia me perguntou um jeito de aumentar um pouco a idade para poder tirar a carteirinha do ônibus e a aposentadoria. Agora jura que não vai mais me enganar: "Foi cinqüenta e três, não vou mais negar a minha idade pra senhora, não. Foi cinqüenta e três que eu fiz no dia vinte e cinco de dezembro". Embriagada, é uma mulher que chora os laços desatados do passado, quando teve marido e família: "Assim como a senhora sabe o que foi vida de casada, eu também sei, dona Neara". Casou com quatorze anos de idade, ele era soldado do Exército e precisou dar baixa para casar com ela. Diz que naquele tempo soldado não podia casar. Não?! Depois ele entrou para a Polícia e agora é sargento, ganha muito bem, tem três carros, ajuda muito esse filho dele, deu pensão a ele até completar dezoito anos, ainda hoje manda umas compras, todo sábado vai deixar, mas ela nunca o vê porque faz questão de não estar em casa quando ele vai, fica com a Rute pela igreja até mais tarde. Agora quer mostrar o fundo de sua degradação, como numa penitência que lhe garanta a minha confiança: "Foi eu que enganei ele, eu tinha vinte e sete ano, ele me pegou com outro dentro de casa, queria me matar mas não matou por causa do menino, botou nós pra fora de casa: 'nunca mais apareça sua vagabunda, e leve esse cachorro junto que é pra mim não me lembrar'. Botou eu e o menino pra fora". Fica um pouco pensativa e diz: "Se ele tivesse me matado tinha prejudicado ele, né? Hoje ele não era o que é". Divorciaram-se e saiu no boletim do quartel. A MENDIGA DA FAVELA tem inúmeras outras confissões a fazer: que curtiu muito com homem, mas nunca mais quis casar por causa de seu erro, sabia que tinha errado, que a errada tinha sido ela, não podia mais casar; que o filho tem muito desgosto da vida que ela leva, tem muita vergonha da mãe ser assim; que tem uma irmã podre de rica, uma que é dona de um mercantil lá no Tancredo Neves, mas de quem dona Raimunda não quer nada nem na hora da morte, porque essa sua irmã diz que mulher separada do marido não presta para nada, é uma sem-vergonha. Mas prenuncia a MENDIGA DA FAVELA — e dizem que praga de mendigo é a pior que tem: "Mas deixa que ela tem as filha feme dela e é capaz delas pagar pela boca da mãe..." Vamos de carro fazer o resgate do relógio de dona Raimunda. Chegando ao local, ela manda parar antes na casa da amiga que sofre do caroço no umbigo. A doente acabara de sair para o hospital, ia já ser operada, e dona Raimunda lamenta que ela não me tenha visto. O botequim onde ficou empenhado o relógio é no final do quarteirão e seguimos a pé. Falo com ela de modo debochado e batendo no seu ombro: "Vê se toma jeito, mulé! Olha que pega um malandro pela proa e vai se dar mal!". Ela balança o corpo numa ginga e diz como se acabasse de identificar uma cúmplice: "Pois é, né? É muita putaria, oh!". Chega no botequim me apresentando com muita importância: "É a dotora Neara, dvogada, vei buscar o relógio". O bodegueiro recusa, quer pegá-la pela palavra, palavra de Maria Parda:

"Devoto João Cavaleiro,
que pareceis Isaías,
dai-me de beber três dias,
e far-vos-ei meu herdeiro.
Não tenho filhos nem filhas,
senão canadas e quartilhos;
tenho enxoval de guarda,
se herdades Maria Parda,
sereis fora de empecilhos." (Gil Vicente, *Pranto de Maria Parda.*)

O bodegueiro repete várias vezes que não queria fazer o negócio, foi ela que insistiu, ele não é desse tipo de comércio, ela tinha ido três vezes buscar cachaça e na última vez disse que ele podia ficar com o relógio, tinha uma mulher de prova. Pondero como uma boa advogada que ele não deveria fiar-se na palavra de uma pessoa embriagada. Ele continua irredutível, dona Raimunda começa a se zangar. Afio minha argumentação, sinceramente a favor de dona Raimunda e contra o bodegueiro oportunista: "Se o senhor não queria ficar com o relógio dela naquela ocasião, por que está querendo ficar agora?" O bodegueiro então se rende, mas tem seu preço: só entrega por seis mil cruzeiros. Dona Raimunda se exalta, vem em minha defesa: o homem quer ganhar à minha custa, é isso, ali bem pertinho um litro de cana é só quinhentos cruzeiros, ela só lhe deve mil e quinhentos. Deixe dona Raimunda, deixe. Ponho cinco mil sobre o balcão e aguardo. O homem fica um tempo parado, deve estar fazendo o cálculo de nossas respectivas forças. Até que manda apanhar o relógio no interior do botequim e me entrega. Talvez quisesse entender a razão do esquisito interesse da advogada por aquela causa... De volta, dona Raimunda satisfeita exibe o relógio no braço e faz também seus cálculos: é bom que o bodegueiro saiba que ela não é cão sem dono, que tem gente por ela, gente importante, uma «peixa» graúda. Retornamos à casa da amiga doente, ela me apresenta ao filho desta e pede um trago — (ali também tem uma pequena venda de bebida alcoólica; há várias outras no quarteirão). Sou a protetora de dona Raimunda, sou «peixa graúda», pago a conta e dou cobertura — mas recomendo que lhe ponham doses pequenas. Ela não se cansa de me exibir. Apanhamos o carro e seguimos para o bairro Sítio São José, onde mora o filho de dona Raimunda, que ela agora, muito excitada, falando alto, diz que eu não posso deixar de conhecer. Vai me apresentar a ele, sim! Diz que ele trabalha avulso, de pintor e servente, mas que, quando arranjar um serviço de carteira assinada, vai tirá-la dessa vida, vai, se Deus quiser. Vai dar de comer a ela assim como ela lhe deu quando era pequeno. E que amanhã, sábado, vai para o sinal tirar alguma ajuda para o filho, o pobre tem esses meninos para dar o sustento. Esse é o filho do casamento. O outro, aquele que foi com a Rute me encontrar no supermercado, não é filho do marido, este mora em Messejana e é muito doente, vive passando fome. Aquelas compras ela deu para ele, coitadinho, vive passando fome. Não menciona as filhas e nem a morta. Surpreendo-me com a casa do filho: três compartimentos de tijolo e equipada com fogão a gás, aparelho de televisão, mesa, cadeira, cama; a decoração das paredes da sala são os pôsteres dos cantores populares: Fábio Júnior, Leandro & Leonardo, Sula Miranda e outros. A nora de dona Raimunda explica que os compra ao galego que passa sempre vendendo na porta. Quase imperceptível entre o brilho colorido das estrelas preferidas, um retrato em preto e branco, muito pequeno, de um casal de velhos. São dos pais de dona Raimunda. Ela retira a fotografia da parede para que eu os veja de perto. Pergunta o que estou achando da casa e sem esperar minha resposta — (graças a Deus) — diz que o filho é muito estragado, que botou fora uma geladeira novinha. Ordena à nora que faça um café. Esta manda um menino à bodega comprar pão ou bolacha para servir à mulher. O menino pergunta se é para dizer que o pai paga depois. É, é para deixar no fiado. Tomo uma xícara do café e a nora insiste para que coma a bolacha com a manteiga, apontando uma caixinha de margarina sobre a mesa. É já hora de almoço e eu como a bolacha porque é regra da hospitalidade oferecer comida, e recusar, uma grande desfeita. A nora pergunta se eu almoço em casa de pobre, que, se quiser, tem, que hoje o marido trouxe um coração misturado com bofe. Faz um gesto na direção do fogão onde a panela fumega. Obrigada, não precisa se incomodar, já basta o café que está ótimo, bem no ponto. A nora está esperando o quinto filho e serão seis incluindo uma menina que cria desde os dois dias de nascida. Dona Raimunda havia me dito no caminho que seria um parto gêmeo, já confirmado pelo médico. Alguns dias depois, conversando com a Rute, ela comentou: "A pobre já tem seis e agora vêm mais dois..." A nora, porém, esclarece a informação de dona Raimunda, rindo como se narrasse a peripécia de uma criança: "Isso é coisa da cabeça dela, Deus me livre de dois!". Quem saberá responder se se tratava de um truque da mendiga ou de um desejo da avó?... Os netos correm pelo meio da casa, cheios de vivacidade. São todos crianças de boa aparência. Comento com a nora que "eles têm cara de danados" e ela responde: "se fosse só a cara..." E diz baixando a voz que eles batem nela, na avó. Há o predileto de dona Raimunda, o Antônio Carlos, que chamam Cacá. A nora diz que a avó traz as coisas para ele dizendo que eu mandei e agora ele pensa que sou afilhada dele — ela ri explicando que ele confunde, em vez de madrinha ele diz é afilhada. O mais velho quer saber se sou rica. Respondo que trabalho e recebo um salário bom, mas não sou rica. Ele faz ares de quem não acredita. Depois pergunta se sou vereadora. Respondo que sou professora. "O nome da senhora não é Iara Gomes?" pergunta quase afirmando. É então que dona Raimunda explica que não sou eu a mulher do retrato que ela trouxe um bocado para distribuir nas casas e pregar nas portas. Aquela do retrato é que é a Iara Gomes, a vereadora. Com efeito, o sorriso largo da candidata ainda se promete na madeira desbotada da janela da casa do filho da MENDIGA DA FAVELA. O menino me olha um pouco e parece se convencer. A nora também me confunde: "A senhora ficou diferente do retrato, agora de cabelo curto". Eu?! Dona Raimunda esclarece outra vez: "A do retrato é a dotora Vânia". Ah!. Dona Raimunda relembra algumas mulheres que a ajudam e já são conhecidas de nome entre a família: tem a doutora Vânia, a dona Iraíde, a dona Neara. São todas mulheres muito ricas da Treze de Maio. Somos as freguesas de dona Raimunda, residentes do segundo bairro mais importante de Fortaleza... Nossos sentimentos caridosos, saídos tão genuínos do coração de Fátima — como é também conhecido o bairro Treze de Maio, por causa da igreja de Nossa Senhora de Fátima — vão chegando na periferia pela boca e pela mão da mendiga já nem tão cristalinos, já transmutados em diferença entre ricos e pobres... Somos um silo e um símbolo, com direito a retrato e tudo. O filho que não aparece. Dona Raimunda pergunta insistentemente a um e a outro se ele anda bebendo. A nora resmunga: "ela pergunta sabendo que ele tá é bebendo mesmo". E manda um dos meninos em busca do pai. O menino volta sem notícias. Depois de algum tempo o Cacá aparece entusiasmado gritando: "Eu achei o pai! Eu achei ele!". A mulher diz que ele tinha saído de manhã com um amigo que o chamara para beber vinho. Pergunto no que ele trabalha e ela responde meio de ombro que ele vende carne quando aparece. Logo depois ele chega. Chama-se Juraci, dona Raimunda o apresenta dizendo que é o mesmo nome do pai. É um homem muito jovem, moreno, afilado. Veste uma bermuda de *lycra* e usa tênis. Queixa-se da mãe: ela o mata de vergonha! Trazer a senhora aqui! Ele morre de vergonha. Dona Raimunda transmite-lhe uma notícia que ele parece não querer ouvir na presença de estranhos, ela precisa repetir pela terceira vez para que ele confirme com a cabeça: "O cabra safado tá solto e andando lá pelo Tancredo". O filho pede desculpa, a casa é pobre mas não falta um café, que eu não me acanhe. Mas deve retornar imediatamente, precisa entregar a bicicleta do amigo, veio correndo só para falar comigo, conforme recebera o recado que tinha uma mulher da Treze de Maio querendo falar com ele. Fará parte da mente daquele ali trabalhar disciplinado, de carteira assinada, como disse dona Raimunda ser o plano dele para tirá-la da rua? E dona Raimunda, saberia viver no recinto do lar? Agora, na casa do filho, ela mais parece um tio marinheiro visitando a família na companhia de um amigo de aventuras. Traz novidades, traz notícias da guerra, desfaz o sossego doméstico. Todos ficam muito alegres e excitados com a sua chegada. Entre uma brincadeira e outra, enquanto entrega os presentes, faz uma admoestação a um deles, tem esse direito, traz a autoridade conquistada pelo meio do mundo, nas lutas, pela experiência. Senta com a perna estirada mostrando um pedaço da coxa e acende o cigarro. Isso é modo de sentar de uma avó? Briga com a nora: não é certo ela ficar provocando o marido com aquela história de rapariga, com aqueles ciúmes bestas, que ela veja os filhos que é muito melhor, que um homem não vai largar uma casa cheia de menino daquele jeito. E mais: ajuda o filho trazendo as coisas para dentro de casa porque é com ela — que é mulher dele e mãe dos filhos dele — que ele vive; não ia fazer a mesma coisa se tivesse outra mulher lá dentro, uma rapariga, que ela deixe dessa besteira. A nora diligencia as coisas de casa, dá pão molhado no café na boca do menino pequeno. Ouve calada as recomendações de dona Raimunda, sempre com um sorriso no rosto, grávida, domesticada. A menina mais nova, a que não é filha legítima, dorme a um canto na rede. Dona Raimunda mexe com ela e se dirige a mim perguntando se eu já tinha visto aquela tabacudinha ali. A menina acorda choramingando. Ela a traz e a põe no meu colo. Tira-a imediatamente cobrindo-a de beijos, beliscando o seu sexo descoberto. Sai com ela no braço dizendo que vai comprar bombom. Talvez aproveite para tomar mais uma, como todo bom tio bufão. Aproveito sua ausência e pergunto se ela mora ali com eles. A nora responde que ela não tem canto certo, que às vezes passa de quinze dias desaparecida. Cacá, o predileto, quer dinheiro. Dona Raimunda diz que não tem, que só amanhã: "Amanhã eu vou pro sinal e trago de noite". Amanhã ela irá arrecadar sua diária. O menino não se conforma. Chora. Dona Raimunda se irrita e continua prometendo que trará amanhã, como se anunciasse o pagamento de uma dívida. A nora observa que é sempre assim, que ela traz as coisas para ele e toda vida é essa confusão. A velha-mendiga-avó, o tio-marinheiro-bufão, a miserável-dona-Raimunda é ali prisioneira do menino amado. As moedas que lhe dá são bolinhas de sabão, são brinquedo do aprendiz de perdulário. Não são o sacrifício da mulher cansada para sobreviver. Menino venha cá: quando você crescer, o que você vai ser? Não vejo nenhum vestígio de morte entre aquela família. Acho conveniente não perguntar. Dona Raimunda começa a me chamar para ir embora: "Eu vou mais a senhora, vou ficar lá na BR". Dona Raimunda, fique em casa, descanse um pouco, durma. Ela é incisiva: "Eu vou com a senhora". Insisto com a minha norma: deixe o relógio, dona Raimunda, alguém pode tomá-lo da senhora. "Não, eu trago ele amanhã, ele é do Cacá, amanhã eu trago e dou a ele". A nora se mantém calada, dona Raimunda impera com sua liberdade de mendiga e bêbada, ninguém contesta. Dona Raimunda parece o homem da casa. Vai até à cozinha e volta com uma pequena porção da mistura do bofe com coração — o prato do almoço do dia — enrolada num saco plástico. Deve ser o tira-gosto. Fazemos o retorno caladas, estou exausta. Deixo-a onde ela me indicou, no ponto da BR-116 que dá acesso à favela do Tancredo Neves. Eram então três horas da tarde. Depois, quando caiu a noite, dona Raimunda vestiu sua saia comprida, sua blusa de manga três-quartos, amarrou o pano na cabeça, e se postou de velha-avó-mendiga no sinal da esquina da igreja de Nossa Senhora de Fátima: pronta para os fiéis que saem da missa. Mais tarde deverá regressar para casa carregada de graças. Louvado seja Deus. E a morta? Teria havido a morta?

O primeiro ato — o dos MENDIGOS DO SERTÃO — foi aberto com uma ampla cobertura jornalística e não envolvia nenhum mistério. Era aquilo de sempre: outra seca feroz obrigou a retirada do sertão de bandos e bandos e bandos de homens, mulheres e meninos. A imprensa aí os chamou de «mendigos sazonais», fez muitas perguntas e fotografias, e estampou tudo nos jornais. Os governos também se mobilizaram, discutiram entre si sobre de quem era a responsabilidade por aquela debandada, mandaram técnicos para averiguar, averiguaram, e não encontraram nenhum mistério. Portanto, ninguém precisava duvidar de nada, os fortalezenses podiam exercer seu espírito caridoso sem nenhum receio, podiam dar as esmolas certos de que aqueles, sim, eram mendigos verdadeiros, e só apareciam de acordo com a estação do tempo. O problema só surgiu quando o tempo melhorou e os bandos não arribaram de volta para seus lugares de origem. Aí se estabeleceu uma proporcionalidade inversa entre a natureza e os homens: tempo bom, mendigo mau; tempo mau, mendigo bom. A grande responsabilidade agora era descobrir os motivos dessa inversão. E quem fosse indagar por ela no meio dos bandos, podia ir certo de encontrar muita resistência e desconfiança. Diziam assim: "Pergunta e promessa não enche barriga de seu ninguém". Foi isso que tive de ouvir muitas vezes, embora explicasse que não vinha para nenhuma solução, eu só queria tirar a lição, tirar para deixar o ensinamento aos pósteros. O sr. Manuel, MENDIGO DO SERTÃO, logo ensinou a primeira lição, a lição básica: era muito importante aquele meu trabalho, ele compreendia, sim, a sua importância, mas o importante mesmo que ele achava era ele não estar ali precisando falar das coisas de sua vida, e sim no seu lugar, cuidando das suas coisas e junto de sua família. O sr. Manuel se recusava a fazer a diferença que a História lhe impusera entre a ação e o verbo. E foi também porque compreendi isto, que decidi contar os episódios particulares dela — acontecidos aqui no chão do Ceará e marcados de um modo diferenciado por causa do nosso pedaço semi-árido — começando pelo fim: porque na busca da sobrevivência, do desejo e do sonho, estes protagonistas foram aos poucos mudando a língua, depois fingindo outra, depois invertendo, até que se calaram quase de todo. Por outro lado, o sr. Manuel tinha outra objeção a fazer: pois que, se a sua fala virava lição de livro, ele continuava sem nada ganhar, que quem ganhava era quem fazia o livro. Não se pode dizer que foi por esta razão que ele não quis permanecer na frente da cena, preferindo falar dos bastidores. Mas ficou bastante atento à fala de seus companheiros. E como — assim explicou o MENDIGO DO SERTÃO conhecido por Dorém — ali ninguém tinha «saco roto», dei-lhes totalmente a palavra, sem nenhuma preocupação — quer de desmenti-la (como foi preciso fazer no segundo ato), decodificá-la (como foi no terceiro) ou ouvi-la em meio ao silêncio (como no quarto e último ato). Afinal, aquela língua era a de origem e vinha espontânea, farta, compartilhada, jorrando aos borbotões como se tudo ainda tivesse de nomear! Os MENDIGOS DO SERTÃO falaram do interior do Depósito de Material de Construção Floresta, localizado na Avenida Olavo Bilac, vizinho à estação de trem do Álvaro Weyne, onde se arrancham à centenas em Fortaleza nos períodos de seca, ou em número menor durante o resto do ano. Não por coincidência, nem tampouco de caso pensado, estes mendigos se aproximam do lugar onde outrora vieram feito batalhão de passagem para as guerras e as conquistas, mas por uma tradição que foi passando de pai para filho de que ali, nas imediações da estação do trem, na mesma Avenida Olavo Bilac, existia um grande albergue para os retirantes do sertão, a velha conhecida Hospedaria Getúlio Vargas. Iam chegando, chegando, vagueando por ali, pediam pouso nos galpões dos depósitos, os proprietários consentiam — como antigamente era costume em Fortaleza hospedarem-se retirantes da seca nas áreas cobertas dos depósitos de material de construção — o barro e os homens recentemente saídos da mesma terra nem era de estranhar muito aquela convivência. Mas aí o tempo passou, passou, e as coisas mudaram — a ponto de hoje os pequenos depósitos mais que material de construção, depositarem homens. Embora — convenhamos — para o bem de todos. Senão, vejamos. Quanto aos mendigos: "pra negrada dormir mesmo. É uma vida triste uma pessoa dormir numa calçada. É uma vida muito sofrida, viu? Porque nós, aqui, nunca dormimo não. Tem esse... esse depósito aqui..."; quanto aos proprietários: "Ali no seu Expedito, nós num paga, não. Lá nós faz a limpeza mesmo. Varre os depósitos, varre... Só... Mas não pagam, lá, não. Faz algum servicinho véi besta

Antes da hora da gente sair pra pedir. Aqui no Floresta, nesse daqui, paga. Aqui, se for um só é trinta mil. Se for mais o menino, é sessenta. Se for... causo vier dois menino ou três, já paga dinheiro alto! Por semana. Pode ser um menino desse tamanho, paga e tudo. Mas ele num véve disso aqui, não. Isso é só uma ajuda pra ele, porque o rapaz também precisa pagar luz, aí, energia, né? Mas ele tem outros ramo de vida, né?"; e quanto a nós outros, ordeiros trabalhadores e nossos governantes, porque — eles assim hospedados longe de nossas vistas — podemos fazer de conta — como nos bons tempos de criança — que são os pedintes da estação: "Pra dizer que vocês eram os mendigos sazonais..."

"Nós? Quando num tamo trabalhando?"

"Vocês. O que é que vocês fazem?"

"Bem dizer nada, que não tem serviço, né?"

"Vocês conversam, se visitam, o que é que vocês fazem?"

"Nós?"

"Vocês."

"Não tem serviço, né? Nós sofremo. Ah, se fosse contar nosso sofrimento; meu sofrimento mais o da minha família lá, um caderno não dava pra caber..."

[Em todo caso, recomendamos atenção. É bom que estejamos muito atentos ao que eles chegam dizendo...]

Apresenta-se o primeiro MENDIGO DO SERTÃO:

"Meu nome é José Carneiro Viana. Eu tem trinta e oito ano. Sou casado ão, mas sou junto. Tô com vinte ano, que sou junto. Vinte ano. Nove filho, mulher. Tem nenhum mais eu aqui, não. Semana passada vei três. Essa mana, vão ficar tudo pra estudar. Eles estuda lá. Toda vida que eles vem pra , quando eles vem pra cá, fica perdendo a aula. Fica. Mas, agora, tem três a CCF, aí a mulher diz que se vim pra cá, perde a CCF, aí perde o estudo. Lá n Itapipoca. Mas eu nasci foi lá no Taboquinha, Sertão Seco. Moro em apipoca. Taboquinha fica pra lá de Itapipoca. Lá eu moro, moro lá no irro do Mourão. Lá tem trabalho, mas não tem pra mim, não. A gente abalha lá... Eu era carreteiro. Então, aí não tava dando ganho pra mim. Aí, Zé Ferreira me convidou pra vim pra cá, e eu vim pra cá. O Zé Ferreira é... mulher dele é minha prima. Daqui, ele disse assim: 'Rapaz, se quiser ir ais eu... se quiser se acabar de fome, tu fica aí. Se quiser se acompanhar ais eu, vambora, que chega lá, tu se vira, pede. Aí, toda semana tu vem deixar alimento pra tua mulher'. Quando foi pra mim vim pedir esmola, o Ferreira disse assim: — 'Dorém...' — ele viu a situação lá, que eu trabalhava de carreteiro, no meio da rua, carregando volume na cabeça. Ganhava... quando a feira era boa, ganhava duzentos, cento e cinqüenta. Ao menos, naquela época, cento e cinqüenta dava pra comprar o almoço pra casa. Aí, foi arruinando as coisa. Não tinha carrego — aí, ele disse: 'Dorém, tu quiser ir mais eu, eu te levo. Pago a tua passagem. Chegar lá tu me paga'. E eu vim... Aí, eu vim. Faz é dia que eu vim. Tá com bem três mês. É, tá com três mês que eu tô pela aqui. Vai interar três mês. Vai e volta, é assim. Primeiro dia, que eu vim pedir esmola... Primeiro dia que pedi esmola, achei inté bom. Aí, no outro dia, eu fui pedir, tinha uma morena lá pra banda do... daquele... Pais de Andrade com Jardim Iracema. Na hora que cheguei lá, bem cedo, pedi uma esmola à mulher. A mulher disse assim — a morena véia disse assim: 'Hoje, eu não dou esmola à esmoler, não'. 'Por que, senhora?' 'Porque eu não dou. Saia daqui'. Aí, eu disse assim: 'Senhora, faça isso comigo, não, senhora. Tô pedindo, porque sou sujeito pedir. Hoje é eu, e amanhã é a senhora'. 'Olha, você tá jogando ainda praga nim mim. É já que eu pego esse caneco d'água e lhe banho já, já. Saia daqui.' Eu saí correndo devargarzinho. Andando depressa. Doutra vez, tenho um primo meu aí, que foi pedir esmola ali numa casa, aí a meninazinha — desse tamanho — disse assim: 'Só dou a esmola, o que é que Deus tá fazendo essa hora. Só dou a esmola, o que é que Deus tá fazendo essa hora'. Mas o meu primo não soube responder, né. Aí..., no tempo dos antigo, o pessoal contou que andava um esmoler no mundo, aí pediu esmola a um senhor rico. Aí, o senhor rico disse assim: 'Eu só dou a esmola, o que é que Deus tá fazendo essa hora'. Aí, o esmoler pensou e disse assim: 'É já que eu lhe digo'. 'Diga.' 'Digo: Deus tá fazendo essa hora sabe o quê? Desmanchando roda e fazendo roda.' Desmanchando roda e fazendo roda, o esmoler disse. Nessa hora que ele disse pro rico, Deus começou a desmanchar a roda dele e fazendo a roda do cego. Aí, passou-se passou-se, aí o cego começou a aumentar. Aumentar as coisa dele. Enricou enricou. Quando chegou um dia, o mesmo rico ficou na esmola. Chegou lá disse assim: 'Senhor, me dê uma esmolinha pelo amor de Deus'. Aí, o cego conheceu... cego, não. Era um esmoler como nós. Aí, conheceu ele. Disse assim: 'Eu só dou... Ah, tô lhe conhecendo, rapaz. Foi aquele que, naquele tempo, que eu lhe pedi a esmola, você me negou. Disse que «Deus tá fazendo essa hora», não foi?'. Aí, ele disse assim: 'Foi eu mesmo'. 'Pois entre pra dentro.' Aí, entrou pra dentro. Deu merenda a ele. Aí, encheu um saco de coisa pra ele e foi deixar na casa dele. Pois bem, aí, o menino não respondeu menina. Se tivesse dito assim: 'Não, Deus tá fazendo roda e desmanchando roda'... Nera? O menino, o otário, não soube responder. Se fosse ele eu dizia. Mas ele não, não soube dizer, responder. Se fosse eu, dizia. Tinha dito. Porque é — sei não... — duma hora pra outra, pode... — sei não — pode até acontecer de qualquer um pedir esmola, né? Eu mesmo... eu nunca tinha pensado em pedir. Eu não. Só pedia esmola no tempo da semana santa. Cheguei numa casa, pedi uma esmola. A mulher veio me dá uma rapadura, eu comi. Quinta-feira santa. Num era porque tivesse precisando, não. Porque eu andava mais um colega meu, aí ele disse: 'Dorém pede' — meu nome é Zé, né? Mas meu apelido é Dorém — 'pede uma esmola aí pra nós comer'. Nós andava nos mato, sabe? Cheguemo numa casa, aí pedi. A mulher trouxe uma rapadura da serra. Toda melada. Aí, nós comemo. Semana santa. Mas na semana santa é pra pedir mesmo, né? Pedir o jejum, né? É, ora! Mas aí, pra pedir aqui, foi diferente. A primeira vez que fui pedir... Primeira vez eu me acanhei, mas a segunda vez achei bom. Achei bom. Na hora que chega na casa, a gente pede uma esmola. Aí, a mulher dá esmola à gente. A gente recebe, bota dentro do saco, aí sai pedindo nas casa. Aí, no sinal... Lá no sinal, faço até de cego, de mudo, pra ganhar o pão pros menino. Faço. Eu faço assim : 'Ê,Ê,Ê...' Aí, a pessoa pensa que sou mudo. É. Aí... Eu, hoje, vinha dentro do ônibus e disse assim: 'Me dê mil!... me dê mil!' dentro do ônibus. Dentro do ônibus, não, dentro do trem. Aí, eu disse assim: 'Me dê mil'. Aí: 'Senhor, não tem mil, não. Peça ao menos cinqüenta'. Ganhei ainda vinte e cinco dentro do ônibus... quer dizer, dentro do trem. Isso ninguém me ensinou, não. Foi eu mesmo, na minha cabeça. Inventei. Me faço de cego. Fecho os olhos: 'Senhora, me dê uma esmolinha, pelo amor de Deus. Pobre do ceguinho!'. Se o cara vim e barruar, sabe o que é que eu faço? *[Riso.]* Todo cego sabe dirigir, ora!. Aí: 'Esse ali é cego mesmo'. Aí, ele entrega. Entrega. Eu fiquei foi de joelho, desse jeito assim, lá no sinal da Aldeota: 'Senhora, pelo amor de Deus, me dê uma esmolinha'. Aí, tinha uma moça bem bonitinha, disse assim: 'Olha a cara dele pedindo.' Aí, eu disse assim: 'Não, senhora, faça isso, não, senhora. Me dê meno uma esmolinha aí. Meno mil'. Disse: 'Tem hoje, não, senhor'. Disse: 'Pois a senhora me dê esse carro pra mim ir me embora nele'. 'Olha a cara dele pedindo o carro.' Num tô brincando, não. Brincando, não. Tem que arrumar o pão dos menino. Se não arrumar, a gente... Se falar direito os pessoal dá. Mas tem... tem de... Tem gente que diz, os daqui diz: 'Ave maria, a pessoa... a luz dos olhos... Deus me livre'. Ora! eu faço é tudo pra levar o pão. Tem que levar o pão dos menino. Diz que Deus dá o castigo. Nada, dá castigo, não. Eu não fico com medo, não, de receber um castigo, não. Sempre um dia a gente morre. A gente não vai ficar pra semente, né? Se Deus me der um castigo, é ele que vai dar, né? Se for Deus... Se for alguém que descobrir aí eu corro. Antes de me der uma surra, eu corro com medo da pisa, né? Pra pedir a esmola pra levar pros menino, tem que tá inventando. Tem de levar a esmola. Eu fui lá ontonte... não, semana passada, eu cheguei aqui, eu fui pro sinal, de mudo, junto do motorista dos ônibus coletivo, aí ele me deu. Ele me deu a esmola. Aí, tinha um caboco lá que dirige o ônibus. Dirigindo, disse assim: 'Êi!' — rindo de mim, é tão alegre comigo, ele — Aí, ele disse — pedindo dentro do ônibus pra mim vim me embora: 'Entra'. E eu sentei lá, desse jeito assim, com um papel véi, como um abestado. Aí, entrou uma mulherzona bem bonitona, aí me deu cem conto. Fazer desse jeito assim, de abestado, a gente ganha, rapaz! Bom demais! Doutra vez, eu... vou dizer o meu pecado, que eu não tenho saco roto: uma vez, eu tava com vontade de dar... — as negrada disse: 'Dá um ataque, que tu ganha esmola'. Aí, eu fiquei... fiquei todo tempo assim... Taquei no chão, e fiz assim: 'Éeeeeeeee...' Aí, o caboco disse assim — cheio de carro —: 'Olha, o caboco véi deu um ataque mesmo. E é de fome. Venha aqui, seu Zé'. E eu me levantei bêbo, bêbo. Eu cheguei, ele me deu um... daquele de papel de prata, de comida boa. Comida boa! Carne, bife, tudo no mundo, sabe? 'Tome pra você comer aí. Coma você só. Não dê ninguém, não'. Taquei a tampa no... Tirei a tampa de cima, comecei comer com as duas mão, com uma danação grande. Aqui, comendo, comendo. Aí, ele disse: 'Esse daí tava morto de fome mesmo'. Aí, me deu mais cem. Isso foi semana passada, lá no sinal da Aldeota. Caí lá no calçamento. Não tem aquele muro? Que sobe pra cima? Foi ali. A negrada que tava mais eu ficou me abanando. Um começou a abanar desse jeito assim... Ele sabia que eu tava... Disse assim: 'Chega, macho! Não diz nada, não, Dorém. Te cala, te cala, te cala, te cala, se não tu não ganha, macho!'. Aí, eu... me deram. Eu comi. Enchi a barriga. Achei foi bom. Enchi. Aqui eu peço... peço esmola, mas não compro a janta, não. Que o dinheiro não dá. Tem que levar pra nove boca, né? Aí, o que comer na rua... né? É mais melhor. Tem de levar pra casa pra comprar o alimento. Quando eu vou daqui, compro umas compra. Compro umas compra pra passar quinze dia. Quando eu chego lá, tá faltando, aí compro de novo, aí vem. Nove boca. Sou eu só pra dar conta. Quando eu num tô trabalhando, quando num tô pedindo, vou pra casa do pai, volto. Imagino tanta coisa. Imagino assim: se a gente não ter serviço pra gente, o que é que a gente vai fazer? E, no sertão, tem muita fome. No sertão, um dia desse, eu ganhei umas coisa daqui, aí cheguei no sertão, aí passou uma mulherzinha lá da banda do sertão. Aí, dixe... aí andou lá em casa, aí a mulher fez café, que nós... eu peço e dou também esmola. Não vou dizer que não dou. É. Aí, chegou a mulherzinha, disse — o nome da mulher lá em casa é Célia, num sabe? —: 'Dona Célia, lá em casa eu chorei com desgosto. Eu véve com tanta fome lá em casa, D. Célia'. Eu tinha trazido um feijão-mulatinho, uma farinhazinha e um arrozinho, num sabe? Pra casa. Quando peço, no sinal, as coisa, dinheiro, mas eu compro um saco bem cheinho de mercadoria e levo pra casa, pra passar quinze dia, né? Aí, a mulher dixe pra mulher lá em casa: 'Minha senhora, lá em casa chegou uma meninazinha com fome. Eu olhei pros quatro canto da parede, pra olhar que tinha ao menos uma colher de açúcar pra mim dar uma garapa a ela pra ela dormir. Não tinha. Eu andei nas casa dos vizinho ali por perto tudinho e não achei a vizinha que me desse uma colher de açúcar. E, hoje, vim pra cá pedir esmola'. Aí, eu fui lá dentro, botei um valor de um quilo de arroz dentro dum saco, botei um valor dum... mais de um litro de farinha, botei um valor de mais dum quilo de feijão. Aí, entreguei a ela. Aí, dei... dei trinta conto pra ela comprar o açúcar dela. Porque nós sofremo. Nós andava numa casa, no sertão, passemo tanta fome. Se não fosse um padrinho meu, a gente tinha morrido de fome. Nós, não, os meu filho. Porque não tinha serviço. O verão lá, só tem serviço no tempo do carnaubal, em setembro. E a mixaria bem... O dinheiro é mixaria, que a gente ganha lá. E todo dia o almoço feito. Todo dia o almoço feito pra dar os quatro caboquinho nosso, os quatro caboquinho... nesse tempo, tinha só quatro. Aí, ela partia um bocadinho pra ela comer. Eu me güentava, sabe? Você sabe que é home é forte, forte, né? Mulher é fraca, né? Como ele, nunca passou fome na vida dela, né? Mulher lá em casa, né? A primeira seca que eu vim foi essa. Eu trabalho na roça. Aí, todos os ano plantava, não dava nada, aí eu vim pra cá pedir. Meu pai também trabalhava do mesmo jeito. Agora, é aposentado ele e a mãe. Tá morando... Tá passando uma vida boa, né? Tá. Tá bom. Véve os dois aposentado, né? É só é pra eles a aposentadoria. Dão nada a ninguém, os filhos, não. É onze filho. Dá nada! Eu peço nada não. Peço não. Eu não peço não. Eu não peço não, porque... que diz... quando ele tira o dinheiro, só dá pra as conta. A gente vai pedir, ele diz que não tem. Aí, a gente não pode pedir, né? Deus lhe dá uns filho... que tem amor a um filho mais do que os outro. Um dia desse, tem um filho morando no sertão, foi pra Itapipoca. Aí, ele pediu... pediu o aluguel da casa. Aí, ele foi na bodega, tirou mil conto e deu a ele, pra pagar o aluguel. É onze filho, um bocado de neto que ele tem também, não dá pra nada, né? No tempo que eu nasci, tinha muita fartura. Tinha inverno bom, nera? Nasci no município de Itapipoca, na Taboquinha. Tinha muito gado demais. Lá tinha gado! A gente se levantava duas hora da madrugada pra tirar leite. Nove hora do dia, soltava ainda o gado com leite pro bezerro mamar no mato. Mas, agora... O gado era do seu Tonico Doze. Seu Tonico Doze... Lá era bom. Agora, acabou-se... Taboquinha... Acabou tudo. O gado ele vendeu quase tudo. Só tem umas cinco reis. Nem ele mora mais lá, tá morando na Itapipoca, lá no Bairro da Estação. Nem ninguém planta mais lá na terra dele. Planta não. Eu agora... Todos os anos eu planto um roçadinho. Nesse ano, eu plantei um roçadinho lá em cima, lá na serra, na terra do Geraldo Barroso. Mas não deu nada. Não deu nem pra gente comer verde. Quando faltou... quando o feijão e o milho bonecou, faltou a chuva. Aí pronto. Aí, não deu nada. Nem semente. Nem semente. Acabou-se ainda antes de... antes de... quando tava segurando, acabou-se tudo. Não deu nada, de jeito nenhum. Feijão caro do jeito que nós come! Lá na Itapipoca, o litro de feijão é cento e vinte. Fica é sem nada pra comer. Só tinha umas coisinha pros menino pequeno. Tem bem três pequeno. Umas coisinha que eu arrumava: umas bananinhas, as laranja, maçãzinha, que eu trabalhava na rua, sabe? Na rua, carreteiro, sendo carreteiro. Aí, o pessoal tinha pena de mim, me dava umas banana, manga, laranja. Aí, agora os bichinho tão na CCF. Todo dia vão almoçar lá. Merendam e almoça. CCF, lá na Itapipoca. A mulher foi lá. A minha mulher... a mulher foi um dia pra lá, aí falou a ela, a chefe lá. Aí, a chefe botou ela. A minha mulher foi pedir... que tinha uma vaga, pra ela. Ela soube lá, nós mora bem pertinho de lá, nós mora. Mora bem perto de lá, da CCF. CCF... que é assim... porque faz comida pras criança. Aí, que a mãe dos menino pequeno vai fazer comida lá, todos os mês. Toda semana é assim. Tem uma semana e outra não. As mãe dos menino que vão lá pra fazer a comida. Aí, dão pras criança. Aí, tem padrinho dos meninozinho, de Brasília, de São Paulo, Estados Unidos. Lá de casa tem um... Eu tenho é dois que eu tem lá: uma meninazinha e um menino. A menina, mandaram dinheiro pra ela, mandou... o padrinho que manda. Todos os mês mandava dez conto. Hoje em dia não mandou mais nem o valor de uma agulha. E o menino perdeu o padrinho. Não vei mais. Não mandou mais nada pro menino. Tem de arrumar outro. Aí o padrinho todo mês manda aquele dinheirinho, todos os mês. Mas tá com uns pouco de mês que não manda mais pra mim, não, pra mim. Eu... a mãe... eu digo nada, não, digo nada, não. Mas a mãe todo dia bota os menino pra estudar, porque eu sou... Não sei, não. Mas a mãe dos menino diz assim: 'Meninos vão estudar todo dia que quando a gente morrer — um de nós desaparecer — se saber que nós demo a vocês ao menos os estudo...' Tem uma menina com onze ano lá, bem sabidinha, a bichinha. Já escreve uma carta. Tem onze ano. Tem um com sete — já sabe alguma coisinha tombém —, tem um com... interou dez ano agora. Vai interar dez ano no dia quatorze. Era o que eu trazia pra cá, pra me ajudar. Aí quando eu cheguei logo aqui, derradeira vez, a mulher dixe assim... a professora dele dixe assim: 'Rapaz, se o menino for, ele vai perder a CCF e vai perder o estudo. É melhor estudar de que andar aí à toa'. A mulher dixe que não era pra pedir aqui não. Tinha que mandar pedir a ninguém não. Vim pra casa da irmã dela, da mulher lá em casa. Aí, dixe... a mulher dixe: 'Rapaz, não deixo mais ele ir, não'. Ficou estudando. A mãe dele deixou não ele pedir. Eu... cheguei lá dizendo que o bichinho tava na casa da irmã dela, passando uns dia. Aí, ficou lá, o bichinho. O bichinho me ajudava. Todo dia ia, trazia quatrocento, quinhento pra mim. No sinal... O bichinho... ele tem... vai interar... vai interar dez ano no dia quatorze de novembro. Menino é bom que ganha... O bichinho ganhava, todo dia, trezento, quatrocento, quinhento... Teve um dia que ele ganhou até setecento. Num dia. Eu num posso trazer ele, sair dos estudo, né? A gente dá o estudo a ele, né? É, porque o setecentos ele gasta, né? E o estudo ele não gasta. Quando ficar grande, né? Se empregar numa firma, ou ser soldado, ou ser doutor, né? Ora! Ou doutor mesmo, né? Né não? Pode arrumar emprego... O povo de lá do meu lugar sabe que eu vim pra cá pedir esmola. Sabe, eu digo. Tem uns que ignora, tem outros que diz: 'Não, a pessoa é melhor pedir do que roubar'. Diz que roubar vai apanhado, vai tudo no mundo, né? Eu não nego, não, que eu vim pra cá. Tem gente que vem pra cá diz que vem é no emprego. Não, eu vem é pedir mesmo, eu. Conto lá. Eu bem que preferia que fosse um emprego, preferia, ora! Trabalhando com carteira assinada, eu, toda hora, eu vem. Vem é ligeiro demais. Trabalhando de carteira ganha mais, né? Ganha é o salário. E tem bem cinco menino, né? O abono, né? Diz que tem o abono agora, né? Só se fosse de carteira. De carreteiro, se voltar a ter trabalho de carreteiro, trabalho. Se o ano for bom, eu trabalho. Só tem safra quando o inverno é bom, né? Quando o inverno é bom, tem... Se o ano for bom volto e vou trabalhar em carreteiro... E também trabalhar em roça. Trabalhar na terra lá do... Olhe, se eu num tivesse aqui... a minha mulher acha... porque não tem outro mei de vida, né? Ela, um dia desse, daqui a água pra... os cano pra encanar a água, a água lá em casa... porque, no verão, tempo de seca na Itapipoca falta água, num sabe? Eu ia pra casa da irmã dela, levou material tudo pra encanar água lá. Se eu num tivesse aqui já tinham cortado a água. Todos os mês quando intera o... chega o papel da água, a gente manda pagar com o dinheirinho que eu ganho aqui também, né?. Se eu tivesse lá só vadiando, já tinham cortado a água... Né? Não tinha comida, né?. Não tinha comida, não. A minha mulher num trabalha lá, trabalha não, trabalha, não. Tem trabalho lá pra ela, não. Tem, não. Trabalha, não. Ela costura, lava roupa. Mas lá é difícil lavagem de roupa, lá. Aqui é mais animado, né? Mas... Eu quero que Deus mande é bom tempo, pra gente sair desse sofrimento, né? Aqui nós sofre. Sofre assim, porque a gente leva piada dum, doutro, né? E aí, Deus mandando um bom tempo é bom demais. A gente trabalha, né? Tem o legume da gente pra gente comer, né? Toda hora, né? A negrada aqui acha graça, que sou cego, né? Invenção de ser cego. Quando eu chego na Itapipoca e digo isso, a negrada quando... Disse do dia que eu caí lá, aí no sinal, quando eu disse lá na Itapipoca desse jeito assim, quando eu caí, a negrada começaram a achar graça. Vou dizer que tô empregado? Eu tô dizendo que eu tô pedindo, né? Tem gente, tá aqui, do depósito aí, que diz que tá empregado, quando chega com as coisa lá, diz que tá empregado. Eu, não. Não vou mentir pra Deus, né? Quando a pessoa trabalha os outro num diz piada, né? Quando a pessoa pede esmola, diz. Quando eu trabalhava dizia não. Trabalhava lá na roça. Trabalhava pra mim. Trabalhava lá pro patrão, lá, não dizia nada, não. Toda semana ele pagava. E agora, pra eu vim pra Itapipoca... Tem um ano aí que choveu, choveu assim, só umas chuvinha boa, segurou a safra da castanha. Trabalhei em carreteiro nos armazém de lá tudo. Ganhava era dinheiro. Até o terreninho que eu comprei foi à custa do dinheiro de carreteiro, né? Bom demais a gente trabalhar. Melhor do que pedir! Ora! Roubar era que era mais pior, né? Tinha coragem, não. Tenho não. Tem medo de ir... que a gente vai preso, raspando a cabeça. A gente não tem mais confiança, não, né? Nem que num fosse preso eu tinha coragem não. Porque eu aqui — Deus me defenda — se eu fosse um ladrão, uma pessoa mandasse um dinheiro lá pra sua família — bem entendido — aí a pessoa não tinha mais confiança nim mim, né? Eu tô aqui... Eu tenho certeza que todo mundo aqui me conhece. Tem uns pouco que mora na Itapipoca: 'Dorém, pegue esse dinheiro e entregue à minha mulher'. Eu entrego bem certinho, né? E se fosse um ladrão, mandava por mim? Ou cachaceiro, né? Entregava, não. Fazia era beber. Fazia tudo, nera? Eu não. Graças a Deus sou honesto, até o dia de hoje. O pessoal aqui tudo é amigo. Aqui por dentro. Mas um dia desse roubaram umas coisa daqui, né?. Roubaram... sei não... Sei não. Um dia desse carregou um feijão dum rapazinho ali, um caminhoneiro, aí... um meninozinho lá da Itapipoca pegou o feijão e vendeu e tocou o dinheiro. Aí, o caminhoneiro viu. Aí o Denizar fez ele pagar, e o Denizar tirou ele daqui de dentro. O Denizar sabe de tudo que acontece aqui, né? Sabe. Na hora que descobrir quem é que tá roubando aqui ele bota fora, não vem mais, não. Nós mesmo aqui quando sabe diz a ele, né? Ele é legal. Pois é. Eu tem três mês que tô aqui, nesses três mês que já interou que eu vou e vem. Passo quinze dia, durmo uma semana, duas semana. Aí, vou e volto. Passo três dia em casa, ou quatro, aí quando tá... antes de se acabar as coisinha, volto pra arrumar, pra deixar de novo. A mulher diz que eu vem pra cá, arrumo namorada. Mas não é, não. Todo mundo sabe aí que eu não... que eu num sai daqui — [Pede confimação à alguém:] — Num é não dona menina?"

"É. Quando chega de noite, você tá lá na sua rede, bem ali."

"Ela pensa que eu... Ela desconfia. Toda mulher confia da vida do home. Não é toda mulher, não. Pelo menos a lá de casa desconfia. Desconfia de mim, que eu vem pra cá, que eu acho bom. Porque lá, na hora que eu chego lá, noutro dia o meu gosto é tá aqui. Só nas prosa, sabe? Nas prosa das negrada, das prosa. Ela pensa que eu tenho alguma caboca aqui. Eu gosto de ficar brincando aqui, um pedacinho de noite, à boquinha da noite, com as negrada. Aqui é bom a prosa, todo dia de noite e manhãzinha cedo. Aqui é tudo parente, parente assim, da mesma raça — (Explica: eu durmo aqui, encostado, perto das menina aqui, da minha prima ali. Aquela outra moreninha ali é minha prima, é tudo assim. A irmã desse rapaz aí, que tem a mulherzinha fanhosa, a mulherzinha fanhosa é minha prima tombém.) — Na semana... na semana, passei... fui terça e vim sexta. Passei bem três dia, né? Mas dia que eu vou, no outro dia... eu vou sexta, sábado eu volto. Eu é. Meu vício que tem é só, na boquinha da noite, jogar um baralho. É. Aí, pronto. Aí jogo dez conto. Se eu perder, ai vem pra minha rede dormir. Pronto. Mais do que isso, eu não gosto, não. É. Se fosse outro, né? Tem gente que gasta baralho aí, tudo no mundo. Eu não. Eu magino é as nove boca que tem lá pra dar de comer. A mulher vai ter mais filho, não. Também já tá com quarenta e cinco ano. E ela é ligada, ela. Fez ligação. O derradeiro... Foi. Ela que fez... ligou mesmo. Mandei ela ligar. A ligação lá foi de graça. O bichinho tá com... dentro dos dois ano — o mais novo. Mas é sabido, ele! Desse tamanho! Parece que nem é meu filho. Bem alvinho. Bem gordinho. Tem uma meninazinha que nasceu tá com quatro ano, mas a bichina é retardada, doidinha. Não sei porque ela tava grávida dela, e tomou uns comprimido e tomou injeção pra botar fora... Eu disse que foi, porque ela vei aqui, as irmã dela disse que não queria que ela ter mais filho. Aí ela disse que tava grávida só com dois mês ou um mês. Aí, ela confiou, né? Aí, mandaram dar injeção nela, a bichinha nasceu retardada. Isso aqui alto, da bichinha. Ela olha pra gente, começa a dar risada, num sabe? Já anda pra todo canto. Aí olha... a bichinha é tão doida, porque... sabe o quê? Acha graça pra sombra. Atrás de matar a sombra da bichinha. Ela mesmo. Mas é bem bonitinha, a bichinha. Isso aqui dela alto. Eu digo que foi dos comprimido. Ela diz que não foi, não. Tomou comprimido, tomou injeção mais, pra botar no mato. Mas ela só chama mãe. Mas quando endoida a doidiça dela, fica dando risada, alegre, endoidece. Abarca em cima da gente, só falta matar a gente. De agarrar. Ah, dá um arribão na gente. Daquele tamanho! Tá dentro dos quatro ano. Desse tamanho assim... a bichinha. Diz que é retardadinha mesmo, é doidinha. Mas eu gosto dela! Ora! É o jeito, né? É gostar, que é filho da gente, né? Eu gosto de tudinho. Inté que eu criei dois, que eu quero bem, né? Criei dois que sabe que não é meu... sei que não era meu, eu quero bem tudinho, todos dois. Né?

[Interferência — Chega Zé Ferreira:]

"Ó, eu vim de novo."

"Foi? Voltou, foi Ferreira?"

"Foi. Eu vou voltar essa semana."

"Ele mora lá... ele aí é meu conterrâneo também, ele aí. Foi ele que convidou eu pra cá. Foi tu que convidou eu pra cá."

"Foi."

"Tava morrendo de fome lá. Agradeço ele. Nas época de fartura eu ainda era solteiro, eu morava mais o pessoal do seu Tonico. Lá em casa, saí na idade de doze ano. Saí cedo de casa porque eu queria mesmo andar o mundo, ganhar o mundo, nas casa. A parte mais ruim que eu andei foi aqui. Passsei oito mês aqui, aí voltei. Nas praia, sertão, riachão; tudo por ali, eu já andei. A parte mais ruim foi aqui foi porque me mandaram me buscar! A minha família mandou me buscar. Aí, eu não... Cheguei em casa... na hora que cheguei em casa, ganhava o mundo, menino véi desse tamanho assim. Só vivia no mundo. Idade de dez anos só vivia no mundo. Não tinha amor em casa, não. Aí, tinha uma colega minha... eu nasci e me criei lá... ela é de lá. Doida pra levar eu pra São Paulo. Mais ante tivesse ido pra lá, ser ama de menino. Que eu lavo prato, eu faço tudo. Barro casa, faço tudo. Ela chamou eu pra ir pra São Paulo. Foi. Eu não fui porque a mãe não deixou. Mas se eu tivesse me danado pra ir, eu tinha ido mesmo. Mas faltou meu documento, né? Pequeno véi. Depois que eu tomei conta da família, não quero largar a família, né? Antes, eu vim pra cá pra Fortaleza. Eu vim escondido e mandaram me buscar, daqui eu gostei mas mandaram me buscar. Eu tava tratando duma raca dum rapaz, que eu nasci e me criei lá no poder dele, sabe? Aí todo dia eu tratava da raca. Todo dia eu dormia lá. Aí, eles um dia mandaram me buscar. Aí, eu fui embora. Isso era ali no Tabapuá. Faz é ano. Tá com uns pouco de ano. Faz mais de vinte e cinco ano. Aí nunca mais voltei pra cá. Minha mulher é daqui. Mas eu conheci ela lá no sertão. Até eu fui mais uma prima minha... Aí, eu me ajuntei com ela. Eu tem duas irmã minha no Pirambu, e tem outra lá no... tem dois lá no Jardim Iracema. São casada e são rica. São rica! Os marido delas são rico. Tem um que trabalha lá no... tem um mercantil, tem de um tudo. Aqui, acolá, quando nós tamo de baixo, ela vem pra cá, arruma umas coisa. Vai fazer mais de um mês que nós comemo as coisa que ela... Que nós sofria! Passava um mês numa casa, passava noutro... Pagando aluguel, lá em Itapipoca. Aluguel de casa. Quando não tinha o dinheiro do aluguel, aí o homem tomava a chave. E eu... Só na Itapipoca, moremo cinco vez. Aí, ia se embora pro sertão. Passava um mês numa casa, passava... não demorava nem um mês. Na minha mente, nós... Eu mais a mulher. Levava dois meninos no tuntum, saco de roupa, pra todo canto. E o resto das coisas nós tocava fogo. Tocava fogo nuns mulambo; os pote véi nós quebrava. Sofremo! Aí começava tudo de novo. Nós não ajuntava nada porque ia carregar em quê? A gente não podia. Não podia levar, aí queimava porque não podia levar. Nós sofremo! Nós sofremo! Nós mudava pruma casa, mudava pra outra. Nós moremo... só num canto moremo cinco vez. Nós fomo pruma casa duma mulher, fica lá — a senhora num conhece, não, mas já ouviu falar — pra lá do... pra cá de Miraíma. O nome lá é Poço da Pedra, filha do Tonico. Parece até com a senhora. Mas a senhora na frente dela é gorda. Ela é magra. Assim: uma mulherzona alta, magra. Ela prometeu tudo no mundo pra mim. Eu nasci e me criei mais ela, lá. Prometeu tudo no mundo pra mim. Aí, um dia de noite ela veio me buscar. Aí... nesse tempo eu tinha um casal de filho e ela esperando... barriguda da primeira menina. Aí, nós fomo pra lá. Quando nós cheguemo lá, aí ela arrumou uma casinha pra lá. Ela pagava... comecei a trabalhar, ganhando mil e quinhento. Naquele tempo, mil e quinhento dava pra comprar até alguma coisinha, à custa dela, num sabe? Custa da dona da casa. Tratar de gado. Pra mim, sete hora da noite era bem cedo pra mim ainda. Nas duas semana, ela... até garantido. Tinha tudo pra mulher, sabe? Mas nas três semana pra interar as quatro, era só o arroz limpo. Só o arroz limpo. E o terreno da mulher. Só que a pessoa pobre deve, né? Aí, eu saía de lá nove hora, dez hora da noite. E a mulher, nada, só tinha bebido café. Saía lá de casa: 'Mulher, fica aí' — e ela esperando descansar dessa menina mais velha — 'Fica aí que eu vou pros Poço'. Pra beira do rio, sabe? Poço. Pegar peixe pra ela comer. Nove hora...

dez hora da noite. E a mulher sem nada. Só tinha bebido café. Nove hora... dez hora da noite, nove hora. Pegava uma garrafinha e uma bolsa, empurrava pro rio. Quando eu chegava no rio, por Deus era noite de lua, né? Você sabe que no interior, lua lá é igual a energia. Aí pegava umas piabinha. Dentro de meia hora eu enchia a bolsa. Porque lá tinha peixe!, sabe? Enchia a bolsa. Quando eu chegava pelava aqueles maiorzinho, descamava todinho, aí pelava, aí tratava, botava um salzinho pouco. Aí, já trazia o óleo. Sabia que eu pegava mesmo, sabe? Já trazia o óleo lá da casa da donde eu trabalhava. Farinha tinha, né? Aí, quando chegava, pelava o peixe, tratava bem tratadinho, aí lavava com duas água. E ela lá, esperando. Um buchão! Você sabe que mulher grávida, né? Um buchão! Aí, quando eu cheguei... aí, fazia o fogo. Botava água no fogo, aí pisava pimenta. Temperava bem temperadinho. Quando a água tava... botava o... Quando o peixe tava cozido, fazia uma farofinha inté boa pra ela. Ela comia. Aí, aquele peixinho dava pra dois dia. Quando interou o mês tranquilo, aí eu dixe: 'Mulher, bora sembora'. De... do Poço da Pedra pra Itapipoca é quinze légua. Aí ela dixe: 'Dorém, como é que nós vamo?'. Disse: 'Olhe, pote... só bote só a minha rede, a sua e a dos dois menino e a menina quando nascer'. Eu queria ir membora porque não tinha serviço, não. Senão a gente tinha morrido de fome. Lá pra mim tinha onde comer, mas pra mulher, cadê? Não tinha. Só arroz limpo. Só arroz limpo. Mas peixe só quando eu ia pescar. Passava dois dia ainda comendo o peixe dela. Cadê feijão? Cadê? Ela doida por feijão como ela é! Aí, era um dia de domingo, disse assim: 'Mulher, vamo sembora hoje'. Disse: 'Vamo?'. Disse: 'Vamo'. Disse: 'Como é que nós leva?'. Disse: 'Abasta botar só as rede dos dois menino, a tua e a minha e as coisinha aí. O resto nós toca fogo'. Aí, tinha um cara da Itapipoca que ia buscar uma carrada de estrumo lá na casa dessa mulher, não sabe? Disse: 'Nós vamo no carro'. Carradona que era uma pai-d'égua. Uma mercede. Quando ele chegou — ele chegou domingo às duas hora — aí eu vim praí, falar a ele. Disse: 'Eu levo você. E você vai morar mais eu na Itapipoca, agora. Você vai ser meu caboco. Você vai trabalhar no carro mais o meu motorista, aí eu alugo uma casinha pra você. Eu sei que você vai passar uma vida mais melhor de boa'. E ela não quis! Não quis de jeito nenhum. Disse: 'Não, nós vamo descer ali, no sertão. No sertão mesmo'. Não quis! Aí, descemo lá na terra do Otávio Bilô, com nome chamado... chamado... pra cá do... Jucá. Fomo pra lá. Passemo bem três mês. Aí, esses três mês nós viemo pra Itapipoca. Ela num quis porque num quis mesmo. Se ela tivesse ficado... vindo mais nós, mais eu, ia até... tivesse melhorado a minha vida, nera? Trabalhando no caminhão, nera? Tudo, né? Ia trabalhar, ia ser carreteiro... Ia pro Maranhão buscar farinha; pro Pará buscar farinha. Ele disse que não faltava nada em casa. Aí, disse: 'Não, Dorém, já basta essa que disse que não faltava nada pra nós. E cadê? Faltou. É melhor trabalhar alugado'. Ela achava melhor trabalhar alugado porque assim... trabalhar assim no caminhão é todo dia. Todo dia, todo dia. Se faiar um dia, não tá mais, não. E alugado trabalha... Trabalha também. Um dia é um, um dia é outro, um dia é outro. É assim. Fica livre, fica atrás, procurando, vai pedir. É como o trabalho de carreteiro. Agora eu sou livre, que a casa é minha, né? Não tem patrão nenhum. O patrão só é Deus, Nosso Senhor e Nossa Senhora. Porque... sendo patrão, a gente é sujeito toda hora. Toda hora é sujeito, é sujeito chamar a gente pra ir trabalhar, né? Sujeita o caboco pra trabalhar barato. Barato assim: o valor é cem conto, ele paga cinqüenta. Se o valor é cinqüenta, ele paga vinte e cinco. É assim. O que é que é vinte e cinco numa época dessa pra um pai de família e nove boca? Não dá nem pra um meio quilo de açúcar. Dá nada! Pois é. Eu conheço um... o Doutor Juraci que mora lá no Carrapato — eu não sei se a senhora viu falar o nome dele, doutor Juraci. Na época que tão pagando de cem lá, ele tá pagando de vinte e cinco pro trabalhador. E é todo dia. Tem que trabalhar. Ou trabalha, ou ele bota pra fora. É pra lá... pra lá de Itapipoca uma légua. O nome dela é Fazenda Carrapato. Vinte e cinco. Pro pessoal trabalhar na terra dele, é morador dele. Aí não pode dizer nada, né? É morador dele. Não pode dizer nada. Não pode dizer, não, que é morador dele. E é... tem de ir. Se não for, bota fora. Tem umas pouca de fazenda. Tem uma fazenda no Carrapato, tem uma fazenda no... no Macaco, outra na Lagoa do Mucambo. Inté no Maranhão... Inté no Maranhão tem fazenda, o Doutor Juraci. Aí, quando é depois, nós arrumamo um cantinho na Itapipoca. Tá com dez ano que nós tamo na Itapipoca. Lá é bom. A casa lá é da mulher, que eu comprei lá um terreno, aí ela passou o nome dela, casinha de taipa. A casinha é no nome dela. Aí ela fica lá mais os menino. Tem um menino com dezoito ano. Quando ela veio pro meu poder, trazia dois. Tem um com dezoito, outro com quatorze. Era dela, ela tinha dois filhos. Eu tenho um filho com a idade de... com dezoito ano, que é dela. Mas, num tempo desse, ele veio pra cá, idade de quatorze ano, aí foi pra casa de uma tia dele, sabe? Lá... mais um primo, por causa dum primo dele... Engasgou a arma, sabe? O revólver ficou engasgado. Aí, o primo dele chegou, foi desengasgar o revólver, aí mandou buscar um balde d'água na bomba pra ele tomar banho. Quando o rapaz vinha botando o balde dentro do banheiro, quando voltou, acertou uma bala nele bem aqui. Faltou um nada pra pegar aqui. A bala entrou na nuca, não saiu mais, não. Aí, ele não pode carregar peso, não. Ficou doente. Quando ele apanha gripe, bota sangue. Voltou pro interior. Tá na Itapipoca. Ele tem dezoito ano, o caboquinho. Ele tá estudando. Aí, agora, tem dois pra se batizar. O padre disse que só batiza se casar. Aí eu vou casar mais ela. Vou casar que é pra batizar os menino. Os outros foi batizado sem casar, mas descobriu lá uma vizinha, sabe? A vizinha disse que agora só pode batizar se casar. Vou casar. Era pra casar nesse mês de setembro. Que a mulher lá ia ajeitar pra nós casar. Casar e batizar os menino. Tem um com dois ano pra se batizar e outro com quatro ano. Bichinha doente. Nasceu doente. Vou casar. Não sei se é diferente, nunca casei, né? A vida de casal é boa demais, né? Casando... É muito bom demais, né? Que ela não briga comigo. Nunca brigou comigo, né? A mulher que eu conheço só ela mesmo. A primeira não deu certo, né? Vou casar com ela. Já tive outra, mas não deu certo, né? Teve dois filho da primeira mas morreu todos dois. Ela mora lá no sertão. Ela tá aqui, aqui no Depósito, ela vei pedir. Tá aqui mais a irmã dela. Eu não falo com ela, não. Ela fala comigo. Eu não falo com ela, não. Mas ela, nessa semana, no dia que eu cheguei, sexta-feira, ela começou dar piada comigo. E eu disse pro Denizar — o dono... que repara aqui... o dono do Depósito — que ele desse conselho a ela, que eu não ando falando da vida dela, né? Ela dizendo que... me esculamba; chama todo nome comigo. Ela tá junta com um caboco, mas ele não tá aqui, não. Ela já tem bem seis menino dele. Acho que é seis ou é cinco. Ela é zangada comigo. Deus que me defenda se eu tiver deitado na rede dela, na minha mente, ela vai é rasgar. Ela se zanga comigo porque acho que é porque eu deixei ela. Naquele tempo, que eu me juntei com ela, tinha treze ano. Ela aí — [aponta] — a irmã dela aí, dona dessa rede encostado é irmã dela. Ela tá aqui mais a irmã. Eles que trouxe ela. Foi o irmão dela que... tem três irmã dela aqui, num sabe? Tinha treze ano. Aí só vivia no mundo. Só vivia no mundo, nas casa. A gente dá... você sabe que o homem dá conselho à mulher, né? Aí, ela vinha pra cima da gente... pra cima de mim, atrás de me bater. Você sabe que o home... se tá com a veneta boa, né? Uma vez, foi... se acabou-se minha paciência, taquei uma mãozada no pé do ouvido dela, que derrubei. Antes dela bater no chão direito, ela levantou pra levar outra. Aí, disse: 'Vou deixar. É melhor deixar de que viver batendo'. Num aprende, né? E toda vida... E nasceu um meninozinho, e todo dia eu banhava o menino, era pra mim dar de comer o bichinho. Fazia comida pro bichinho. Chegava cinco hora. Aí, um dia, eu me zanguei e deixei. Aí, morreu todos dois. Foi de fome que ela matou. Quando eu ajuntei com a outra, aí mandei buscar todos os dois. Ela disse que só entregava a Deus. Aí, pronto... Lá onde eu moro, essa terra que eu planto e que eu moro é pertinho uma da outra. É na terra do Geraldo Barroso. Era o prefeito da cidade da Itapipoca. Agora é o Doutor... Agora é o Doutor Vicente. Eu votei pra ele, votei pra esse Doutor Vicente. Ele inté que é bom... é assim, porque ele não comanda ninguém. Assim mesmo, ele tá fazendo... só a benfeitoria que ele tá fazendo lá na Itapipoca, só é o calçamento, pista... fez um galpão lá, pra vender verdura, fruta, sabe? Da Ceasa que vai pra lá. O pessoal compra. Que vendiam lá era no meio do tempo, do sol quente. E ele disse que no dia que fosse prefeito, primeira coisa que levantava era o galpão pro pessoal vender verdura debaixo. Ele fez o dever dele. Na hora que foi prefeito, entrou prefeito, entrou na prefeitura... Lá na Itapipoca tinha só calçamento. Só tinha a pista... só... só... só... a pista só era pro Acaraú, pra cá. Agora todo calçamento lá tá cheio de pista. Lá teve foi saque, lá houve foi muito. Houve foi muito. E aí, ele... Todo mundo... Aí ele dava, o prefeito, esse Doutor Vicente, dava cinco de feijão, dois de arroz, dois de açúcar, dois de farinha. Aí começou dando as coisinha, aí vinha se embora. Uma semana na frente... foi três vez que eles invadiram lá. Eu nunca fui nenhum, não. Eu tava pra cá. Mas se eu tivesse lá... Ora! Mas eu tava não. Tava pra cá. A negrada me contaram. Tem um vizinho lá... tem um vizinho lá, que ganhou coisa que ele deu a eu, um vizinho. Ele foi no saque, aí... Foi. Aí ganhou. Um cunhado meu ganhou também. Tem umas pessoa que diz que isso é roubar. É nada! Ê! Obriga, né? Obriga. Lá um bocado de gente. Tô dizendo, lá no... o pessoal, que eu disse, atrás de invadir lá. Era mais de... de trezentas pessoa, entre menino, mulher e home. Não é ladrão não. Quando diz, alguém disser assim: 'Olha, aqueles bicho ali tão roubando o armazém', aí não tá roubando, não. Acho que tá não. A gente tá tirando é na frente, né? É na frente dos dono, né? Era ruim se fosse... Deus me defenda, deixasse escurecer, pra de noite a gente ir roubar, nera. Aí, é roubo. Mas na frente, não, não é. Na frente é assim, tá vendo todo mundo, né? Carregando, né? Pra dar de comer à família, né? Na frente do pessoal, né? Aí, não é roubo. Tá tomando. Roubo é esse, que a pessoa tá em casa, aí tem uma bodega, e a pessoa tá com a sua bodeguinha tranquilo, a gente chega. E, de noite, um bocado de caboco vai roubar, de noite. Aí, é roubo. Sem a pessoa que é dono vê, né? Mas é mais melhor é pedir de que fazer essa arrumação desse jeito aí. Tranquilo, né? A gente chega numa casa, pede uma esmola à mulher, a um cidadão, ele dá a esmola, a gente tem todo gosto, né? Aí, também agora tá difícil as esmola. A gente chega nas casa, diz assim: 'Perdoe, seu Zé. Vem amanhã, que hoje não tem não'. Os meninozinho desse tamanho que diz. Aqui em Fortaleza. Não sei se não tem mesmo ou é porque... sei não. Ontonte... Foi onte — onte foi domingo, não foi? —, pedi uma esmola numa casa lá. Tinha um meninozinho desse tamanho. Desse tamanho, o bichinho. 'Bichinho, diga a sua mãe que mande uma esmolinha pro pobre do veinho aqui.' Ele entrou pra dentro. Aí, ele falou lá com a mãe dele, a mãe disse assim: 'Diga a ele que perdoe, viu?'. Eu escutei. Aí, ele disse assim: 'Seu Zé, perdoe. Vem amanhã, que hoje não tem não'. Desse tamanho, o bichinho. Bem bonitinho, o bichinho. Aí eu num digo nada, não. Num digo nada não porque é pior, né? A gente se zangar, né? É pior. Eu tem vontade é de vim morar aqui em Fortaleza, eu tem. Se eu pudesse arrumar uma colocação aqui pra mim, eu vinha. Porque a mulher se empregava numa casa, né? Ia viver muito mais melhor aqui. Ora! Lá não tem serviço pra mulher. Os menino agora tão tudo grande, né? Tem uma menina com onze ano. Aí, tomava conta da casa, enquanto ela... Trabalhava pra um canto, eu trabalhava pra outro, né? A irmã dela prometeu uma casa a ela, mas não disse mais nada. Pra ela trabalhar numa casa. Que ela é rica, né? E não tem nenhuma empregada. Tem seis filha moça dentro de casa. Quem faz as coisa lá é as filha. Quando ela vai pra casa leva é muita coisa. Depois que eu me ajuntei com ela... eu tenho coragem de lhe dizer: eu num comprei um prato, não comprei rede, não comprei nada. Tudo é levado daqui, da casa das irmã dela. Eu só compro... eu só compro o alimento, o de-comer. Não tem móvel de jeito nenhum, só alimento. Tem uma lá no Pirambu, é rica. Toda vida quando eu vou pra lá, ela me dá mil, me dá quinhento, pra mandar pra ela. Manda prato, manda colher, manda tudo no mundo. Garrafa de café, tudo no mundo. Alumínio, tudo no mundo pra ela. Rede, tudo no mundo. Se tivesse emprego pra mim assim... trabalhar assim num... ou sendo servente, assim fazendo massa, sabe? O pessoal que trabalha pra pedreiro ou alguma coisa aí. Queria saber se eu tava trabalhando. Um dia desse eu ia comprar uma casa acolá, mas era longe daqui. Lá no... pra lá de Caucaia. O cara quer vender. O Zé Ferreira vai comprar agora. Mas é longe daqui, nós ficava longe. Eu quero aqui dentro. Tinha uma na... a minha na Itapipoca quero vender pra comprar uma aqui, mas não dá. Casinha véia, sabe? Mas tem água encanada e tem luz, energia. Num tá boa porque num tá rebocada, né? Rebocadinha, bem prontinha, dava... vai dar pra vender por um dinheiro até... pra comprar outra aqui. Agora, na semana passada, eu fui, a mulher arrumou material com o Doutor Vicente, com o prefeito, sabe? Aí... Pra mim fazer o reboco e caiar ela. Rebocar pra caiar, sabe? Quando eu aprontar ela todinha, eu vou vender pra mim comprar uma aqui, pra vim se embora pra cá. Dá mais dinheiro, né? Muita gente já mandou, o pessoal de lá, todo mundo diz assim: 'Rapaz, é melhor pra tú lá'. Aqui em Fortaleza. É melhor, porque a gente... no dia que não tiver emprego, quando se acabar esse... tem esse de pedir... Aí, eu tô pedindo, né? Aí, aqui a gente tem dias que a gente ganha alguma coisa até bom, de comida de sal, a gente leva pra casa, né? Pra comer. É aqui. A gente come. E as criança lá, né? Eu continuava pedindo se não tivesse emprego, né? Não tivesse serviço. Mas eu trabalho. Aqui, acolá, eu trabalho. Antes deu chegar aqui... um dia desse, eu desgotei... a pessoa que desgota a fossa, né? Desgotar fossa, sabe, né? Fossa. Eu desgotei bem umas três fossa aqui, depois que eu cheguei. Desgotei uma bem aí, do lado de lá da pista. Comecei dez hora do dia e terminei duas hora da tarde. O home me deu duzentos e cinqüenta. Na esmola ganhava, né? Ganha... Depende de onde tiver bom. Eu ganho cento e cinqüenta, duzento, né? Depende, né? Aí, eu tava lá no sinal, um dia desse, aí passou um home num carro, num fusca. Aí, ele disse... aí parou o carro e me chamou: 'Êi, vem cá'. E eu vim. 'Tu quer fazer um serviço ali pra mim?' Disse: 'Vou. Mas vou assim: que o senhor... vou mais o senhor e você vem me deixar aqui. Se você me deixar à toa, porque eu não sei aonde é... eu não acerto, eu fico perdido'. 'Não, não tenha medo, não. Você vai mais eu trabalhar na minha casa. Aí, venho lhe deixar aqui. Daqui você vai se embora.' 'Tá certo.' Aí, eu fui mais ele. Ele, a mulher e a empregada correram pra banda da serra. Prali pra baixo. Passemo umas pouca de ponte. Quando nós cheguemo lá, ele: 'Tá aqui esse pedacinho de muro pra você capinar, ciscar o mato e botar fora'. 'Tá certo.' Cheguei lá, me deu uma enxada e o ciscador. Capinei todinho, cisquei todinho, deixei bem limpinho o canto do muro, da cozinha. Quando nós terminemo, aí ele... eu merendei. Aí, ele disse assim: 'Vou lhe pagar'. Meteu a mão no bolso... botou a mão no bolso, me deu cento e cinqüenta. Aí, ele vei me deixar no sinal de novo. Me deu dois litro de coca... me deu um litro daquela cocona cheia de suco. E dois pacote de bolacha creme-craque. Agora, um dia desse, no sinal... Tomei quase tudo. Trouxe o resto pra cá, pra mim comer. Aí, num dia desse, eu tava no sinal, ele me chamou: 'Êi, vem cá. Foi você que foi aí, limpar meu muro?' 'Foi, sim senhor.' Meteu a mão no bolso e me deu quinze. A pessoa trabalhando, né? Todo mundo quer bem a gente, né? Eu não... só não faço é roubar. Mas a pessoa dizer assim: 'Vambora trabalhar ali'. Eu vou trabalhar. Embora que eu ganhe mais pouco do que nas esmola. Mas eu vou. Ficar sabendo, no outro dia é assim: 'Olha, aí, aquele cara ali trabalhou'. Que ele é trabalhador, né? Aí, se não for, diz: 'Olha, só quer malandrar', né? A gente trabalhar num dia, né? Dois dia, né? Diz assim: 'É, ele é trabalhador, mesmo'. Aí, diz pros outro. Eu gosto. Eu vou porque eu tenho vontade de trabalhar mesmo. Um dia desse, eu tava pedindo umas esmola ali no... Aí — eu e um colega meu. Aí... eu fui num quarteirão e ele noutro. Quando nós cheguemo acolá, ele me chamou: 'Êi, Dorém, vem cá, esse home aqui quer botar mil e quinhento tijolo... dois mil e quinhento tijolo lá pra cima do prédio. Vambora impreitar pra nós botar pra cima?'. Negócio de quatro e meia da tarde. Disse: 'Vamo impreitar com ele que eu carrego mais tu'. Aí, impreitou um cem conto. Mas impreitou assim: dizendo que eu botasse só os tijolo. As banda era com ele, as banda do tijolo. Aí, ele fechou o negócio. Aí, carreguemo. Nós carregava muito tijolo no ombro. Só o tijolo mesmo limpo, sabe? No ombro. Subindo uma escada assim... lá no prédio, lá em cima. Numa hora dessa ainda tava carregando, ainda. Acabemo de carregar ante das sete hora. Aí, deixemo uma ruma de banda lá, sabe? Que ele disse que a banda era com ele. Aí, quando ele chegou, ele disse: 'Não, você vai botar as banda pra cima'. Ele dizendo com o rapaz. Disse: 'Não, senhor. Nós fizemo negócio de carregar só os tijolo, as banda, não'. 'Pois, então-se eu não pago vocês.' Não pagou mesmo, não. Nós viemo sembora. Nós viemo sembora. Não pagou, não. Não sei se o outro que tava mais eu foi receber. Mas eu não recebi nenhum tostão. Fiquei a camisa cheia de suor, filha de Deus. Todo sujo. Precisou nós chegar aqui, tomar banho de novo. Não fiquei zangado, não, fiquei nada, não. Não sei se ele foi receber depois. Se ele tiver recebido, mas não deu nada, não. Esse é la da Miraíma, mas não tá aqui não. Tá noutro depósito, no depósito ali do César."

Apresenta-se o segundo MENDIGO DO SERTÃO, José Monteiro Pinto, mais conhecido como Zé Ferreira. Diz:

"Não. Nossa Senhora me defenda de pedir esmola. Mas ninguém há de dizer: 'dessa água eu não bebo'. Que é uma coisa das causa, tá sujeito qualquer um chegar a oportunidade de pedir também."

"José Monteiro Pinto, meu nome..."
[Dirige-se a terceiros: — *Vai mais prá lá. Vai mais prá lá.*]
"A minha vida toda foi sofrida, sabe? Porque minha vida... Desde a idade de oito anos que eu trabalho pra casa. Pescando, sofrendo. Porque pescaria é bicho duro. Bicho duro é pescaria. Bicho duro é pescaria, né? Pescaria é uma coisa... Mais importante que tem no mundo é pescaria. Eu... Eu pescava era em açude. Eu morava na... Nessa época... Eu nasci e

me criei na Fazenda Nova, sabe? É. Fazenda Nova. Depois de Miraíma. Aí, na época, eu... Lá era favorável de peixe, a usina era muito grande. Eu ia pescar na idade de oito ano. Precisava meu pai ir atrás de mim, pra trazer o peixe, que era peixe demais. Eu não podia, tinha pouca força, né? Era muito novo. Aí eu... Agora eu tô com a idade de quarenta e dois ano. Aí, o... sempre o sofrimento, né? Começa logo o sofrimento, né? Aí, eu..."

[Interferência: — *Faz zoada não, que pega tudinho aí, negradinha. Deixa o home conversar bem limpo aí. Com todo mundo aqui, não adianta conversar, né? Porque...*]

"... Aí, desde o tempo de oito ano que eu pescava, aí eu comecei... continuei pescar, continuei pescar; pegava o peixe, ia vender. Trocava por farinha. Aí, o resto do... do dinheiro... pegava o dinheiro entregava o meu pai. Chegava em casa, entregava o meu pai. Aí, eu trocava... Quando a negrada não comprava tudo a dinheiro, que o tempo era ruim mesmo, eu trocava por farinha. Aí, continuei pescar. Passei ainda, só em pescaria, eu passei mais de vinte ano pescando. Porque depois, eu... quando eu fiquei... quando eu casei — casei com dezenove ano — aí eu não... eu não trabalhava assim no pesado, não. Trabalhava, fazia meus roçado, mas era como trabalhador, fazia era pescar, maior parte era pescar. Aí comecei comprar peixe. Comprava peixe, comprava, comprava... tanto comprava como pescava também. Eu dormi muita noite na beira do açude. Vivia assim no chão, em riba de pedra, em riba de tudo. Passava a noite dormindo na beira do açude. De madrugada, eu entrava. A água era mesmo que gelo. Fria a água. Tinha inté medo de entrar, porque onde nós botava os pés chega doía. Já tava com frio durante a noite: passava a noite na beira d'água, né? Era um sofrimento. Eu tinha um cachorro com nome Peludo, era quem andava comigo. Aí, esse cachorro, o cara pegou uma richa nele, um dia matou. Foi pescar mais eu, o cachorro... Fui pescar e levei o cachorro pra beira d'água. Ele ficava pastorando minha roupa. Podia passar uma pessoa bem encostadinha da roupa, ele não latia de jeito nenhum. Só se fosse pegar na roupa. Aí ele latia, né? O cachorro era muito ensinado. Aí um cara pegou entiqueta com outro. Pegou... pegou aquela entiqueta. Aí, um dia matou ele. Deu uma facada muito grande nele. Aí o cachorrinho passou por mim, balançando o rabo, mas eu não sabia o que era. Tava cortando canarana — capim pra dá gado, sabe? —, mas eu não sabia o que era. O cachorrinho passou, passou... Aí eu senti que ele tava cortado, o cachorro. Senti que ele tava cortado, aí fui embora pra casa. Quando cheguei lá em casa, tava o fato do cachorro todo de fora. Aí eu peguei, amarrei o cachorro numa corda. Tinha um juazeiro assim por trás da casa, aí eu peguei, amarrei o cachorrinho e levei ele lá pro juazeiro. Cheguei lá, dei uma machadada na cabeça e acabei de matar. Sempre não tinha mais jeito, né? Aí eu acabei de matar o cachorro. Aí sempre continuou o sofrimento. Porque quem pesca assim, a não ser em casa, sofre demais, né? Porque a gente pesca de pé, também em açude que não é da gente. É... É açude... Peixe até... o dono não quer que a gente pesque, né? A gente vai sempre escondido pescar, né? O açude lá era de Alberto Machado. Fazenda Nova. Pescava no açude do Alberto Machado. Pescava em vários açude, não era só dele, não. Era onde desse certo. Eu ia mais um amigo meu de bicicleta, escondido, né? Aí eu... Sim, continuou o sofrimento. Aí ele... Aí, eu peguei e comecei... Passou... Passou... Passou o tempo... Quando eu comprava peixe pra vender, melhorou. Melhorei. Melhorei a situação. Comprava de três pescador. Comprava peixe fresco, aí vendia ele salgado em Itapipoca, na feira, né? Levava pra feira. Ia em oito em oito dia. Juntei dinheiro pra comprar. Eu comecei pegar peixe também, né? E do peixe que eu comecei pegar, aí fui juntando dinheiro, deu pra comprar também. Também comprava fiado também. Pagar no apuro, né? Aí comecei comprando mesmo a dinheiro. Meu dinheiro mesmo, né? Isso foi... Foi no... Foi até... deixa eu ver... — é que eu sou muito esquecido com as coisa, sabe? — Foi... Faz mais ou menos uns quinze ano isso aí, né? Uns quinze ano. Aí, eu peguei, vim embora. Vim embora pra aqui pro Riacho do Sangue, perto de Itapipoca. Não deu mais certo, não. Aí foi indo, foi indo... Quebrei, por causa de bebedeira minha mesmo. Extravagância, né? Bebia muito, né? Nessa época, eu bebia muito. E também eu gostava muito de andar assim com mulher, né? Assim, mulher de ambiente, né? E aí fui indo, fui indo... quebrei, né? Aí fui pro Riacho do Sangue. Cheguei no Riacho do Sangue, aí eu peguei... Cheguei no Riacho do Sangue chegou a época do preá. Tinha muito preá no Riacho do Sangue: — Qual foi a época do preá, Manuel?"

"Foi 85, 86."

"Foi. Aí, eu comecei... Eu arrumava fojo. Fojo é... sabe o que é fojo? Arrumava fojo. Aí eu comecei... É um buraco, uma tábua, né? Aí os preá batia, caía em baixo e a tábua subia. Aí ficava preso. Mode assim uma cadeia. Mode um cadeado. Ficava preso. Aí eu comecei a armar fojo. Comecei, armava muito fojo. Comecei pegar preá... Comecei comprar preá de novo. Comecei comprar preá, né? Do dinheiro do meu, começava comprar de outro também. O dinheiro já dava pra comprar. Aí comecei... comecei

Com pouco, comecei comprar galinha, né? Comecei comprar galinha. Com pouco, tava comprando porco e criação. Aí melhorei de novo a situação. Melhorei a vida de novo. Melhorei a vida. Com pouco tava bem de novo. Tava comprando era dez, vinte porco, né? Tava comprando. Era no Riacho do Sangue, município de Itapipoca. Na época, naquela, na época tinha só seis filho. Agora, na época da agora, tem dez, sabe? Já morreu um. Aliás, dois, pode se dizer. Aí eu comecei de novo. Comecei, aí quebrei de novo. De lá do Riacho do Sangue fui embora pra Sobral. Passei dez ano em Sobral. Voltei de novo pra lá, pra banda de lá. passei dez ano em Sobral. Aí comecei... Lá, eu comecei... me entrosei lá com o patrão. Comecei a trabalhar vendendo plástico: bacia, balde, todo tipo de plástico e alumínio — sabe? — concha, caneco, papeiro, tudo. Não era loja, não. Vendia fazendo feira, fora. Guaraciaba do Norte, em todo canto, todo canto eu conheço. Ipu. Em todo canto, eu ia a Ipueiras. Era em todo canto eu fazia feira, né? Itapajé, Irauçuba, todo dia eu fazia feira. Aí foi indo... foi indo... foi indo... destruiu de novo. Ganhei muito dinheiro. Já tinha um estoque danado de mercadoria, aí destruiu de novo. Porque destruiu. Brincadeira de novo, sabe? Destruiu. Aí pronto, quebrei de novo. Quebrei, aí passei lá um bocado de tempo. Passei um bocado de tempo. Passei um bocado de tempo. Vim... tô perto de Itapipoca, município de Itapipoca. Vim pra Itapipoca. Passei um mês, aí subi mais pra lá, pra cima duma serra. Tô agora em cima... em cima duma serra. Não é em cima mesmo, não. Quase no pé... pra cima do pé da serra, sabe? Aí, eu tô mais ou menos com um ano e pouco que tô lá. Mas tô fazendo cálculo de sair de lá de novo, sabe? Sair de lá de novo. Vê se eu consigo comprar uma casinha por aí, né? E voltar... voltar de lá pra cá de novo. Não mesmo pra cá, pra Fortaleza, não. É pra pertinho. Pertinho daqui de Fortaleza. É. Tô pensando. Não sei se dá certo, não. Porque as coisa às vez não dá certo, né? Ainda não sei adonde. Eu fui inté olhar a casa. Se der certo, eu compro, né? Também se não der certo, eu não compro. É ali pra banda de Matuana, pra banda dali, né? Capuana. Ou é Capuan. Perto de Caucaia. No lugar que vai pro Bouqueirão é naquela entrada que vai pra Bouqueirão — sabe onde é? Pois é. Mas não sei se dá certo eu comprar, não. Porque... O dinheiro eu já tenho pra comprar, pode se dizer. Mas as coisa não é do jeito que a gente pensa. Às vez, adoece uma pessoa, uma coisa, né? A pessoa vem, não compra. Desmancha aquele negócio que tá feito, mas às vez desmancha, né? Mas... Se eu comprar, fica lá. Que eu inda vou passar um ano morando onde eu tô morando ainda, sabe? Consegui passar um ano ainda lá. Não é que eu fui currido, não, do patrão, não. Lá o patrão não bota ninguém pra fora, não. Assim, não. É porque eu tô pensando de comprar, ficar e também eu vim embora pra lá, né? Porque, se comprar, é minha, venho embora pra casa, né? Mais esses menino. Esse aqui é meu... esse aqui. Tem mais dois... Só aqui tem... só aqui tem quatro. Esse aqui... esse aqui... e mais dois prali. São quatro, né? São cinco home e... são seis home, porque tem um também que véve lá nós cria também. Seis home e quatro mulher, pode se dizer. Tem um também que desde novinho, maior parte nós é que cria. A mulher... A minha filha é junta com um cara aí, mas ele... Passa de ano lá em casa, sabe? E é um cara assim descontrolado. É um cara que não sabe viver a vida dele, né? E... Aí continua, né? É. Aí continua sempre o sofrimento, né? Porque a gente só em viver assim nessa vida, pedindo esmola assim em Fortaleza, né? É um sofrimento grande, né? Se tivesse um trabalho pra mim e meus cinco filho, que eu tenho — tudo trabalha já — não tinha condição de nós vim pedir esmola aqui, né? Pelo menos um capital pra comprar mercadoria e revender. Porque eu também sei vender todo tipo, todo tipo de mercadoria eu sei vender, porque eu já vendi muito. Fiz feira em vários lugar, né? Mas o negócio que nem isso num tem. Não tem serviço lá pra nós. Não tem nada. Ninguém é alistado. Ninguém ganha nenhum tostão. A não ser vim pra cá, ganhar uma coisinha dum e doutro, né? Pra sobreviver a vida da gente. Agora, é como se diz. Eu já possuí bodega, já botei... Bodega, não. Tive botequim, mas que no interior chama bodega, né? Aqui em Fortaleza é botequim, essas coisinha pequena, mas no interior é bodega, né? Já possuí. Era até bem sortida, assim... Em Madeira, município de Sobral, onde eu morei. Já morei em vários lugar. Morei nos Tanque também. Passei... Assim que eu casei, fui logo morar nos Tanque, pertinho da Fazenda Nova. Passei ainda dez ano nos Tanque. Lá... Saí dos tanque tinha cinco... quatro filho, quando saí de lá. Os quatro mais velho nasceu lá, nos Tanque. Eu passei uma temporada danada lá e saí. Me desgostei e saí de lá. Eu não duro muito num lugar não. O mais que eu duro num lugar é assim uns dez ano, oito ano, cinco, é assim. Aí, eu vou proutro lugar. É meu sistema, meu sistema mesmo, né? Quando num tá dando muito certo, aí eu mudo proutro canto. Aí, tô pensando, se der certo essa casa, que acho que vai dar certo. Eu tenho... Eu já tenho com que comprar a casa, pode se dizer, né? E também é barata. A casinha é mesmo... casinha de pobre mesmo. Casinha barato de... é casinha de taipo. Só é treze milhão, né? Lá, a casa, né? Treze mil. O rapaz tá até... o dono da casa tá inté aí. É porque ele vai vender essa casinha aí, pra ir comprar pras Broca, sabe? Broca, município de Itapipoca. Município de Miraíma, né?, as Broca. Agora ele quer vender pra vim embora pras Broca. Que vim embora pras Broca. Ele tem uma casinha, parece que de dois compartimentozinho de tijolo. Dois compartimento, é. Que tem tijolo lá. Aí ele vai sembora pra lá. Ele já morou lá, o lugar dele era lá mesmo, né? Vai voltar de novo pra lá. Vai voltar de novo pra lá. Aí ele me ofereceu a casa. Eu fui olhar mais ele. Sexta-feira eu fui olhar com ele, a casa. Que essa... Depois de amanhã vai interar oito dia. Aí eu vou saber... se a mulher quisesse vim logo, vinha logo embora era com tudo, logo. Porque lá também... Certo que já tem broca lá. Broca inté grande, né? Já foi brocado já esse ano. E tem as capoeira do ano passado, mas não tem bem nas capoeira, não. Que é só mesmo... Num tem aonde plantar algodão. Não planta nada, né? Só mesmo milho, feijão, melancia e jerimum. Pepino quando dá certo também. Mas... É porque eu já dei muito errado na minha vida. Se é que eu não tenho nada. Acho que não é pra ter nada mesmo, né? Também tenho visto muita gente errada e... que às vez possui as coisa, né? Tem casa e tudo. Agora, eu nunca passei assim... necessidade de fome não. Porque, antes deu passar fome, dum jeito ou doutro eu como. Eu não tenho esse negócio, não. Eu só não vou... Como se diz: eu peço. Agora, se não me derem, eu apelo pra qualquer coisa. Num vou deixar meus dez filho meu morrer de fome, né? Eu tenho de comer, de um jeito eu tenho de comer. Nunca fiz uma coisa assim... — sabe como é — nunca fiz, não. Eu digo assim: se for... não importa, né? Se der certo um dia chegar meus filho chorar de fome, sem ter condição, aí é o jeito fazer. Também não tem home que olhe pra gente. Num tem prefeito, num tem governador, num tem nada. Nós somo pobre, como se diz: desvalido, sem... só enxergam a gente no tempo da política, né? Aí enxergam a gente. Vão em casa em casa atrás de um voto, atrás de outro voto, né? Porque lá em casa são... Aliás, era pra ser quatro eleitor, mas só é eu e a esposa. Porque esse aqui, menino aqui — ele é meu filho — ele já tem idade de votar. E a menina lá em casa também tem idade. Porque o de menor tá votando agora. Mas o negócio é que eles num tiraram ainda o título dele, não. Mas isso aí era pra os homem botar um salário, do jeito que bota pros velho era pra botar pra gente também. Porque... um caso como lá em casa é oito filho... dez filho... Pode dizer que eu conto oito assim, né? Porque num véve tudo em casa, né? Mas dez filho. Que aí num botam um salário pra gente ganhar. O que é um salário? Com o salário num dá nem pra comer ainda, mas dava pra quebrar um galho. Num tava pedindo esmola assim como a gente véve. Que faz muita vergonha. Um dia a gente vai pedir, a gente vai até mais ou menos, mas tem dia que vai com vergonha demais, né? Porque faz vergonha mesmo o cara estirar a mão e pedir as coisa os outro. Pede porque é o jeito. Aparece aquela força, pedindo, né? Aqueles home... Pega carão de um e de outro. Aquele carro... o sinal... arriscando a vida. Um carro pegar a gente, matar, como já mataram dois ali. Aqui, perto deste portão aí, de frente o portão, já morreu dois. E foi atropelado um bem ali assim, também. Lá daquele lado, em frente o outro depósito ali. E várias pessoa também já foram atropelada perto daqui. Conhecido da gente, sabe? Aí a gente véve pedindo assim: a um e a outro, pedindo uma ajuda. Isso é muito triste, porque num tem home que olhe pra gente. Se tivesse um prefeito, ou um governador, ou um deputado. Seja lá quem fosse, que olhasse pra gente, pra botar um salário em cada interior que nós morasse, aí num tava esse sofrimento assim. Porque esse sofrimento só é assim nos nosso interior. Em outros canto não tem isso. Você sabe que em outros canto num tem isso, né? Um sujeito andar se humilhando, pedindo as coisa em sinal. Assim em São Paulo, ou Rio de Janeiro, ou.. seja lá onde for, num tem isso aí, não. Só tem aqui mesmo, no Ceará, que nós mora aqui. Porque aqui tá muito fraco. Conhecer, eu não conheço, não Mas tem várias pessoa amigo meu que véve lá, né? Eles diz. Lá, diz que todo mundo bem. Pode se dizer, bem empregado, né? Ganham aquele empregozinho, um salário. Aí, vai vivendo a vida, né? Não tá pedindo nada a ninguém. E aqui? Qual é o emprego que tem aqui? Maior parte do pessoa desempregado, roubando e fazendo tudo que não presta. Porque não tem serviço. Tem muita gente aí, várias gente, que tão de arrastão aí. Faz até medo a gente pedir até uma esmola pra banda da praia do Futuro, pra banda desse mei de mundo. Pego um ônibus ali. Dia leva a gente de graça; dia leva pago. A gente vai, chega lá tá os arrastão por riba da gente, né? Faz inté medo de se passar. A mulher dizendo: 'Rapaz, não atravessa aí, não. Se atravessar eles lhe mata'. Aí atravessa, que é o fim deles, atravessa. Vai vencendo, né? Que o cara tivesse medo de morrer... Assim como eu... se tivesse medo de morrer assim como eu não tenho... Tenho medo de morrer. Todo mundo tem medo de morrer. Mas eu digo assim: porque... quantas vez eu não dormi em beira de açude, quase dentro d'água? Quantas vez, na época do inverno, eu num passei a noite todinha pegando uma chuva grande, pastorando peixe na beira d'água, pra pegar peixe? É um sofrimento grande, né? É um sofrimento que dá assim... dá é mais de... assim num jornal grande, seja lá o que for de demais porque o negócio é um sofrimento grande. É só porque num tem quem olhe pra gente. Se tivesse quem olhasse pra gente, fazer uma irrigação em todo o interior, fazer planta, comendo assim durante o verão, fazer milho, feijão, pra gente comer, aí a gente num tava nesse sofrimento, pedindo assim, não. Se tivesse os home que reparasse pra isso, pro sofrimento, aí gente num tava pedindo assim não. Tava era, como se diz, tava numa boa, todo mundo, né? Nos seu localzinho. Tá num negócio desse aí, arriscando a vida, numa catinga dessa como nós véve. Catinga! De noite nós nem dorme, catinga grande. Muriçoca que tem chega ferreia. Todo encalombado de muriçoca. Passando necessidade também, passando muita fome. Porque tem dia que a gente faz um comerzinho véi aí, mas é uma coisa que a gente come assim, um pirãozinho véi. Nem servir à gente num serve, né? Como no sinal também aquelas coisinha, também num serve nem à gente. Serve à gente é em casa. A gente comendo tranquilo. Acabar dorme um sono, pelo meno meia hora de sono. Aí, depois vai trabalhar. Aí é uma coisa que serve, né? Embora seja um comerzinho mais ruim, mas serve mais de que comendo um bom andando todo lugar, pra cima e pra baixo, como você sabe. E aí pronto inté isso mesmo, inté isso mesmo e pronto. Tô aqui pedindo. Vei um rasgadinho», um do Riachão e outro e outro lá da... e outro lá das Carnaúba. Um era o... um era o Tobal."

"Heim, Manel, como era o nome do outro?"

"O... Tobal, Zé Bobão... É, o Tobal e o Zé Bobão."

"É, é o Zé que chama Zé Baldeado. Aí, antes disso, antes deu vim pra cá, eu já... eu vinha pelo trem — tinha o corujão — eu vinha pelo trem pra Itapipoca vender peixe. Trazia dez, quinze lata de peixe, cinco, quatro, depende do peixe que eu comprasse, né? Eu salgava a semana todinha. Pegava dois pacote de sal de trinta quilo. Aí eu passava a semana salgando peixe. Aí eu vinha... Ia todo rasgado no trem, vinha pra cá, né? 'Rapaz, vambora pra Fortaleza, não vende peixe, não, que lá é muito bom'. Aí eu não consegui: 'Não, rapaz' — eu tava numa boa —, 'não, Nossa Senhora me defenda de pedir esmola'. Eu disse pra ele assim. Mas nem isso a gente diz assim: «Dessa água ninguém bebe», né? Que é uma coisa das causa, tá sujeito qualquer um negar a oportunidade de pedir também, né? Porque o negócio num tá fácil, não, viu? O sujeito vê a necessidade, não quer roubar, aí vai pedir, né? Aí... í, senhora, eu não vim, não. Consegui, não vim, não. Aí começou o enxame de gente vindo, né? Enxame de gente vindo, aí vim embora pro Riacho do Sangue. Aí foi o tempo que eu quebrei. Não possuía nada no mundo, só filho em casa, chorando de fome. Aí eu comecei, vim de novo, né? Pra cá. 'É, eu vou tentar. Disse que não vinha, não, mas vou tentar. É o jeito eu ir, vou tentar.' Oitenta e três eu comecei. Aí eu passei mais de um ano sem vim, porque eu tava trabalhando em plástico em Itapipoca, né? Itapipoca, não: em Sobral. Vendendo plástico com o home lá. Vendendo plástico e alumínio... pra esse home. Eu levava era de dez, quinze... pra esses lugar longe.

Sozinho. Trabalhava era só. Às vez eu levava esse meu menino mais eu, né? Mais eu. Aí eu... Lá, quando eu fui... eu fui um dia lá pro Pacujá, aí inventei lá um jogo no preá, né? Sabe o que é jogo de preá, num sabe? Inventei o jogo do preá... Jogo do preá, a gente fazendo... a gente faz uma rodazinha de caixinha, né? Faz um centro nele, aí... É. Mais ou meno umas quarenta, sessenta caixa. Aí bota uma no meio e com o preá debaixo, né? A gente roda ele, e todo... toda caixinha é premiado. Se entrar num, já ganhou o prêmio, né? Toda caixinha é premiado. Se tiver o cartãozinho no mesmo número da caixa, em baixo, é premiado, né? Aí ganha. Acerta. Mas se não comprar tudo tá sujeito, tá arriscado a perder. Se ainda ficar um sem comprar tá arriscado a perder, né? A roda ser toda da gente, né? O dinheiro. Aí, lá, eu ganhei muito dinheiro. Na época, eu ganhei... Eu trabalhei duas noite lá, vendendo mercadoria. Eu mais esse menino. Ganhei quase cem mil, na época, né? Cem mil era dinheiro demais! Era mais de cem milhão agora, né? Era dinheiro demais! Eu apurei lá muito dinheiro. Aí eu peguei... Eu saí mais uma dona... Eu saí mais uma... Deixei o menino dormindo em riba da mercadoria, e saí mais uma dona, né? Aí, quando eu saí mais a dona... Tem uma casa véia, uma cabana véia de casa... Descemo o rio, saímo pra uma cabana véia da casa. Saímo de lá. Quando cheguemo lá... Eu andava com um chapéu, desse chapéu... desse chapéu grande. Chapéu de... desse chapéu grande, né? Tipo pistoleiro, né? Chapeuzão, desse chapeuzão grande, de... Não era massa, não. Era aquele coberto... de palha, mais coberto com... era aquele coberto de veludo! Era! Exatamente! Aí, eu saí com a mulher, né? o dinheiro todo no bolso. Tivesse deixado o dinheiro com o menino... Saí com o dinheiro todo no bolso. Todinho no bolso. Pacotão de dinheiro que era um pai-d'égua no bolso. Aí eu saí com ela. Quando eu cheguei... quando acabei... quando terminemo o xodó, aí eu não tinha roupa, não tinha chapéu, não tinha nada. Fiquei nu, despido, assim como uma... Nu, despido, do jeito que a gente nasce, sabe? Aí eu... Eu digo: 'Pronto, agora eu tô lascado, né?'. Sem nenhum tostão. A mulher ficou só se aperriando: 'Não, não sei quê, não sei quê'. A eu quis matar a mulher, sabe? Eu só num matei, deixei ela logo, na hora morta, sabe por quê? Porque a minha faca tinha ficado lá na beirada da mercadoria. Onde o menino tava dormindo. Se eu tivesse com a minha faca lá... Ou ela tinha dado conta das minha coisa, ou deixava ela morta lá. Não sei se foi ela. Censurei que foi ela peitado, né? Peitou com alguém pra pode fazer isso, né? Aí, quando cheguemo assim, num canto duma cerca, eu discutindo com ela, dei uns forção nela. Quase mato ela só de enforcar logo. Botei num canto duma cerca assim... Tava a minha roupa todinha, o chapéu documento e tudo. Mas o dinheiro num tava, né? Eu digo: 'Pronto, agora eu tô lascado'. Aí eu... 'É, mas deixa pra lá. É o que Deus quiser. É o que tiver a vida... é o que tiver daí pra frente, né?' Fui pra donde tava o menino. Cheguei lá, eu... cheguei, chamei a ele... Não falei... não contei, não falei a ele, não. Chamei ele, mas não falei não. Botei meu enterro pra frente. Aí, no outro dia, eu falei a ele que tinha sido roubado assim, assim, assim. Pronto, aí de lá, lá do Pacujá, eu fui pra... Eu passei direto no ônibus. Eu andava mais ele e outro cara. Ele e outro cara. Aí, eu deixei ele lá no Sabóia. Lá... desceu do ônibus da meia noite, desceu no Sabóia. Aí, de lá, fomo pro Itapajé. Itapajé, não, pra Irauçuba. Aí, lá nós fizemo a feira. Eu tenho muito conhecido, já, lá, né? Acordei o cara do mercado. Aí, dormimo um sono em riba dumas tábua, né? Quando acordemo, botei o jogo do preá lá. Quando tava começando a roda — era muita gente comprando, e tudo — aí chegou a polícia, né? Disse assim: 'Rapaz, aqui não pode... Qual foi a ordem que você botou esse jogo aqui?' Eu digo: 'Rapaz, eu botei por minha conta mesmo. Não falei com ninguém, não'. 'Rapaz, pois, então, pode encerrar o jogo. Não pode esse jogo, não.' Aí eu fui vender a mercadoria. Encerrei o jogo, fui vender a mercadoria, né? Terminei de vender a mercadoria todinha. Botei mesmo barato, vendi todinha. Aí, quando terminei de vender a mercadoria, eu — o cara muito bebo que andava mais eu — peguemo o ônibus, viemo sembora. Aí, eu certo de que tinha um estoque muito grande. Não dava tanto pra mim quebrar, não, sabe? Do dinheiro que fui roubado, não dava tanto pra mim quebrar, não. Tinha ainda a mercadoria quase toda — era muita mercadoria — mas que eu também tinha um capitalzinho já, né? Aí eu digo: 'Não, agora eu vou... É o que Deus quiser'. Aí, eu cheguei, prestei conta o patrão, né? Contei a situação. Prestei conta com ele. E ele certo que o dinheiro... Aí não dava pra pagar tudo na hora, mas eu tinha outras coisa pra mim pagar, né? Pra mim cobrir o negócio. 'Rapaz, podendo tu ter... Rapaz, tu é muito inresponsável.' 'Rapaz, pois vamo fazer um negócio: a primeira vez que eu trabalho com o senhor é só hoje, e pronto. Não trabalho com o senhor mais, não.' Aí, ele: 'Não faça isso não. Vamo botar o enterro pra frente'. 'Não, senhor, bota mais não, não. Pronto! Você disse que eu não sirvo? Pronto!' Aí, eu arrumei dinheiro. Paguei ele: dei uma parte, depois paguei o resto, né? Do dinheiro. Aí, eu batalhei de novo. Vim pra cá, pra Fortaleza, de novo. Batalhei. Tinha umas coisa ainda em casa, também vendi. Interei e comecei de novo. Passei um ano trabalhando por minha conta. Só mesmo capital meu, né? Eu e esses menino. Era cinco menino — inté um pequenininho que tem ali — vendendo mercadoria na... em Sobral. Por a feira, por o mercado, rodoviária, eles vendendo na mão, assim: tudo entarrafadazinha, a bacia e aqueles espremedor de laranja, né? Tudo eu vendia, né? Aí — quede? — comecei as farra grande de novo, né? Aí quebrei. Quebrei de uma vez. Quebrei de uma vez, aí pronto. A história foi só essa mesmo aí, pronto. Foi só as farra não, foi as farra mas... Sorte mesmo que eu tenho. É assim mesmo. Não tem pra mim ganhar nada mesmo. Acho que não é pra mim ganhar nada mesmo, não. Eu já tive um capitalzinho até mais ou menos e nunca ganhei nada. Acabei com tudo. Agora, não, agora, se Deus abençoar, eu vou passar... Na minha mente, eu vou passar um bocado de tempo sem fazer farra. Logo, eu não tenho condição de fazer. E outra — embora se eu tivesse — não dá pra mim, não. O negócio é muito duro, viu? Já sofri demais. Agora, vê se diminui mais o sofrimento, né? Sei que... também eu tô pedindo, né? Mas diminuir mais assim de outras coisa, né? De outras maneira, né? O sofrimento era grande demais, aí diminuir mais um pouquinho, né? O sofrimento. Era só isso mesmo. Olhe... nós sofre, mas... eu nunca participei de... pra invadir, não. Eu nunca participei, não. Mas que... se tivesse home — tudo na minha opinião — assim no interior... porque, no interior, quando você vai convidar pra fazer uma coisa assim, é um pessoal mole, um pessoal fraco... um pessoal abestado. Mas se fosse um pessoal — tudo na minha opinião — ninguém tava pedindo esmola aqui, não. Tava todo mundo empregado. Porque nós fazia a maior greve do mundo, e a gente, como se diz, arrumava o que comer, arranjava o que comer. De um jeito ou de outro arranjava o que comer. Porque matar a gente eles não ia matar, porque a fome era demais, não tinha condições de matar. Nós ia fazer invadimento geral. Porque não tinha condição de nós tá, como se diz, se vai um ou dois, ou três: os outro: 'Não, ninguém vai, não. Pode matarem a gente. Ninguém vai não. Vamo é pedir'. Pedir o quê?! Nós não dava pra pedir esmola a ninguém. Dava pra fazer era um... pra... Nós ganhando um salário como os velho ganha. Ganhar um salário como os velho ganha. Não dava pra sobreviver os filho da gente tudinho, não. Como lá em casa são dez pessoa, não dá pra comer direito, não. Mas comendo feijão menos uma vez, arruma uma, arruma outra, é melhor de que a gente pedir. Meus filho já trabalhava pracolá. Fazia um carvão, fazia uma coisa — que eles sabe fazer —, arrumava um patrão. E aí... Mas a gente num ganha nada. Não tem salário, num tem nada. A gente vem pedir. É o jeito pedir. Porque se um quer fazer um jeito, o outro não quer. Foram pra Itapipoca. Foram bem uns mil homem pra Itapipoca. Quando chegaram lá, as coisinha que arrumaram não deu pra comer nem um dia. Era uns home fraco. Quando chegaram lá, que quiseram invadir... Foram fazer o ensaio de invadir ainda, a polícia tomaram de providência. Aí, deram só uma... uma sacolinha véia de farinha, de feijão, de arroz. Levaram pra casa pra comer um dia. Fecharam os armazém logo tudo. O sujeito quer fazer uma coisa, ninguém vai dizer: 'Rapaz, eu vou fazer isso', não. Chega é tudo de uma vez, entra logo, ponta de faca e tudo, e faz. Mas num só dizer assim: 'Eu vou fazer'. Pois é assim. No tempo da minha mãe... No tempo da minha mãe, invadia. No tempo da minha mãe, invadiu. Em Sobral, ela foi umas pouca de vez — que nós somos filho natural de Sobral. Ora! Ela contava. Lá era rendimento. Chegava lá... Ela com a... Naquele tempo não era vestido véi curto, não, nem calça comprida. Negócio de calça comprida. Ninguém ouvia falar nem em calça comprida pra mulher, não. Era só um vestidão comprido, batendo quase aqui, no mocotó. Era como... era tempo de cigano que anda agora. Hoje em dia cigano anda com roupa comprida. Chegava, invadia. A mamãe... a mamãe disse que não tinha outro apelo. O papai andava trabalhando... andava trabalhando no Cariré. Trabalhando no Cariré assim no tempo... em seca, no Cariré, né? Cinqüenta e oito. A mamãe disse que aparava era a saiona aqui. Enchia de farinha-d'água a saiona, aí desabava, ia sembora. Saia cheia de farinha-d'água. Deixar em casa. Invadia nos armazém. Não tinha quem se metesse no meio. Não tinha ninguém quem viesse se meter no meio, não. Fazer fila não. Era... Chegava... chegava cada um com uma pexeira, largava na saca, cortava açúcar e tudo, e os outro aparando, enchendo as vasilha. Home e mulher, tudo. Home, tudo. Era tudo: home, mulher e tudo; menino e tudo. Era! Hoje em dia não tem mais isso, sabe por quê? Porque, hoje em dia, só tem os «gay». Os «gay» é esse pessoal mais novo, que não tem coragem de nada. O pessoal mais novo não tem coragem. Ainda tem coragem é de pedir, estirar a mão, no sinal, pra pedir, ou nas casa, batendo palma, arriscando um cachorro até morder. Como, um dia, eu tava pedindo acolá, numa casa, um cachorro pegou na perna da minha calça. Que eu ando com Deus, graças a Deus, não aconteceu nada comigo, não. Que eu rezo muito. O cachorro pegou na perna da minha calça aqui, nessa calça aqui, chega arrastou assim. Aí, o dono tava numa moto, na frente da casa dele, diz assim: 'Ôh, isso é pouco ainda. Puxa mais, cachorro!'. Eu digo: 'É, cidadão, pode ser que um dia também se espatife nisso aí'. Eu tenho muita fé em Deus. Toda vida que eu peço a Deus... toda coisa que eu peço a Deus, eu encontro. Ainda não deixei de encontrar ainda, não. Os «gay»... Não se juntam, é. Porque gente pobre é bicho desunido. Se gente pobre fosse unido como gente rico, não tinha ninguém pobre no mundo, não. Porque gente rico são unido. Trabalham na política... quando é no tempo que... que ganha e o que perde, aí bate as foto é igual. E gente pobre quando se arruma uma entriga, vai logo atrás de matar o outro logo. Isso é uma entriga. Aí já vão... Não é que nem em política de rico, e tudo. Isso aí é que é uma coisa mal organizada, é isso aí. É o que é desunido é gente pobre. Bicho mais desunido que tem no mundo é gente pobre. Se é que tem a pobreza grande no nosso... no nosso interior, é porque é desunido demais. Um quer do jeito, o outro quer doutro. Um diz assim: 'Rapaz, vambora levar pra fulano de tal'. 'Não, não vou, não. Eu vou pra Fortaleza, pedir minhas esmola lá. Pode me matarem, não vou, não.' Aí, não vão. Se forem como tem naquele dia do trem — nós viemo invadir Itapipoca. Nós vinha... nós viemo, mais ou menos uns quinhento homem de lá. Gente de Miraíma, de todo lugar. Brota. O trem veio lotado só com nós, pode se dizer. Isso foi..."

"Quando foi, Manel, aquela época, Manel? Nós fiquemo de invadir ali, quando até o Zé Bezerra veio?"

"Foi no oitenta e três. Saímo de Itapipoca..."

"Tá com mais ou menos um... Foi no oitenta e três mesmo. No oitenta e três."

"Foi... foi no oitenta e três. Aí, deixa eu lhe dizer... aí, tava tudo certo. Se combinemo tudo pra nós invadir Itapipoca... Vinha num trem. Aí, descemo... nós descemo pra esse lado — mais ou menos uns quarenta —, pensando que os outro tinha descido do outro lado, né? Quando o trem foi embora: nada!, só nós... Os outro passou tudinho pra cá. Aí, fomo pra Itapipoca. Quando cheguemo lá, quando nós cheguemo no ponto de invadir, tinha mais... tinha mais polícia de que nós. Porque nós só era quarenta, e tinha mais ou menos uns quinhento soldado lá. Aí, não tinha condição de nós invadir nada. Fizeram lá... organizaram lá uma fila e deram umas coisinha besta a nós. Se fosse unido, tinha ficado tudinho lá. Embora que não tivesse invadido nada, mas tinha ficado tudo lá... Por isso é que eu digo que pobre é desunido. É por causa disso, rapaz. Pobre é... só vive gente morrendo de fome, porque é desunido demais: não tem união. Pobre não tem união, não: desunido é pobre. Agora, gente rico é unido. O rico conhece outro rico, e é difícil... Eu disse... — saiu na televisão — o que a pessoa combina que é mesmo. E eu disse, lá também na Aldeota, eu tava falando, eu disse a ele — saiu na televisão, saiu em tudo —, eu disse que o cachorro do rico tem mais valor de que um pobre pro rico. Eu falei foi lá assim. O cachorro do rico... o cachorro do rico tem mais valor... O cachorro do rico tem mais valor do que nós... de que um pobre. É pra se juntar porque é muito sofrimento, rapaz! Eu durmo aqui, pode dizer que durmo no meio da rua. Arriscado entrar um marginal, um elemento, matar inté um aí, ele desgosta da pessoa, né?, pois é, é arriscado inté matar. Se um cara chegar numa casa — certo que isso aí não acontece, não, mas é perigoso também acontecer um dia, né? — chegar numa casa dessa aí, pegar um veneno, botar na comida e dar à gente pra comer também. Aqui comida outro dia já num fez mal a um aí?! É perigoso também. Sabia que isso é perigoso? Porque se tá pedindo... Mesmo um rico passa no sinal, vê a gente morrer de fome ali — tem rico que é revoltado porque a gente pede — traz um de-comer, dá à gente, a gente morre. Nós somo... uma isca, que eles isca, né? Que tá pedindo, morrendo de fome. Quando nós vamo comer ali, nós taca logo na boca e come. Não sabe se tá ruim, se tá azedo ou se num tá, come é logo, pronto. O Mulato num ganhou de-comer numa casa aí, agora, mais aquele caminhoneiro, não foi bater no hospital?! A comida fez mal. A comida fez mal, macho, aí foi o jeito ele ir pro hospital, tomar injeção na veia."

[Dirige-se ao filho:]

"Antônio, espera por nós... eu tenho um peixinho pra fazer. Espera, pra nós comer. Ham? Vou te deixar. Espera um pouco o peixe aí, rapaz, que eu vou fazer. Espera, não vai agora, não."

"Como eu ia dizendo: Rapaz, é. Tem de se unir. Tem de ser, né? Porque o que for desunido, que andar em cachorrada, o dono daqui bota pra fora, né? Aí, tem que ser unido, né? Tô dizendo nós aqui dentro, tem de ser unido. Se ele botar um pra fora, ele bota. Se disser: 'Vou botar esse pra fora', sai na hora. Não tem esse negócio, não. Ele não fica olhando, mas que a pessoa contando o que tá se tratando, né? Se ver, ele bota pra fora. Olhe, eu tô agoniado assim porque eu ainda vou fazer um peixe que eu comprei pro mode jantar. Eu é quem faço pra esses quatro menino que anda comigo. É, pros meus filho. Eu faço é cozido, às vez é torrado. Aí, faço um arroz, torro. Às vez, é cozido. Às vez, bota feijão no fogo, como onte botei um quilo de feijão no fogo. Botei já de noite. Quando foi oito hora da noite nós fomo comer. Eu sei fazer tudo. Comida assim pra gente pobre, eu sei fazer de todo jeito. Pra gente pobre, eu sei. Agora, pra gente rico, eu nunca fiz, não. Quando a minha esposa... quando eu casei logo... quando eu casei logo, quem fazia... quando a mulher descansava, dava luz a menino, quem... quem fazia a comida era eu. Fazia a comida, botava a água... não precisava nem de ninguém, não, pra fazer comida nem botar água, não. Eu mesmo era quem fazia. Meu trabalho era também... só era comprar peixe. O peixe, eu recebia em casa já. O trabalho só era escamar e salgar. Aí, eu peguei... quem fazia a comida era eu. E, além de tudo, até pegar menino, eu já peguei também. Da própria mulher minha, eu já peguei. Me achei em condição de pegar. Porque não tinha outro apelo; eu morava num interior muito longe assim de cidade, né? Aí, ela sofreu logo duma vez, aí pronto, eu peguei o menino, eu peguei. Sei fazer tudo no mundo, na vida. Eu sei fazer tudo no mundo, sei. Já vi essas pessoa morando nas rua, nas calçada. Rapaz, eu, pra mim, não quero. Quero não, porque... Agora, eu... eu enfrento fazer isso também. Eu enfrento fazer isso. Se eu tiver, como se diz, numa condição, que não tenha onde morar, eu moro em qualquer canto. Qualquer canto é minha morada mais meus filho. Mas tudo isso... Nunca precisou disso, porque patrão, de arrumar uma casa pra mim morar, eu já tenho arranjado. Qualquer canto que eu chegar, a Deus querer, eu arranjo. Aí, não tem, ainda não chegou a precisão de eu me obrigar dormir na calçada, né? Essas pessoa, tem delas... é porque, como eu tô lhe dizendo, que às vez, não tem mais condição, não tem onde morar nem nada. Aí fica assim, nas calçada, né? Porque se esse depósito aqui num apoiasse a gente pra tá aqui, eu dormia lá na Praça da Estação, no centro. Eu me astrevia dormir lá, como já dormimo. Em oitenta e três, dormia mais de cinqüenta home lá, na calçada, na Praça da Estação, ali no centro, em oitenta e três. Aí, fomo indo, fomo indo... Um dia, eu tava pedindo ali mais um amigo meu, que já morreu também — tomou um bocado de comprimido, aí morreu — aí, eu cheguei ali, num lugar com nome... um Camilo ali, um barzinho que chamam «O Camilo», né? Cheguei ali, vinha pedindo. Vinha cansado assim de noite pedindo, né? Lá do centro, eu vinha, a pé, pedindo. Voltar de novo pra lá. Pegar o trem e voltar. Aí, um cara... Aí, eu vi um cara lá, né? Um cara de bigode. Eu disse: 'Rapaz, me dê uma esmolinha'. Aí, falei a situação: era do interior. Aí, ele disse: 'Rapaz, aqui, eu... você vai dormir agora, ali, mais eu. Ali no meu depósito'. Eu digo: 'Ô, rapaz, eu agradeço muito, de coração e tudo'. Aí, eu mais o outro cara, que já morreu, finado Nonato... Ele disse assim: 'É, mas, agora, vou voltar minha palavra atrás. Você não dorme hoje aqui, não. Deixe pra dormir... venha dormir só amanhã. Amanhã, você traz suas coisinha, vem dormir aqui'. 'Tá bom.' Aí, eu vim pra lá, pro César, um depósito que tem ali. Aí, eu me achei... eu achei essa dormida assim, sabe? Vim praí. Aí, daí, passei uns tempo aí, não deu mais certo. Vim pra esse... falei o seu Denizar, era... não vinha não era pra cá, pra esse depósito aqui, não. Era só o Laírton e outro cara. Era tu o outro cara, era Manel?"

"Era eu, o Dedé..."

"E o Laírton. Tinha o Laírton."

"... E o Coronel."

"Era. Aí, eu vim pra um negócio aí. É que era um ambiente. Agora, aí a mulher... foram sembora, se acabou-se. Eu vim morar num deposinho, que tem bem aí assim. Por trás, né? Daqui... desse muro. Aí, eu tava aí mais outro bocado, né? Outro bocado aí, outro bocado. Passei uns tempo, não deu mais certo, também não vim mais. Aí, passou, passou, passou... depois, eu vim pra cá, pra esse depósito, aqui mesmo nesse depósito geral. Ainda hoje, tô pelaqui, ainda. Eu agora... sexta-feira agora, intera... sexta-feira... hoje, interou quinze dia que eu cheguei aqui. Agora, sexta-feira, que eu vou embora, intera dezessete dia, né? Agora, eu vou passar um bocado de tempo. Um bocado de tempo, não. Eu venho agora, no dia vinte e oito eu tenho que vim pra cá. Pra resolver o negócio da casa, que eu... que eu tô... se der certo eu comprar, né? Eu marquei para o dia trinta, mas eu venho logo no dia vinte e oito. Lá num é cidade, eu num vou morar na cidade. Cidade, mesmo, eu não quero morar em cidade, não. Lá, onde eu vou morar, é mato. Eu tô fazendo cálculo de chegar lá logo... se eu vier pra lá esse ano, ainda pedir uns roçado, arrumar... então alguém por lá. Não conheço ninguém não, mas eu saio indagando, né? Os gerente, os dono. Aí arrumar um roçado pra brocar ainda esse ano, pra banda do... Diz que é longe, mas eu vou de bicicleta, né? Arrumo a bicicleta, vou de bicicleta. Lá... geralmente, onde nós tamo morando agora, o home quer só a renda do milhozinho, aonde fizemo roçado esse ano. Esse ano não deu nada, não. Mas que o pouco que deu... Dá só um pouco de milho a ele, né? Agora, feijão, ele num quer, não. Fazendo feijão, ele num quer, não. Agora, onde eu morei ali perto de Sobral, a renda só era forrage: palha de milho e do feijão, né? Agora lá, se der certo, lá só depois que pegar, conhecer alguém, né? Porque lá, eu não conheço ninguém. Nunca tinha andado nem lá, ali. Nunca tinha andado nem lá. Aonde... nessa casa que eu vou morar lá, nunca tinha andado nem lá. A primeira vez que eu andei foi sexta-feira. Eu não conhecia, não. Eu fui até pegar um ônibus lá, na parada do ônibus, perguntei lá uma mulher, na mercearia, bem na beira da pista. Aí, a mulher disse assim: 'Não, eu não sei que ônibus vai pra Caucaia, não'. Eu disse: 'Senhora, a senhora... na mente, a senhora é tão... véve tão bem de vida. Na mente a senhora é tão ingnorante, senhora. A senhora não acha que a senhora seja ingnorante, não?'. Aí, ela entrou pra dentro. Parece que tava com medo de mim, né? Não me conhecia. Ela tem até um pouco de razão, né? Mas, depois, ela não tem mais. Aí, eu, na hora que vinha o ônibus, aí eu conheci que ia pra Caucaia. Sem nunca ter andado nele, mas eu conheci mais ou menos, né? Aí, dei com a mão, dei sinal. Quando dei sinal... quando dei sinal, ela entrou no ônibus também! Entrou... Sabia, mas é porque não queria... né? Era lá do lugar que eu vou morar. Eu não vou morar em Caucaia. Ele... da banda do Boqueirão, é... que faz a linha inté o Boqueirão. Não é mesmo inté o Boqueirão, não. Chamam ele do Boqueirão, mas só se vier pro outro canto, né? Porque... Ele vai inté mais lá em baixo... A gente paga sessenta e cinco inté lá na Caucaia. Aí depois eu vim no trem. Aí, eu não conheço nada lá, não sei se... mas que mato eu sei que tem muito. Tem uma serra assim na frente. Tem muito mato pra brocar. Mas que... assim pra fazer o roçado, né? pra gente plantar, né?"

[Dirige-se ao filho:]

"Esperaí, menino, eu já vou arrumar essa janta!"

"Esse menino é porque ele é mei encabulado. Um tempo... um tempo, ele... um tempo ele... tem um rapaz aí, com nome Najar, né? Diz que um tempo — eu tava dormindo ali, naquele canto, esse é do Benedito, né? — dormindo ali. O Najar chegou de noite, disse que tirasse a rede dali dele, que ali era o canto do Benedito. Aí, desse dia pra cá, ele nunca mais no mundo dormiu aqui. Ele é opinioso. Tá dormindo noutro depósito ali. Lá não paga, não. Mas não é por causa disso, não. É porque ele fez a opinião de não dormir mesmo mais aqui. Eu tenho pelejado é muito, mas ele não vem, não, dormir aqui, não. Tenho pelejado assim, porque... pra tá tudo junto, né? Mas num tem jeito. Ele tem dezesseis ano, ele. Ele tá na escola. Ele já sabe de umas coisinha, sabe? Pouco, mas sabe. Eu é que num sei nada não, sei não. Só assinar o nome. Já tive vontade de saber. Mas, na época, meu pai não pôde me botar na escola, né? Agora... Dá pra me virar, porque eu não sei de nada, não, mas que... qualquer canto, eu assino o meu nome, né? Meus documento é tudo assinado. Todo documento eu tenho: CPF, tem tudo, pra ir até pra Lua, se for preciso eu ir. É. Mas aqui mesmo, documento, tô levando só identidade, sabe? Porque, um tempo, eu andei com os meu documento tudinho, aí fui vender numa festa ali, pra banda ali de... banda ali de Santana, aí, na descida, um elemento pegou minha carteira. Tirou do meu bolso, com todo dinheiro, documento e tudo. Todo documento tinha. Aí, eu, agora, só ando mesmo com a identidade. Porque se roubarem só a identidade, fica mais fácil tirar, né? Nunca eu precisei não, assim pra polícia. Até agora... até agora, do oitenta e três pra cá ainda não... ainda não aconteceu isso comigo, não. Eu passo no meio de polícia, peço à polícia de exército, peço... toda polícia eu peço. Tando no sinal, eu não dispenso nada, quando vai passando eu peço todo mundo. De gente, eu peço a tudo. Maior parte eu peço no sinal. Só vou pras casa dia de domingo. Domingo não é bom no sinal não, porque domingo, o pessoal vão pra praia. Aí, a gente vai pra banda da praia, pra todo canto a gente vai, né? Pras casa... Não tem... não tem trânsito, não, dia de domingo. É difícil passar um carro num sinal daqueles... A minha mulher, ela pensa, porque sempre... toda vida, fui um pouco estragado, né? Sempre eu gosto de beber, né? Aí, o que ela imagina é só isso, né? Também o pessoal... a pessoa... todo mundo... não é todo mundo, não, mas que alguém, aí enche a bola aí da gente, né? Diz assim: 'Olha, fulano de tal tá muito marcado em sinal, em todo canto'. Aí, ela fica pensando isso, sabe? Aí, quando eu chego lá, ela conta pra mim. Aí, eu digo: 'Não' — fala pra mim — 'isso num acontece isso, não. Isso é só besteira. Isso é o dia que a pessoa... tem que chegar o dia, aquele dia pra pessoa morrer. Não morre antes da hora, não'. Que a senhora sabe disso, que a senhora pode ficar na sua cabeça, que ninguém não morre antes da hora? Só morre na hora chegada. É sim. A criatura pode tá no meio de um bocado de faca, não sendo pra pessoa morrer, a pessoa pode ir furada, mas a senhora não morre. Sabe por quê? Só na ponte grande de Sobral, eu peguei duas barroada, na ponte grande de Sobral. Mas a barroada não foi de carro, não. Eu bebo, barroando de bicicleta mesmo, dum lado pra outro. Só não caía pro outro lado, porque tinha aquela... o meio-fio, né? Dessa altura assim. Não dava pra cair. Mas barroar... Isso aqui meu... isso aqui, tudo é de bebida. Quebrado assim, o meu nariz aqui, eu saía era sangue, era na boca, sabe? E nunca no mundo, graças a Deus, nunca... ainda tô vivo, contando a história ainda, né? E não sinto quase nada mais. E esse negócio do sujeito dizer que vai matar o outro. O sujeito pode é dormir tranquilo, confiando em Deus, que não acontece, não. Só se chegar o dia mesmo, porque o dia chegando, aí... Não tem apelo. Pode ir pra médico, pode ir pra onde for, morre mesmo. Porque eu conheço um home que já matou vinte pessoa, e não é vivo ainda? Ainda é vivo. Aí, morre... Eu conheço outros que, no meu entendimento, aí não vi matar, não. Eu também não sei se ele matou, mas o pessoal falava que ele matava dez, cinco, oito. E era velhinho. Esse velhinho já matou num sei quantos. E, às vez, morre de velho. Como já fui enterro mesmo de velhinho que já matou num sei quantos, morreu de velho. Desses dez ou cinco mesmo elemento que ele matou, num achou um da família pra matar ele, ou então alguém pra matar ele. Por isso é que eu digo, que, às vez, morre... só chega a hora mesmo. Porque eu... eu tenho um primo — chamo primo, porque é primo do meu pai, né? Sabe ele primo também, sabe? — Ele tava mais uma namorada, ali perto de Sobral. Tava lá mais a namorada, lá se vem uma briga. Ele nunca no mundo fumou nem um cigarro, que dirá bebida na... na boca dele, nunca botou. Tava lá mais a namorada, lá se vem uma briga. Um cara com duas polegada atrás de pegar todo mundo, todo mundo correndo, ele ficou assim. Rapaz, sem tá dizendo nada... pegou. Desceu o fato todinho e não morreu. Aí foi a hora chegada. Não morreu antes da hora. E outra, se fosse conversar à noite todinha, ainda... ainda era pouco ainda. Porque tem muita coisa pra mim contar. O negócio é que eu vou cuidar das minha coisa, viu?"

Apresenta-se a terceira MENDIGA DO SERTÃO:

"É... eu nasci... é... eu sou do mês de dezembro, do dia três de dezembro. Sou do quarenta e nove. Me chamam Fransquinha, mas eu sou Francisca Venâncio Martins. Nasci em Miraíma. O município lá não é muito bom, não, né? Nasci, mas não me criei lá, não. Me criei no Tururu, que é pra cá de Itapipoca. Eu me criei lá mais o meu avô, né? Mas quando... eu tinha minha... minha avó, aí minha avó morreu e o meu avô se casou-se com outra, e a minha madrasta era muito ruim pra mim. Judiava demais comigo, né? Aí, quando eu tava com treze ano, ela escreveu uma carta pra minha mãe dizendo: 'Ora, D. Maria, venha buscar a Francisca, que aqui ela tá muito namoradeira'. Sem eu saber nem o que era namorar. Que, de primeiro, criança não sabia o que era namoro. Aí, então-se, minha mãe achou que era pesado, foi me buscar, né? Foi me buscar, aí ela me levou. Eles lá acharam muito ruim. Meu avô achou muito ruim, porque ele tinha saído, aí, quando chegou, não me encontrou mais. Porque ela tinha mandado uma carta pra lá, pra vim me buscar. Aí, eu fui me embora. Quando eu fui me embora, sequer ela não me deu nem um vestido e não me deu nem um par de chinela pra eu sair da casa dela. Saí assim como uma pessoa que não era nada dela, nunca fui nada dela. Pessoa sofredora, né? Eu fui pra casa do meu avô foi assim: porque eu fui pra casa do meu avô, porque meu pai, ele me queria muito bem. Aí, então-se, ele... ele trabalhava na linha de ferro, né? Aí, foram, pegaram um... um poste, desses poste, aí botaram no ombro pra mudar dum canto pra outro. Que eles tavam botando os poste no chão, né? Enfiando os poste. Aí, então-se, ele pegou, quando os outro soltaram a ponta lá, não avisou ele, que ia na frente, né? Aí, os outro soltaram e ele não soltou. Aí, morreu esvaído em sangue. Ele morreu aqui em Fortaleza. Morreu novo. Eu não sei a idade dele, mas ele morreu um home novo ainda. Aí, antes dele morrer, ele disse: 'Maria, eu sei que eu não vou escapar, não, Maria, mas a minha filha eu não quero que você crie ela. Eu quero que você pegue ela, dê pro meu tio'. E esse tio dele, eu me acostumei chamar avô, porque ele era irmão da minha avó. É. Ele era tio do meu pai. Aí, eles foram, me criaram. Eles tavam me criando muito bem, sabe? Mas depois que ele casou-se com a segunda mulher, aí vamo judiar. Quando ela saía buchuda, ela me enjoava. Toda vida, quando ela saía buchuda, oh, me espancava. Aí, eu não podia fazer nada, né? Mas que o meu avô achava muito ruim, porque ela me espancava. Aí, eu fiquei lá mais a minha mãe. Terminei de me criar, fiquei moça mesmo, né? Aí, fomo se embora. Fomo se embora pro Arara. Quando cheguei lá, no Arara, passemo três ano no Arara, aí viemo se embora. Quando cheguemo em Santa Quitéria, eu fui... passei mais ou menos dois ano, casei logo. Foi. Casei. Casei com dezessete ano... dezessete ano. Aí, de lá pra cá, a gente... o marido, ele é muito bom, mas sem ter serviço pra trabalhar, a pessoa vem sofrendo, né? Ele não tem coragem é de vim pedir, né? Ele diz: 'Mulher, eu quero morrer de fome, mas não quero ir pedir, porque eu tenho muita cerimônia. Eu acho melhor que a pessoa me dê um dia de serviço pra eu trabalhar de que eu ir pedir nas porta, de porta em porta'. Aí, eu não posso dizer nada, né? Você sabe que ninguém obriga ninguém fazer nada. Aí, pronto, tem que eu vim de lá pedir, que eu não vou deixar meus filho morrer de fome, né? Aí, tem que ser obrigado a vim pedir. Tenho seis filho. Eu tenho três moça e um rapaz. Tem esse que tá aqui, e também crio uma neta, né? Eu tenho uma neta também dum menino meu, dum rapaz meu. E tem as três mocinha e tem um rapaz e tem três pequeno, que são a neta e dois menino, esse que tá aqui e outro que tá lá. Só tem um aqui, e os outro tá lá. Eles ficam fazendo lá... só mesmo trabalhando em casa, né? Fazendo algum servicinho de casa mesmo. Não tem serviço pra trabalhar. Aí... Agora, a minha menina do meio, que ela é mais inteligente, ela tá aprendendo fazer camisinha, né? Essas camisinha de garrafa. Ela... É umas camisinha que tem pra vestir as garrafa. Garrafa... o pessoal lá usa muito. É feita de palha... É palha, é. Aí, ela tava fazendo. Também ela tece linha, ela remenda linha, pesqueira, sabe? Também ela faz esse serviço também. Já trabalhou muito nas casa. Lá tem pesca, lá tem um açude, só que não tá dando peixe. De primeiro, era muito bom lá, mas agora num tá dando nem peixe pra... os pobre comer. O açude num é de ninguém, é do governo. É do governo, né? Lá..."

[Pergunta a alguém:]
"É de quem o açude, heim, menino?"
"É do DNOCS."
"Do DNOCS, né? Pois é, é do Dnocs, lá. Mas tem peixe, não. Peixe lá, agora, eu quero que a senhora veje. Agora, pra nós comer um peixe, tem que

vim de fora. Tem que vim um peixe de fora, porque lá não tem condições. É, só um peixe. Os pobrezinho passa a noite na água..."

[Interferência:]

"Tem muito é muriçoca."

"Pois sim. Foi do ano passado pra cá que começou a escassear, eu não sei se é a seca, criatura... Tem seca do oitenta e três, né? Oitenta e dois... oitenta e... não. Oitenta e um e oitenta e dois e oitenta e três, né? Tudo foi seca, né? Foi? Foi. E não foi escasso como essa dagora, porque essa dagora foi a pior. Porque as outra seca, nós, pelo menos, nós provava em alguma coisa, e esse ano não deu nem sequer pra provar. Eu não sei porque que foi pior, porque a gente plantou três vez e não deu nada, criatura. Né? Eu não posso nem dizer porque foi essa seca assim. A chuva foi pouca. Pra nós foi pouca. Você olhe que nem o pasto pros bicho não fez. A gente olhava pros marmeleiro, era tudo seco. Tudo seco, sem você ver nem uma folha, viu? Os bicho num morreram não, porque tem a beira do açude e o pessoal planta capim e sustenta, né? Mas tão vendendo... a maioria do pessoal tão vendendo os bicho, porque não pode sustentar. Nós planta. Todos os ano nós planta e capina e quando é um bom inverno a gente colhe. É. Todo mundo de casa trabalha. Os meu filho, graças a Deus, trabalha todo mundo. Só não o mais pequeno, porque o mais pequeno vai lá... vai pra lá e... num sabe, né? Mas, nós mesmo trabalha. Nós... nós planta na terra do... do seu..."

[Pergunta a alguém:]

"Como é o nome lá do home, seu Laírton?"

"Jonas Dias."

"Do seu Jonas Dias."

"É."

"A gente ajeita a cerca praquele outro plantar."

"É. Pois é. Faz já alguns anos, já, que nós planta lá. Lá não é de dividir, não. Ele não quer, não. Ele quer só... Só pra ajeitar a cerca. Só ajeitar a cerca e a palha, né? Pros bicho. É assim que ele quer. Esse home tem muita terra, tem muita terra, os pedacinho de terra os pessoal planta lá. Esse menino planta lá, o Laírton. O pai dele também. É assim. Mas quando é pra dar as coisa, dá mesmo, mas esse ano, que a gente pelejou, não deu nada, né? Três vez nós plantemo e nada deu. Quando tinha linha pra remendar e pra fazer linha de pesca, eu só vivia trabalhando: fazendo tarrafa, fazendo linha, e também faço tapete também, tapete de palha também faço, cesta, é assim. Quando eu tô em casa... que agora... antes deu sair de lá, tava dando uns camarão no açude, pegava uma latrinha de camarão pra vender. Era assim.

Um quilo lá sessenta cruzeiro, só, camarão. Aí, vendia aquele quilinho de camarão pra comprar ali uma farinha, um açúcar, acabou-se o dinheiro. Porque pro feijão não dava, né? Aí pronto. Aí, lá vem eu sofrer aqui. Pedir esmola pra cima e pra baixo, viu? Chegando na casa da pessoa... eu venho pedir, aí eu digo: 'Minha senhora, me dê uma esmola pelo amor de Deus'. Aí, se a pessoa quiser dar, dá, né? Se não quiser, aí a gente vai... Passa, né? Tem delas que conversam, conversam. Perguntam: 'Dá onde é que você é?' Aí, nós diz. Aí, ela diz assim: 'Oh, minha filha, você é uma sofredora, né?'. Nós diz: 'Somos sim, senhora'. Aí ela diz assim: 'Minha filha, eu conheço as pessoa do interior. Assim que chega na minha porta, eu conheço logo as pessoa que é do interior'. Eu digo: 'É certo, a pessoa tem que conhecer'. Né? Porque o daqui, a gente conhece e os de lá também assim que bota a vista em cima é logo sabendo quem é as pessoa, né? É tanto que tem muita casa aí, que a gente tem chancha, como hoje, que eu lhe disse que almocei. A mulher mandou eu tomar banho: 'Minha filha, tome um banho, que é pra você almoçar'. Aí, almocei, né? Passei um tempinho lá. Aquela mulher ali se deitou-se lá, dormiu um sono, a Conceição. E eu tava escutando o programa do João Inácio Júnior, né? E ela lá, dormindo. Dormindo, viu? Mas ela teve sossego hoje, graças a Deus, né? Nós só não tá mais sartisfeita, porque as coisa dela que tava aqui, o pessoal pegaram e levaram as coisa dela, né? A gente não ficou muito sartisfeita com isso, não.
[Interferência:]
"Mas o de hoje tá guardado, o de hoje já..."
"Pois é. Graças a Deus, que esse de hoje que a gente ganhou... ganhou pouquinho, mas..."
"Tá feliz, né?"
"... foi muito bom. Nós tamo muito feliz com essas coisinha que nós ganhemo hoje. A pessoa que anda pedindo, a gente sente uma tristeza. A gente quando sai de casa, ninguém sente alegria... — *[Chora.]* — pra vim pedir. E só sente tristeza, imaginando de uma pra outra um carro pegar, matar a gente. E a gente, pronto, não volta mais pra casa."
[Interferência:]
"Ave maria, dona Fransquinha!"
"É isso que eu penso, às vez, de andar assim, pedindo, né? Mas eu não tenho alegria de pedir, não. Só venho porque é o jeito, o jeito mesmo. Porque não tem valor o serviço que a gente faz lá, não tem valor de jeito nenhum. A gente faz um serviço, o pessoal não compra. Aí, pronto. Como é que a gente é de viver num lugar desse? Pois é. Eu vim mesmo, porque... Eu

vim mais outra amiga minha. É irmã dessa mulher aí, que eu ando com ela. Eu vim mais ela na seca do oitenta e três. Tá com dez ano. Eu tinha vindo, mas era poucas vez, sabe? Nessa vez agora, eu tinha vindo, mas era bem pouquinho. Vinha os pessoal, que o trem, de primeiro... Você sabe que tinha trem nera? Aí, tinha um carro que era só do pessoal que vinha pedir. Num pagava, não, o pessoal liberava. Era. Tinha um carro do trem que eles liberavam pro pessoal vim pedir. Aí, o pessoal vinha pedir aqui. Liberavam. Passava quatro dia, passava cinco..."

[Confirma:]

"... ńera seu Manel?"

"É. Aí, foi... quando as coisa foi crescendo, foi aumentando mais, passou pra oito..."

"É."

"Aí, depois de oito, passou pra doze... Hoje é quinze, vinte."

"É. Hoje, nós passa assim uns quinze dia pra poder ir, porque a gente tá arrumando bem pouquinho. O pessoal tudo cansado, né? Porque a senhora olhe que é gente demais dentro da cidade pro pessoal... todo mundo dá aquelas coisinha praquele pessoal, e nós fica muito sartisfeito. O pouco que nós ganha, nós tamo sartisfeito. Que é muita gente pedindo, criatura."

[Interferência:]

"A gente cansa. Tem hora que se senta. Anda demais."

"É, tem hora que nós se senta, fica maginando em casa, como é que tá o povo de casa: se tá com a barriga cheia, se tá com fome. É assim. É, a gente magina... Às vez, pode arrumar alguma coisinha também pra comer, né? E desse jeito a gente véve, a vida da gente é assim, sofrendo mesmo. Eu sei que sinto tristeza. Quando eu venho... quando eu digo assim: 'Hoje eu vou me embora'... Tirar minha rede do canto da... do meu canto, menino, eu sinto uma tristeza tão grande, viu? Sinto mesmo. Magino assim: 'Oh, meu Deus, sair daqui do meu canto pra ir pra onde, meu Deus? Será se eu acho uma pessoa dum bom coração que me dê uma dormida preu ficar lá com as minha coisa?' Eu magino isso."

[Interferência:]

"É imaginando... Um passo pra frente e dois pra trás."

"E dois pra trás. É maginando. Seu Manel, eu vou lhe dizer uma coisa: esse negocinho da gente sair de casa, nós tamo com um pé dentro da cova e outro do lado de fora. Porque só essas travessia, que nós travessa pista por pista, como uma pista dessa daí é perigosa. Ainda agora. Poucos dia, morreu um home. A senhora soube que morreu um home aqui?"

[Interferência:]
"Morreu dois já."
"Pois é, morreu aí nessa pista. E nós todo dia... Daqui. E nós, todo dia, nós tem que atravessar ela pra poder ir procurar o pão de cada dia, né? Aí, isso é que eu magino, viu? Da gente tá viva naquele instante, e o carro vim passar por cima."
[Interferência:]
"Ave maria!"
"Pois é, eu magino muito isso. O perigo é esse. Só... não tem perigo, não. Graças a Deus, por onde eu ando, o pessoal me respeita, né? E se eu vejo acolá um bocado de gente fumando maconha ou mesmo cheirando cola, que é o que eles gosta, aquilo eu faço de conta que não vejo, né?"
[Interferência:]
"Desvia, né?"
"É, me desvio deles e passo pracolá, olhando pras casa e pronto. Aquilo eu não tô nem vendo de jeito nenhum. Porque se for botar a vista em cima deles é pior, né? Eu deixo pra lá a vida de quem quer que seja, e pronto. Deixo pra lá. No oitenta e três eu vinha pra casa duma mulher, dessa que me criou. Dessa dita mulher que eu fui criada com ela, que me judiava. Essa mulher me judiava, nera brincadeira, não. Era pra casa dela que eu vinha. Ela nunca melhorou não. Melhorou não. De jeito nenhum. Ficou do mesmo jeito. Morreu. Ela era rica, mulher rica. Mas nunca me ligou."
[Interferência:]
"A Francy?"
"Sim. Taí o menino aí conheceu ela. Não conheceu, Laírton?"
"Conheci. Conheci."
"Não era rica ela, nera?"
"A minha mulher tombém passava de uma semana fazendo as coisa na cozinha dela. Quando ela saía, dava uma lata de óleo pra duas pessoa."
"Era. Um dia, a mulher dele foi mais eu pra lá, se arranchar. Quando ela veio dar, foi meio quilo de arroz pra mim e ela..."
"Uma caixa de café pra elas duas."
"E uma caixa de café pra nós partir pra nós duas."
"E uma lata de óleo."
"E uma lata de óleo pra nós partir."
"Mulher rica."
— Dentro do armarinho dela, eu queria que a senhora visse: era de cima a baixo de coisa. E ela só chorando, dizendo que não tinha nada. Inté que

enfim morreu. Morreu e deixou as coisa aí pros outro, né? Já tava assim uma mulher já bem idosa, já. O meu tio morreu também. Antes dela morrer já tinha morrido, já fazia uns cinco ano. Cinco ano que ele tinha se enterrado. Mas eu só venho em época de seca, num sabe? Só procuro assim quando tá na seca, e não é todos os mês que eu venho, não. Eu salteio. Venho esse mês, mês de setembro, né? Agora, vai entrar outubro, né? Eu venho só em novembro. É só salteando. Eu nunca venho assim todos os mês, eu não venho, não. Aí passo quinze dia. Aí, quando junta aquelas coisinha, vou me embora, deixar, né? Aí, fico lá um mês todinho. Aí, quando vejo que tá pra se acabar, chego aqui de novo. É assim. Todo tempo nessa pisada, inté terminar tudo, né? Aí, quando terminar esse negócio de seca, aí é que eu vou parar, se Deus quiser. Se eu ainda for viva ainda, bem entendido, né? Porque a gente também é mortal. Se eu for viva, que eu não sei. Se chover... Se chover aí tem uma melhora, né? Quando chove, a gente sente aquela alegria que vai plantar. A gente vai ter aquela alegria porque vai capinar. Quando tem o legume, a pessoa vai colher, né? Aí, a gente sente aquela alegria. Tem o feijão, tem o milho, tem o arroz, tem o jerimum, né? E pra gente melhora muito, né? A gente sente muita alegria, quando tem o legumezinho da gente pra gente comer. Às vez, alguma amiga da gente que não tem, chega assim, cuma bem, dum lugar desse, lá na casa da gente, a gente tem pra dar, e a gente dá sartisfeita. E ninguém vai dar assim pouquinho, não. A gente dá... tira é uma cuiona cheinha aí, e dá àquela pessoa. E é assim. A gente fica sartisfeita quando, às vez, a gente tem uma amiguinha que chega inté lá, donde a gente tá, no inverno, né? Traz milho, traz o feijão, traz o jerimum, traz o maxixe, pepino, né? Tudo isso a pessoa, quando é no inverno, há facilidade, né? Tá certo que quando a gente planta, não chega logo, né? Mas, quando tem, ninguém acaba. Deus é bom. Quando tem, ninguém vai acabar assim, não. Peleja pra tirar, mas não acaba com tudo. E o roçado não tem esse negócio de dizer assim: 'Não, vamo tirar hoje, que vai se acabar amanhã, amanhã não tem mais nada', né? Quanto mais você tira, mais parece que Deus dá, né? Parece que aquilo faz é render todo tempo. E você tirando e o roçado não diz nada e a gente só comendo, né? E, no fim, a gente ainda tem muita coisa. É muito bom a gente ter o roçadinho da gente. Ainda guarda. Guarda a semente, né? Agora, esse ano, nós não vamo ter semente. Que a semente que nós tinha do ano passado, nós plantemo esse ano. Aí, morreu tudo. Acabou-se, né? E aí, ninguém sabe o que é que vai fazer esse ano, né? Semente. Mas Deus dá o jeito. Eu espero para o futuro, para os meus filho, eu penso para o futuro, que eu espero tudo quanto é bom pra eles, né? Eu só espero bondade pra eles, né? Sempre eu rezo muito, pedindo a Deus que Deus dê uma boa sorte pra eles, né? No oitenta e três eu, no oitenta e três, eu só andava no Antônio Bezerra, né? E pra cá, eu nunca tinha andado. Nunca tinha andado pra cá. Nem tinha andado pra cá e nem no centro. E agora esse ano eu já andei no centro e já andei por aqui tudo, né? Por ali, por as quatro vara, lá pro Pirambu. Só em lugar perigoso, né? Você sabe que, nesses lugar aí, é perigoso. Eu tenho andado muito assim, né? Mas tenho sempre medo, né? Que a gente pra andar tem um medo de andar. Eu vou andando, vou andando, vou por conta própria, aí, quando dou fé, ando perdida, né? A pessoa me ensina... eu peço pra me ensinar assim o rumo da linha de ferro. Me ensina e eu venho esbarrar na linha de ferro. Aí, pronto. De lá, eu sei me virar. Acerto direitinho pela linha de ferro. É, acerto. Toda vida, quando eu me perdo, eu pergunto: 'Minha senhora — ou o meu senhor —... o senhor me sabe dizer aí a linha de ferro pra onde fica?' Diz assim: 'Olhe, você tá muito distante. Mas você vai aqui direto, nessa pista, quando chegar lá na frente você entra do lado do esquerdo. Aí, você vai direto. Aí, você não sai mais do lado esquerdo, não. Pode ir direto'. Aí, vem sair aqui na pista. De ônibus eu nunca fui, eu não gosto de andar de ônibus. Só ando a pé. É direto a pé. Não gosto de pegar ônibus, não, de jeito nenhum. Nem o trem. Porque eu não acho bom. Fico assim com uma coisa tão ruim. Aí, eu não gosto de viajar em ônibus nem transporte assim, não. Eu venho nesse carro, quando eu chego aqui, eu venho doidinha da minha cabeça. Sinto aquela coisa, aquela agonia no meu estômago, viu? Venho em cima. O maior sofrimento. Quero que a senhora veja: tem dia que nós vem em cima duma carrada, chega vem encostando em cima no fio. Sim, senhora! O pessoal quando vai passar assim no fio, precisa andar se abaixando, porque falta encostar. Falta não, tem vez que encosta nos fio. A carrada é tão grande! Quando vai daqui pra lá é do mesmo jeito. Eu num sei nem as hora que passa na estrada, porque a gente sai mais ou menos às doze e meia, sai doze hora daí, do Padre Andrade. E a gente quando chega lá, em Itapipoca, é quatro hora. Quatro hora da tarde. Tem vez que nós quer pegar o ônibus pra Miraíma, nós não pega. Tem que dormir lá, pernoitar lá. Aí, nós dorme mesmo... bota os saco lá e fica encostadinho do carro, né? Porque no carro vai muita gente, aí o pessoal se encosta tudo no pé da parede. Aí, nós se encosta também pra num pernoitar só, né? Porque a gente como mulher não pode ficar assim tão longe do pessoal, né? Aí, a gente fica a noite todinha lá, sentadinha, porque ninguém dorme. A pessoa fica sem dormir. Aí, deixa amanhecer o dia. Quando é de manhãzinha, a pessoa pega um carro do seu João Quinca que vem — vem um dia de sexta-feira —, aí nós volta pra lá. Aí, vamo pra Miraíma, é. Só tem... o apelo que tem só é esse carro ou então-se o ônibus pra nós viajar pra lá. Se não for isso daí, pronto, ninguém viaja. Tem que pernoitar. A gente paga esse carro, né? Pra vim. Quando chega em Itapipoca, nós pega outro carro pra vim pra cá, que é esse carro do frete, da feira, né? A gente viaja nele. Mas só que ele vem muito cheio, quando a gente vem. A gente chega aqui num sufoco maior do mundo. Um trabalho imenso mesmo pra pessoa vim aqui. Tem gente que, às vez, pensa assim: 'Ora, a vida é fácil'. Mas a vida pra gente é difícil. Sabia que é difícil? Tem muita gente que pensa que a vida é fácil. Mas não é tão fácil assim como o pessoal pensa, não. Tem um momento que a gente... que eu sei que era mais fácil, né? Pra minha vida quando eu era pequena eu tinha a minha avó, que cuidava comigo. Esse tempo aí era bom pra mim. Mas, depois que o meu avô arrumou uma madrasta, piorou tudo pra mim, não é? Aí, pra mim, ficou ruim. E quando eu fui casar e ter filhos não foi muito difícil, não. Porque meu marido trabalhava em construção, e nós vivia uma vida melhor, né? Porque ele trabalhava em construção. Nesse tempo era melhor pra gente. Ele não deixava... Trabalhava era em construção de açude. Era saindo. Trabalhava mais o Quinzinho Sales. Você conhece ele? Pois é. Pois é, nós trabalhava. Ele era o nosso patrão. Aí, a gente trabalhava. Só vivia trabalhando pra cima e pra baixo nos carro. Os carro levando a gente. Passava um mês, passava dois mês num canto, com pouco viajava. Era assim. Fazia aquele açude. Ele trabalhava no açude, porque a gente todo tempo era se arranchando assim em barraquinha de palha, né? Eu criei meus filho mais assim: em barraca de palha... Eu descansava em barraca de palha, né? Mas só que a barraca de palha eu achava melhor de que uma casa, porque a barraca de palha, ela não é como uma casa dessa que respinga. Que a barraca de palha não respinga de jeito nenhum. O pessoal se acampava... todo mundo se acampava numa barraquinha. Todo mundo tinha sua barraquinha. Era muita gente que trabalhava. A pessoa trabalhava em todo canto, criatura. Eu não sei nem lhe dizer assim os canto, que eu já trabalhei muito. Só em Santa Quitéria, nós fizemo uns pouco de açude lá. Nos Poço, nos Tanque, Salgadinho... Lá... deixa ver... qual foi o outro? Eu sei que é tanto açude, que eu não me lembro assim, tanto do lugar que nós andava. Salgadinho... esse Salgadinho fica lá pra banda dos Poço. Nos Tanque também. Ah... Baixa das Carnaúba, lá. Lá da Carnaúba. E eu sei, portanto, nós trabalhamo demais em açude. Era pra cima e pra baixo. Taí um amigo véi também, que ele trabalhava na construção mais nós. Nera amigo? Era criancinha. Eu conheci esse menino bem criancinha..."

"Era. Eu sofri muito."

"... Trabalhando."

"Com jumento, mulher de Deus... Era com jumento. Eu queria que você visse. Tangendo jumento. Era tangendo jumento."

"Até torrãozada de barro no meio da parede do açude eu peguei."

"Pois é, viu? Pra você vê as coisa. Menina, a gente sofria, criatura. A gente sofria. Era bom... era bom e, no mesmo instante, se tornava ruim, nera?"

"É. É porque o..."

"Só vivia pra cima e pra baixo. Eu queria que a senhora visse. Pra cima e pra baixo. Um dia, nós ia viajando no carro, aí o meu marido botou um saco — o saco das rede, né? — botou assim, perto de... bem perto da cabina do carro. Aí... Perto da cabina, não. Perto da... da... como é que a gente diz?"

"Gigante."

"Não, meu filho. Ali perto daquela..."

"Da grade?"

"Da grade do carro. Disse assim: 'Francisca, senta aí'. Aí, eu me sentei, né? Aí, quando eu me sentei, passou um pedaço, nós viajamo assim mais uma légua... Eu digo: 'Sabe de uma coisa? Eu vou sair de cima desse saco. Eu vou bem prali, pra cima daqueles caixão'. Aí, saí. Assim que eu saí, esse saco... veio um garrancho, rebolou esse saco lá dentro dum cercado. Não era pra mim? Era a morte pra mim, viu? Pois foi. Veio um garrancho e puxou o saco e rebolou lá do outro lado. Nesse dia, se eu não tivesse saído, eu tinha morrido. Porque eu ia com criancinha, né? Pequenininha, no braço. Tava dando mamar. Essa menina tá com vinte e um ano agora. E aí, se eu não tivesse saído tão depressa, o garrancho tinha me rebolado lá fora. Mas foi Deus mesmo. Parece que disse: 'Olha, sai daí, que vai haver uma coisa'. Deu aquele palpite grande deu sair. Agora tem mais isso, não. Agora, não tem mais, não. O pessoal não manda fazer mais açude. Agora, só é o negócio... só esperando pela mergência. Manda fazer cacimbão, manda fazer açude só de mergência."

[Interferência:]

"É. E aí, o que tem assim um impreite pra fazer, faz é... paga é um trator pra fazer."

"É, pronto. Aí, não faz nada braçal mais."

"Só se for alguma reformazinha..."

"É."

"Alguma revença no açude..."

"É, alguma revença, é."

"É, agora é no trator."

"Tem as prefeitura, né? Aí, o cara que tem... fala com o prefeito. O prefeito dá cinco hora, seis hora de serviço de trator, aí o cara paga só o óleo. Dá um agrado o motorista. O cara vai lá num dia faz o serviço."

"É."

"E aí, sendo o animal, passa... passa um mês, passa quinze dia, às vez, passa até dois mês, né?"

"É verdade. É."

"Agora, eles só quer fazer as coisa tudo mais depressa."

"É o empeleitante que empeleita o serviço assim. Mas agora não tem mais, não. Não empeleita mais, não."

"É muito difícil. Quando aparece é causo duma semana, duas semana."

"Aí, se acaba."

"Não tem mais animal como antigamente. Antigamente, a gente andava pela aí, a gente comprava animal demais, era muito. Cada pessoa daquela, na beirada de casa tinha... tinha doze... doze animal. Era seis, era sete."

"Lá em casa era seis animal que tinha. Aí, foi preciso... Quando nós saímo de lá da construção, foi preciso vender porque tem o trem que passa bem pertinho, e aí matava, né? Inté que tinha um jumentinho bem pequenininho lá em casa, o trem pegou. Tu se lembra daquele jumentinho que o nome dele era Miúdo?"

"Me lembro."

"O trem matou o bichinho. Assim que nós cheguemo lá na Miraíma, o trem matou. Pois é. Era um bichinho tão bonzinho. Queria era bem ele... Acabou-se... Agora meu marido pegou-se com a mergência. Primeira vez. Tá na mergência. Ele bate ferro pra mergência. Faz o serviço é em casa. Ele bate muito ferro pra mergência. Vem os ferro de todo canto lá, né? Ele vai e bate tudinho. Antes ele já tava trabalhando só mesmo batendo ferro. Mas não era assim pra mergência, não, sabe? Era pro pessoal que pagava a ele. Mas esse ano não tem serviço de jeito nenhum. O pessoal não tem serviço pra mandar fazer. Aí, só vem esse da mergência. Embora tem uns que não seja da mergência, mas eles diz que é da mergência, né? Todo mundo se aproveita, criatura. Todo mundo se aproveita. Aí, outro dia, chegou um rapaz lá em casa, que é o Sales, disse: 'Dona Fransquinha, cadê seu Dó?'. Eu disse assim: 'O Dó não tá aqui, não'. Eu disse assim: 'Por quê?' Ele disse: 'É porque eu queria ver ele e dizer a ele que o ganho dele não pode ser só esse daí, não. Porque ele tá trabalhando demais pros outro. Ele tem que mandar o homem aumentar o preço dele'. Ele dizia o home — eu num conheço ele, não — o home..."

[Pergunta a alguém:]

"Como é o nome do home que diminista o serviço do Dó? Num sabe não?"

"Quem diminista o serviço é o Raimundinho."

"É o Raimundinho, né? Eu não conheço ele bem, não."

"Ele é o feitor da turma, sabe?"

"Cada qual tem o seu feitor."

"Ele... ele talvez tenha umas quarenta pessoa, né? É na faixa de..."

"Acho que é por aí assim."

"... dumas quarenta pessoa que ele diminista. É. Todo... toda segunda-feira; segunda, terça e quarta você tem que tá..."

"É. Ele bate ferro três dia na semana. Três dia. Três dia. Faz de conta que é no trabalho lá, né? Que eles trabalham segunda, terça e quarta, né, Geraldo?"

"É."

"E ele... e ele bate quinta e sexta e sábado. Três dia, ele faz o serviço lá. Eles tão fazendo cacimbão na mergência, açude. Agora mesmo eles tão falando que vão liberar o pessoal pra brocar, né? Nas terras do Geraldo Prado. É só desses mais rico, né? Jonas Dias... Esse açude que eles tão fazendo agora é lá das irmãs, lá. Das irmãs da igreja. Tá é remontando o açude. Lá... lá tem umas pessoa que tem as rasante lá."

[Interferência:]

"Mas pobre lá... pobre... pobre toda vida foi por baixo dos que tem mais as coisa, né?, como nós sabe."

"Porque lá mesmo... lá mesmo, o açude lá, lá o açude é tudo arrodeado de rasante. A pessoa que tem... tem bom... tem... tem uma fazenda... essa gente tem as... as rasante lá."

"Não tem o pobre que trabalha... É gente... Só é gente mais ou menos."

"Não tem um pobre que tenha uma rasante lá pra fazer uma... plantar uma árvore, fazer um plantio de batata, fazer um plantio de algodão, pra comer um feijão. Não tem."

"Tem não."

"Tem só os rico."

"Plantar capim..."

"Pois é, isso aí é um negócio errado..."

"Lá tem muito é capim plantado, lá."

"... Era pra ter pros pobre, que era pros pobre, que era pros pobre fazer fartura."

"Quem planta é os rico..."

"É, pelo menos o meu tio, o tio Geraldo, ele tem... Agora mesmo, ele comprou lá uns terreno lá mais monstro do mundo. Tem um outro motor avoando, fazendo forragem pro gado dele. Tá escapando o gado dele com água do açude."

"Era tão bom se fosse só plantio de comida, nera? Coisa de comida."

"Um... um prefeito, o Toiota, também... — não que eu teja falando do rapaz, dizer que o rapaz é mau pessoa, que o rapaz não é mau pessoa. Ele é boa pessoa, é boa pessoa — ele tem um terreno também lá. Um terreno que é um pai-d'égua também. Lá tem motor, tem o empregado lá, que toma de conta. Aí, tem o gadinho dele, que ele tira forrage de lá também. É um pouquinho mais lá, mas de qualquer maneira, é rico, né? E era uma coisa que era pra ser pros pobre, que é do governo, né? Que é do DAER, é do governo, né? Tem outro fora lá da sede. Aí, eles tão cavando é lá. Já existe, já. Já foi feito também assim, com mergência, sabe? Já foi feito pra mergência, ele. Agora, que inventaram essa construção, negócio de açude e cacimbão, eles botaram um horror de gente pra trabalhar lá, porque tava com uma revença. É muito bom o açude de lá, mas tava com uma revença."

[Dirige-se ao companheiro:]

"E tu sabe de uma coisa, Geraldo? Que eu vou te dizer uma coisa: aquele açudinho ali, ó, ele não vai acabar aquela revença, porque ele não tá sendo quase... ele não foi cavado..."

"Eu sei. Ele tá..."

"... Aquela fundação de fora, ele não foi cavado. Só foi limpo e pronto, e botaram barro. A senhora já viu daquele jeito? Sei que o seu Quinzinho trabalhava, mas eu via ele cavando ali a fundação, né? É do mesmo do alicerce. A mesma coisa de uma casa. Tem que ter o alicerce."

"Uma base mais monstra do mundo."

"Pois é. E ali não teve, não."

"É porque aquilo ali a gente vai botando uma fiada, sabe? Vai botando, vai aguando e vai batendo, sabe?"

"É, tem que ser muito bem aguado."

[Invasão de mosquitos.]

"Menina, que é tanto mosquito em nós?! Que é?!"

"... Vai batendo. Aí, quando termina aquela fiada, aí vem faz outra. Aí, vai batendo. Tem o aguador e tem o batedor e tem o puxador da fiada. Vai batendo. Fica bem calcadinha."

"Era bom que plantasse era comida quando ficasse bom... Se plantasse comida era muito bom. Se fosse... Eu vou dizer uma coisa: se fosse plantar só comida lá, era uma riqueza um lugar daquele. Era uma riqueza. Porque aradava a terra, e a terra ficava toda boa de se plantar. Mas com capim, só quem cria

é os rico. Só quem cria é os rico. Nós não pode. Tudo pra nós é comprado. Quando num tem em casa, no roçado, tudo é comprado. Tudo. Tudo, tudo. Tudo tem que ser comprado. Só não compra a lenha, porque a gente vai buscar nos mato."
[Interferência:]
"O açude de lá é grande demais. O açude lá é grande. Não é grande demais, mas é... quando ele tá cheio mesmo, ele tem mais de légua e meia d'água. Não tem, Laírton? No inverno?"
"Tem."
"No inverno, ele tem mais de légua e meia."
"Uma légua. Tem uma légua d'água, no inverno, quando ele tá cheio."
"Dá mais de uma légua. Não dá, não?"
"Tem croa. Tem croa no meio dele..."
"Na mente, dá mais de uma légua ali, tando cheio. Tem. Aquilo ali dava pra desmatar, aquilo ali. Dava pra dá pros pobre. Era pra liberar pros pobre mesmo plantar. Os pobre se fazia, né?"
"E se reunia aquele bando de gente, aí ia fazer aquele serviço. Quando terminava de fazer, aí dividia: um pedaço pra um, um pedaço pra outro. Mas, não. Lá é só os rico mesmo. Bota trator, bota tudo e... O meu tio, todo dia, tira é carrada de capim. Todo dia."
"Era... era bom se plantasse comida. Se fosse umas pessoa boa, liberava pro pessoal plantar comida pra... pra eles mesmo, né? Porque se por acaso liberasse pros pobre — que os pobre é quem faz alguma coisa, né? — aí ficava até melhor pra eles, né? Mas como eles não libera pros pobre, aí pronto: vamo sofrer também. Porque até eles sofre. Sofre. Ora, se não sofre. Só plantam só capim, criatura, e os bicho ainda morre."
[Interferência:]
"Eles não sofre."
"Sofre, Geraldo. Sabe por quê? Olha..."
"Eles não sofre, porque eles tem condição. Tem condição de comprar as coisa."
"Tem condições. Mas, olha que o bicho ainda morre. Devia eles ter o poder dos bicho não morrerem. Não era, não?"
"Morre, mas não é... mas não é como se eles não possuísse."
"Podia eles ter aquele poder tão grande de não morrer nenhum bicho. Ter o poder de dar só aquele capim e sustentar tudo sem vender uma cabeça. Não era, não? Mas eles compra também. Compra. Ora, eles compra comida também. Porque se for dar só capim, eles não sustenta, não."
[Interferência:]

"Compra ração."

"E compra pra eles também. É, carne eles compra. Quando mata lá uma vaca lá no lugar, aqueles pedaço melhor tudo é pra seu fulano rico. A gente, que é pobre, só come os ributalho véi. Manda comprar... sendo o dinheiro da gente sendo o mesmo, mas só vai comer os ributalho. Pois é, nós come só aquelas porqueirinha véia. Eu fico com muita raiva no dia que eu quero comer uma carne num lugar daquele, que vem só péia. Só péia mesmo. Faz raiva a gente comprar. Se manda comprar uns ossos, eu quero que você veja o jeito dos ossos que vem limpinho, limpinho. É osso mesmo. Só osso. Porque o pessoal tem um dizer carne com osso, né? 'Eu quero comer carne com osso'. Quando chega, só é as ossada limpa. Nós fica é com fome. Eu merma já tenho passado. Eu merma já tenho passado. A fome é uma coisa que dói na pessoa, né? A pessoa sem ter solução de procurar uma coisa pra comer dói mesmo, viu?"

[Interferência:]

"Falta paciência. Dá vontade da gente..."

"Falta paciência, a pessoa fica desimpaciente. A pessoa, quando anoitece, que a pessoa não tem nada pra dar os filho. A pessoa fica maginando, não dorme de noite. Fica maginando a noite toda: 'Como é, meu Deus, que vai dar de comer os filho nos outro dia?'. Mas Deus é tão bom, que a gente magina tanto. Quando é no outro dia, Deus dá o pão de cada dia pra gente. É, quando... Teve muitas vez lá em casa, que manhecia o dia ninguém tinha o que comer, né? De noite, eu começava a maginar. Meu esposo começava a maginar também: 'Mulher, como é que nós vamo dar de comer a essas criança amanhã?' Eu digo: 'Mais grande é Deus. Hoje nós não tem, mas amanhã nós terá pra dar os nossos filho'. Aí, quando a gente dava fé, chegava ali um vizinho com uma coisinha, né? Pra gente. Ou mesmo eu trabalhando, mandava comprar fiado na bodega pra depois pagar, né? Aí, a gente ia passando. Já sofri fome também. Agora, eu tô melhor, porque tô procurando o pão de cada dia. Mas, se eu não tivesse procurando, eu tava com a mesma fome. Porque não tem pra onde. Porque você sabe que um açude que tem peixe, uma pessoa pega uma vara de anzol e vai pescar. Mesmo que não tenha a farinha pra comer, chega, bota... e come escoteiro, né? Raspa coco, cozinha nele e come escoteiro. E não tendo? Como lá, a pessoa peleja lá pra pegar um peixe e não pega. Nem dá de anzol e nem dá de linha. O que é que a gente é de fazer? Ninguém não é de pegar e tirar as coisa alheia, que ninguém tá doido, né? Pra ir pegar as coisa alheia e tirar pra comer, né? Pedir, ninguém vai, porque não tem quem dê, que já são bem dizer uns esmoler também. Aí, ninguém vai pedir. Acha melhor se tocar de lá pra cá. Ou sofrendo ou não, tem que vim pedir aqui. E tem muita gente que, às vez, diz assim: 'Uma mulher tão nova dessa, tão boa de trabalhar'. 'Minha senhora, eu ando aqui, olhe, não é com preguiça, não. Graças a Deus, corage eu tenho. A senhora tiver uma trouxa de roupa pra mim lavar, eu lavo. Se a senhora quiser que eu engome, eu engomo. A senhora tiver aí um muro cheio de capim, quiser que eu capine, eu capino. Que tudo isso eu sei fazer. Só não sei pegar no alhei'. Elas fica ali convencida, né? 'Não, minha senhora, eu sei que gente do interior é esperto. Gente do interior não tem preguiça, não.' 'E por que que a senhora diz isso? Que a gente é tão nova e anda de porta em porta pedindo esmola? Minha senhora, a senhora não sabe a precisão que nós tem. Se nós não tivesse precisão, nós não ia sair lá da nossa casa pra nós vim pedir esmola aqui nessas suas porta, mei-dia em ponto.' Tem dia que dá mei-dia, a gente andando no sol quente, chega o suor pinga. A pessoa humilhado nas porta, pedindo a um e pedindo a outro. E o pessoal dizendo as coisa com a gente. Elas fica só assim... maginando. 'É isso mesmo, minha senhora'. Aí, vai... Parece que elas se dói, né? Aquilo só pode é se doer nelas, né? E aí, elas vão lá dentro, traz a esmola. Hoje mesmo, eu cheguei numa casa, a mulher disse assim: 'Minha senhora, eu já dei hoje... desde seis hora que eu dou esmola'. Eu digo: 'Minha senhora, e não vai parar tão cedo. A senhora desde cedo que dá esmola, e não vai parar tão cedo. Porque, uma que o pessoal tão pedindo. O pessoal anda com fome. E não é só eu que anda de porta em porta, não'. Ela disse: 'Minha filha, desde seis horas que eu tô dando esmola'. Aí, eu também não liguei mais, não. Aí, ela disse: 'Minha filha, se levante aí, dê uma laranja a essa mulher aí'. Aí, me deu uma laranja. Aí, foi lá pra dentro. Digo: 'Minha senhora, a pessoa só dá esmola quem tem aquele bom coração, é quem dá esmola. Porque se você der uma esmola, mas você der de mau gosto, nem serve pra mim, nem serve pra senhora'. A mulher ficou só triste. Aí, foi lá pra dentro, não quis mais conversa comigo. Digo: 'A senhora acha que nós tamo assim pedindo esmola é fazendo fita nas porta? Não senhora, é nossa precisão, que nós tamo com ela. Humilhado. Nós tamo é humilhado, senhora'. Aí, teve uma mulher, que essa dali foi pedir esmola, aí ela disse assim: 'Essa égua podia ir trabalhar como eu já trabalhei. Podia ir trabalhar como eu trabalhei'. Dizendo com ela aí. E ela tão besta, que não respondeu, né? Se fosse eu, eu tinha respondido. Eu tinha dito assim: 'Olhe, dona menina, a senhora nem me conhece pra senhora chamar esse nome comigo, viu? A senhora vim chamar esse nome comigo. A senhora nem conhece eu, não conhece'. Mas ela não disse nada. Eu dizia. Eu só não dei a resposta logo, porque eu não vi ela dizer. Ela foi quem me contou. Eu não vou levar nome na minha cabeça, não. Nós sai junta pra pedir, eu mais a Conceição. É uma numa rua e outra noutra. Ela vai nessa rua, nós vamo naquela... eu vou do lado de lá. Uma dum lado e outra do outro, e é tudo pertinho uma da outra, se vendo todo tempo. Todo tempo é nós se vendo. Nós já se conhece de lá, da Miraíma, já. Essa menina aí desde criancinha que também nós se conhece. Desde nós criança. Ela morava bem pertinho lá da minha mãe, quando ela era criança. A mãe dela era vizinha da minha mãe. Todas duas de lá da Miraíma. Lugar da vida dura! Lugar da vida dura! Dia de domingo ainda é uma missa. Sábado, é ir buscar lenha, longe, longe. Longe, que a pessoa precisa botar o feixe não sei quantas vez no chão. Só vem se botar no chão. Porque, um dia, eu truxe um pau tão grande, que hoje ainda sinto dor no peito e dor nos ossos. Bocado de lenha que eu truxe. E mais que eu pego esse peso também de saco, né? Ainda pior. Vida dura..."

[Interferência:]

"Só querem o voto."

"O que que tu disse, Geraldo?"

"Tô dizendo dona Fransquinha: esses vereador aí não olha nem pra gente. Esses vereador do sertão..."

"Vereador? Eu acho mesmo que vereador também tá no lugar pra ajudar a gente, né? Mas esses vereador de lá — é verdade — não olha, não. Não ajuda, não. Poder tirar o couro da gente é melhor pra eles. Serve não. A pessoa só vota mesmo porque quer. Mas servir, eles não serve de nada. Serve pra botar o dinheirinho da gente no bolso."

"Prefeito e vereador só pra ajudar a família dele. Só são bom pra família dele. O prefeito num dá nem o carro véi pra gente vim pra cá."

"Pra beber, bancar, beber cachaça, cerveja, botar o cavalo pra correr, pra... dar dinheiro pra fazer festa, pra fazer vaquejada..."

"Pra fazer festa tem dinheiro, pra futebol tem dinheiro, pra correr de canoa dentro d'água tem dinheiro, pra correr de bicicleta tem dinheiro..."

"E se for um cara morrendo de fome nas casa, ele não chega lá pra ajudar, não."

"Chega não."

"E, se continuar sem chover, sei não..."

"Se não chover... aí o jeito é nós pegar fogo. Todo mundo."

Apresenta-se o quarto MENDIGO DO SERTÃO:

"Antônio Mulato. Antônio Mulato nasceu em Fradim, município de Irauçuba. Filho de Vicente Mulato, filho de Maria Gonçalves Araújo. Era um casal pobre e familhado. Deixei a casa de meus pais com dez ano de idade. Fui criado por casa dos outro. Deixei a casa era porque o meu pai era pobre e eu era um menino muito esperto, aí os meu primo e meus ti aí simpatizaram de mim, aí me deixava... aí acostumaram eu na casa deles. Que era nos Correi. Correi é município de Irauçuba. Um lugar com nome de Correi. É perto. Ali, confinando com Fradim. Aí eu fui agricultor. Fui pra lá com dez ano... Dez ano pra casa desses tio. Eu, quando era menino, era muito brincalhão. Zangava muito os mais velho. Agora, eu respeitava os mais velho. Agora, eu brincava muito. Se sabia que tinha um véi zangado, aí eu me escondia e rebolava pedra naquele velho. O véi jogava pedra em mim. Eu tinha uma tia, que tinha raiva da gente dizer que ela era véia, num sabe? Irmã do meu pai. Aí, eu ia e dizia: 'Olhe, minha tia, você já tem cento e oitenta ano...' Essa véia rebolava lata em mim, rebolava pedra, né? Aí, eu dizia a ela: 'Minha tia, quando eu vou no meu caminhão, ele só puxa cento e oitenta'. Aí é que ela endoidava, num sabe? *[Riso.]* Eu era brincalhão, sabe? Lá, no meu lugar, na serra do Correi, o pessoal lá... Quando eu chego lá, parece que chegou foi assim... Todo mundo... um chama pra uma casa, outro, outra. Só porque... porque a pessoa que é muito brincalhão... quando a pessoa se dá... não tem as brincadeira enjoenta, o pessoal sente mais falta saindo do lugar do que uma pessoa que é muito séria. E eu fazia muita graça lá, sabe? E... rolava, tirava o dia de domingo, arrumava uns espetos de pau, ia rolar pedra em riba das serra, serra alta. Derruba aqueles monstro de pedra, saía esbagaçando no rumo de baixo, pegava pedaço de pau, pegava tudo, ia quebrando. Um tempo, eu virei minha mochila às avessa e levei uma capoeira de mamona de um tio meu quase toda. E eu levava era quatro... de mamona. Mamona é uma safra. As pedra onde passava faziam uma vereda, sabe? Eu era bem pixote, não pensava. Meu tio jurou uma pisa de vara, mas nunca me pegou. Eu me escondia. Eu era brincalhão demais. Agora, graças a Deus, que hoje em dia eu... Já tô velho... Lá eu trabalhei. Dessa época pra cá, não morei mais meus pai, não. Estudei... Comecei o primeiro ano, só. Mas leio muitos nome. Aqui dentro da capital, muitos nome de rua, essas coisa, eu leio bem. Eu tinha a memória muito boa, mas não tive foi estudo. Aí, trabalhei muito... Trabalhei muito na agricultura. Explorava muito a... cultivava muito a terra. Anos dava muita coisa; anos, pouco, e assim a gente ia levando. Aí, as coisa pioraram. Sei que agora a gente tá abandonando mais de trabalhar, porque quanto mais a gente trabalhando na agricultura, mais fome tava passando. Porque a agricultura... a agricultura tava, tá morrendo. A gente... Este ano, a gente... acontece fazer uma safra. No outro ano não dá nada. Aí, a safra não dá pra compor os dois ano. Aí, quando se acaba, aí a pessoa come daqui, vai já passar fome. Fui... Morei dez ano só mais um home, por nome Chico Damião, primo meu, no município de Irauçuba. No Correi. Ele era muito... um grande agricultor. Aí... E eu trabalhava de comboio mais ele... Era muito novo, menino. Carregando carga em jumento, em burro, na cidade de Itapajé pra cooperativa. Carga de algodão. Se levantava dez hora da noite, ia amanhecer o dia na cooperativa de Itapajé. Só em riba de serra. Subindo ladeira e descendo. Carregando algodão nos animais, nos animais. Isso foi no... Aí na era de 80 de pra cá, já. 81, 82, 83, 84, 85, esses ano aí. Aí, depois, de 85 pra cá, foi que rei aí esse bicudo de algodão. Aí, acabou-se a nossa safra de algodão. Deixou quase liquidada. Arrumei... Idade de dezessete ano, arrumei uma mulher. Me ajuntei. Aí, vim... Saí da casa desse home, do Chico Damião, meu primo. Fui morar numa casa... numa casa própria. Eu e a mulher. Era muito cachaceiro. Bebia cachaça direto. Aí, a mulher foi e me deixou. Agora, eu era muito trabalhador. Não deixava faltar as coisa em casa, não. Ela nunca... Fome, nunca passou. Mas eu bebia muito, aí, por causa da bebida, nós se deixemo. Ainda vivi mais ela um ano e quatro mês. Depois, eu deixei dela. Com seis mês que nós tava separado, eu me ajuntei com uma parenta minha. Da família de Braga. Aí, passei dois ano e dois mês mais ela. Construí uma casa de tijolo, dois compartimento. Aí, desentendemo também, aí nós separemo. Ela não deu certo comigo. Aí, agora tô morando mais outra. Essa tá nos cinco ano. Essa tá dando certo. É, cinco ano tá morando mais eu. Teve duas crianças, mas morreram. Uma teve, aí morreu. E essa agora última teve um, também morreu. Filho não tenho, não. Vivo, não. Crio dois: Jaqueline e o Patrício, mas é filho... dois. Porque a mãe deles era junta com um home. Aí, foram e se deixaram. Ele abandonou ela. Deixou ela desprezada. Aí, deu certo. Eu tava sem mulher, aí fui morar com ela. Aí, ela tinha duas criança. Aí, eu truxe as criança pro meu poder também. Aí tão morando comigo. A mãe é que véve comigo também, essa que tá com cinco ano. A menina... idade de dois ano no meu poder e o menino a idade de quatro ano. Aí eles tão no meu poder. Querem muito bem a mim. Eu também não bato neles, não judeo. Tamo vivendo. Considero cuma filho, né? Porque a gente cria um meninozinho de pequeno, né? É pai de criação, né? É pai de criação, né? Aí, eu levei minha vida. Eu era um rapaz muito brincalhão quando era novo. Dava valor muito à brincadeira. Bola. Joguei muita bola. Ia distância de três légua a pés, em riba do serrote seco, subindo as imensa serra pra ir jogo de bola. E de pés, à vez. À vez era de animal. Cheguei a possuir animal ainda. Andava, à vez a cavalo. Quando não era a pés, quando não tinha... Tô com trinta e um ano. Sou de 1962, dia seis de março. Tô já assim na terceira mulher... porque eu quero uma mulher pra... uma mulher que eu tenha confiança e uma mulher que me respeite, né? Se eu morar mais uma pessoa que não merece confiança, eu prefiro abandonar. Aí, elas não mereciam confiança — as outra. Aí, eu... Então-se eu vou ter despesa com mulher, arrumo uma roupa dessa pra ela vestir, uma blusa. Arrumo um calçado, arrumo a comida. Então-se, ela também deve fazer a minha parte: me respeitar, obedecer, cuidar da casa dela direitinho. Mas uma mulher que vai... Tá com um home, aí vai namorar com outro é porque ela não quer aquele home. Se ela quisesse ele... Porque a mulher deve bem saber que home, que é home, só pega chifre a mulher uma vez. Não vai bater, não vai matar, mas dá o desprezo. Aí, eu fui esse causa, que eu dei desprezo à... Aí, essa no dia que me desrespeitar, tanto faz morar um ano mais eu como morar dez... Nós tamo morando junto, mas no dia que eu souber duma conversa dela, que eu for atrás da certeza e for verdade, aí, nós separa. Eu não vou espancar ela, não vou bater, não, mas entrego à família dela. Eu sou um cara que... eu não tenho influência com nada. Eu tanto faz tá na presença da mulher cuma tá aqui só. Como ela, agora, tá lá no sertão. Eu... não tenho esse negócio deu dizer: 'Ó, eu vou pro centro, vou pro forró', não. O que eu ganho, eu me lembro dela e pronto. Porque hoje em dia o home que entra com muitas mulher, ele só quebra a cara. Tenho visto é home rico. Tem carro, tem tudo. À vez, por causa de duas, três mulher, se acaba, à vez, em nada. Porque Deus deixou o home pra mulher, mas só... pra companheira. Deus deixou a companheira do home que foi a mulher, mas uma mulher. Se o home continuar com duas, três, tá pecando o adultério. Agora o homem, porque... no mundo não pega a culpa. Aí, ele faz isso. Mas pra Deus tudo é um pecado só. Tanto faz a mulher trair o home como o home trair a mulher. Porque do jeito que a mulher tem o direito, o homem também tem. A mulher respeita o home, trabalha direitinho, e tudo por aquele home, aí aquele home vai andar com safadeza, procurando outra mulher. Quer dizer que aquela mulher tem um desgosto, e grande. Dela viver... respeitar ele, e ele não respeitar ela. Do mesmo jeito é nós. Assim como nós não acha bom a nossa mulher viver traindo nós, ela também não acha bom nós fazer isso com ela. É certo! Porque ela tem o direito dela também. A mulher tem o direito dela. Agora que acima de tudo é o home, mas... porque o home já tá dizendo: home. Mas, em certos canto, a mulher tem o mesmo direito do home, o direito dela. Assim ela seja uma mulher honesta. Mas eu morei... Vou morando com três mulher, mas nunca casei, não. Nenhum casamento, só junto. Eu... Eu, na minha opinião, não deve o homem assim que vai morar mais a mulher casar logo, não. Deve o homem tirar ela da casa do pai dela, para passar uns tempo mais ela para poder casar. Agora, com essa eu... eu já... já dá pra casar, porque... É duas coisa que eu penso na vida: ou casar com ela ou deixar, porque junto... Eu não quero morrer junto, junto, não. Eu acho que é muito ruim. Pra Deus não é bom, não. Porque Deus deixou... uniu a mulher com o homem sob o santo matrimônio. Deus não casou ninguém, mas deixou a lei. E eu acredito que a pessoa com um santo matrimônio é uma coisa mais respeitada, é uma coisa mais certa. Cuma bem: a mulher é uma senhora casada, a mulher ali tem o respeito. A mulher sendo junta talvez... No pensar da população é... porque a mulher só pode dizer que é esposa de um cara, depois que ela casa com ele. Enquanto ela não casa, ela não é mulher dele, ela é companheira, mas não é esposa legítima. Porque aí, quando o homem faz aquele juramento perante o padre, Deus tá... Que a palavra, na hora do juramento, é uma palavra... é uma palavra, como se diz, é um compromisso sério, é o matrimônio, o casamento. A pessoa jura o padre que respeita a mulher na doença e tudo, e a mulher jura quando faz aquele juramento. O padre tá perguntando, mas aquele juramento tá sendo perante a Deus do Céu. No dia que a pessoa morre, se não cumpriu aquele juramento, aí... Aí, como se diz, é um grande pecado, né? Fez o juramento, aí mentiu, né? Fez pra Deus, aí desfez, né? Mas eu... Eu arrumei uma caboca aqui. Depois que eu moro mais ela eu já tive um chamego com uma aqui em Fortaleza mesmo, sabe? Paraibana. Aí, ela tava perto de ir pro resguardo, que eu mandava dinheiro pra ela... Era desse menino que morreu, que tá com seis, ou até com sete mês que ele morreu. Nasceu morto, sabe? Meninozinho, homem. Aí, eu... a mulher perto de ir pro resguardo, aí eu num me interessei muito ir pra casa, sabe? Agora, eu me interessava assim: mandar dinheiro pra ela, e as coisa de comida. Arrumei da mamadeira à derradeira fralda para o menino. Arrumo tudo. Pedindo. Quando o meu menino morreu, senhora,... quando nasceu, mais, não, mas tá aqui o saco que eu tinha cheio, só de fralda, cueiro e tudo. E era novo. Papeiro... Agora, o papeiro, eu comprei; mamadeira, eu comprei; tudo. Banheira... Comprei tudo. Aí, Deus levou ele. Eu tava aqui. Nem cheguei ver ele, não. Aí, me contaram. Não achei bom, não, mas entreguei a Deus. Aí, fiquei, tinha essa outra... Quando cheguei lá, minha mulher já sabia. A negrada contaram. Cheguei... Estava de resguardo ainda ela e... Aí, eu disse a ela: 'Não, não precisa quebrar o resguardo. Não precisa briga, não. Não precisa nada. Eu lhe garanto mais nunca no mundo eu... Mais nunca no mundo eu olho pra ela. Eu... Pronto, faz de conta que eu botei

uma pedra em riba'. Aí falei pra ela. Graças a Deus, daí pra cá... Pergunta sempre por mim. Dia de sábado eu nem saio daqui. Não procurei mais, não, e eu isolei. Porque há cinco ano, que eu moro com uma pessoa, já sei quem é. E uma pessoa que eu nem conheço... Podia me dar mal, né? Aí eu não quis, não. Também ela é um pouco mais nova do que ela, e a outra é mulher idosa. Aí, eu fiquei mesmo com a que eu tô. Essa outra que eu inventei um chamego com ela era mais velha, sabe? Mulher de uns trinta e quatro ano, por aí assim. Aí eu deixar uma mulher de vinte e cinco ano, mais nova, mais bonita, por... Aí deixar, sem saber nem se presta. Aí, eu: 'Não, trocar...' Eu também não fiquei com ela. Eu pensava que a mulher não ia saber, sabe? Eu não tava na mente de deixar por ela, não. Mas tem muita gente que dá valor ver as coisa pra contar logo, fuxico. Tombém a minha mulher é uma mulher trabalhadeira! Ela é uma pessoa trabalhadeira. Me ajuda, ela. Ela, à vez, tira tucum. Ela... tendo serviço, ela me ajuda. É porque o nosso interior nem uma lavagem de roupa, nem nada, não tem. As mulher mesmo é quem lava. Pessoal tudo pobre. Mas sendo num canto que tenha ramo de vida, ela me ajuda muito. Ela é interesseira, ela. Ela é uma mulher juntadeira das coisa. Não é espalhadeira, não. Ela tira tucum, essas coisa assim."
[Interferência:]
"... da palha."
"Da palha da carnaúba para fazer o pincel de passar em parede de casa, essas coisa assim, sabe?"
"Pra limpar as parede."
"É. Para tintar as parede. É da palha da carnaubeira, sabe? Aí, tira aquele... um fiapinho que tem, sabe? Aí ela... A gente corta... tira a palha..."
[Interferência:]
"Só o olho."
"... aí tira a palha. É. Tira de qualquer carnaubeira. Baixa ou de alta. Aí..."
[Interferência:]
"Só o olho."
"Só a palha do olho. Só o olho da carnaubeira. Aí, tira aquele tucum, sabe? Quem tira a palha é eu. Eu tiro. Quando eu tô em casa, tirava tucum. Aí vende. Tem saída, tucum. O tucum vende lá mesmo. Agora, também... Que nós agora... Quando nós vivia no Carnaubal, aí nós viemo sembora pras Brota. Aí, lá... Eu morava num lugar que tinha muita carnaubeira. Agora, se mudemo, sabe? Lá num tem. Lá tem um açude, mas tá quase seco. Tinha um açude que dava uns peixinho, mas tá quase seco. Um açude até grande, sabe? Mas devido a muita seca, estiagem aí, tá quase seco. Tudo seco,

aí eu vim pra cá. Foi em... Foi o ano passado, em setembro, que eu vim. Esse ano tá interando um ano. A primeira vez que eu vim pedir... Eu era... Lá no sertão fazia as imensa... pra brocar, e brocava muito. Trabalhava muito. Aí, o serviço muito barato... Eu brocava, trabalhava muito, aí o ganho... À vez dava pra gente ir comendo, mas não dava pra comprar uma roupa, nem um calçado, nem... não dava pra nada, pra essas coisa. A gente dava até de dormir no chão, que nem uma rede também comprava mais. Aí, eu pensei: 'Meu Deus do céu, a gente trabaia e... trabaia, trabaia... quanto mais trabaio e o ganho num dá nem pra mim... não tá dando pra mim comer mais a mulher e os filho. Nós não vamo andar nu, nós não vamo dormir no chão. Eu tenho que parar com isso e tenho que caçar um meio'. Já isso... uns três ano a quatro ano, que eu morava mais essa mulher, e cada vez na dificuldade assim, a gente tralhando e o negócio acochando cada vez mais. Aí, eu... eu fui... vinha muita gente de lá aqui pra cidade. Aí, a gente via sempre chegar, levava rede, levava roupinha, algumas coisinha, aí eu digo: 'Eu vou'. Eu não tinha confiança de chegar aqui e pedir, não. Mas eu digo: 'Eu vou. Se eu chegar lá, não tiver coragem, aí eu vem me embora'. Aí, fui e comecei pedindo, pedindo... Ganhava uma redinha, ganhava uma coisa, aí com aquela animação com... Devido a gente trabalhar e não comprar do trabalho da gente aí a gente se... ganha rede, ganha roupa, ganha coisa, aí... E trabalhando ninguém ganhava. Aí, eu vi... Agora, dentro da minha casa, eu me encontro com dez rede. Não é rede boa, não. Tem umas melhor, mas tem umas redinha ruim, mas tudo ajeita, dá pra dormir. Aí, naquela época, tava faltando até as rede da gente dormir já, sabe? Roupa pra gente vestir, pra mim e pra mulher. Aí, vim. Graças a Deus, com esse ano, de setembro pra cá, sobre essas coisa: rede, roupa, tudo melhorou pra gente. O tanto de viver, da gente comer sempre uma carninha. Carne, a gente só comia quando mordia a língua... E agora, não. Eu chego daqui... Se eu passar oito dia em casa, oito dia eu como carne. Não vou mentir. Não é muito, não. Mas você sabe que um home e uma mulher e dois menino, compra meio quilo de galinha, né? Dá. Bota um arroz e um feijão, dá pra comer. Porque eu, embora tenha muita carne, eu não como. A minha comida de carne é de um até dois pedaço. Se eu comer pra lá... e pronto. Eu não sou chegado. Sou mais assim um pirão, um arroz, mas... Aí, melhorou pra mim, porque mulher brigava muito comigo, e eu só trabalhava e não sobrava nem dinheiro pra comprar um quilo de carne. Sem eu ter culpa, porque eu não podia fazer nada. Que dinheiro eu não tirava nem pra jogar, nem pra beber. Só pra comprar os alimento de casa. Aí, não dá. Aí, eu vim pra cá. Graças a Deus a gente agora tá vivendo melhor, depois que eu ando por aqui. Agora, não que eu penso ficar só nisso, né? Penso fazer minhas terra, limpar minhas terra pra quando chover, aí eu vou continuar a plantar, né? Pra ver o que é que dá, né? Se Deus quiser! Aí a gente se sai. No inverno, ninguém vem pra cá. Vai é trabalhar. Mas também vem por que..."

[Interferência:]

"Vem gente aqui no inverno, que dorme aqui."

"Pouquinho. O pessoal vão todo é trabalhar no interior. À vez, vai capinar roçado, aí não tem comida, né? Aí vem ver se arruma aqui pra levar."

"Pra plantar. Dorme aqui."

"Mas vem mais pouco. Porque aí, no sertão, quando chove, aí uma pessoa diz assim: 'Rapaz, eu quero que tu vá fazer a broca, pra plantar no meu roçado. Rapaz, vem trabalhar amanhã!'. Aí, aí vai aparecendo aquele servicinho pra pessoa ir se movimentando. Aí não vem. Tem muita gente que vem pra cá mesmo quando não tem apelo nenhum. Aí, vem. A gente trabalha em terra de proprietário. Terra é muito caro. Aí a gente não tem condição. O proprietário cobra a renda, aí a gente paga vinte por cento. Aí a gente planta em terra de proprietário. Eu num tem medo de trabalho não. Mas... Tive de pedir. É, eu fiquei com medo, mas eu sou um home disposto. Se eu for fazer um trabalho, ou com vergonha, eu vou fazer. Aí, eu imaginei foi isso. Eu vim... Eu vim... Não tinha costume de vim pra uma cidade dessa pedir esmola, porque eu nunca tinha mesmo. Não vou mentir. Quando eu ando... tinha andado aqui, em Fortaleza, era bem arrumado. Nesse tempo, era outro. Aí, eu fui... A primeira cidade que eu pedi aqui foi... não foi nem aqui dentro, foi dentro da cidade de Maranguape. Eu fui mais um velhinho, de nome de Zé. Aí, o velhinho foi mais eu. Aí, chegou lá, me soltou dentro da cidade de Maranguape, aí disse assim: 'Você agora se vire'. Aí, a pessoa que nunca tinha pedido... Aí, eu sem nenhum tostão no bolso, sem dinheiro pra pagar o ônibus pra voltar. Passei assim bem uma hora e meia pensando: 'Meu Deus do céu, o que foi que eu vim fazer com esse saco no meio dessa cidade? Não vim comprar, não vim nada, não truxe nada. Vim pedir... Acho que não vou ter coragem de pedir, não'. Aí, eu... Até que eu me dispus. Aí, saí por ali, pedindo muito acanhado. Aí, pedindo, pedindo o pessoal. Até que eu fiz uma diária boa, nesse dia... Aí, no outro dia fui e comecei. Aí, daí pra cá... Hoje em dia eu não tenho... eu não tenho mais acanhamento como no começo. Também, a gente... é difícil pegar um carão. Eu, mesmo, é difícil. Às vez, elas diz: 'Você tão novo'. Mas é difícil elas dizerem. Também, sei conversar... Eu digo: 'É, cidadão, eu sou novo, mas não tem trabalho. Não tô podendo viver sem... sem trabalho. Aí, eu... se é deu roubar um ali, eu peço ajuda. Quem puder me ajudar, me ajuda'. O que eu digo é isso. A gente sendo do interior é mais fácil. A gente sendo do interior, o pessoal sempre tem mais dó, né? Porque o pessoal daqui tem raiva mais desse povo daqui, que, à vez, eles diz que vão pedir, aí é vagabundagem, né? Beber e a... de bebida, né? Cachaça. O pessoal do interior, eles sabe que é um pessoal que trabalha sempre na agricultura. São um pessoal mais sofrido, né? Aí, dão mais fácil à gente. Eu num tem vontade de vim pra cá não, pra morar, não. Porque a cidade... Eu, quando passo oito dia em casa, que eu vou dez dia, pra mim... pelo meu gosto era não vim mais pra cá. Que o sossego lá é muito bom. A gente arma uma rede, não tem essa zoada. Lá é um lugar muito calmo. Pode sair lá meia noite, pode sair toda hora, não tem negócio de assalto, não tem nada. E aqui ninguém pode andar de noite, às vez, não pode... Tudo é perigoso. E a gente... é um lugar que a gente só anda com cuidado e assustado aqui. Tanto faz ser dia como noite. De noite, é os marginal, de dia é os carro, que é demais. No interior, se eu tivesse o meu salário, lá pra mim viver, eu... Eu não tenho vontade de morar aqui na capital, não. Eu vem pra cá, mas não me acostumo, não. Vim pra cá, morei cinco mês lá no Padre Andrade mais a mulher. Aí, fui, tirei a mulher, fui pra lá de novo. Eu trabalhei no depósito, ali. Lá eu ganhava. O meu salário, eu ganhava. O salário. O tempo que eu passei aqui trabalhando... Rapaz, pra mim, pagava aluguel de casa e tudo... Eu tava... Quando eu pedia, pagava aluguel do quarto, meu saco, à vez cheio de coisa. Não faltava em casa arroz, a farinha e tudo. Aí, quando eu fui trabalhar, se acabou-se a farinha e tudo. O salário... nós tava passando era fome. Era pra pagar o aluguel e tudo. E eu fui, aí pedi pro homem aumentar um pouquinho. Ele disse que não aumentava. Aí, eu fui, saí do trabalho, sabe? Aí, daí pra cá, graças a Deus, que não tem faltado as coisa em casa, não. Porque o salário era muito baixo, aí as coisa caro e subindo, aí... pronto. Aí eu fui. Aí deixei a mulher lá e vim pra cá. Eu sei que as pessoa acha... Rapaz, eles pensam que é um negócio chateado, né?, a gente pedir, a gente pedir. Mas devido à época... Naquela época, há dez anos atrás, a gente ignorava demais: 'Ah, eu não vou pedir'. Porque não precisava um homem novo pedir, né? Porque a época ainda dava pra gente viver, sabe? A gente ignorava se visse uma pessoa pedindo. E, agora, devido à época fraca, só seca, entrando seca, aí a gente se acha sem apelo, aí é o jeito. Porque ninguém não agüenta sem ter o alimento e viver em casa sem comer. Faltou alimento, tudo em casa, a gente tem que buscar seja aonde for. Porque aí... coisa ruim é a gente viver sem... sem o alimento em casa, sem ter, né? Agora, quem vier do interior, pra ganhar só um salário aqui, de gasto de passagem, pra ir, essas coisa assim, não dá, não. Porque sempre a gente... a gente pede as ajuda da gente, dinheiro, e ganha uma michariazinha, mas... como a gente ganha... só uma roupa dessa que eu ganhei, pra mim comprar dava quantas diária de uma pessoa que trabalha? Dava umas três diária, né? Aí... uma rede dessa aí, tudo é dinheiro hoje em dia, caro. E ganho um arroz, uma coisa, um e outro. Aí, tudo é caro. E se aquele salário, a gente vai tirar pra comprar essas coisa? Olha, tira pra comprar o sabão. Aqui a gente ganha o sabão, aqui a gente ganha o fósforo, ganha o sal, ganha o arroz, a farinha, o feijão. E aquele dinheirinho que a gente vai ganhando, vai sobrando pra levar pra casa. Aí, ninguém nem compra feijão, nem farinha, nem essas coisa, quem pede. Aí, é entender que o dinheiro que a gente arruma é rendoso. Porque, quando a gente vai, o valor que a gente leva daqui, que a gente deixa em casa, ainda alcança o outro. Se a gente for assalariado, quando for mandar dois mil, ou três, quando for mandar outro, a mulher já tá com fome. Devendo, as contas desse tamanho nas bodega. A gente vê mesmo aqui dentro da cidade. Gente que mora aqui, que ganha o salário. Só vê se maldizer, que tá com umas conta monstra. E nós, que pede assim, nós não deve nada. Nós não compra nada fiado em bodega. Nós não deve nada a ninguém, que não precisa. Dá pra agüentar. Porque a população de Fortaleza é muito grande. Se aqui, acolá, salteando uma casa, dá esmola à gente, né? De tarde, se torna muito. Que a população é muito grande, muito bairro. Aí, dá. Não dá pra gente pedir assim, em lugar pequeno, né? Cuma Itapipoca, esses lugar assim, que só um dia correge. Aqui tem bairro da gente corrigir... andar três dia, à vez não anda todo. Só um bairro. E agora quantos bairro... Parece que a cidade toda é cento e quarenta bairro. Aí... aí é que é o entender da gente arrumar umas coisa aqui. Conheço Fortaleza quase toda, Messejana, Praia do Futuro, Mucuripe, Parangaba, Maracanaú, tudo. Pan-Americano, Antônio Bezerra, Barra do Ceará... Ando tudo é a pés, à vez, vai de ônibus. Aí... mas numa cidade dessa, quem anda a pés, muito anda a pés, fica conhecendo muito. De carro é diferente, é uma velocidade. E a pés, não, a gente vai... É isso mesmo, uma pessoa que é pobre tem que apelar tudo. Enquanto Deus quer. Enquanto a gente véve. E aqui nós aprende... rapaz, aprende... A gente aprende a ficar mais... prático, né? Na cidade. Quando a gente chega dentro da cidade, a gente já sabe mais ou menos, né? Como eu acostumado numa capital dessa, eu chegar assim em qualquer capital, São Paulo, ou Rio de Janeiro, já não me acanhava muito, devido muito a gente já tá acostumado aqui. Lá pode até dá duas dessa, ou três, mas a gente já tem mais prática, né? Mas eu nunca... andei fora, não. Sou cearense. Nunca saí do Ceará pra outro canto, nem pra outro estado, não. Eu aqui ando com um menino meu. À vez... Aí, ele pede numa casa, e eu noutra. Eu tive de trazer ele... eu trago é porque ele... Eu ganhava muita fruta, aí se destruía muito, aí eu trouxe. Uma manga, laranja, tudo isso. Aí eu trago pro mode ele comer. Mas nunca eu vou... mas eu vou deixar de trazer ele, porque eu vou passar um estudozinho pra ele. Eu... isso não é meio de vida pra gente ensinar a um filho da gente. Pedir, não. O menino se cria naquela malandragem e não quer trabalhar. Aí... a gente já mais velho, a gente já tá acostumado a trabalhar. Pede também, mas ninguém vai só pedir. E a criança começar pedir, não quer trabalhar assim também, não. Porque ganha dinheiro fácil, aí vai passar outra... outra malandragem. Aí, eu vou botar ele na escola e no trabalho. Quando chover, se Deus quiser, eu vou plantar um roçado e me ajudar a capinar, no dia que não for pra escola. Esse velho que botou eu nas esmola eu conheci ele nas Carnaúba. Lugar por nome Carnaúba. Desde 58 que ele pede esmola. Começou a pedir homem novo. Eu conversei com ele. Disse que conheceu eu, que eu era um cara muito conversador e dava pra pedir. Eu viesse mais ele, que eu me dava bem. Eu vim, aí me dei bem mesmo. Foi. Aí, eu me dei bem. Ganho meu dinheirinho. Aí, achei uma facilidade, que... melhor do que o trabalho. Eu trabalhava... Só tinha o nome de trabalhador, mas não tava dando pra mim viver. E fui... Vim pedir, aí achei uma facilidade melhor de viver, né? Essas pessoa que me dá... Eles... as pessoa que me dá esmola é porque eles... porque tem gente caridoso mesmo. Eu também tenho gesto de pedir, não tenho gesto de aborrecer, né? Muita gente pra dar esmola, à vez ainda... não sabe pedir, aborrece a dona da casa. Eu, não. Eu sei falar com o povo, e tudo. Aí... Eu chego, né... peço um auxílio. Aí, conto como é que tá minha situação. Aí, a mulher vai e traz. Mas eu também, não... Falo sério, não tô com canalhismo. Porque a pessoa que pede tem que ter um gesto... É uma das coisa que merece muita sinceridade é com uma pessoa que anda pedindo. A pessoa que anda pedindo não pode dizer uma prosa com ninguém. Não pode nada. É só pedir a esmola e pronto. A pessoa que pede não pode nem conversar muito tempo numa casa. Porque a pessoa que pede a esmola, cuma bem, o jeito é humilde, né? À vez, pede, cuma se diz, ali tão humilhado. Depois, a pessoa pega a conversar, e depois tá conversando... aí, tá conversando uma conversa mais diferente. Aí, com pouco, a mulher pega e diz: 'ah, esse rapaz ainda agora pediu a esmola tão piedoso e, agora, tá com a conversa desse jeito. Ele não tá com fome'. Aí... o negócio é pedir a esmola, e... Eu, nem comer numa casa, a mulher me dando a comida, eu não como dentro de casa. Porque eu levo a bacia dentro do saco. Mando ela botar dentro e vou comer lá debaixo do pé de pau. Porque não gosto. Levo o caneco da água. Peço a água. Tombém num peço em prédio, não. Em prédio, o prédio fica cercado de muro, aí ninguém pede em prédio. É uma dificuldade pra gente pedir em prédio. Não dá, não tem condições. Uma pessoa que mora em apartamento, mora muito cercado. Pede mesmo só em casa de família, casa assim de... Prédio também é casa de família, mas é uma casa mais difícil, né? Da gente ir. Na Aldeota eu não peço, porque lá... nunca pedi lá, não. A não ser no sinal, porque Aldeota é só de gente rico, onde mora mais ricos daqui é lá, aí não dá. Ninguém ganha nada, que... é muro, dois cachorro dentro do muro, ou mais. Não tem quem peça, não. Não pode. Melhor pedir em bairro pobre. Mais pobre mesmo. Quem dá esmola à gente, as ajuda à gente, é esse pessoal mais carente mesmo, esse pessoal não que tá igual a da gente — porque a gente já tamos pedindo — mas pessoal cuma bem, que tem, que ganha um salariozinho, ou dois salários. Gente rico é contrário de dar esmola à pessoa. O rico não conhece a necessidade de nós, só o outro que já sofreu. Ele nunca sofreu. Nasceu já no berço de ouro, na riqueza. Rico não sabe o que é fome. Ele vê a gente passar a fome que passa. Se contar a ele, ele nem acredita, que ele nunca passou, né? Uma coisa que a gente nunca viu, a gente, às vez, nem acredita muito. Assim é a pessoa. Nunca passa uma coisa, aí pensa que a pessoa tá com brincadeira, né? Agora..."

Quer dizer que fome mesmo eu nunca passei. Eu sou um rapaz pobre, mas nunca... Graças a Deus, não. Eu nunca na minha vida sube o que foi fome, não. Mal, eu passei vários tempo, mas... Eu fui criado numa família muito de fartura. Nós guardava era sessenta alqueire de feijão, era de cinqüenta. Minha família plantava pouco, plantava só para comer. Aí, depois, foi que veio caindo as época. As época foi se acabando, se acabando os produto da gente, algodão e essas coisa. Castigo no fim dos tempo. Bom, aí... Pronto, aí, até eles mesmo, hoje em dia, tão sacrificado. Mas as coisa... Ave maria, era bom demais. Eu alcancei anos aí, que eu tinha esse dito primo meu, que eu tava na casa dele, ele guardava de dois mil quilo de açúcar, na casa dele. Dois mil quilo de açúcar, todo empacotado, pro inverno. Porque lá, em riba da serra, no inverno, não podia transportar coisa pra levar. Ele guardava rapadura, muita coisa, tudo pro inverno. Lá, quando era bem cedo... A minha merenda, todo dia, bem cedo, era cinco ovo de galinha caipira. Era. Botava numa panela lá. Ovo de galinha, a mulher tinha lá, era... terreiro, era como... Milho, nós rebolava de meia saca. Os bicho juntavam ligeiro. Muito capote. A meia quarta era vinte litros. Nessa época, dinheiro era fácil demais pra mim. Fácil! Eu bebia demais. Quando entrava em bebedeira de cerveja, tinha dia deu deixar de trinta garrafa em riba de uma mesa, mais um outro amigo. Era. Aí, eu... estragava dinheiro demais. A gente novinho, pensava que não vinha essas época de hoje. Todo cabra que, naquele tempo, fazia aquilo, hoje em dia, está sentindo falta. Aí, é novo, não trabalha pro futuro, né? Até gente que naquele tempo juntava, juntava... hoje em dia, não tem nada, né? Quanto mais nós, que estragava, né? Hoje eu não adoto mais bebida, não, eu. É difícil. Passo de três ano sem beber, sem nem provar bebida nenhuma. Vou passando três ano... três ano e uns mês. Quando é, às vez, eu... eu... Dá uma vontade, às vez, deu beber, um amigo me chama, eu tomo ali uma cerveja, até duas. Cachaça eu não bebo. Pronto. Não vou ficar no pé do balcão, bebendo, porque às vez tem amigo que convida. Eu penso que... Eu tenho fé em Deus que... Eu peço a Deus, sempre, todo dia, quando eu rezo minhas orações, peço sempre pra ele me tirar disso. Porque... Mostrar um meio, porque eu não acredito que eu vou terminar meus dias de vida pedindo esmola. Porque eu acho que a esmola... Um cara pedir esmola, ele não cresce. Ele faz é diminuir. Diminui. Porque a senhora olha o que é a gente sair lá do interior, um homem novo, às vez andando bem prontinho, não é nem muito feio às vez, aí se ocupa de pedir esmola. Eu acho que... eu acho que o home faz é diminuir nesse ponto aí, não aumenta, não. Agora, não é complicado assim pra ser perseguido pela polícia, nem nada, não. Mas ele diminui assim, no valor dele, porque um home novo daquele. Tem muita gente que diz 'Um home desse andar pedindo esmola!'. Aí, se algum dia, a gente... A pessoa... Cuma bem: a gente é um rapaz solteiro, algum dia arrumar... Até vergonha de namorar com uma moça a gente tem. As outra amiga dela diz: 'Ora, você namorando com um esmoler!'. Rapaz, isso é demais. Por isso, eu dizer... eu digo que o home... o home que pede esmola — o sujeito deve crescer — ele faz é diminuir o valor dele. Da minha mulher eu não tem vergonha, ela já sabe. Ela já sabe, e ela não é dessas mulher que liga. Agora, tem mulher que não quer o home que pede esmola, não. Agora, as pobre do interior, devido ser sofrida, acostumada já a passar fome, elas querem que o marido arrume é um meio de vida pra elas passar melhor. Querem lá saber se é pedindo. Agora, muita mulher aqui, dentro da cidade, não... Apenas essa que um dia chameguei com ela, nunca soube que eu pedia esmola, nesse tempo. Disse a ela não! *[Riso.]* Dizia nada! Eu dizia que trabalhava no depósito. Às vez, ela passava, aí eu... Aqui, acolá, que eu trabalhei um dia no depósito. Aí, mas ela passava, às vez, quando eu tava pedindo esmola, mas de tarde eu chegava cedo, aí ela, às vez, passava pra lá assim, quando eu sabia que ela ia passar. Às vez eu tava barrendo o depósito... 'Não, ele é empregado do depósito'. Ela era empregada do Dr. Rui, lá pro lado da Parquelândia. É um cara muito rico, Dr. Rui. Eles são muito rico. Ela trabalhava lá, na casa dele. Agora, se tivesse assim um mei, se a gente arrumasse um emprego, né?, podia melhorar. Porque eu não tenho boa saúde, não. Mas Deus... se Deus quiser, Deus me dá minha saúde ainda. Eu sinto uns problema assim: meus pés esquenta muito, minhas perna doem, mas... Talvez seje porque eu ando muito. Dói muito quando eu ando muito. Quando eu vou dormir, ele não dói, né? Só na hora que eu tô andando, meus pés. Aí... Eu não sou sadio, não. Sinto uma fraqueza também. Porque lá... Você sabe que, às vez, a gente tem vontade de fazer uma coisa, e não faz, assim, sem coragem. Aí, no momento... Agora, eu tô até melhor. Tô tomando uns comprimido aí, que o médico passou. O médico diz que é simples. Eu pensava que era até outras coisa complicada mais, mas aí os médico disse que isso meu é verme, sabe? Já três médico que eu vou, recebendo o resultado do exame e tudo, sabe? Tudo acusa só verme, não sabe? Agora, eu não acredito que verme dá dor nas perna, nas costa. Acho que dá também, né? Eu fui já em vários médico. Em Itapipoca, primeiramente. Depois, vim aqui pra Santa Casa. Eu tô tomando medicamento do que a Santa Casa passou, o médico, uns comprimido. É quentura nos pés. Aquela coisa ruim nos pés. Aí, ele vai e passa comprimido. Porque pior de tudo é a gente não ter saúde. A gente... É uma das melhores riqueza que Deus dá a nós, na face da terra, é a vista da gente e a saúde."

E tantos mais também muito teriam a dizer se eu mesma não precisasse pôr um termo às suas falas. Porque eu também estava destinada a falar. E, se os senhores derem licença...

Esforcei-me muito para não omitir nenhum detalhe, porque sabia que profundas mudanças havidas na história de meu povo estavam vindo desembocar ali, no meio daqueles entulhos e homens. Queria gravar tudo como num filme para que a imagem fosse inteiramente preservada e os anos futuros pudessem saber como tudo aconteceu. Mas vi que era uma tarefa grande demais. Fiz o que pude.

TOMADA N.º 1
(Terminal de ônibus da Praça José de Alencar)

... No ponto do ônibus do bairro de Álvaro Weyne, um garoto com o chapéu afundado na cabeça me estende a mão, calado. Imito o seu gesto meio brincando, meio enojada pelo aspecto pedinte, pelo semblante miserável que o gesto impõe como parte da cena. Estou comendo umas broas e ofereço uma ao garoto. Depois me refaço da repulsa e pergunto para onde vai.

"Pro depósito" responde quase inaudível.

"Eu também" digo abrindo a bolsa e dando-lhe dez cruzeiros para comprar um pacotinho de broa, indicando onde é a venda.

"Compre pra você, se quiser." Ele faz um aceno com a cabeça, mas guarda o dinheiro no saco que traz a tiracolo. Esse é o procedimento regular: amealhar cada trocado que, ao final do dia irá compor a *diária* — em dinheiro ou em *mercadoria,* que é como chamam os víveres arrecadados.

O motorista do ônibus reconhece o menino e mais afirma do que propriamente pergunta, pois já conhece a resposta: "Vai pro Álvaro Weyne?". O menino confirma com a cabeça e o motorista indica uma cadeira na frente para que se sente. O ônibus lota, sobem pessoas idosas e outras crianças. Mas o menino tem o seu lugar garantido na frente. A expressão do rosto agora já mudou um pouco, é de confiança e alívio, expressão de criança morena e bonita. Fora reconhecido pelo motorista, não se trata de um *mirim,* é uma criança do interior tratada como tal, não é temida e nem rejeitada porque não é um *mirim,* é um menino do sertão. Ele talvez já tenha percebido a diferença e tire proveito disso. O que não sabe é quanto seu lugar é escorregadio...

Ao chegar ao depósito larga os paramentos (o chapéu de palha roto, o saco de pano encardido a tiracolo, as chinelas japonesas gastas) e solta o riso e o corpo, é absolutamente criança chutando uma bola de papel que acabou de fazer com os outros meninos. É filho do MENDIGO DO SERTÃO José Ferreira. Agora vai tomar banho enquanto o pai prepara o jantar. Brincará com os outros, todos protegidos pelo portão de ferro mantido sempre fechado e pelos muros altos do depósito. Mais tarde o pai armará sua tipóia esgarçada, roçando na centena de outras semelhantes. O irmão mais velho — como outra noite foi estirar a sua no lugar em que era a do Benedito, que então reclamou, e sendo ele um moço muito opinioso — vai dormir no depósito próximo, para desassossego do pai, que preferia todos dormindo juntos.

TOMADA N.º 2
(Interior do Depósito Floresta)

... Agacha-se em torno de mim um homem preto e desdentado, comentando malicioso: "A moça bem que tá gostando da reportagem..." Respondo que sim e digo o que suponho que ele queira ouvir: "Depois eu boto o gravador pra você". Ele diz: "Tá doida pra ouvir as minhas palavra". Respondo no mesmo tom: "E você doido pra falar". Trata-se do Pássaro Preto, e ninguém lhe sabe ao certo o nome. É muito falante e parece querer se distinguir dos demais — mais urbanizado, talvez, se sentindo mais esperto. Conta que fez o percurso inverso: saiu de Fortaleza para o interior por causa de um filho de cinco anos, por quem ele teme os perigos da rua. Quer tomar informações a respeito do meu gravador: "É seu? Quanto custa? Onde comprou?" Está já escuro no depósito e ele continua falando, contando episódios, construindo avaliações, julgando os ricos. Parece falar de um texto pré-escrito, a revelação de um sábio não reconhecido por seu tempo. Um saco! Num dado momento, diz que faz música e eu, inadvertidamente, digo que vou gravar, já providenciando a fita. Ele imediatamente reage: "A minha música não!" E eu me sinto como se tivesse sendo acusada de lesar a obra de um imortal. Ora, sim senhor! Ele parece uma figura do teatro de bonecos. A custo contenho minha irritação, meu desprezo, minha rejeição. É muito difícil lidar com os sentimentos numa pesquisa como essa.

TOMADA N.º 3
(Interior do Depósito Floresta)

... Agora o Sr. Manuel, que — segundo ele mesmo — tomara duas cachacinhas, quer conversar. Está banhado, barbeado, um homem bonito, de olhar firme, de uma expressão no rosto indicando a mistura da inteligência com a dureza da vida e a marca, não de quem venceu, mas de quem não se deixou abater. Demonstra um espírito forte, aquele cuja rebeldia não aparece pronta, que mais se assemelha a um felino quieto a juntar forças para o pulo oportuno. Ele agora quer falar e me toma de surpresa: não é mais o arisco camponês recusando primitivamente ter sido apartado de seu trabalho, mas um homem preocupado com o seu mundo doméstico. Vem falar de seu casamento, de uma briga com a mulher por causa de uma irmã dele, "uma galinhazinha dessas que não quer nada com a vida" diz — cujo partido a mulher tomara, ficando contra ele. Inadmissível. "Pois como é que uma mulher se bota contra seu marido e vai ficar do lado de outra que nem merece?" Indignado, ferido na viga mestra de sua integridade masculina e de marido, o Sr. Manuel ameaça deixar a esposa com os cinco filhos: que arranja outra que o respeite e seus filhos dali em diante serão os filhos da outra. Diz: "Essa que seje seis, ela mais os cinco menino". Enquanto eu pondero como pesquisadora? como mensageira de um mundo novo? arre! como uma mulher separada do marido e com os filhos ainda muito pequenos? tudo isso fermenta de uma só vez e minha fala se confunde com a fala dele, meus sentimentos com os sentimentos dele): "Sr. Manuel, tenha paciência, Sr. Manuel... Sr. Manuel, é muito difícil para uma mulher sozinha criar os filhos, Sr. Manuel: não tem trabalho, as crianças ficam por aí... Sr. Manuel, as pessoas estão se separando por muito pouco... Sr. Manuel, tem tanta criança passando fome na rua, se drogando, Sr. Manuel..." O mendigo Dorém aí conta o que viu: "O juiz, um dia desse, vei buscar foi tudinho, levou tudinho, porque deram o nome lá, as criança, as criança do mei da rua, sabe? Aí, o juiz vei buscar pra levar lá pro... Elas tava lá no sinal da Aldeota. Passaram bem duas semana lá, preso. Mas preso assim: trabalhando, tomando banho, comendo, brincando, assim. Acho que a mãe não liga, né? Acho que a mãe não liga. Liga, não. É bem oito menino ou mais. Tem moçona bem grandona. Tem moçona desse tamanho, com seião grande, pedindo também. É daquele jeito, uma briga danada, lá, no sinal. Lá, das duas maior com os bichinho. Aí... é feio. Passa é o dia todinho". Dorém só não sabe dizer é como acontece à noite, como é que aqueles bichinhos dormem assim ao relento, porque à noite nunca sai do depósito. Conhece só de ouvir falar. Mas imagina que só pode é ser muito ruim aquela situação. O MENDIGO DO SERTÃO até agora percorreu apenas a primeira etapa de sua descida para a cidade... O resto ele só imagina... O Sr. Manuel ouve atento, insiste que é opinioso, que a mulher não está fazendo certo e que eu bem que poderia dar uma palavra com ela quando andasse lá em Miraíma. Eu sou uma pessoa assim entendida e é capaz dela me escutar. O Sr. acha Sr. Manuel? Acha. Lá no interior a pessoa vive assim sem um esclarecimento de nada.

(Pergunta-se o metodólogo: de que maneira, tanto o pesquisador como os sujeitos de sua pesquisa, intervêm no processo de conhecimento, de que maneira «constroem» a realidade? Ele sabe que, assim como o cientista social lida com conceitos e elabora regras de evidência e teorias para guiá-lo na seleção e na interpretação dos dados, qualquer pessoa que participe de um grupo, qualquer agente ou ator social utiliza categorias de pensamento, regras de evidência e teorias para selecionar e interpretar os diversos aspectos ou objetos das situações que vivenciam. Pois é por isso que vou dar uma palavra com a mulher do Sr. Manuel, prestar o esclarecimento, fazer a assessoria, que esse é também um justo papel — como sugere José de Souza Martins: explicar sociologicamente ao homem leigo a sociedade em que vivemos «todos», descobrir para «eles» o «nosso» mistério, é algo perfeitamente legítimo[50].)

TOMADA N.º 4
(Ponto de Mendicância)

... A visão é de um ponto de mendicância, localizado no cruzamento das Avenidas Desembargador Moreira com Padre Antônio Tomás. É uma esquina de intenso movimento na área nobre de Fortaleza, veias exuberantes da Aldeota, o bairro mais rico, *Aldeia, Aldeota estou batendo na porta pra lhe aperrear, pra lhe aperrear, pra lhe aperrear,* os mendigos ali expostos no leste, quando cair a tarde eles vão com o sol para o oeste, ficarão escondidos como este, até amanhã quando retornarão certos, inelutáveis, nenhuma sombra, como o sol, francos, teimosos, fazem um traçado entre os carros, são cinco, logo são oito, dez, como os raios de luz. Evidentes. Sento-me no banco da praça e observo à distância os repetidos gestos dos homens e meninos que estiram a mão aos motoristas. Como numa colheita às avessas do que plantaram, uma colheita absurda, de longe em longe apanham um fruto ressecado e o guardam no bornal, uma cédula chocha que é no que deu seu suor plantado no sertão. À boquinha da noite irão se recolher ao pombal, como chamam em Miraíma seu lugar de dormida — o depósito — e eles mesmos denominados os pombalinos. Relembro então das rodas de conversas à noite no depósito, alguém falando do roçado. Dizia que gostava mesmo era dos seus pés de milho, das suas ramas de feijão, ali sim é que era bom porque não tinha ninguém dando carão, podia ir à hora que fosse tirar uma espiga de milho, o roçado nunca reclamava. Pedir esmola não era serviço pra homem, ia porque era o jeito. Outro dizia que pouco se importava com carão, pedia porque precisava pedir, quem quisesse dar que desse, se não dava era porque não queria dar, ia ligar para carão por quê? "Home, o que nós tamo é perdendo a vergonha!", concluía um terceiro. Estão agora ali sob a minha vista os homens do sertão «perdendo a sua vergonha». O que mais faltava perder? Outro então se dizia revoltado porque ouvia por aí que eles não queriam trabalhar. "Mas trabalhar de que jeito?, ele perguntava e ninguém em volta respondia. E contava que tinha ido a um trabalho do governo: "Umas fábrica de telha que o governo mandou lá no lugar, mas o sujeito tinha de trabalhar o mês todinho, que só no fim recebia aquele dinheiro". Ele não ficou. O que é que ia dar para a família comer até o dia do pagamento? O jeito tinha sido vir para Fortaleza pedir esmola. À beira da avenida barulhenta e causticante, como de propósito para acentuar o contraste, uma rica floricultura de nome «Lágrimas de Cristo» anuncia numa placa de madeira: "PLAN-

TAS E VASOS ORNAMENTAIS, EXECUÇÃO E MANUTENÇÃO DE JARDINS, ALUGAMOS PLANTAS PARA DECORAÇÕES E EVENTOS". E aí sinto dó dessa tola Fortaleza... Fico imaginando na graça que seria se junto com o jarro de planta alugado para ornamentar os eventos, fosse um homem daqueles para fazer entre os convivas e o verde de aluguel, o mesmo bailado que faz entre os carros com a mão estirada. Recomponho-me, porém, como pesquisadora e indago sobre os aspectos estruturais que vêm conduzindo ininterruptamente o agricultor a compor na cidade o elemento aparentemente antinômico do moderno. Sei que devo dirigir um olhar que, para além da identificação dos contrastes evidenciados no confronto da miséria teimosa com o moderno alvissareiro, pergunte sobre a mais íntima e antiga base do moderno aqui.

TOMADA N.º 5
(Instituição governamental)

... O moderno?
Está aqui um documento do Departamento de Atividades Produtivas, da Fundação da Ação Social do Estado do Ceará, transcrito na íntegra. Os Senhores, por favor, tirem suas próprias conclusões:

RELATÓRIO DE VIAGEM

MUNICÍPIO: Miraíma
DISTRITO: Brotos
TÉCNICO: Maria Heurenice Moura de Souza
PERÍODO DA VIAGEM: 20 a 23/7/93

Matéria:

Visitamos o Município de Miraíma, especificamente o Distrito de "Brotos", distante a 25 km da sede, com o objetivo de verificar a situação do êxodo rural, para a cidade de Fortaleza, vivenciado por várias pessoas do distrito e estudar a viabilidade socioeconômica de projetos, que venham fixar o homem no campo, dando-lhes condições de ocupação e renda.
Foi realizado contato, com o coordenador e técnicos da EMATERCE, em Itapipoca, além de representante da Defesa Civil — Fortaleza.
Tal contato, foi realizado com o objetivo de expor a situação dos imigrantes em Fortaleza, os quais sobrevivem de esmola nos cruzamentos de ruas da Capital. Em virtude disso, convidamos os técnicos dos órgãos acima citados

para uma reunião que será realizada no dia 22/7/93, no referido distrito, com a participação de todos os interessados, já contactados por ocasião de uma visita realizada no galpão em Fortaleza.

Diante do exposto, os técnicos envolvidos no trabalho fizeram as seguintes observações:

1. Esta prática de pedir esmolas, já acontece, há vários anos, independentes do período de inverno ou verão, tal fato se dá, em virtude dos ganhos auferidos, que em média variam de Cr$ 2.000.000,00 a 4.000.000,00, por semana;

2. Existem vagas nas frentes de serviços, mas algumas pessoas, desistem devido ao ganho ser pouco, muita gente prefere perdê-la, uma vez que, não se pode, colocar os filhos menores em seu lugar;

3. Existe uma pessoa, denominada "**Empresário da miséria**", que leva o homem faminto pela 1.ª vez, sendo que, este, reparte todo ganho da 1.ª semana e apresenta-o ao dono do abrigo, onde os migrantes ficam, localizado no bairro de Álvaro Weyne, numa serraria;

4. Existe, ainda, no município, pessoas que, possuem mercearia, moto, casas *boas*, bicicletas, etc..., com recursos conseguidos, através das esmolas recebidas;

5. Quando da chegada dos migrantes, eles trazem, mantimentos que varia de 50 a 100 kg, roupas, brinquedos e dinheiro, que varia de Cr$ 2.000.000,00 a Cr$ 3.000.000,00, isto, geralmente, no período de 7 a 10 dias.

Conclusão:

Dificilmente, um projeto, fixaria o homem no campo, uma vez que a prática, já tem bastante tempo e o ganho é bom, cerca de CR$ 10.000.000,00/mês, onde, numa atividade, os participantes não receberiam esta renda.

Em Miraíma, mantivemos contato com o Prefeito em exercício, Secretário de Administração e o Vereador de Brotos, onde foi colocado a preocupação do Governo/SAS, com a situação do êxodo rural, principalmente da questão do homem viver em sinais, pedindo esmola e mostramos o resultado da pesquisa realizada e as atividades por eles (os imigrantes) proposto e o que o Governo tem a oferecer e o que a Prefeitura poderia contribuir, para execução dos projetos, daí, as pessoas acima, nos fizeram as seguintes colocações:

1. Que esta prática existe, há vários anos.

2. Que o Prefeito está trabalhando no sentido de legalizar Associações em

cada localidade, para pleitear recursos que venha dar melhores condições de vida, via ocupação e melhoria de renda e que o plano do Governo, vem fechar com o pensamento do Prefeito.

3. Que 98% do povo é agricultor e com a seca, a situação fica muito difícil.

Então, colocamos as atividades sugeridas por eles (os pedintes): olaria, marcenaria, produção de carvão e criatório, onde foi analisado, atividade por atividade.

Criatório: Seria inviável, uma vez que o povo está morrendo de fome, eles iriam abater os animais, vender e comer.

Marcenaria: O solicitante usa a prática de pedir esmola há vários anos e vive em Fortaleza.

Carvão: A atividade tem custo zero, pois a madeira é doada e o processo produtivo consiste em cortar a madeira colocá-la num buraco e queimar; daí concluirmos que a atividade não é desenvolvida porque não existe interesse em explorá-la.

Olaria: Esta seria a mais viável, no entanto, não existe o terreno e nem a água, embora existam terras que poderiam ser doadas, pois pertencem ao Deputado Federal Luís Pontes, e quanto à água, a Prefeitura mandaria escavar a terra por um trator.

Daí, fomos visitar um terreno, com 10 hectares, de propriedade do referido Deputado, que daria para produzir tijolo e telha, pois o barro é de excelente qualidade.

Foi realizada a reunião dia 22/7/93, com a presença de 7 pessoas do galpão e equipe técnica, conforme lista de presença, onde foi discutida a atividade considerada a mais viável, mas chegou-se a seguinte conclusão: no momento, seria inviável, uma vez que não existe terreno disponível e água.

Daí, surgiram as seguintes propostas:

— Construção do Açude Conceição, que segundo o Senhor Prefeito, viria resolver o problema de água de Amontada e Miraíma;

— Construção de poços profundos;

— Que seja feito projetos produtivos em várias localidades, pois existe potencial em várias atividades, inclusive artesanato.

Ficou decidido que as propostas apresentadas, seriam encaminhadas à direção das FAS, para conhecimento e tomada de posição, e que no prazo de 8 dias, ou seja, dia 29/7/93, daríamos um retorno por telegrama.

26/7/93

Heurenice Moura

LISTA DE FREQÜÊNCIA

01. Maria Heurenice Moura de Souza — FAS/DAP
02. Rute Queiroz Barrocas — FAS/DAD
03. Pedro Everardo Braga Lima — Secretário de Administração
04. Antônio José Rodrigues — Prefeito
05. José Valber Cavalcante Rodrigues — Vereador
06. João Coelho Teixeira — Miraíma — Vereador
07. Alcides Soares Teixeira — Miraíma
08. Tereza Angélica — SAS/Defesa Civil
09. José Rodrigues da Costa — Miraíma/Brotos
10. Manoel Teixeira Vasconcelos —   "   "
11. Antônio Teixeira dos Santos* —   "   "
12. Antônio Patrício de Souza —   "   "
13. Raimundo Rodrigues de Souza —   "   "
14. Antônio Gomes Braga* —   "   "

* Os participantes acima estão alistados no Programa de Emergência.

TOMADA N.º 6
(Imediações de um ponto de mendicância)

... Aproximo-me de três meninos que descansam num canto da praça do Hospital Militar e reconheço os filhos do José Ferreira, da dona Fransquinha e do Laírton. Penso comigo: está aqui a segunda geração, os herdeiros, e — principalmente para estes — o caminho talvez não tenha mais volta. Chegam os respectivos irmãos, fazem uma roda de seis e também me reconhecem. Pergunta um deles:

"A senhora não é a doniara?"

"Sou, e você o filho de dona Fransquinha, certo?"

Ele confirma com a cabeça. Agora aparece um vendedor de picolé e todos se animam quando abro a bolsa para pagar. Aproximam-se mais quatro, mais velhos. Faço perguntas que respondem com dificuldade, um desmente o outro, às vezes corrige, brincam entre si. E vou tentando distinguir algumas coisas, algumas impressões. Está aqui uma parte da resposta — penso — no meio desses meninos, adolescentes simultaneamente protagonistas da passagem para outro tempo, o tempo social de urbanidade que aqui na capital aos poucos os irá marcando com a feição de *mirins,* os meninos marginais da cidade. Estou diante de crianças e jovens, numa faixa de dez a dezesseis anos. São duplas de irmãos filhos dos MENDIGOS DO SERTÃO, que o poder público está chamando de «mendigos sazonais», como se fosse algo inscrito nas estações da natureza... Esqueceram os governantes que em outros tempos Fortaleza os abrigava sob os mangueirais e que eles retornavam quando chegavam as chuvas. Hoje não percebem que eles estão ficando, que vão ficar, escondidos nos velhos depósitos de material de construção, lá no oeste onde se põe o sol, e que retornarão a cada manhã para os sinais de trânsito da bela Aldeota. No canteiro central da avenida, uma mulher sozinha, que não pertence ao bando do sertão, armou seu acampamento na grade de proteção de uma planta mirrada. Pendurou aí umas palhas secas de carnaúba e uma lona suja. Como uma bandeira, a bandeira do seu direito negado que ela acintosamente exibe ao desfile dos carros, embalada pelo vento que vem do mar do leste cidadão da capital. Quando o sinal fecha ela se levanta mancando amparada por uma muleta. Depois torna a sentar-se sob o simulacro de sombra que o arranjo de palhas e lona permite. Os meninos mendigos são como que miniaturas dos pais. Primeiro os filhos do Laírton, sempre presente às conversas no depósito. Dormia encostado à dona Fransquinha e à dona Conceição, na área reservada às mulheres. Falava na mulher doente e esse era o argumento mais apresentado para a sua condição de penúria. Vi-a em Miraíma, ela lavava o chão de cimento e duas crianças patinavam na água. Uma filha legítima e o mais novo, um menino que a mãe abandonara e o casal amparara, sendo considerado como um filho, como ela mesma disse. Encostada na parede, uma moto que ele comprara recentemente. A moto que o Laírton exibia na sala de sua casa de alvenaria era a mostra de que ele melhorara muito de vida depois que começara a vir pedir em Fortaleza — "possuía aquela mota e tinha levantado a sua casinha de tijolo bem boazinha", comentava-se em Miraíma. O mesmo exemplo era citado pelos funcionários do governo que planejaram um jeito de resolver o problema da mendicância nos sinais de trânsito em Fortaleza. E talvez o Laírton fosse o que mais aperfeiçoado estivesse na arte de pedir. Parecia haver assimilado bem a mendicância, não só como mecanismo de sobrevivência, mas também tendo incorporado aquele ar melieiro e dissimulado do infeliz que julga vingar-se do superior cuspindo às escondidas sobre o seu prato. Várias vezes ouvi-o queixar-se de uma conterrânea — "mulher rica", como ele dizia — em casa de quem estivera e ela "não tinha tido vergonha de abrir o armário cheio para dar só um pacote de dois quilos de arroz". Achava tudo pouco. Dava a impressão de que tinha uma ira dentro dele impulsionando-o para querer tudo, como se tivesse um direito absoluto até talvez ao ponto de inversão em que venha a lhe pedir quem hoje lhe oferece. Cheio de rancor, de maledicências. Uma vez, a Maria me contou que ele andara se queixando também de mim porque havia dado dois mil cruzeiros à dona Fransquinha numa viagem à Miraíma. "Se dava a ela por que não dava também aos outros?", era o que ele procurava saber com a Maria. Esta, que compreendeu a intriga, explicou que eu apenas pagara a passagem de dona Fransquinha para Miraíma. O filho mais velho do Laírton, de dezesseis anos, pouco fala e apenas sorri quando me dirijo a ele. Quanto ao mais novo, de treze anos, parece ter assumido o espírito do pai, já tendo aprendido a despejar o veneno na fala. Pergunto-lhe se está na escola e ele imediatamente responde que a escola é paga. O filho de dona Fransquinha rebate-o com agressividade: "Mentira, como é que as tuas irmã estuda lá?" E dirigindo-se a mim: "Ele não vai porque não quer, a escola é do governo". O garoto não se dá por vencido: "Mas não tem vaga". "Tem", torna a rebater o outro, "é o pai dele que traz ele pra cá pra pedir". O menino conta que foi pedir ao prefeito de Miraíma para pagar-lhe um sanduíche e ele negara. "Ele não dá nada pra ninguém", diz. Mostro que não é para dar mesmo não, que a obrigação do prefeito é manter a escola com merenda e criar emprego para os pais dos alunos. Ele não responde. Depois me pede para vir almoçar na minha casa, diz que no restaurante ali de perto só dão comida aos outros e não para ele. Duvido disso e ele cede um pouco: "Deram só um caldo". Digo que, como não tenho comida para todos, não vou trazê-lo sozinho. Ele responde que os outros ficam sem saber. Respondo: "Gracinha, você enche sua barriga e os outros que se lixem, é?". Fico confusa. Questões políticas, existenciais e metodológicas me deixam sem saber como agir. Volto para casa, para o meu almoço, para a minha sombra, doendo a lembrança daqueles entes, daquela paisagem... O garoto, com certeza, assim como o pai, vai me colocar na galeria dos poderosos e maus, de quem ele terá de se vingar, nem que seja expondo sua miséria. Depois, os filhos do José Ferreira também continuando o jeito desprendido e inocente do pai. O José Ferreira intercala o trabalho com a mendicância. Atualmente está em Itapipoca preparando um roçado. Tinha juntado um dinheiro para comprar uma casinha nas proximidades de Caucaia, área metropolitana de Fortaleza. Já olhara na vizinhança que tinha muito *serrote bom de roça*, e até me perguntou se eu conhecia algum proprietário que pudesse lhe ceder um pedaço de terra. "Conheço não, José Ferreira". "Mas isso não falta quem tenha", ele mesmo concluiu. Mas o negócio não dera certo, o proprietário desistira e o José Ferreira se mostrava decepcionado, não só com a perda da casa, mas também com o vendedor: "Home sem palavra é a pior peste que tem, eu me arrombo todo mas com a minha palavra não falto não", repetia várias vezes. No depósito, vi o José Ferreira cuidando dos filhos como uma mãe zelosa: atento, diligente, preparando a comida, perguntando, orientando. Agora, no descanso rápido da mendicância, o filho, de dezesseis anos, não tira o sorriso do rosto e mostra os dentes alvos, certos, que ainda conserva de herança do sertão, talvez seu último patrimônio. Deixou a escola na segunda série e vem pedir na cidade porque não tem nada para fazer no interior — diz. Procurou emprego aqui mas precisava ter a dormida e o vale-transporte. Senão, como poderia se manter e se transportar para o trabalho? Assim indumentado de sertanejo ele tem o depósito para dormir e a simpatia dos motoristas de ônibus que liberam a porta de entrada. O custo é sair para pedir. "Mas venho por causa da precisão, nós agüenta muito carão, mas num tem outro jeito". Finalmente, os filhos de dona Fransquinha, que parece não perceberem nada, ou não se modificarem em nada. Nesse mesmo dia, quando os reencontrei mais tarde no depósito, haviam tomado banho e contavam o dinheiro recolhido como se debulhassem milho em família, no terreiro da casa, um costume das noites na roça. Alegram-se com a fartura, ganharam em quatro dias mais que o pai durante o mês no programa de emergência do governo. Conheci-lhes a avó, mãe de dona Fransquinha. Hospedava-me em sua casa em Miraíma. Dona Fransquinha mesma me levava para lá, eram vizinhas, porque, segundo a MENDIGA DO SERTÃO, a sua própria casa era muito ruim, ao passo que a da mãe era já de alvenaria, dois pequenos compartimentos onde ela vive sozinha, de uma aposentadoria. Fiquei, portanto, muito próxima de sua família. Vi como dona Fransquinha é farta. A sua chegada com os sacos de mercadoria, depois de vinte dias de mendicância em Fortaleza, era como se voltasse de uma viagem a algum lugar exótico carregada de presentes. Filhos, marido, mãe, uma neta que ela cria, todos acorriam para a beira dos sacos que ela abria com orgulho mostrando, ora uma lata de manteiga: "da boa que uma muiezinha me deu ainda cheia-cheia (mas que descobrimos depois, quando temperou o caldo de peixe que o Sr. Dó, o marido, pescara para o jantar, que estava rançosa e quase estraga tudo); ora uns farelos de biscoito, umas três batatas-inglesas, cabeças de cebola e o resto de um saquinho de pastel que fazia a festa da neta... Guardava tudo quanto lhe dessem, dizendo enquanto desensacava as prendas, que "juntando um pouquinho dali e outro dali, no fim é muita coisa, muié, dá pra nós comer e ainda sobra". Chegava em Miraíma ao entardecer e no dia seguinte a alegria da chegada ainda persistia. As crianças comiam pedaços de pão seco e farinha de biscoito, sorridentes, no entra e sai da festa que continuou. Eu havia comprado carne para o almoço e dona Fransquinha preparou um gostoso pirão escaldado. Ela mesma distribuiu a comida nos pratos de todos e eu fiquei espantada com a quantidade. Dali a pouco os filhos começaram a devolver os pratos ainda cheios. A avó reclamava dizendo que aquilo "era bucho cheio". Eu também não me contive e comecei a falar sobre o desperdício que se pratica no Brasil, que vivo ensinando aos meus filhos o cuidado de só botarem no prato aquilo que forem mesmo comer. Foi aí que dona Fransquinha me deu uma sábia lição de harmonia com a vida. Falou como a juíza da natureza e todos nos calamos: "Num se istrui não, fica pros bicho bruto, os bicho bruto também precisa comer". E imediatamente tratou de juntar os restos e distribuir entre os três cachorros e um porco que circulavam entre a cozinha e o quintal. Agora, revendo os filhos de dona Fransquinha, penso que são uns curuminzinhos chegados da caça. Retornarão ao sertão com a mãe logo que chova, para plantar e colher. Até que a próxima seca os obrigue a procurar outra floresta. É provável que demorem a assimilar os novos costumes.

TOMADA N.º 7
(Depósito do Sr. Eduardo)

... Dona Fransquinha mudou-se para outro depósito. Vou visitá-la levando um pacote de macarrão e um pouco de carne moída. É uma esmola? Uma prenda para seduzi-la? Ou um gesto de atenção com uma pessoa conhecida? O novo depósito não se localiza na avenida, como os outros, mas no meio do quarteirão de residências pobres, junto com outras casas de pequeno comércio. Estamos nas proximidades da estação de trem de um bairro operário, Álvaro Weyne, na zona oeste de Fortaleza. Vejo logo o proprietário sentado no portão. Sem nenhuma pergunta manda-me entrar e procurar dona Fransquinha lá dentro, que ele não conhece pelo nome. Ela e uma nova companheira, Lucimar, irmã do Laírton — (a parceira anterior, dona Conceição, ficara em Miraíma, diz que não vem mais e dona Fransquinha acha até melhor, porque dona Conceição "atrasa a gente, muié, é muito mole e não se dá com isso não. Já essa não, essa é de tudo, essa é das boa") — fazem o ritual da chegada do dia de mendicância: *fazem uma janta* (é assim que dizem) — uns pedacinhos de carne seca trazidos pela Lucimar, cujo tamanho pequeno dona Fransquinha mostra comparando com a ponta do dedo indicador: "É uma coisinha de nada, muié, é isso aqui", que cozinham com arroz. Já tomaram banho e arrumam a coleta do dia, enquanto a panela ferve no fogo aceso no chão sobre uma trempe de pedras. Queixam-se de que o dia não foi bom, não trouxeram quase nada: "É muita gente pedindo, doniara [é como me chama], a cidade já tá cansada". É também a segunda metade do mês e os mendigos já aprenderam que o período não é o mais apropriado, a população está sem dinheiro. Muitos aproveitam para retornar às casas. Dona Fransquinha prefere aguardar o Natal que está próximo e é uma época muito boa para pedir. Vejo uma pasta branca espalhada sobre um pedaço de papelão a um canto no chão. Dona Fransquinha explica que é um sal molhado que ganhou e estendeu ali para secar. Diz que serve para salgar o peixe que o marido pesca no açude de Miraíma. O resto das coisas elas guardam em pequenos sacos separados e depois reunidos no grande saco que fica ali, manuseável, que abrem e fecham até que fique abarrotado e então terá chegado a hora de voltar para casa. Dona Fransquinha está satisfeita porque agora tem um quartinho com porta para guardar a mercadoria. No depósito Floresta ficava tudo ao aberto e vez e outra ocorria um roubo. Neste, o problema são os ratos, há muitos, e toda noite elas trazem os sacos de mantimentos do quarto fechado para junto de suas redes, sob o galpão aberto. Ali eles vêm menos. Quando é de manhã, antes de saírem, trancam no quarto outra vez. Quanto ao dinheiro, um bolo de cédulas de cinco e dez cruzeiros, arrecadado principalmente pelas crianças nos sinais de trânsito, dona Fransquinha diz rindo: "Sabe onde é que dorme, muié?". E responde enfática, se achando muito esperta: "É mais eu, aqui!". E abre a rede para mostrar. Guarda o macarrão que lhe levei e da carne prepara uma farofa que divide com os filhos e a amiga Lucimar. Os meninos perguntam animados: "É carne de boi, mãe, sem osso?". Comer carne de vaca e, além disso, sem osso é realmente um extraordinário acontecimento, mesmo sendo tão pouca e eu tendo explicado que se tratava de um resto que apanhara na geladeira na hora de sair. Dona Fransquinha já expressara a mágoa que tinha de não poder comer um pedaço de carne boa em Miraíma. Mesmo quando ia de Fortaleza e levava dinheiro, ao mandar comprar, a carne vinha só "péia e osso véi, muié, o dinheiro da gente mesmo sendo igual, mas eles não manda um pedaço de carne que preste". Uma ocasião em que estive lá, fiz questão de eu mesma ir ao açougue comprar carne para o almoço, como se fosse resgatar a igualdade de dona Fransquinha perante o mercado. Mas tendo chegado tarde, a carne sem osso já havia sido vendida e tive de comprar uma costela magra para um cozido com pirão. Lucimar se queixa de tontura e tremedeira nas pernas. Arma sua rede e aguarda a janta. Dona Fransquinha diz que se fartou com a farofa de carne e que não quer comer mais nada por hoje. Para me agradar? Lucimar diz que não comeu nada o dia todo e por isso não vai dispensar a janta. Decerto por se tratar de comida, lembra ela do filho de oito anos e começa a falar nele. Trouxe-o uma vez mas "o bichinho é muito fraquinho ainda, não é como esse menino aí [apontado para o mais novo de dona Fransquinha], o pobre não agüentou ficar pra lá e pra cá no sinal, chegou chorando". Vem ela então sozinha mas "encho os olhos d'água, dona menina, quando ganho uma fruta e me lembro do meu filho que gosta tanto de laranja, não saber o que é isso no sertão, ficar comendo aquele puro feijão uma vez no dia". Relembro então do Antônio Mulato, um dos primeiros que conheci, também esclarecer por que trazia o filho pequeno, dizendo que lhe "cortava o coração comer uma banana, chupar uma laranja e o menino não poder nem provar". Esta foi uma das primeiras ocasiões em que tive de reconhecer minha arrogância e me envergonhar, porque já tinha um carão pronto na ponta da língua para passar-lhe quando perguntei porque trazia o filho. Depois o Mulato conseguiu um trabalho de vigia numa construção, de propriedade do Sr. Expedito, o mesmo do depósito, e trouxe a família — a mulher e um casal de filhos. Arrancharam-se todos na obra, a mulher fazia a comida e as crianças brincavam enquanto não conseguiam uma escola, atual preocupação do Mulato. Eu via aquele esforço e ficava pensando se, com o trabalho com qual o Mulato mostrava tanto gosto, ele poderia oferecer frutas aos filhos... Fora ele a me traduzir do modo mais simples o processo contínuo de perda do trabalhador até o limite último, a do próprio trabalho. Dizia: "A senhora me acredite que eu cheguei num ponto que chegava de noite pra dormir e não tinha mais rede. Comecei a pedir e hoje não faz vergonha uma pessoa chegar na minha casa, porque tem rede sobrando. Olhe, dona, hoje acabou-se o patrão, não tem mais patrão". Agricultor sem terra, conta que antes da praga do bicudo que acabou com a cultura do algodão no Ceará, ele plantava o milho e o feijão para garantir o próprio alimento, e plantava também o algodão. Este representava uma economia extra e era com a sua cultura que ele podia ter acesso "a um par de chinelo, ao sabão, ao querosene, a uma roupa para o menino", bens adquiridos no armazém do proprietário da terra. Depois do bicudo os donos de terra não quiseram mais plantar o algodão. *Acabou-se o patrão.* Restou ao Mulato uma roça pequena de milho e feijão que, em face da seca, não deu sequer para a semente do próximo plantio. Restou ao Mulato a fome, até que um dia um mendigo experiente lhe disse que o seu jeito decidido e sua capacidade de se expressar eram qualidades indispensáveis a um mendigo bem-sucedido. Restou ao Mulato pedir... E quando ganha uma fruta, acha bom ter o filho por perto para comê-la. Perto do fogo onde dona Fransquinha *faz a janta,* uma mulher pequena e magra, acocorada, tosse e limpa o nariz de vez em quando. Veio de Itapajé e adoeceu de cólera há um mês, esteve hospitalizada e agora pegou uma gripe, já teve febre mas está se agüentando. Não sai para pedir: "Quem pede é o home que véve mais eu". Quando anoitece chega o homem. Ela se levanta e se põe a mexer em coisas indistinguíveis porque agora o ambiente é todo penumbra. O homem se encosta nela, rodeando sua cintura com o braço num gesto de carinho muito rápido. Depois arma sua rede e pede água, dizendo numa brincadeira: "Pega na geladeira, minha véia". Ela responde rindo e cúmplice: "Tá certo, já vou trazer da geladeira". E vai ficando por ali em torno dele, como pronta a servi-lo. Ele deitado na rede e ela de pé, encostada na coluna do armador. Conversamos. Ele repete o mesmo enredo de que era apenas mais um personagem: vinha pedir porque não tinha outro jeito, já viera em 83, retorna agora, mas "tem fé em Deus que o próximo ano vai ser de inverno porque nunca teve uma era de quatro ruim". Refere-se a uma crença popular de que os anos terminados em quatro nunca foram secos. Irrita-se quando digo que os técnicos não estão muito certos das chuvas em 1994. Rebate: "Nós tem de confiar é em Deus, os homem não sabe de nada, o agricultor precisa é de plantar no tempo que for de plantar, Deus é quem sabe". Fico pensando naquela determinação inquestionável de que a natureza deve ser obedecida porque Deus é quem sabe e não os homens. De fato, ele não tem lá muito por que confiar nos homens. Está na faixa dos quarenta anos e me pergunto se também pensariam assim os mais novos. Estes cresceram numa época em que a exacerbação das contradições do capitalismo no campo não permitiu que detivessem as mesmas representações que seus pais. São de uma época em que, como dizia o Mulato, "acabou-se inté o patrão", o pequeno patrão ao qual eles poderiam ter acesso. Sabem que todo o vigor de sua capacidade de trabalho na agricultura é vão e esperam alguma oportunidade na cidade. Esmolam na expectativa de arranjar emprego por aqui e certamente não retornarão ao campo, não definitivamente. O que não sabem é que, destituídos de qualquer reserva que lhes assegure a manutenção da força de trabalho, a cidade os devorará, retirar-lhes-á o sorriso de ingênua esperança que vi no rosto do filho do José Ferreira ao dizer que só aceitaria um trabalho que lhe desse a comida e o transporte. O capital não paga o trabalho adiantado, inocente mendigo, o capital é, antes, trabalho... De que jeito você vai aprender isso? O escuro agora toma o depósito quase de todo, a pouca iluminação que ainda se tem vem das lâmpadas da rua. O homem da rede sugere que se arranje uma lamparina, pelo menos para a "hora do dicomer". A irmã do Laírton confessa o medo de dormir ali no aberto com pouca luz. Fala de marginais que pulam o muro. A mulher gripada completa: "Outro dia correu uns dez por aqui por dentro com a polícia atrás". Lucimar conta que presenciou coisa pior: um que passou três dias lá dentro, acoitado, fumando maconha, com uma faca grande no cós da calça. Lucimar chegava à boca da noite, deitava na rede e fazia de conta que estava dormindo. Sua aflição era que ele pulasse em cima dela e lhe fizesse o mal. Dormia encostado dela um velho de Miraíma que depois disso nunca mais quis voltar, diz que prefere passar fome no sertão. "O marginal dizia umas coisa feia ao pobre do véi, criatura". Nenhum dos ouvintes pergunta o quê, mas ela quer dizer. Cala-se um minuto e retoma: "Ele dizia que tinha acabado de dar uma trepada muita da gostosa com uma muié ali fora". Lucimar então pede nossa opinião: "Isso é coisa que se diga?". A mulher gripada responde: "Deus me livre e guarde". Dona Fransquinha permanece calada, como quem já soubesse. Eu pensava: talvez alguma coisa, além do medo, impressione assim essas mulheres. Vão aprendendo a romper limites, vão tecendo outra moral, vão adquirindo outras coragens, embora de um modo tão cruel, até que não estranhem mais. Dona Fransquinha, até então calada, agora suspira fundo e vai buscar lembranças ancestrais: "É... as índia véia ficou tudo no escuro..." "Índia? Que índia, muié?, espanta-se a companheira Lucimar. Dona Fransquinha esclarece seus sentimentos: "Nós, muié, eu tenho na mente que era tudo assim, lá bem longe, sabe?, lá na raiz, nós era tudo índio e vivia assim". Conto então que tinha lido há poucos dias um livro de história do Ceará que falava de uma seca tão grande no ano de 1583 que diz que desciam do sertão de Pernambuco de quatro a cinco mil índios para a beira do mar, procurando comida e água. Ela apenas diz: "Pois, sim, muié" e levanta a vista para a penumbra do galpão. Calam-se todos. Também sinto medo e me despeço prometendo voltar. Ainda escuto o homem da rede dizer: "É bem disposta essa muiezinha". Disposta? Só quando entro no ônibus a caminho de casa e reencontro o movimento da minha cidade e do meu tempo é que me tranqüilizo.

TOMADA N.º 8
(Depósito do Sr. Expedito)

... Retorno com mais calma ao depósito do Sr. Expedito, como me sugerira o filho, César. Vou para conhecer os donos e ter melhor visão de conjunto dos três depósitos. O pai mal me cumprimenta e lança uma demolidora provocação: "Saber como vive o pobre todo mundo sabe, o que eles precisam é de solução, a senhora tem alguma solução?". Por um momento me confundo, ele tem razão, já chega de interpretar o mundo, é mais que hora de transformá-lo. Mas isso também já foi dito há mais de uma centena de anos... O que há para ser dito ou feito agora? Felizmente o filho me tira do insondável abismo e começa a falar a respeito da pequena área que nos cerca, dos entes ali abrigados, das regras, de como começou: "Em 1983, uns três pediram dormida e nós deixamos porque conhecemos a gente do interior, é um povo sem maldade. Aí, a notícia se espalhou e tem vez de ter de oitenta a cem homens e meninos dormindo aqui". Aqui não se aceitam mulheres, esta é a primeira e a mais contundente das regras: "É uma mistura que sempre dá problema — é um que chega embriagado, é uma briga, é um homem desse que fura o outro e quem vai responder? Nós, os donos". A única exceção é feita à mãe do Antônio Mulato, que vem muito raramente. Também não se aceita cachaça: "Ora, o cabra sai pedindo em nome de deus e depois vai gastar com bebida? Aqui não". O filho diz que conhece todos aqueles homens, que senta com eles, às vezes come com eles. E só o que quer deles é que mantenham o lugar limpo e em ordem. Agora o Sr. Expedito se aproxima, quer saber se pertenço a alguma secretaria de governo. Faz-me uma recomendação: "Tenha cuidado com a bolsa quando for sair, porque o negócio aqui é pesado". Em aparência, dos três depósitos, este é o melhor. "Em ordem também", acentua o filho do proprietário. Diz que há uma escala: "Primeiro o camarada vem pra cá e vai descendo, o último degrau é o Floresta, nele só tem o que não presta, aquela rapaziada sem costume, brincalhona, sem responsabilidade". E chama um MENDIGO DO SERTÃO para confirmar:

"Aqui é mais melhor, aqui tem mais moral. No Floresta tem muita gente canalha, sabe? Às vez perturba a gente. Aqui sempre é melhor. É mais calmo. O home aqui tem mais moral, né? O cara frescou, ele bota pra fora". O Floresta é o depósito onde me detive ao acaso desde o início da pesquisa. Ao ouvir o César falando assim dos mendigos de lá, recordo o Geraldo, MENDIGO DO SERTÃO, dizendo dos companheiros que "eles são como novilha no prado, como uns garrote". Definia assim a brincadeira de dez a quinze rapazes correndo um atrás do outro, se agarrando e rindo. Eu ficava observando aquela demonstração de vigor e alegria, ligeiramente apreensiva que um se incomodasse e aquilo virasse uma intriga. "Isso nunca dá em briga?", perguntei uma ocasião e o Geraldo respondeu com um olhar de quem fora ofendido: "De jeito nenhum!". Ultimamente o Floresta também baixara lá a regra número um: não aceita mais as mulheres. A exceção é a Maria, que vem sempre acompanhada do marido, Benedito, e é tida e havida como uma mulher decidida com quem ninguém se mete. Mas houve outro casal, por causa do qual a proibição foi dada, de quem já me havia falado dona Fransquinha. Dizia que sempre tinha briga porque "o home quer toda noite, muié, ela não deixa, ela tem a idade de ser mãe dele". Não sabia dizer de onde era o casal, sabia que não era de Miraíma. Quando estive na obra onde foi viver o Mulato com a família, soube que eles tinham aparecido lá pedindo dormida. O Mulato se referia a eles dizendo "a pobre da muiezinha que não tem pra onde ir". E os acolheu. Brinquei com ele: "E quando começarem a brigar Mulato?" "Aí eu não quero mais não." E as demais mulheres, para onde iriam? Dona Fransquinha me contou depois que, antes de dar com o depósito onde está agora, o do Sr. Eduardo, fora convidada por uma mulher, ela e a Lucimar, para ficarem em sua casa e que lá elas estiveram por mais de quinze dias, até quando começaram a sumir as coisas que traziam, embora fossem elas a proverem o café da manhã e o jantar delas e da dona da casa com seu filho. Que mulher é essa, dona Fransquinha? Era uma desconhecida a quem tinham batido na porta pedindo esmola. Não souberam dizer o endereço — nem dona Fransquinha e nem a Lucimar — não conhecem direito as ruas e andam a esmo, sua única referência é a linha do trem, como uma estrela guia, cuja direção devem tomar sempre que começa a cair a tarde, a caminho de volta para o abrigo. Sabem, portanto, que não é longe da linha do trem a casa da mulher de interesses escusos. E os proprietários dos depósitos de material de construção, que interesse teriam em arrancar OS MENDIGOS DO SERTÃO? É uma tradição antiga em Fortaleza, que se escuta dos mais velhos, que em época de seca sempre havia um ou outro que cedia galpões para os retirantes em troca de nada, dizem, por pura caridade. O César, com quem converso, diz que é assim, que não cobra nada, apenas ordem e respeito. Diz também que de 1983 para cá nunca mais faltou gente do interior que vem pedir esmola e pede para se arranchar no depósito, tempos mais, tempos menos, mas nunca mais faltou. Aqui o mendigo não paga nada, faz pequenos serviços antes de sair para pedir: quer seja carregar um carro de um cliente, guardar uma areia ou juntar uma pedra. Que interesse têm o Sr. Expedito e o filho? Eles parecem querer dizê-lo. Num dado momento, o pai chama um mendigo, um homem velho, que desde a seca de 1983 se arrancha por lá e agora já traz os netos pequenos, e pergunta-lhe o que ele, Expedito, ganhava com eles ali. "Nada não senhor, é porque é um home bom". Talvez seja só isso que ele queira, ter sua bondade reconhecida e um trabalhinho ou outro executado sem pagamento direto. O Depósito Floresta, entretanto, parece que já mudou de função. Não existe mais comércio de material de construção ali. A área está ocupada por alguns carros dos moradores de um prédio vizinho que não possui garagem, por um cavalo e pelos mendigos. Estes pagam uma taxa semanal, reajustada conforme o aumento dos preços, que se diz ser para o pagamento da luz. Luz, porém, não existe lá, a não ser duas lâmpadas fracas na entrada, na área reservada aos homens. As mulheres, que antes da expulsão dormiam ao fundo, ficavam totalmente às escuras. Nunca vi o dono do Floresta. Estava sempre por lá o encarregado, que mora vizinho e é irmão do dono, conversando na roda dos mendigos. Certa vez, cheguei lá e estava a Maria arrecadando a cota, o que é feito às quintas-feiras, uma vez que às sextas muitos viajam no caminhão da feira. Estava a Maria substituindo o encarregado porque este se encontrava embriagado. Tudo leva a crer que a hospedagem dos mendigos é uma fonte de renda que substituiu o outrora depósito de material de construção. O terceiro depósito, do Sr. Eduardo, onde agora está arranchada dona Fransquinha e outras mulheres, também não cobra taxas em dinheiro. O que o dono exige é que as mulheres mantenham a área limpa. O Depósito Floresta, talvez por estar desativado, apresenta dinâmica bem peculiar, tem já a marca de um aglomerado de pessoas. Sobressaem à vista, de imediato, as redes, roupas e sacos dos sertanejos. É, porém, mais sujo. Dona Conceição vivia pelejando para limpá-lo, mas não podia eliminar o mau cheiro dos dejetos do cavalo que está sempre ali junto com os homens. Ao contrário dos outros dois, o Depósito Floresta não tem banheiro e nem aparelho sanitário. O banho eles tomam no fundo, num reservado de molambo que mal esconde o movimento dos corpos se lavando. As mulheres se queixavam muito por não terem um lugar adequado para as necessidades fisiológicas. No sertão, onde também não têm, pelo menos estão de algum modo protegidas de estranhos. De manhã, utilizavam a linha do trem, uma pastorando a outra a ver se vinha gente. Para dona Fransquinha a vantagem maior do depósito onde está agora é ter banheiro e aparelho sanitário, embora seja mais inseguro que os outros, tanto porque fica no meio de uma rua estreita, como também por ter menos hóspedes. No Floresta os sertanejos reproduzem um pouco do seu modo de vida de interior, talvez porque não exista a presença do dono querendo estabelecer outros costumes, ou outra ordem, como dizem os proprietários. Retornam por volta das cinco horas da tarde, tal como voltam da roça, e vão todos, de um a um, direto para o banho, com um balde cheio de água que pegam na única torneira do depósito, de onde também tiram água para beber e cozinhar. Largam os paramentos da mendicância como na roça encostam a enxada a um canto da sala — o indispensável bornal onde recolhem os produtos do dia, a calça comprida de algodão rota, o chapéu de palha envelhecida. Agora banhados, os homens barbeados e sem camisa, de bermuda, vão *fazer uma janta*, que pode ser um baião-de-dois, um peixe assado ou simplesmente um ovo cozido. O fogo de trempe fica na área destinada aos homens e ali eles instituem também a festa — tiram prosa uns com os outros, tomam uma «meiota» ou conversam sobre o cotidiano e as lembranças dos outros tempos. O Geraldo é um que não sabe mais o que fazer quando volta para casa onde não tem a animação do depósito. Fica num pé e noutro para voltar. Por causa disso o Sr. Manuel diz que ele está perdendo a vergonha. Após o jantar, uns vão para um bar vizinho jogar sinuca, outros jogam baralho sob a lâmpada ou conversam deitados nas redes, balançando de leve. As mulheres sempre iam para as redes e alguns homens gostavam de se juntar à conversa delas. Estirados nas redes muito próximas umas das outras, falam dos vizinhos no sertão, dos perigos de Fortaleza, das coisas que viram no dia de andanças, dos políticos de seu lugar. Depois de vinte dias e mais assim acampados, retornam à casa, à família. Na seca de 1983 ficavam por um período menor, até menos de uma semana, porque havia um carro liberado no trem para transporte deles. Agora não tem mais sequer o trem e se obrigam a permanecer por mais tempo em vista dos custos da viagem. Os filhos, as mulheres, os maridos, têm-nos para o convívio doméstico por menos de uma semana ao mês. Nos intervalos mandam dinheiro ou mercadoria uns pelos outros para que as famílias não se endividem muito nas bodegas. Comunicam-se também por meio de um telefone comunitário que existe nas proximidades do depósito, ficando a par das doenças, das necessidades, das intrigas. Manifestam freqüentemente o reconhecimento que têm pela população de Fortaleza: "É o povo da cidade que tá salvando a gente de morrer de fome", dizem.

TOMADA N.º 9
(Entrada do Depósito Floresta)

... Manhã de sexta-feira, dia de retorno à casa. Sob um calor muito forte, alguns dos MENDIGOS DO SERTÃO aguardam na frente do Depósito Floresta, o caminhão da feira que os levará para mais uma temporada de desfrute dos bens arrecadados na quinzena. O depósito libera hoje uma leva e amanhã, sábado, já receberá outra. Por quanto tempo ainda será assim? Anuncia-se para fevereiro o início do inverno, mas isso não é suficiente para a retirada definitiva dos mendigos, que continuarão indo e vindo numa dinâmica muito própria. No momento, com o que eles contam mesmo é com os gêneros esmolados. Não têm sequer a semente para plantar quando começar a chover e, segundo dizem, o acesso a elas nos fornecimentos do governo não é muito fácil. A distribuição já está atrasada e, até que consigam, correm risco de haver passado o tempo de plantio. Dona Fransquinha achou por bem guardar "uma mão cheia de feijão desses doador" que ela recebeu de esmola, para plantar, garantindo ao homem que lhe deu que dali ela ia fazer muito saco de feijão para comer. Disse que o homem ficou muito satisfeito com aquilo. Diante dessas circunstâncias, adaptam como podem os diversos tempos — o do programa oficial de distribuição de sementes, o das chuvas e o das suas necessidades prementes — a uma divisão muito peculiar do trabalho: se o neto, ou a mulher, ou o irmão vem para pedir, lá terá ficado o avô, o marido ou o outro irmão para plantar. Falam também de uma outra modalidade que não consegui localizar: que alguns contratam trabalhador a ser pago com o dinheiro das esmolas. Isso é dito num tom meio acusatório, tanto entre eles mesmos quanto pelos donos dos depósitos, e, certamente por isso, nunca dizem diretamente de quem se trata. Vim vê-los na hora da partida a fim de me re-situar sobre quem vai e quem fica, após ter permanecido afastada desde as festas do final do ano de 1993. Havia novidades. O Antônio Mulato mandara a família de volta para o sertão e retornara ao Depósito Floresta, que ele mesmo considerava como o pior de todos. O que não teria dado certo em seus planos de ficar em Fortaleza com a família e aqui encontrar trabalho? Falo muito rapidamente com ele, no momento em que estava saindo com o filho para dar-lhe uma merenda no bar vizinho ao depósito. Aproxima-se dele uma mulher e ele a cumprimenta beijando-lhe no rosto e me apresentando como sendo uma amiga. Ela pergunta se sou eu a "a mulher da cesta", ao que o Mulato respondeu que não, que "essa é a mulher do vestibular". Suponho que a amiga esteja se referindo à distribuição de cestas alimentícias que fora iniciada no depósito pelo governo do estado. Na ocasião, dona Fransquinha ficara muito apreensiva porque *só recebia a cesta se desse o nome,* e no dia do alistamento ela havia já saído para as esmolas. Logo depois o assunto foi esquecido porque as cestas não apareceram. O Mulato está retornando na próxima sexta-feira para Brotas, distrito de Miraíma. Anuncio-lhe que vou também. Ele faz um cálculo rápido e conclui que poderia acompanhar-me no ônibus, que eu não devia ir no caminhão, uma viagem muito ruim. Respondo que não se preocupe comigo e cuide de sua própria viagem que nos encontraríamos lá. "Tá certo, a senhora fica na minha casa e eu lhe levo na casa da minha mãe" determinou e saiu puxando o filho pela mão. É assim que no sertão se costuma convidar. E ainda avisa que não precisa levar rede, que tem uma tipoiazinha com serventia. O convite é real e recusar é desfeita. O Mulato retira-se alegre, leve, andando e dizendo às pressas que o patrão não queria que ficasse nada para ele. Referia-se ao trabalho que estivera fazendo na construção do Sr. Expedito, o dono do depósito. Outra notícia é que o José Carneiro Viana, o Dorém, há dez anos morando em casa própria em Itapipoca, mudara-se com a família para Fortaleza. Encontrei à noite os filhos no Depósito Floresta, um púbere vestido de camiseta a que não faltava um cordão de ouro no pescoço, e outro menorzinho. Diz o filho que ele havia vendido a casa em Itapipoca e comprado outra aqui, no lugar chamado Porteiras, no município de Caucaia, área metropolitana de Fortaleza. Acerca-se da cidade grande o MENDIGO DO SERTÃO, lá conhecido como Dorém...

TOMADA N.º 10
(Viagem à Miraíma)

... "Eu não disse que era ruim pra senhora!", diz o José Ferreira em cima do caminhão.

"Ruim é pra todo mundo", respondo teimando em negar a desigualdade de nossos destinos, mais para mim mesma do que para o José Ferreira, que sabe e nem parece se incomodar: "Mas a senhora não tem costume". E eu ainda insisto perguntando se o costume torna as coisas melhores. Ele então dá um risinho de resignação — ou incompreensão? — e se cala. Não tenho mesmo, José Ferreira. Dois dias depois, o rosto em brasa queimado pelo sol do sertão, e uma gripe que me abateu durante uma semana: eis o resultado físico da minha viagem a Miraíma no caminhão com os retirantes. Por dentro, uma desesperança maior de que algum dia comeremos sossegados dos frutos da liberdade. E ia no caminhão pensando: vou chamar de **A Miséria e os Dias** à parte escrita desta pesquisa. O que não conseguir descrever terá ficado indelével num canto fundo de mim, menos como lição de sociologia, mais como cicatriz da minha infeliz humanidade. Saímos de Fortaleza na sexta-feira, dia 24 de setembro de 1993, às dez horas da manhã, hora prevista. No entanto, a angústia pela espera do caminhão já antecipava uma perda no meio daquele amontoado de gente e sacos. "Esse caminhão não vem, numa hora dessa já era pra estar aqui", dizia um e outro, todos prontos desde o raiar do dia, sentados em frente ao depósito sobre os sacos cheios das esmolas recebidas em quinze, vinte dias de andanças pelas portas das casas e sinais de trânsito em Fortaleza. Muita «*mercadoria*», como eles chamam, sacos de sessenta quilos abarrotados de arroz, farinha, feijão, açúcar, pão seco, massa de milho, macarrão, biscoitos velhos que em Miraíma farão a delícia das crianças na festa de retorno das avós, tios, mães, irmãos, pais. A *mercadoria* é naturalmente a coisa mais importante que existe ali, todo cuidado é pouco e eles não perdem um gesto sequer no zelo daquela riqueza. De vez em quando o olhar atento descobre um nó mal dado, um pequeno furo, uma posição arriscada do saco. Cada punhado de arroz, de farinha, tinha sido pacientemente acumulado e agora enchia o saco grande que amarram pela boca. Uns com mais competência que os outros. Dona Fransquinha, por exemplo, soube separar tudo direitinho e quando chegar em casa será *só o trabalho de botar no fogo*. Pouco importa o tipo e a qualidade do cereal, arroz é sempre arroz, seja alongado, bichado, quebrado. No sertão de fome será um raro e sofisticado prato preparado com colorau que é *pra não ficar branco que nem comida de doente,* e um tanto de óleo que não só as regras da boa nutrição, como também a parcimônia da situação aconselhariam a ser bem menos. Mas dona Fransquinha traz a fartura, é uma lindeza aquele banquete sem-medida. E é um grande prato de arroz puro, rosado, que dona Fransquinha oferece aos parentes que a visitam no sábado ao meio-dia. Já outros, mais desajeitados, chegam a misturar o arroz com o feijão, pedaços de pão etc. Terão de, pacientemente em casa, separar grão por grão. Desta tarefa ocupar-se-ão os demais membros da família que haviam ficado esperando. Quando o caminhão aponta na rua, um urro de alívio se solta incontido de todos. O caminhão partindo às dez horas em ponto, pelo menos é mais provável que chegue a seu destino em Itapipoca com tempo de apanharem o ônibus para Miraíma, que passa regularmente às três da tarde. Do contrário, hão de pernoitar na calçada e permanecerem na rua até à mesma hora do dia seguinte, se não acontecer a sorte rara de alguém oferecer uma carona. Foi o que aconteceu com dona Conceição à semana passada que, felizmente, quando o dia amanhecia viu passar o carro do padre que a levou. Mas teve de viajar na carroceria da caminhonete, no meio de uns vasilhames com gasolina que ia derramando e a embriagando. Dona Conceição tapou a saída do gás com o lençol e a rede. Chegou *mais morta do que viva* e ainda teve de lavar as peças que chegaram encharcadas. É grande o alvoroço com a chegada do caminhão ao depósito. A mãe grita *menino!* com voz esganiçada de nervosa, os garotos tropeçam, os homens atropelam e passam na frente. É a hora de salvar o sagrado lugar da *mercadoria* no chão de tábuas velhas e sujas do caminhão de feira. É como uma guerra, salve-se quem puder. Na frente da carroceria uma dezena de camburões da Esso, da Atlantic, já tomam majestosos quase a metade da área. Pertencem ao proprietário do caminhão e são preciosidades que venderá a preço de ouro nos terreiros secos do sertão. Quem pode comprar um camburão daqueles terá garantida a água barrenta do carro-pipa até que este retorne, Deus sabe quando. Ninguém toca nos camburões, seu lugar é inarredável. Os mendigos terão de disputar entre si um espaço para suas mercadorias no restante da carroceria. Jogam os sacos, gritam *cuidado!*, alguém sobe antes e vai arrumando como pode. A aflição está exposta nas vozes, nos tropeções, nas camisas molhadas de suor. Aflitos de quê estão assim os mendigos? De medo que um saco se rasgue, de ser roubado, que o motorista dê partida no carro, de não encontrar lugar. Medo de quem não tem nenhum direito e a vida de cada dia apenas adia a morte. E penso: é mais que a luta pela sobrevivência, é uma luta insana contra a solidão e o extermínio. Tão diferente do embarque pela Varig meu Deus! O embarque informatizado no aeroporto internacional... Lá vai a bagagem desfilando na esteira. Os cidadãos de pé aguardam a vez de apanhar a mala, calmamente, civilizadamente, de braços cruzados, fumando, conversando. Havendo algum extravio a companhia de seguro responde. São os cidadãos em viagem. Acionaram um nome e o crédito. São cidadãos. Por eles responde a razão moderna. Mas pelos outros no caminhão da feira, nenhuma resposta prévia, nada assentado, nenhuma combinação. Sozinhos. Sua história não tem antes e o depois só Deus é quem sabe. Estão inapelavelmente sós. Postos os sacos de mantimentos, são acomodados com a infinidade de objetos velhos que foram recolhidos ao longo das peregrinações. Possivelmente muito mais os doadores quiseram livrar-se dos trambolhos velhos, feios e imprestáveis, do que repartirem algo de útil com quem precisasse mais. Cumprindo a ordem de prioridades, por último sobem as pessoas: homens, mulheres ou crianças, na razão direta das respectivas agilidades. Dona Fransquinha sobe rápido e de pé no meio do caminhão grita para mim: "Sobe, muié!". Em baixo, eu aguardava calculando que eles deveriam ir primeiro, depois eu. Mas ante a ordem de dona Fransquinha não pensei duas vezes e botei o pé no pneu, sabendo que teria de agir como qualquer um deles. Não consegui realizar o impulso do corpo para superar a grade da carroceria e fiquei imóvel, patética, ridiculamente frágil, suspensa no pneu. Olhei para baixo e pedi ajuda. Senti-me envergonhada, como um fardo que não era dali. Alguém me empurrou pelas pernas, ao mesmo tempo que, de cima do caminhão, fui puxada pela mão. Acomodo-me sobre uns volumes duros. A peça inferior de um velho filtro de barro todo arrancado os xaboques pressiona meus pés juntos contra outros objetos como uma algema. As coisas e as pessoas vão de tal modo se acomodando muito mais em razão da lei física pela qual dois corpos não podem ocupar o mesmo lugar no espaço. Ficamos ali, imobilizados, massas que obedecem apenas e cegamente ao movimento da matéria causado pelo deslocamento do caminhão. Um homem quis arrumar melhor um pacote perto de mim e me desequilibrou. Alguém recomendou: "Não mexe que descalça nós!". O outro desiste diante da evidência iniludível da inexistência absoluta de área remanejável. Tudo encaixado como se houvesse um projeto perfeitamente executado. Dona Fransquinha se instalara um pouco mais na minha frente, onde se agruparam mais duas mulheres. Os homens em torno. Ela observa em voz alta: "Você arranjou esse cantinho bom aí, não é muié?". Confirmo certa de que viajaria bem. Ledo engano. Era a parte posterior da carroceria e tudo era empilhado lá — surrões, lonas molhadas, uma gaiola velha, caixotes. A lona foi jogada em cima de mim enredando-me dos pés à cabeça. Apenas ouvi alguém gritar: "Olha a muié aí!". Era a professora da Universidade Federal do Ceará uma *muié* mendiga do sertão como qualquer outra ali. Fiquei espantada e por pouco não apresentei minhas credenciais: "Sabem sobre quem vocês jogaram essa lona imunda?! Sabem quem eu sou?!". Mas sosseguei no meu canto, estóica — não sei se pelo bem da Ciência ou se em nome de um Cristo muito antigo que não se cansa de acreditar na irmandade de todos nós... Com o movimento do caminhão, sucumbimos nos buracos, as coisas é que se sobressaem e nos destinam os espaços possíveis. Quero mover-me em torno de mim mesma para observar as imediações e não consigo. Permaneço assim até um lugar de nome Umirim, após quatro horas de viagem, quando desceram dois homens e pude sair da minha cova e sentar-me sobre uma pilha de sacos grandes. Até aí, apenas mexia com os dedos dos pés a fim de diminuir um pouco a dormência das pernas com o sangue paralisado. Pensava que poderia desmaiar e sentia medo. O que poderia acontecer se desmaiasse ali entre aqueles miseráveis? Finalmente partimos. Conto na saída trinta homens, cinco mulheres e quatro crianças na carroceria. Com o motorista vai a filha grávida de dona Fransquinha, que deixa temporariamente o emprego de doméstica em Fortaleza para ir ter o filho em Miraíma. Por esse motivo dona Fransquinha não retornará antes de dois meses, ficará com o neto a fim de que a mãe possa voltar ao trabalho. Comentam que dessa vez o caminhão vai saindo com pouca gente e que no caminho subirá mais e que, ainda assim, agora está uma beleza, já houve dias muito piores. Começo a me aperrear mas me contenho. Mal saímos e já tem agora a parada obrigatória na casa do motorista e dono do caminhão, no bairro de Padre Andrade. Vão dizendo que lá todo mundo deve descer que é para ajeitar os camburões e embarcar outros. Paramos numa ruela cheia de casas entrançadas do bairro periférico, lama na rua, porcos. São os fundos da casa do motorista. As mulheres, mais obedientes talvez, imediatamente descem. Dona Fransquinha me dá a nova ordem: "Desce muié!". Eu não. Pelo medo de não conseguir mais subir, mas principalmente por uma muda rebeldia em face de uma regra na minha opinião desnecessária. Descer para quê? As mulheres não param de gritar que é para descer todo mundo. Minha atitude já é aí reivindicativa e me espanta ver aquelas mulheres em tamanha agonia para garantir o cumprimento de uma lei não se sabe por quem estabelecida e nem por quê. Já os homens não se afligem tanto. Muitos descem e ficam por ali circulando descontraídos. Outros não se movem dos seus lugares, guardando a *mercadoria,* prestando-lhe um cuidado maior. E como demora o caminhão na casa do motorista! Uma hora inteira de espera! Comento maliciosamente para um homem a meu lado que o motorista devia ter ido tomar banho, almoçar, tirar um cochilo... Ao que meu interlocutor parece dar por muito natural, sem perceber a ironia de meu propósito subversivo: "É, ele faz assim que é pro mode num ter gasto na estrada", me responde. Eu que principiara a insuflar a luta pelos nossos direitos de passageiros vejo o quanto aqueles miseráveis são gratos ao proprietário do caminhão por os conduzir a um preço acessível, que de outro modo não poderiam ir e vir. Ali não se tratava de estabelecer nenhum direito, ali se alcançava uma graça. Quando mais na frente o caminhão voltou a parar, insisti na minha causa: "Como pára esse caminhão! Ninguém diz nada?"

Um velho sentado à minha frente explica o que a ele é evidente: "É caminhão de feira, é assim mesmo, nós não pode viajar no ônibus que é muito caro". A passagem no caminhão custa cento e cinqüenta cruzeiros reais e a do ônibus quinhentos e cinqüenta. Mas ali não se fazem cálculos dos custos que relativizariam os valores. Não se considera o tempo gasto, as condições da viagem, a possibilidade de uma noite ao relento à espera do outro transporte e mais os oitenta cruzeiros até Miraíma. É assim a pobreza absoluta... Um homem embriagado havia comprado uma galinha e não se cansava de repetir: "Comprei por trezentos conto, trezentos, é pra muié comer lá em casa". Traz a galinha dentro de uma bolsa de palha de carnaúba e enrolada em plástico. Sugiro-lhe que peça para levar em baixo, que o sol pode fazer apodrecer mais rápido. Ele diz que *não apodrece não senhora* e eu me calo. Alguém diz: "Pois tire pelo menos o plástico" e ele nem liga. As coisas ficam como estão. Outro homem, já bem velho, vem sentado na grade da carroceria. Recomendo que ele saia dali, que arranje um lugar no piso do caminhão. Ele me olha e permanece como está. Seu vizinho reforça meu cuidado: "Aí é perigoso, o senhor já é um home de idade". Mas ele não se mexe. Tudo permanece como está. O homem bêbedo da galinha não pára de falar nem de se mexer. Duas mulheres irmãs que levam uma criança filha de uma delas, reclamam: "Olha o lugar do menino! Esse lugar é do menino!". Logo mais uma delas grita: "Num precisa se encostar na minha irmã!". O Pássaro Preto vai ao meu lado. Não gosto dele e teria de aturá-lo. É mais grotesco que os outros porque se julga diferente. Talvez acreditasse que teríamos afinidades e seríamos parceiros na viagem. Veste uma jaqueta *jeans* sem manga e aberta na frente, usa falsos óculos *ray-ban* e tem unhas enormes e pontudas como unha de mulher, nojentas. Ao falar, cerra os olhos como um grande sábio. A fala é sussurrada como a de um galã. Pede desculpa ao acender o cigarro e explica ser *um cigarro fedorento mas normal,* como se dissesse: "Sou esperto e fumo maconha mas não o farei aqui entre esses caretas". Sugere-me um banho no açude de Miraíma: "A água está pouca mas dá para tomar banho, tem o balneário, você vai gostar". Agradeço. Depois me oferece uma laranja. Digo que aceito apenas a metade, que ele fique com a outra. Aceito num esforço de não ser grosseira. Ele insiste que fique com a laranja inteira. Então peço que ele a parta para que eu dê uma banda a dona Fransquinha. Ele faz que não ouviu. Repito e ele agora com uma expressão carregada no rosto, sem mais o risinho melieiro que tanto me injuria, é obrigado a partir a laranja visivelmente contrariado. Aumenta meu desprezo. Contenho-me. Quando o caminhão sai ele começa a dormir e a derrear o corpo sobre mim.

Acorda e, cheio de delicadezas, pergunta: "Eu machuquei você?". Respondo que não, ainda confusa, pensando que a viagem é deles e que devo aceitar o modo deles. Por dentro, desejo atirá-lo na estrada, de caminhão abaixo. Volta a dormir. Até que não suporto mais o incômodo e o acordo dizendo para não me incomodar mais. Depois quer saber onde vou ficar e diz que não me convida para sua casa porque *a mulher é meio doidinha e muito porca*, que ele passa esses tempos em Fortaleza vendo *se arranja o bocado* e quando chega em casa ainda tem de cuidar dos meninos e botar as coisas em ordem, mas que eu não me preocupe que ele vai arranjar *um lugar jóia* pra mim. Agradeço mais uma vez e digo que não precisa se incomodar, que vou na companhia de dona Fransquinha e que em Miraíma tem também dona Conceição que já veio à semana passada e que ficou me esperar. Com efeito, dona Conceição mandara um portador para o ponto do ônibus com a recomendação de que não ficasse na pensão *que não é lugar pra senhora não*. Dona Fransquinha então me levou para a casa de sua mãe. O caminhão desliza vagaroso, parando de vez em quando nos pontos do subúrbio de Fortaleza, em busca da BR-222 que nos levará na direção norte do estado, até Itapipoca, onde apanharemos o ônibus para Miraíma. A cada parada sobem mais pessoas e objetos, até que perco a conta. Viajam também pequenos negociantes das áreas de favela, antigos migrantes que vão aos lugares de origem tratar de questões rápidas. Têm ainda a marca do sertão na roupa, no cavanhaque, mas — diferentemente dos mendigos — ostentam o sucesso que fizeram na cidade: o cordão de ouro pendurado no pescoço e o rádio de pilha que botam para tocar alto, misturando a voz do cantor caipira com o ronco do caminhão na estrada. O José Ferreira viaja um pouco mais atrás de mim e o escuto calcular em torno de cinqüenta pessoas sobre o caminhão, não esquecendo porém de comentar que *dessa vez tá muito mais mió, na semana passada tinha muito mais coisa e gente*. Não consigo imaginar algo pior do que aquilo. Ainda no perímetro urbano um guarda de trânsito nos pára. A negociação é imediata e logo retomamos a viagem. Segue o nosso «pau-de-arara» como muitos no passado já seguiram, transportando o povo do sertão em busca do «di-comer». O sol de setembro não é dos piores. Dona Fransquinha comenta que ele *inté que tá camarada*. Um pouco de nuvem se condensa no céu escondendo-o. Mas a chuva não chega a cair, a que seria a chuva do caju. Em tempos normais ela aparece em meio ao verão para dar sustentação à flor do caju. Vem rápida mas suficiente para segurar a safra. Este ano ela se recusou. Os pequenos proprietários nem sequer se deram ao trabalho de fazer a limpa em redor do tronco das árvores, que sempre fazem para facilitar a coleta da castanha que cai no chão, porque seria prejuízo certo, uma vez que não haverá castanha suficiente para cobrir o custo da colheita. Caem apenas uns respingos esparsos. Os viajantes fazem uma grande algazarra, gritam: "Olha o sereno! Lá vem o sereno!". Dona Fransquinha traz um guarda-chuva preto muito velho que ganhou de uma mulher no bairro de Antônio Bezerra. Por que alguém daria a uma MENDIGA DO SERTÃO corrida da falta de chuva justamente um guarda-chuva? Dona Fransquinha tenta abri-lo rápido, talvez muito mais pela felicidade de dar-lhe uso, talvez para não se sentir lesada, do que para se defender de tão inofensivos, quase imperceptíveis pingos de água. O guarda-chuva, porém, se rebela cruelmente ao comando de dona Fransquinha e abre ao contrário, abre para cima! As hastes enferrujadas, periculosas, malvadas é que apontam para o céu, como armas pontiagudas. O pano roto, preto desbotado, se encolhe todo, temeroso, rendido, covardemente. A risada é geral. É quando a tragédia explode no seu contrário e todas aquelas caricaturas de cidadão escancaram as bocas desdentadas rindo de sua própria desgraça. No meio da risada geral, estridente, alguém grita bem alto: "É a bandeira do Brasil!". Eu também rio. Mas um gosto muito amargo trava lá dentro. Tem o povo cearense a fama de ser muito moleque, de fazer galhofa de tudo e com todos. Conta-se que numa época de boas chuvas, havendo o sol se escondido por trás das nuvens por três dias consecutivos, ao aparecer levou uma uníssona vaia dos freqüentadores da Praça do Ferreira, no centro de Fortaleza, tradicional ponto de convergência de quantos desocupados ali apreciam a vida passar entre uma zombaria e outra, até os dias atuais. A caminho de casa, os mendigos imobilizados entre os trastes do caminhão de feira, tinham os olhos e a língua soltos. Alegres homens mendigos a brincar de levar a vida a sério assim fantasiados de sujos? O vento faz voar da cabeça o chapéu de alguém. Algumas mãos ainda se elevam na intenção de impedir que caia na rua e fique perdido. Em vão. O dono não quer acreditar, inconformado com a perda. Um engraçado então dá as instruções: "Telefona ali e oferece uma boa gratificação a quem achar". Rimos todos apesar da desdita do perdedor. Chega a hora da cobrança da passagem. O motorista pára o caminhão, sobe na carroceria e vai com dificuldade mudando as passadas entre pernas, trambolhos, cabeças. O dinheiro miúdo de esmoler vai formando um volume grosso na mão do motorista. "Não tá com nenhuma dentro?", é o motorista querendo saber se há alguma dívida. "Tô devendo sessenta da vez passada mas não desconte hoje não", responde alguém. É a freguesia que já se estabeleceu. Desde quando, e como, o caminhão da feira vem-se tornando um pau-de-arara? É sem dúvida uma economia certa para o seu proprietário, uma vez que o fluxo de viajantes é grande e contínuo, indo e retornando de Fortaleza para Itapipoca duas vezes por semana. Para os retirantes é a solução que cabe nos seus bolsos de ganhos poucos e principalmente incertos, por maior que seja o sacrifício da viagem. Contam que na seca de 1983 a RFFSA liberava um carro do trem só para o transporte dos pedintes. Eles vinham sem gastar nada e podiam retornar logo, com três ou quatro dias. Agora ficam até vinte e mais, por causa da despesa com transporte. Hoje o trem não faz mais a linha e o ônibus é impraticável. Resta o caminhão da feira. Outro dia eu estava no depósito quando ele chegou. Vinha a Maria, a mais nova e bonita das mulheres mendigas que, entre as novidades que contava para os companheiros, falou da discussão que tivera com um vereador que, na ocasião da partida em Itapipoca, censurava-a por vir para Fortaleza pedir esmola. Disse que o motorista se meteu a seu favor dizendo que ela tinha *mesmo é que vir, que não era de ficar num lugar que não tem trabalho, pra morrer de fome*. Ao contar isso no depósito, a Maria concluía com um risinho irônico: "Não sei se ele disse isso é porque nós tamo dando lucro pra ele, né?... Antes tinha que esperar pela banana, só carregava banana, e agora taí com o carro cheio de gente pra lá e pra cá". Há uma pequena rede de negócios, então. A atividade mendiga inserida no ciclo regular da economia local. Quem mais a sancionaria? Quantos se beneficiariam de tão estranho mercado? Recolhido o dinheiro de todos, o caminhão retoma a estrada. Já é meio-dia e só agora começamos a deixar o perímetro urbano de Fortaleza. As pessoas conversam entre si, não é mais a algazarra da saída. Alguns cochilam. Uma mulher beija a criança magra que traz ao colo. A criança se entrega ao carinho como um bichinho domesticado. No colo de osso da mãe mirrada, talvez apenas ali, ele sabe que pode exercer-se na sua idade. Vejo acontecer a céu aberto, naquele pedaço de chão ermo, o enlevo de todos os tempos e seres entre a mãe e a cria. Nisso me descontraio pressentindo a chegada de um fio tênue de esperança... O caminhão segue. Até que, de repente, sai da pista e entra numa estrada estreita de barro. Os solavancos e a poeira densa e quente vêm quebrar o sossego dos viajantes. É um desvio que o motorista faz para se livrar do posto fiscal do estado. Entramos para uma região litorânea e alguns sítios bem cuidados ladeiam a estrada. Tem-se aqui o verde que a seca levou do sertão. Os sertanejos se excitam, cheios de apetite pelas roças viçosas. "Ah eu num pedaço de chão desse!", confessa um. E falam em voz alta de plantações passadas nos bons invernos. É o homem apartado a ferro da natureza, é o agricultor apartado a ferro da terra. Isso se evidencia ali, naquela agitação de homens barbudos como crianças no reencontro com o brinquedo. Dá gosto de ver aquilo. Mas é um gosto triste. É triste a minha pesquisa. Minha pesquisa tem direção para o passado? É para trás que ela olha? É a história da demolição? É a de um tempo sem depois? À vista de um açude, alguém fala da infância. A voz sai de dentro do suspiro: "Eu ia pescar, mas nunca pissuí uma tarrafa, o que eu mais queria era pissuir uma tarrafa..." E se cala. Um homem que queria tão pouco... De todos, o José Ferreira é o mais agitado. Se balança sentado, talvez quisesse voar feito um pássaro livre junto com o vento por aqueles campos verdes. Gesticula, aponta. Não se contém ao ver um capinzal de pasto: "Eu queria era ser um boi pra comer daquele capim. Óia o tamanho dele, home!". E eu fiquei sem saber se o José Ferreira naquela ocasião fazia uma queixa pela fome antiga, de quando a terra foi tomada do homem para ser entregue aos bois dos criadores, ou se o que ele quis foi se irmanar, no mais fundo de suas vísceras, ao boi, ao capim, à terra de onde veio. O sereno tímido não vingou. O sol falta pouco explodir de tanta luz e calor quando o caminhão pega de novo o asfalto. Às duas horas da tarde paramos em Umirim, a aproximadamente sessenta quilômetros de Fortaleza. Tinha sido muito tempo gasto para uma distância tão curta. Mas é isso mesmo, todos já sabem que é um caminhão de feira. Dizem alvoroçados que é hora de almoço. O caminhão de mendigos pára para o almoço. Escuto gritarem por um cego que vende dindim a três cruzeiros. Todos querem comprar. Dindins coloridos e doces e tão baratos que trazem frescor para as gargantas secas mas, principalmente, uma boa dose de açúcar que suprirá as energias já desfalcadas e possibilitará a continuação da viagem. Aparece também o bolo de batata-doce, vendido o pedaço a dez cruzeiros. Alguns correm em direção a um bar à beira da estrada e retornam com um prato de ágate cheio numa mão e uma lata com água na outra. Comem com pressa e engolem a água. Mal tenho tempo de ver o que traz o prato. É uma porção de baião-de-dois esbranquiçado (porque contém mais arroz do que feijão, certamente em razão do alto preço deste último) e um pouco de farinha de mandioca caroçuda. Por sobre esta um cará pequeno assado. Duas ou três pessoas, parentes, comem do mesmo prato. Custa cinqüenta cruzeiros e poucos se dão ao luxo. A maioria prefere não bulir no dinheiro apurado com as esmolas, já destinado ao pagamento do fiado que a família ficou fazendo nas bodegas. Além disso, levam víveres e terão um fausto jantar em casa. A filha gestante de dona Fransquinha traz a refeição para a mãe, que lá do seu canto, grita me oferecendo: "Pega um bocado, muié". "Obrigada, dona Fransquinha, não consigo comer nas viagens", respondo justificando minha intolerância à comida em beira de estrada, principalmente àquele baião anêmico. Não dura mais de quinze minutos o almoço dos mendigos! Se escrevesse sobre príncipes diria que, refestelados os viajantes, a viagem continuou seu curso... Os que desceram procuram de volta seus lugares. Dois homens que viajavam perto de mim não retornam mais. É um grande alívio, disponho agora de um espaço um pouco mais largo do que o ocupado pelo meu corpo, posso me mover para os lados e para trás. Converso com o José Ferreira que vinha às minhas costas. Mas é já quase o fim da viagem no caminhão. Em pouco menos de uma hora chegamos a Itapipoca, dentro do tempo justo de apanharmos o ônibus para Miraíma. Dona Fransquinha respira aliviada: "Graças a Deus, muié! Senão a gente tinha que passar a noite na calçada, como já me aconteceu umas pouca de vez". A viagem de Itapipoca a Miraíma é rápida e confortável, no ônibus de linha. Dona Fransquinha conta com o marido, Sr. Dó, que deve contratar uma carroça para levar os sacos da mercadoria até em casa. Mas não comparece o Sr. Dó. Duas filhas vêm recebê-la e a caminho contam à mãe os desmandos do pai — bebedeira e fuxico de que andava com uma mulher. Uma das filhas chora ao falar. Depois ouvi os comentários das companheiras de dona Fransquinha de que aquilo era *uma sem-vergonhice, a pobre se mata pelo meio do mundo, pedindo pra trazer as coisas pra dentro de casa, e o home não reconhece*. Mas dona Fransquinha tinha uma coisa com ela, diziam as vizinhas, negava tudo do marido. Elas é que não, diziam logo que tinham dentro de casa um cabra safado, um irresponsável. Dona Conceição, principalmente, sabia que não contava com o marido para nada, se não fossem as filhas trabalhando de doméstica em Fortaleza ela não tinha de onde tirar, não tinha como construir a sua casa de tijolo muito boazinha, com área, banheiro dentro do quarto que era para quando viessem da cidade as amigas da filha, tinha de receber bem, ia fazer tudo direitinho, chão de cerâmica, porta, tudo. Dona Conceição não contava com o marido para essas coisas, ele é um desleixado, recebe aquela micharia da emergência e bebe de cachaça. Por isso dona Conceição vai pedir em Fortaleza e quando chega em Miraíma só não lava todo dia uma trouxa de roupa porque não tem quem mande, se tivesse lavava. O marido, o que ainda fazia, era ir com ela buscar e levar a trouxa de roupa, mais nada. Mas ela fazia aquele sacrifício para poder deixar o dinheiro das filhas para a construção da casa. Com o marido não contava e não escondia. Já dona Fransquinha, não, diz que tudo vai bem e fica sofrendo por dentro. Vi a tranqüilidade de dona Fransquinha e seu Dó, a conversa de noite no oitão da casa, dona Fransquinha contando sobre as andanças, os perigos, as coisas engraçadas. E seu Dó falando da pescaria mirrada, das confusões na emergência, dos malfeitos do encarregado. Pareciam muito amigos, confiantes, leves. O Sr. Dó não havia ido com a carroça receber a mercadoria porque estava no açude pescando. Providenciou depois o seu transporte, pagou com o dinheiro que dona Fransquinha levava das esmolas. Trouxe para o jantar alguns carás pequenos com os quais dona Fransquinha preparou um caldo, muito satisfeita porque ia temperá-lo com uma manteiga que ganhara de esmola. Quando serviu o caldo fumegante, gorduroso, uma beleza, aconteceu que a manteiga estava rançosa! "Uma lata pra mais do meio, muié!". As filhas ficaram preocupadas porque eu estava bebendo o caldo, uma visita de Fortaleza bebendo caldo rançoso, coisa de fazer vergonha. Durmo na casa de dona Maria Augusta, mãe de dona Fransquinha, numa pequena sala, com a filha grávida desta. No vão contíguo, menor que a sala, dorme dona Maria Augusta que se comporta comigo como uma mãe obsessiva, fazendo-me beber chá, engolir mel queimado por causa da gripe que peguei na viagem, apagando a lamparina para que descanse bastante.

TOMADA N.º 11
(Casa do Sr. Manuel)

... Visito a mulher do Sr. Manuel, dona Maria da Paz. Mora próximo de dona Fransquinha, numa pequena vila de casas conjugadas. Como ela diz ao me receber, casa de pobre. Mas casa. Sala, quarto, corredor, cozinha. Chão de cimento. Um rádio sobre a mesa da sala. Cadeiras. Quadros de santo na parede. Apresento-me dizendo que conhecia seu marido de Fortaleza e que vinha conversar com ela. Falo da pesquisa. Ela imediatamente começa a falar de si, da família, de sua história com o Sr. Manuel. Pensa que sou alguém com a missão de ouvir e ajudar os outros, fica muito grata, diz que precisava conversar com uma pessoa assim capaz, alguém que sabia dar orientação. Explico que não é isso, que estou fazendo uma pesquisa sobre a forma de vida das pessoas que estão pedindo esmola em Fortaleza. Mas do que ela precisa é como me vê e é assim que deixo que me veja: uma conselheira, um juiz de paz, um árbitro. E fala tanto, de tão funda, trágica e detalhada intimidade que, ao ouvi-la, é como se estivesse revendo na vida as imagens da leitura da *Crônica de Uma Morte Anunciada*. Antes de casar com o Sr. Manuel, dona Paz tinha *cometido um erro* e trazia um filho. Quando ele quis casar, ela pensou muito, perguntou-lhe várias vezes se ele não ia passar o resto da vida alegando que ela não era mais moça, se ele ia confiar nela, se ele ia aceitar o filho do descaminho. Ele insistiu. Queria porque queria se casar com ela. Casaram-se e tiveram cinco filhos. Ele, ave maria, trata tudo igual, nunca disse tantinho assim com o menino, nunca bateu, o menino é como se tivesse um pai. Mas nela ele nunca confiou. Quando bebe, ele fica amolando a faca, passa horas e horas amolando a faca no quintal, como se estivesse preparando a degola. Ela diz que ele pergunte aos vizinhos, que todo mundo sabe como é que ela vive, sem sair para casa de ninguém, sem receber uma pessoa em casa, a não ser essa mulher aqui, a mulher do Geraldo, o Geraldo que também está para Fortaleza pedindo, essa mulher é a única que entra aqui, mora parede-meia, é a única pessoa no mundo com quem conversa, porque até a família também está longe, a mãe às vezes manda dizer que ela vá embora, deixe o marido e venha para a companhia dos pais, mas ela imagina nos meninos pequenos ficarem sem o pai, que já teve aquele que nem conhece pai. Mas também diz que é mulher de coragem, que se sujeita a qualquer serviço para dar conta dos filhos, que não pode fazer nada é em Miraíma, a pessoa ali pode correr de um lado ao outro que não encontra um jeito. Mas o que dona Paz queria muito era um serviço para o marido perto de casa, assim ele não tinha que passar quinze, vinte dias fora, que acabava aquele pesadelo de viver debaixo da desconfiança dele, aquilo era o pior inferno, uma pessoa pagar por uma coisa que não devia, ele tinha é de ficar junto para poder ver. Essa agonia que não cessa lhe dá um mal-estar tão grande na cabeça, ela fica para correr doida, perde o sono, passa noites e noites com os olhos arregalados para o escuro das telhas, fica com um bolo grande na boca do estômago, passa de semana sem defecar e, quando consegue, é tão duro que, se jogar na parede, volta. Não sabe o que fazer. O que ainda a alivia é uma dose de genebra, genebra é um ótimo remédio para a cabeça, é só tomar um gole que já consegue tirar um cochilo. Dona Paz é uma mulher ainda muito nova, em torno de trinta anos, bonita, corpo firme de morena, uma mulher do sertão cercada de filhos pequenos que se enroscam nela, ela pacientemente os acolhe, a menor chora e pede o colo, ela dá e continua falando, falando. E parece leve apesar do peso da fala. Conta sobre a cunhada, aquela de quem o Sr. Manuel não queria que ela se aproximasse, a pobre estava numa situação muito difícil, sem ter para quem apelar, se encostava ali, ela não podia botar para fora, podia? Não tinha ninguém por ela, um irmão, até a mãe, uma irmã que já tinha passado pela mesma situação, não tinha um ente para lhe dar apoio, qualquer uma está sujeita, é bem novinha ainda, o namorado fez mal, mas pelo menos não pegou menino, senão iam andar ela e o filho sem ter para onde ir. A moça é a irmã mais nova do Sr. Manuel e dona Paz a recebe em casa, dá a dormida. Ele fica pensando que por isso ela vai fazer a mesma coisa que a outra. A irmã mais velha, que também já errou mas agora vive com o marido, em vez de compreender a irmã, não, fica é incentivando a mãe e o irmão para abandonarem a pobre. "A senhora não viu a irmã dele por lá?". Vai ela e vai o marido pedir também. É a Maria, sim, o marido é o Benedito. Os filhos eles deixam com a mãe dela. A velha já não vive muito bem de saúde, tem problema de cabeça, mas cuida dos netos. A Maria podia pensar nisso e ajudar a irmã. Mas não, encontrou um homem e esquece o que já fez. E a mãe, se ajuda uma filha, por que não ajuda a outra? Escuto perplexa. No ônibus para Miraíma viajei ao lado da Maria e ela também confessava sua infelicidade com o marido, que também não perdoava ela não ser mais de nada quando foi viver com ele. Que estranha redenção esses homens fizeram de suas mulheres para depois as condenarem assim? Pelo meio da manhã dona Paz pede desculpa porque os meninos começam a se alvoroçar e interrompem nossa conversa. Estão se preparando para irem à distribuição de uma sopa que o governador mandou fazer todo sábado no colégio. Viera a primeira-dama no dia anterior lançar o programa, diz que é para alimentar mais as crianças. Os meninos tomam banho e trazem um pente para que a mãe lhes arrume o cabelo. Saem juntinhos, cada um levando uma xícara de plástico pendurada pela asela no dedo.

TOMADA N.º 12
(Casa de dona Fransquinha)

... Ao meio-dia chegam os parentes de dona Fransquinha também vindos da sopa. E adulto também recebe? Responde uma mulata gorda, sobrinha do Sr. Dó: "Recebe, mas é um tiquinho de nada". Dona Fransquinha oferece-lhes um prato de arroz, que era o que havia sobrado do almoço. Para temperar, bota para assar na brasa do fogão uma tira de tocinho salgado, especiaria trazida das esmolas de Fortaleza. O sol de meio-dia é inclemente. Da porta da casa de dona Fransquinha olho o descampado marrom na direção do açude, cortado pela tira encurvada da linha de trem. Vejo uma ponta da água que ainda resta brilhando ao longe. Dona Maria Augusta quer que vá deitar um pouco para descansar do almoço e me leva para sua casa, vizinha. Manda-me armar a rede. Ela também vai descansar. Quando dorme, saio encostando a porta para não incomodá-la. Vou à casa do prefeito, na direção do açude. Dona Conceição me vê passando lá de onde está estendendo a roupa para secar e faz questão de me acompanhar.

TOMADA N.º 13
(Miraíma)

... O prefeito não está na cidade, veio para Fortaleza. Dona Conceição fala sobre ele, o Ednardo é um rapaz muito bom, dali mesmo de Miraíma, sempre ficou do lado dos pobres e dizem que ele foi eleito pelos pombalinos, a oposição é quem diz. Pombalinos, dona Conceição? Sim, esses que vivem de arribada daqui para Fortaleza e de Fortaleza para cá, como um magote de pombos. Ele sempre ajudou muito aos pobres. Se precisa de um carro para ir ao médico, ele manda deixar; se precisa de remédio, ele manda comprar. Dona Conceição me acompanha pelas ruas sempre falando. Conta os problemas da filha mais velha, que estudou até o segundo grau, essa que trabalha de salário mínimo na casa de um pessoal de Fortaleza, um pessoal rico que já viajou para a Alemanha, ela tem os retratos. Pois essa menina correu doida aqui em Miraíma e foi o prefeito, nesse tempo ele ainda não era prefeito, quem socorreu. A menina tem a maior consideração por ele. O prefeito é como um filho para dona Conceição, que já lavou muito pano mijado dele: "Se a senhora quiser nós vamos à casa da mãe dele, eu lhe mostro a mãe dele". Vamos na hora do jantar. Dona Conceição entra direto para a cozinha e eu a acompanho constrangida. Em torno da televisão ligada na sala, muitos meninos sentados no chão. O pai diz que é assim. A mãe diligenciando na cozinha pergunta à dona Conceição pelas novidades. A visita é breve, como se dona Conceição quisesse apenas o tempo de conferir ou mostrar algo. Talvez seu prestígio — não sei se a mim de ter intimidades com a família do prefeito, ou se à família do prefeito por ter amizade comigo. Dona Conceição me faz as honras da cidade. Ainda no depósito ela acertara comigo de me pegar no ponto do ônibus e me levar para sua casa. Mas como fizera a viagem na companhia de dona Fransquinha e esta também insistiu em dar-me hospedagem, acabei ficando com ela. Dona Conceição se dispôs, então, a me ciceronear. Não estando o prefeito, ela quer me levar ao padre. O padre também está para Fortaleza. Todas as autoridades teriam abandonado a cidade mendiga para o final de semana na capital? Que outra instituição estaria representada ali? Com quem contava o povo daquele lugar? Dona Conceição confirma que acontece muito assim, que esse povo vive em Fortaleza. Como se isso não a afetasse, como se não lhe dissesse respeito, como coisa natural. Quando alguns dias depois conversei com o prefeito Ednardo, aqui em Fortaleza, e ele contou numa brincadeira que havia mandado dizer ao governador que providenciasse um sinal de trânsito para Miraíma, em resposta à ordem governamental de retirar os mendigos das ruas da capital, pude compreender o significado do pensamento de dona Conceição. Ali destituía-se a política, jazia o Estado e a sociedade tornava-se invisível. Como também fora a impressão de um funcionário do governo que sentiu uma cidade fantasma, conforme me disse. Não estando o padre, seguimos para a casa de uma de suas patroas, uma das mulheres para quem dona Conceição lava roupa. No caminho as pessoas a cumprimentam e ela me aponta em voz baixa: "Esse aí também é pombalino". Enquanto andamos, recordo comigo mesma uma brincadeira de criança, como se vivesse ali a mesma situação de busca do imponderável:

"Cadê o bolinho que eu botei aqui?
O gato comeu.
Cadê o gato?
Foi para o mato.
Cadê o mato?
O fogo queimou.
Cadê o fogo?
A água apagou.
Cadê a água?
O boi bebeu.
Cadê o boi?
O homem matou.
Cadê o homem?
Foi para a missa.
Cadê a missa?
O padre já disse."

Encontramos a patroa, sentamo-nos em cadeiras de balanço, uma em cada canto, na área da casa — a mendiga, a cientista, a patroa. Esta extraíra recentemente um mioma que já lhe tomava quase todo o útero, e nos confessa seu grande medo de ter um câncer. Dona Conceição roga a graça de Deus para não acontecer um mal tão grande. A patroa se queixa de fraqueza, do sangue que tem perdido, do repouso que precisa. Depois é dona Conceição quem narra sobre seus riscos, fala de maconheiros e de polícia, de malfazejo, de dor de barriga acocorada na linha do trem. A patroa comenta que alguns até se deram bem, cita o caso do Laírton que comprou uma moto e ajeitou a casa.

Dona Conceição se queixa de sua falta de sorte para mendigar e se compara com dona Fransquinha que sempre retorna com o saco cheio de mercadoria. Entramos para tomar um café na cozinha — a mendiga, a patroa e a cientista. No caminho de volta, dona Conceição demonstra sua preocupação com a palidez e a moleza da patroa: "Também não é pra menos, mulher, a senhora tinha de ver o horror de pano encarnado de sangue que eu lavava todo dia daquela pobre". Pobre?! Aí eu pensei: a harmonia do mundo se expressa aqui e eu não tenho mais sobre o quê indagar. Porque pobre é o filho do cão!

O EPÍLOGO

"Pobre?"
"Pois muito bem, Senhoras e Senhores, escutem isto que vim dizer: pobre é o filho do cão!"

Mas aconteceu que eu também havia esquecido que esta era sempre a resposta, aprendida nas querelas de rua, porque ninguém vai levar desaforo para casa. E foi aí que vi que ainda estava lá, guardada no fundo do coração das gentes, afiada, pronta na ponta da língua. E — não se duvide muito — se for preciso, igualmente na ponta da espada, como tantas outras vezes já aconteceu por toda a História.

"Pobre é o filho do cão!"

E agora tenho de dizer isso para todos quantos estiveram interessados em saber duas coisas principalmente, enquanto eu vinha fazendo esta narrativa:

1. Que identidade têm os mendigos, se é que a têm...
2. O que é que têm em comum com nós outros...

Senhoras e Senhores:
"Considerando a sociedade humana de modo calmo e desinteressado, a princípio ela só parece mostrar a violência dos homens poderosos e a opressão dos fracos; o espírito se revolta contra a dureza de uns ou é levado a deplorar a cegueira dos outros e — como nada é menos estável entre os

homens do que essas relações exteriores produzidas mais freqüentemente pelo acaso do que pela sabedoria, e que chamam de fraqueza ou poder, riqueza ou pobreza — os estabelecimentos humanos parecem, à primeira vista, fundamentados em montões de areia movediça. Só quando os examinamos de perto, só quando removemos o pó e a areia que cobrem o edifício, percebemos a sólida base sobre a qual se ergue e se aprende a respeitar os seus fundamentos..."[1]

"Quer dizer que a pobre derramava muito sangue, era dona Conceição?"
"Era mulher, vixe maria!, era de fazer pena..."

Foi então que aprendi o significado da materialidade do ser social: a relação ontológica entre a natureza e a sociedade põe-nos diante do fato de que aquela constitui uma base inelininável desta — saltamos da natureza para a cultura e devemos seguir viagem, na errância a que fomos para sempre condenados. Pior para nós se não aprendermos a abrir melhores caminhos, os Senhores não acham?
Que procura incessante? Que perda irremovível? Viria do nascer?

"Nascimento é exílio amargo, crispação de angústia no corpo, auge de um despedaçamento que vulnera a carnalidade mais íntima. Ao nascer, o homem se vê marcado, no centro de sua experiência biológico-existencial, por um impasse originário que se constitui pelo esbarro formidável do corpo nascido com uma muralha impenetrável, incognoscível, nadificante, da qual não salta, de início, nenhuma resposta que corresponda de maneira plena a uma demanda instintiva pré-formada, capaz, portanto, de significar o mundo, tornando-o decifrável."[2]

Este é, então, o ponto de partida: da escuridão ancestral o homem é condenado a fazer a História, a correr atrás dela, dos pontos de luz que os outros, antes de si, seguiram fazendo. A sua condição, portanto, é a da carência, jogado que foi desequipadamente no mundo, *atirado a um meio que não lhe serve de chão, por faltar-lhe as cordoalhas instintivas pelas quais poderia tecer-se no tapete cósmico, fazendo parte de tudo.* O ser social é ente devoluto, *experiência aguda de derrelição,* aquele que, em seu conjunto e em cada um dos seus processos singulares, foi partejado da natureza e a pressupõe indissoluvelmente. Sua objetividade se desenvolve a partir do ser natural — a unidade basilar — tornando-se mais claramente social à medida que surge e se explicita a práxis social. O processo histórico de sua explicitação implica a transformação desse ser-em-si num ser-para-si³. Se é longo o percurso dessa transformação, e se pelo caminho a rota tem sido tantas vezes desviada, não se anula a existência do salto ontológico. A História é, assim, a negação da negação anterior e de sempre. É a geração do objeto capaz de preencher e aplacar a carência atávica, nunca perfeitamente saciada. É a busca incessante de um pertencimento. É um eterno retorno. A História não tem termo, e quem falou no Fim da História mentiu: tem uma teleologia, vai interminavelmente tecendo de necessidades e acasos a grande rede que a natureza se omitiu de oferecer à sua nação de filhos homens, para que pudéssemos descansar em paz. Somos fenda, somos desejo. Melhor para nós, porque assim a carência nos obriga à ação em busca de alternativas, ou seja, evidencia-nos inequivocamente livres! Diante da falta instituinte, tudo está para ser constituído.

Era tudo o que precisávamos ouvir, uma canção que fizesse adormecer as crianças e acordar os homens:

"Nós gatos já nascemos pobres, porém já nascemos livres..."

Por isso — desculpem o mau jeito, Senhoras e Senhores — que eu tinha vontade de responder um desaforo quando me desafiavam a dizer o que havia de comum entre nós e os mendigos: uma história sacana os jogou para debaixo da ponte — povos sem história — e nos deixou nas universidades, nos postos de trabalho, nos partidos políticos, nos supermercados, no interior das igrejas etc. etc. etc...

A natureza cansou de nos pedir um gesto, e nós — insanamente — cada vez mais nos desenraizávamos...

O futuro possa ser que nos reserve um outro pertencimento, um outro contrato que nos contenha a todos de modo justo — quem sabe?

Senhores:

"Um dos primeiros grupos de seres com os quais os homens tiveram que contratar e que, por definição, ali estavam para contratar com eles foi, antes de tudo, o dos espíritos dos mortos e os deuses, porque são eles os verdadeiros proprietários das coisas e dos bens do mundo. Era com eles que era mais necessário trocar e mais perigoso não trocar. Inversamente, porém, era com eles que era mais fácil e mais seguro trocar. [...]. Acredita-se que é aos deuses que é preciso comprar, e que os deuses sabem retribuir o preço das coisas."⁴

Pensemos então que também compartilhamos um passado mítico nas formas da dádiva e do sacrifício contratual, pois os deuses que dão e retribuem estão ali para dar uma grande coisa no lugar de uma pequena coisa. Assim, as dádivas oferecidas aos homens e aos deuses têm também por fim comprar a paz para uns e para outros, afastando os maus espíritos, geralmente as más influências, mesmo não personalizadas: pois uma maldição de homem permite aos espíritos enciumados penetrar em uma pessoa e matá-la, permite que as influências más ajam, e as faltas contra os homens tornam o culpado fraco em face dos espíritos e das coisas sinistras[5].

Se não, por que o moço gerente de firma chamado Romeu haveria de oferecer tantas prendas à dona Raimunda, MENDIGA DE FAVELA, se nenhuma Julieta ela era? Pois dá-se assim: a terra inteira treme de medo — vixe maria! — diante da imprecação do mendigo! Dizem que não tem praga pior. Ui! Deus nos defenda!

Por isso — assim ensinou o MENDIGO DO SERTÃO de nome Dorém — os Senhores nunca formulem a um mendigo esta pergunta:

"O que é que Deus está fazendo a esta hora?" — Porque ele sabe o segredo da resposta, ele detém o poder contido nas palavras, e dirá:

"Deus está fazendo roda e desmanchando roda". E nesse mesmo instante Deus começará a inverter as posições do pedinte e do doador.

Por favor, se não quiserem ter a desagradável surpresa, jamais pronunciem a mágica pergunta. Em compensação, experimentem o alívio quando ele rogar a Deus o seu bem:

Maria Santíssima livrai vossa mecê e toda sua família da praga do mau vizinho!

Como os Senhores vêem, a esmola preserva ainda elementos do passado mítico que compartilhamos. Assim a define Marcel Mauss[6]: "A esmola é o fruto de uma noção moral da dádiva e da fortuna, por um lado, e de uma noção do sacrifício, por outro, transformados em justiça: os deuses e os espíritos consentem que as partes que lhes seriam destinadas e que seriam destruídas em sacrifícios inúteis sirvam para os pobres e para as crianças quando, na evolução dos direitos e das religiões, reaparecem os homens, feitos mais uma vez seus representantes". Um exemplo disso se dá entre os hauçás do Sudão em que, estando maduro o «trigo de Guiné», febres se espalhavam pela região e a única forma de debelá-las era fazendo presente desse trigo aos pobres, o que sobremaneira agradava aos mortos[7].

A doutrina da caridade na forma de esmola que percorre o mundo com o judaísmo e o cristianismo tem essa base mítica. Dizia o rabino Hillel, no primeiro século da era cristã:

"Muitas esmolas, muita paz".

Com efeito, a esmola foi integrada ao sistema socioeconômico judaico-cristão — certamente de um modo tenso e conflituoso, considerando-se as ambigüidades relativas à noção básica herdada de propriedade: «a terra é de Javé»[8] — como um meio privilegiado para remediar a injustiça: dar esmolas, fazer de todos os bens individuais uma doação era o modo de se irmanar, de tornar-se bom e poder participar do projeto de Deus inaugurado com o nascimento de Jesus. Ou seja, se na tradição antiga os temas riqueza e bondade de Deus estavam separados, o Novo Testamento irá reuni-los, conforme a parábola do jovem rico a quem Jesus aconselha — além de cumprir os mandamentos — a doar tudo o que tem aos pobres e segui-lo. Segundo Morin[9], não se trata de ascese, de desprendimento à maneira de Diógenes, o qual pensara libertar-se das contingências materiais quebrando a última tigela que restava para beber a água da fonte na palma da mão, mas de traduzir, concretamente, num processo realista, seu amor pelos outros. O sentido desse amor será dado por uma ética básica do judaísmo — o amor como necessidade moral que prolonga a ação divina — uma vez que tudo que os homens possuem pertence a Deus, assim como também os próprios homens. Tão abrangente pertencimento — paternidade de Deus e fraternidade dos homens — desdobra-se no senso de justiça que abarca toda a escala das atividades humanas: seus direitos civis, o amor próprio, a liberdade e a busca da felicidade. "Justiça, justiça, eis o que perseguirás" (*Deuteronômio*, 16:20). Justiça, Tzedaká. Vem daí o sentido da caridade cristã que se traduziu — restringindo-o — em esmola na ação privada dos indivíduos. Segundo a concepção filosófica de Maimônides[10], na origem, porém, a caridade consiste em antecipar o auxílio ao semelhante evitando assim que ele necessite estender a mão em busca de arrimo. Diz a escritura:

"E quando teu irmão empobrecer, e as suas forças decaírem, então sustentá-lo-ás, e assim ao estrangeiro e ao peregrino, para que viva contigo." Com base nesse preceito, Maimônides elaborou a «Escada de Ouro da Caridade» que desse modo orienta a prática do dever da caridade[11]:

— o primeiro e mais baixo degrau é dar, mas com relutância ou contra vontade. Esta é a esmola da mão e não do coração;

— o segundo é dar alegremente, mas não proporcionalmente à necessidade do sofredor;

— o terceiro é dar com alegria e em proporção, mas só depois de solicitado;

— o quarto é dar alegremente, em proporção e sem ser solicitado, pondo, entretanto, a esmola na mão do pobre e nele provocando, assim, a dolorosa emoção da vergonha;

— o quinto é dar de tal maneira que o necessitado receba a esmola e saiba quem é o seu benfeitor, sem ser-lhe conhecido. Assim agiam alguns antigos, que costumavam amarrar o dinheiro nas abas traseiras das roupas, para que os pobres o pudessem tirar sem serem vistos;

— o sexto é conhecer os beneficiários da caridade, sem que eles saibam quem é o doador;

— o sétimo é distribuir as esmolas de modo tal que nem o benfeitor saiba quem são os auxiliados, nem estes o nome de seu benfeitor. Para isto existia no Templo um lugar chamado Câmara do Silêncio, ou da Inostentação, onde os bons depositavam suas contribuições, com as quais as famílias pobres eram sustentadas, com igual discrição;

— o oitavo e mais meritório degrau é antecipar a caridade evitando a pobreza, a saber: ajudar o irmão empobrecido, seja com um presente considerável, seja ensinando-lhe uma profissão ou estabelecendo-o no comércio, para que ele possa ganhar honestamente sua vida e não seja forçado a estender a mão.

Essa forma de amor ao próximo, contudo, não devia fruir puramente do sentimento, mas ser afeto à lei, estando integrada ao próprio sistema tributário da sociedade judaica do começo do cristianismo. Nesse sistema os rabinos especificavam vinte e quatro tipos de tributos a título religioso, devidamente reconhecidos pelos romanos, dentre os quais alguns eram estipulados especialmente para benefício dos pobres. Além disso, a beneficência voluntária e as prescrições da lei judaica sempre protegiam os pobres. No conjunto dos dízimos, o segundo deles consistia no dízimo dos produtos da terra e do gado: cada um devia consumir este dízimo fazendo uma festa própria e praticando a beneficência em Jerusalém, verificando-se no primeiro, no segundo, no quarto e no quinto ano de uma semana de anos. O terceiro — ou *dízimo dos pobres* — realizava-se no terceiro e sexto anos de uma semana de anos. Substituía o segundo dízimo, nestes anos, e devia ser distribuído aos órfãos, às viúvas e aos prosélitos, em Jerusalém. Os pobres de todo o país, onde quer que morassem, deviam igualmente ser beneficiados. E como alertava a Mishna, sendo esta cota mal paga, o castigo divino viria em forma de peste no quarto e sétimo ano, anos que seguiam seu recolhimento[12]. Outras formas de beneficência eram praticadas de conformidade com a lei — como a cláusula introduzida por Hillel sobre o perdão das dívidas no ano sabático — e as instituições públicas de beneficência — como a Qûppab, que era um «cesto dos pobres» distribuído a cada semana em Jerusalém com roupas e alimentos, e o Tambûy, ou «prato dos pobres», que agrupava para uma sopa popular, diariamente, os pobres peregrinos de Jerusalém, em que eram servidos pão, fava, frutas e, durante a Páscoa, a quantidade de vinho prevista para um homem livre. Além disso, havia também uma caixa de amparo aos «pobres envergonhados e de boa família», da qual recebiam uma parte também os sacerdotes impossibilitados de oficiar por problema de saúde[13]. Entre um povo que, em apenas um ano — conforme dados de Morin[14] — imolou em sacrifício público 1.093 cordeiros ou cabritos, 113 touros e 32 bodes, aos pobres facultava-se oferecer pombos em vez de ovelhas.

A harmonia da Criação, porém, também sofria seus estrangulamentos. Ocorreu que aquela medida beneficente, fazendo crescer a demanda pela ave, fazia também com que o especulador lhe aumentasse o preço em até cem vezes o preço corrente...

Eram aí as injunções do mercado deslocando o mito, Senhores, persistentemente, até ocupar-lhe o lugar. Era o moderno mito nascendo. Os descendentes de Davi, que tanto esperavam a realização das profecias que anunciavam o Dia de Javé como castigo para os maus e salvação para os justos, que sonhavam com o reino perfeito e com o rei que julgaria seu povo com justiça, viram chegar o Filho do Homem e ouvi-lo responder:

"Dai a César o que é de César e a Deus o que é de Deus."

E sucedeu que, muitos e muitos anos depois, no município cearense de Canindé, a criança à porta da morte, perguntou à mãe:

"Mãe, no céu tem pão?"

A mãe respondeu que sim[15].

Uma longa história, Senhores, até o estágio final em que a penalidade recaiu sobre a própria natureza: qual seja, a fome. O que teria acontecido para que tenhamos assim nos perseguindo o aguilhão da fome?

Uma longa história, Senhores, e desse novo tempo ficará, não a lembrança da distribuição do excesso de trigo para alimentar os pobres do Sudão e assim agradar aos espíritos, mas a informação de que muito café foi preciso mandar queimar no Brasil pelos seus governantes, a fim de que se mantivesse o controle sobre os preços...

A natureza nos pedia um gesto e nós...

"Lo que llamamos tierra es un elemento de naturaleza inextricablemente ligada a las instituciones humanas. Su aislamiento, para formar un mercado com ella, fue talvez la más fantástica de todas las hazañas de nuestros ancestros. Tradicionalmente, la tierra y la mano de obra no están separadas; el trabajo forma parte de la vida, la tierra sigue siendo parte de la naturaleza, la vida e la naturaleza forman un todo articulado. La tierra se liga así a las organizaciones del parentesco, la vecindad, el oficio y el credo; con la tribu y el templo, la aldea, el gremio y la iglesia. Por outra parte, un Gran mercado es un arreglo de la vida económica que incluye a los mercados de los factores de producción. Dado que estes factores son indistinguibles de los elementos de las instituciones humanas, el hombre y la naturaleza, puede apreciarse sin dificultad que la economía de mercado involucra a una sociedad cuyas instituciones están subordinadas a los requerimientos del mecanismo de mercado. [...]. La proposición es tan utópica respecto de la tierra como lo respecto de la mano de obra. [...]. Bien podríamos imaginar al hombre naciendo sin manos ni pies, como viviendo sin terra. Y sin embargo, la separación de la tierra y el hombre, y la organización de la sociedad en forma tal que se satisficieran los requerimientos de un mercado inmobiliario, formaba parte vital del concepto utópico de una economía de mercado."[16]

Pois o que se conta, Senhores, entre tantas e tantas fórmulas para concretizar aquela idéia de Mercado, foi que fabricantes do século XVIII, em Lião, resolveram impor salários baixos a seus operários porque — diziam — somente um trabalhador exausto e oprimido renunciaria à associação com seus camaradas para escapar à condição de servidão pessoal, sob a qual ele se via obrigado a fazer aquilo que seu senhor dele exigia. Se conseguiram? A enumeração das mais variadas formas de resistência serviria para demonstrar que nem tanto[17]. Mas os estragos feitos também não preencheriam uma lista menor. A separação do trabalho de outras atividades da vida e sua subordinação às leis do mercado equivaleu a um aniquilamento de todas as formas orgânicas da existência e sua substituição por um tipo de organização atomizada e individualista.

Uma longa história.

E agora estamos cá, diferenciados e muito pouco solidários, sob duas formas sociológicas opostas: trabalhadores e mendigos.

A distinção aparece quando, a partir do século XIII, começa a ser delineada a dicotomia entre os «pobres laboriosos» — constituídos pelos camponeses expropriados que, trabalhadores, não conseguem sustentar a família com o produto do trabalho — e os «pobres inválidos» — os vadios, vagabundos, geralmente vistos com desdém — no contexto do que Mollat[18] denomina a «lei moral do trabalho», a qual veio motivar uma série de medidas contra aquelas populações. A interessante pesquisa de Bronislaw Geremek[19], feita com base na produção literária européia sobre vagabundos e miseráveis entre os anos 1400-1700, entretanto, mostra-nos surpreendentemente o quanto é difícil separar o joio do trigo... Um exemplo disso — (entre inúmeros outros, como os relativos à linguagem, à organização política, ao território ou «pátio dos milagres» etc.) — é quando o historiador vai traçar um paralelo entre os percursos dos mendigos e o dos mascates — como a itinerância, que facultava a ajuda mútua em casos de doenças, a concessão de empréstimos, a ajuda mútua nas viagens — para mostrar assim o que há de comum nas suas respectivas origens e na ligação que têm com a sociedade abrangente. Explica: a categoria dos «merciers» era composta dos comerciantes parisienses ou provenientes de outras cidades, que vendiam tecidos de várias espécies — sedas, fitas, linhas — e objetos de metal, e exerciam sua atividade sedentariamente. Dispunham de privilégios específicos e de uma corporação análoga às outras corporações. Os «mascates», porém, atuavam fora de Paris e tinham uma situação diferente. Deslocavam-se de uma feira a outra, de um mercado a outro, levando mercadorias às aldeias e palácios. Ocupavam-se de uma espécie de comércio ambulante de objetos como facas, anéis, pentes etc. O modo itinerante de vida gerou uma organização e costumes específicos que, no encontro com os grupos de desocupados que vagavam pelas estradas, levou a uma interpenetração de costumes, de linguagem, de organização etc. Como salienta o historiador, *não seriam necessários quaisquer modelos prontos para que nos grupos marginais emergisse uma organização própria, pois a vida social não se desenvolve como um decalque de instituições e costumes, mas uns e outros se formam como resposta espontânea às exigências da situação.* Assim é de se supor que, sobretudo nestes grupos dedicados à prática de ocupações perigosas e que exigiam uma contínua organização das ações, fosse natural a tendência à forma de organização hierárquica, vendo-se traçados os elementos de uma organização corporativa semelhante às corporações artesanais. Os rituais de iniciação à atividade, por exemplo, exigiam as provas de destreza com o cajado, instrumento fundamental na profissão de mascate, e o ensino prático do enfrentamento dos cães, uma das principais dificuldades da profissão. Aliás, ainda hoje constituindo, a par com os automóveis, um dos maiores fatores do medo vivido pelos mendigos. Outro elemento comum era o furto de aves domésticas, certamente uma necessidade imposta pelo percurso de grandes distâncias.

O autor de quem vos falo muito se inquieta mediante a tenacidade com que permaneceu na consciência social daquela época a idéia de que o mundo dos mendigos e vagabundos fosse marcado por uma completa separação sociocultural em relação ao resto da sociedade, tendo uma estrutura própria e ajustada, de modo que se apresentasse como «communitas» e como «civitas», como sociedade e como sociedade política, enfim, como nação e como Estado, conhecida como a «monarquia do argot». Na representação da organização social desta, o determinante fundamental de participação era a mendicância, entrelaçada com o logro, a esperteza e a charlatanice de várias espécies. O determinante profissional da organização política da comunidade era o quadro da divisão social do trabalho como base de diferenciação interna, muitas vezes expressa em formas e terminologias políticas, às quais se superpunham os conceitos de Estado, privilégio, dependência ou homenagem. O principal elemento de representação da «monarquia do argot» referia-se, porém, ao regime das corporações da cidade. Já o banditismo, a pilhagem sangrenta e a criminalidade violenta ficavam de fora da monarquia.

Mas ele mesmo afirma que, embora a convicção de que os vagabundos, mendigos e malfeitores formavam uma anti-sociedade estivesse muito difundida — e sempre espantasse — não constitui senão uma prova irrefutável de que a criação das estruturas da vida política e de uma organização hierárquica é uma forma natural da existência coletiva dos homens. Por outro lado — diz o historiador — o que, sobretudo, se encontra nessa visão do mundo dos vagabundos é um reflexo da estrutura dominante de organização política e a projeção da consciência social das elites sobre um mundo social que elas estavam descrevendo e apreendendo como estranho e exótico. Todavia, com relação à situação real desses grupos socialmente marginalizados, tal quadro não era imaginário, não era somente um discurso da ficção literária.

Com certeza, digo eu, e os Senhores hão de concordar. Pois tomando conhecimento desses acontecimentos de outrora e de alhures, quase nada espanta que o MENDIGO DO SERTÃO Zé Ferreira tenha montado há pouco tempo, ainda agora em mil novecentos e noventa e alguma coisa, na feira de Sobral, no estado do Ceará-Brasil, a sua venda de bugigangas de material plástico, assim como armado o seu «jogo do preá» que, se não fosse a proibição policial, render-lhe-ia um bom dinheiro e muito mais ligeiro. Assim como também não espanta que ele diga que nunca passou fome e nunca roubou, mas que... se for chegado o dia... sem ter condição... de um jeito ou de outro... ele terá de comer: porque não vai é deixar um filho chorando de fome. O inquietante é que, passados longos e longos anos, ainda agora queiramos impingir às populações marginalizadas uma distinção de substância, quando elas só a têm por circunstância... E fico imaginando que, assim prevaleça esse entendimento sobre a pobreza, é provável que os pesquisadores do futuro venham a dar notícia de uma certa «república dos mendigos», construída no sertão norte do Ceará já pelo final do século XX, e que tinha o bonito nome de Miraíma. A não ser que mantenham o cuidado essencial de ouvir pacientemente os sem-história dizendo que *se acabou-se o patrão*... E é também com o sentido de deixar um documento dessa fala que me preocupei tanto em narrá-la o mais detalhadamente que pude.

A questão, Senhoras e Senhores, é que a carga moral que historicamente marcou a experiência e o entendimento da pobreza vem de muito longe — desde quando foi transformada em problema social pelo desmoronamento do mundo feudal — e é feito uma tatuagem que a gente lava, esfrega, mas não larga. Segundo Alexander Vexliard[20], da pobreza só escaparam as sociedades primitivas. Isso se a entendermos como problema. Nesse sentido, como problema, a pobreza é associada à idéia de carência que, por sua vez, é associada à idéia de baixo nível do trabalho[21]. A partir daí vai se dando uma série de injunções — (econômicas, sociológicas, simbólicas) — entre a meta da riqueza e a demanda por mais trabalho — *lucro e mais-valia* — constituindo a base moral sobre a qual se assentará a sociedade do trabalho, cujos membros, para serem do bem, não poderão furtar-se ao trabalho, ao muito trabalho, ao *sobretrabalho*. Essa ideologização do trabalho no caso das sociedades coloniais, como a sociedade brasileira, cuja forma de acumulação da riqueza foi o trabalho escravo, aquela moral do trabalho — clássica, responsável pela firmeza interior dos homens livres — precisou passar por um processo subseqüente de «valorização positiva do trabalho»[22] a fim de despir-se do caráter aviltante impresso ao trabalho escravo e formar seu contigente de trabalhadores amantes do trabalho e facilmente submetidos à disciplina do assalariamento. É o que Laura de Mello Souza[23] chama de «virtude redentora do trabalho». Tal particularidade histórica de nossa sociedade faz com que, entre nós, o mau-advérbio da pobreza se transmute sem nenhuma dificuldade no mau-adjetivo dos pobres. É por isso, Senhoras e Senhores, que gostamos tanto de *dar carão* nos mendigos — conquanto também lhes peçamos perdão — como eles mesmos tantas vezes se queixam. E é de se supor que — embora economicamente já tenhamos alcançado o patamar de contribuições que permita um sistema previdenciário capaz de superar o autoritarismo assistencialista e nos aproximar da república dos direitos — esse mesmo traço arrogante que caracteriza nossa representação sobre o trabalho venha a ser um dos elementos a impedir o cumprimento institucional do que devera ser a assistência pública[24]. Essa perspectiva ideológica da ação assistencial é facilmente percebida no cotidiano mesmo das instituições, no interior das quais os usuários são tratados não como quem usufrui de um direito, mas como quem recebe uma graça que poderá vir a desmerecer a qualquer momento. Como diz o Sr. João, MENDIGO DE ABRIGO: "Peguei essa boca, né? Não posso perder!". E há que agradar a todos quantos ele supõe serem a fonte que o alimenta... Fonte terrena, perecível, condicional. Há, portanto, que ser bom — ou parecer — segundo os critérios da instituição e a escala particular de valores de seus agentes, que cada beneficiário vai pouco a pouco mapeando para seu próprio movimento.

Antes que a fonte se secularizasse, porém, nunca foi preciso fingir. Naquele tempo, pobre não era filho do cão, era filho de Deus. Contam que foi assim:

"Havia duas irmãs que tinham o nome de pobreza. A primeira era a pobreza voluntária, de aspecto nobre e belo; a segunda era a pobreza por necessidade, de aparência vulgar e abominável. Elas foram geradas após o dilúvio por um dos filhos de Noé com a sua esposa, Necessidade. A segunda irmã, a pobreza por necessidade, era voraz, briguenta e odiada pelos pais e por todos os outros; foi expulsa e, fugindo da perseguição, encontrou abrigo na casa de um carvoeiro. Ficou com ele, e justamente desse casal nasceram os pobres 'à força'. Sua irmã mais velha, a nobre e bela Pobreza voluntária, sofria por causa da irmã abandonada, porque ninguém lhe pedia a mão. Finalmente, Jó se apaixonou por ela e depois também alguns filósofos, como Diógenes, mas nenhum quis desposá-la, até que Jesus o fez e, assim, ela se tornou santa Pobreza. Venerada e adorada durante longo tempo, acabou por ser abandonada, até que São Francisco a desposou, e dessa união nasceram os filhos de São Francisco."

A interessante hipótese de Bronislaw Geremek (ob. cit.) é que a lenda das duas irmãs Pobreza trazia um tema de esperança dos mendigos, qual seja, que a reforma moderna da assistência social não abalasse a caridade tradicional[25]. Com efeito, a doutrina universal da caridade — então de domínio público, proclamada nos púlpitos das igrejas mas também narrada na literatura popular, onde ganhava cada vez mais detalhes e anedotas — insistia num valor agregador, identificador, que já não mais podia conter a quantidade sempre crescente de pobres e nem se compatibilizar com as emergentes representações sobre a pobreza. Iniciava-se aí o processo de controle dos pobres por meio da concentração nos albergues e prisões. Outra medida instituída foi o envio de pobres para as colônias — o degredo, em razão do qual provavelmente muito sangue europeu veio a ser incorporado ao nosso patrimônio genético, pois que, como informa Boxer[26], notadamente a partir do século XVII, todo navio que partia para a Índia, para a África ou para cá, trazia um considerável número de degredados.

Este processo certamente não se deu de forma pacífica. Em 1612, por exemplo, ao anunciar-se em Paris que os pobres deveriam reunir-se na praça do mercado de Saint-Germain, dos oito ou dez mil mendigos existentes, apresentaram-se apenas noventa e um. Os outros nem sequer saíram para mendigar, aguardando o desenrolar dos acontecimentos; mas como se manteve uma supervisão severa sobre a cidade, ao cabo de seis semanas haviam sido recolhidos mais oitocentos e, em 1616, eles já eram dois mil e duzentos. Sustentando que a expulsão dos pobres era uma ofensa a Deus, os trabalhadores — criados e jornaleiros — se levantaram em defesa dos mendigos, opondo-se ativamente aos guardas que caçavam os vagabundos ou levavam os mendigos para os albergues[27]. Era aí já a defesa de uma identidade, talvez possa dizer uma pré-aliança de classe, representada que fosse ainda nos motivos religiosos — pois o que se previa era o Juízo Final, que viria recompensar a caridade da esmola de forma proporcional à sua dimensão, como era do preceito de Deus, e não o julgamento de Bastilha, quando se promulgaria, no ano de 1789, a lei da igualdade entre os homens. Por seu lado, os promotores da caça aos mendigos diziam que não os estavam expulsando, que, muito ao contrário, a instituição dos albergues era para que eles fossem tratados, mantidos, ajudados na necessidade; que o que os movia era a preocupação em salvar-lhes a alma. Também não faltou àqueles promotores a certeza de que o apoio dado aos mendigos pelos trabalhadores era a prova da ingenuidade e inconsciência destes. Como os Senhores podem ver, um pensamento muito atual, pois não?

Assim, a pecha de que são do mal vem há muito tempo se tecendo. E não somente pelas mãos e bocas daqueles que assim são considerados. Ainda quando começavam a ser expulsos do seio da terra e se escondiam nas suas bordas, nos lugares precários e escorregadios da periferia — lugares estes que ficaram conhecidos como os «pátios dos milagres» e agora renomeados de «favelas» — e ali eram obrigados a criar um jeito próprio de viver e de falar — eles mesmos estabeleciam os critérios de uma ordem que pretendia identificar o bem e excluir o mal de seu seio. Na Lublin do século XVI, um artesão suspeito de pertencer à corporação dos batedores de carteira, dizia:

"Com aqueles ladrões que depredam as despensas não temos nada em comum, nem os aceitamos na nossa corporação, porque nós roubamos apenas de dia, honestamente, e eles de noite, como ladrões"[28]. Fosse esse homem talvez — representante de uma certa categoria de artesãos ambulantes sujeitos ao processo de progressiva marginalização na velha Europa — um símile do atual MENDIGO DO SERTÃO Dorém, um expropriado vagando pelo território do Ceará, que também frisou muito bem a diferença ao avaliar a experiência dos saques em épocas de seca: "Aí num tá roubando não, tá não. A gente tá tirando é na frente, né? É na frente dos dono, né? Era ruim se fosse... Deus me defenda, deixasse escurecer, pra de noite a gente ir roubar, nera? Aí, é roubo. Mas na frente não é roubo. Na frente é assim, tá vendo todo mundo, né? Carregando, né? Pra dar de comer à família, né? Aí não é roubo". E aí expressa a decisão vinda do fundo de sua moral e de sua carência, o que talvez possa nos parecer apenas um jargão de mendigo — («É melhor pedir do que roubar»: — "Mas é mais melhor é pedir do que fazer essa arrumação desse jeito aí". E símile também da categoria moderna de «população de rua», como o homem chamado Roberto — ex-metalúrgico do ABC paulista demitido por ocasião das grandes greves de 1978-1980, quando então saiu de casa e nunca mais conseguiu reconstituir a família, vivendo agora nos casarões abandonados do bairro da Bela Vista, em São Paulo, como catador de papel — que diferencia o roubo do furto: aquele é à mão armada, é assalto; este é só de pequenas coisas, escondido.

Pois também percorre o tempo um código ético que quer preservar o bem no íntimo daqueles identificados como sendo os do mal, recomendando assim: "Não se importe com a samarra rasgada se a virtude está intacta"[29]. Era isso que eu precisava compreender quando ouvia as confissões do MENDIGO DO SERTÃO Dorém afirmando com tanta dignidade que dizia lá no seu lugar, sim, e por que não dizer?, que estava em Fortaleza era pedindo, não era de empregado não senhor, e que fingir de mudo, aleijado ou abestado era coisa saída mesmo de sua cabeça, não tinha escola para ensinar, não senhora.

"Como que, mendigo Dorém, então, o aleijão o auto-engrandece?!"

"Sim, senhora, não tem assim uma «escola da mendicância» para ensinar feito escola de venda, ou escola de instrumentalização de alguma coisa, como é certo que se diga que há. Não vem pronto um ensinamento de fora."

É verdade que me senti uma besta ao ouvi-lo contar as peripécias de mendigo, mas no fundo sabia que as encenações do Dorém não eram feitas para violentar ninguém. E juro que vi, dançando superior na sua risada desdentada, o orgulho por sua própria coragem.

Ria de mim? Ria de nós?
Ria não.

"A cultura das feridas, pelos mendigos, para eles é também o meio de ter um pouco de dinheiro — para viver —, mas se foram levados a isso por uma fraqueza na miséria, o orgulho que é preciso para sustentar-se fora do desprezo é uma virtude viril: como uma rocha a um rio, o orgulho fura e divide o desprezo, arrebenta-o. Entrando mais ainda na abjeção, o orgulho será mais forte (se esse mendigo for eu mesmo) quando eu tiver a ciência — força ou fraqueza — de aproveitar tal destino. É preciso, à medida que essa lepra me vence, que eu a vença e que eu seja o vencedor. Tornar-me-ei, pois, cada vez mais ignóbil, cada vez mais um objeto de nojo, até o ponto final que ainda não sei o que é, mas que deve ser comandado por uma busca estética tanto quanto moral. A lepra, com que estou comparando o nosso estado, provocaria, dizem, uma irritação dos tecidos, o paciente se coça: ele tem uma ereção. Num erotismo solitário a lepra se consola e canta o seu mal. A miséria nos erigia. [...]. Passeávamos uma magnificência secreta, velada, sem arrogância. Os nossos gestos eram cada vez mais humildes, cada vez mais apagados, à medida que se tornava mais intensa a brasa de humildade que nos fazia viver. Assim o meu talento se desenvolvia ao dar um sentido sublime a uma aparência tão pobre. Esta terá sido para mim uma disciplina muito útil, e que me permite ternamente sorrir ainda aos mais humildes dentre os detritos, sejam eles humanos ou materiais [...]. Enfrentei muitas dificuldades, mas cada vitória alcançada — as minhas mãos imundas orgulhosamente expostas me ajudavam a expor orgulhosamente a minha barba e os meus cabelos compridos — me dava força — ou fraqueza, aqui é a mesma coisa — para a vitória seguinte, que na linguagem de vocês tomaria naturalmente o nome de decadência" — (Jean Genet, *Diário de um Ladrão*).

Talvez os Senhores me perguntem:
"Quer dizer que todo o malefício social da mendicância é apenas um julgamento que nós outros fazemos dos mendigos? Será essa a diferença entre eles e nós?"

E é possível até que leiam nas entrelinhas desta narrativa uma certa defesa que eu possa estar fazendo deles. Pode ser. Mas não em um sentido maniqueísta de apenas inverter o sinal: são eles o bem e nós somos o mal. Por favor. Mas afirmei, sim, de antemão, minha disposição interior de deixar-me penetrar por uma *comunidade de destino*, assim como tão humanamente o fez Ecléa

Bosi[30] narrando as lembranças dos velhos: ela no âmago do envelhecimento, e eu da pobreza. Pode ser? Talvez haja quem veja aí cinismo e demagogia, porque velhos todos seremos, mas mendigos... Volto a repetir, porém — e se for preciso jurar eu juro — que não é com o desgosto do poeta (Fernando Pessoa), que estudou, amou e até creu, e hoje não há mendigo que não inveje só por não ser ele. É como ensina Jacques Loew[31], em quem Ecléa Bosi foi buscar — com licença para o trocadilho — o eco de sua sensibilização sociológica: "Segundo Jacques Loew, é preciso que se forme uma 'comunidade de destino' para que se alcance a compreensão plena de uma dada condição humana. 'Comunidade de destino' já exclui, pela sua própria enunciação, as visitas ocasionais ou estágios temporários no 'locus' da pesquisa. Significa sofrer de maneira irreversível, sem possibilidade de retorno à antiga condição, o destino dos sujeitos observados". Isso é muito mais que uma questão de método, é, talvez, uma tentativa desesperada de tocar o «genérico» contido em todo homem, mendigo ou trabalhador. Sim, porque nas formas do trabalho foi que nos particularizamos, eles de um jeito e nós de outro[32]...

Há quem diga que eles são os trabalhadores que não deram certo[33] e os Senhores voltem a perguntar:

"E por que não?"

Muitos são os modos de responder, variados os enfoques[34]. Eu mesma venho tentando ao longo destas páginas demonstrar um entendimento sobre a relação existente entre as categorias de trabalhador, pobre e mendigo, baseada na suposição de que elas não compõem unidades em si, separadas, mas incluem um contínuo de práticas e representações comuns e em movimento que, do ponto de vista da classificação sociológica, apresenta algumas dificuldades, quer queiramos fazer uma identificação empírica — principalmente na atual conjuntura[35] — quer queiramos proceder a uma caracterização das simbolizações definidoras de identidades. De um ou de outro modo, é muito difícil isolá-las. Poderia até cometer aqui a temeridade de dizer que o trabalho gerou a pobreza e a pobreza gerou a mendicância. E daí gerou-se a razão cínica proferida pelo MENDIGO DE RUA Antônio Luís:

"Perto de quem come, longe de quem trabalha."

Nesta cadeia de ações e significados, pobre é a categoria invariante, o absolutamente idêntico, se me permitem a expressão tão pouco dialética. Mas vejam os Senhores: por quanto já os nominamos — «pobres laboriosos», «pobres inválidos», «pobres perigosos», «pobres envergonhados» e, atualmente, «novos pobres» — tantas palavras, quem sabe, não venham a revelar o desconhecimento das coisas[36]?

Há também quem credite à ação de mendigar a qualidade do trabalho, com base na identificação de um contorno histórico que configura uma prática grupal e organizada, assentada sobre dois outros elementos: primeiro, no fato de que a mendicância constitui uma atividade que implica um conjunto de requisitos quanto a conhecimentos e técnicas de atuação, exigindo um aprendizado específico; e, segundo, no fato de que a «escola da mendicância» corresponde a um processo socializante dividido em diversos níveis ou modalidades de inserção:

"Organizada em profissão e chegando durante a primeira etapa do capitalismo a uma formação grupal estruturada em torno de uma organização institucionalizada, a atividade individual e coletiva conferiu à camada dos mendigos uma identidade histórica vinculada a uma práxis específica. Esta fundamenta-se numa ordem cujas fronteiras definem visões e códigos determinados em torno de um espaço central na prática constituído pela morfologia do trabalho. A mendicância profissional deve ser entendida numa relação de compra e venda de um serviço específico produzido a nível ideológico; no quadro de uma estruturação peculiar da atividade, o mendigo, ao produzir a dádiva, vende os valores ideológicos de afirmação da ordem e boa consciência inerentes ao dom, valores que o cliente (doador) compra com a esmola."[37]

"?!"

Por mais que consideremos os aspectos simbólicos ressaltados na análise, não nos esquecendo de que o produto social é ele próprio matriz de significados, não podemos de nenhum modo perceber o mundo apenas e diretamente pelos pontos luminosos das significações. Mesmo que a esmola mantenha o significado inerente à dádiva, e, como esta, sua disponibilidade pareça abstrair a continuidade do processo produtivo, não podemos atribuir à mendicância o mesmo caráter do trabalho. Mendicância é não-trabalho, ou ausência de trabalho. É o limite final da expropriação. Aliás, em criança, a cantiga de roda já nos ensinava isso — e quem não aprendeu?

"Quero uma de vossas filhas, demarré, marré de si...
Escolhei a que quiser, demarré, marré de si...
Eu de pobre fiquei rica, demarré, marré de si...
E eu de rica fiquei pobre, demarré, marré de si."

Pois que, como nos afirma José Arthur Giannotti[38], a base fundamental da troca é a produção:

"Somente a produção assegura a continuidade do intercâmbio, de tal maneira que produção e distribuição, uma constituindo o pressuposto da outra, passam a formar momentos indissociáveis de um mesmo processo reflexionante. A troca perfaz um processo de posição que se inicia no trabalho, ato elementar de qualquer processo produtivo."

Mas como os mendigos, de todo expropriados, poderão participar da produção e da troca?

Dona Fransquinha, MENDIGA DO SERTÃO que perdeu até mesmo a semente, lembra o dom de suas plantações quando é no inverno, parecendo-lhe que, quanto mais ela tira, mais dá. Por esse motivo foi ela guardar um punhado de feijão que recebeu de esmola para dele fazer um roçado:

"É feijão daquele dador, mulher, e eu prometi ao homezinho que me deu que dele eu vou fazer uma saca de sessenta quilo pra nós comer."

Já dona Raimunda, MENDIGA DA FAVELA, hoje completamente deslocada da ordem produtiva, se quiser que encontre seu jeito para amolecer o feijão que recebeu na esmola:

"O bicho é duro que nem aquele feijão do governo. Pra amolecer eu botei no fogo com uma faca dentro da panela, só assim deu pra nós comer."

E em vista de receber muito o que não presta como esmola, é que ela prefere mendigar no sinal onde recebe em dinheiro e pode ter o direito de escolher no mercado.

Creio, Senhores, que a perspectiva seguida pela autora acima citada talvez o que consiga seja neutralizar a carga valorativa que é atribuída ao mendigo como encarnação do mal. Enfim, se ele também compra e vende... Mas aí os Senhores perguntam, e com razão:

"Se mendigar é trabalhar, quem haverá de suprir com os bens o mercado onde dona Raimunda vai trocar o produto de seu trabalho?"

E não se ofendam com o cinismo da resposta:

"Os bons, porém, otários..."

É o que Ismael Pordeus[39] identifica analisando a «ética da malandragem» imiscuída nas letras do samba brasileiro, lembrando a composição de Orestes Barbosa e Antônio Nássara (1933):

"Você quer comprar meu sossego
Me vendo morrer no emprego
Pra depois então gozar
Você diz que eu sou moleque
Porque não vou trabalhar

Eu não sou livro de cheque
Pra você descontar
Meu avô morreu na luta
E meu pai pobre coitado
Fatigou-se na labuta
Por isso eu nasci cansado."

Portanto, Senhores, se tiver de manter na análise o registro moralizador — muitas vezes velado — que quer apontar no trabalho a origem do bem e do mal, ou melhor, que atribui o bem a quem trabalha e o mal a quem não trabalha, dir-lhes-ei que lucraríamos muito mais se deslocássemos a crítica para a «sociedade do trabalho» como forma constituída por uma determinada prática de trabalho. Essa é uma discussão muito ampla que não posso fazer aqui, senão muito genericamente para dizer que, em não considerando o mal no processo mesmo do trabalho, tal qual ele se constituiu modernamente na forma de mercadoria, dele certamente nenhum de nós poderá escapar: pobres-mendigos ou «pobres»-trabalhadores... E nessa perspectiva uns e outros terão se tornado maus ao quererem escapar do trabalho: os primeiros pela esmola, e os segundos pelos benefícios sociais...

Vejamos. Consideremos o fato de que o aperfeiçoamento do trabalho na forma mercadoria alterou profundamente o tecido social: por um lado eliminando propriamente os postos de trabalho — *se acabou-se o patrão*, como nos avisou o MENDIGO DO SERTÃO Antônio Mulato ao vir para a cidade pedir esmolas — e, de outro lado, à medida que os processos de racionalização técnica e organizacional do padrão fordista-taylorista que modelaram o trabalho no mundo moderno se instalavam, foi resultando a eliminação do fator humano e de suas faculdades morais ainda resistentes no processo de produção industrial. É bom não esquecermos que tudo isto se deu a par com um grau de acumulação nunca antes conhecido, o que significa que o problema atual da sociedade contemporânea não pode ser reduzido à extinção dos postos de trabalho, mas diz respeito, primeiro, às novas formas de relação entre este e o capital diante do montante de riquezas criado e, segundo, à dimensão subjetiva do fator trabalho — qual seja, o conjunto de direitos e obrigações associados à dignidade do trabalhador e a seu reconhecimento social proporcionalmente enfraquecidos. Podemos dizer com Claus Offe[40] que padecemos assim de uma infra-estrutura moral efetiva de normas de solidariedade e de obrigações em relação ao trabalho que, no limite, e de acordo com a lógica individualista predominante, pode levar à escolha racional — ainda que no âmbito da «razão cínica», se os Senhores me permitem o raciocínio — de uma posição oportunista em face das políticas sociais (entre os setores assistidos) e, entre os propriamente excluídos, à reelaboração da máxima "é melhor pedir do que roubar" — passível de punição — por outra do tipo: "é melhor pedir do que trabalhar". O problema é que as duas formas esbarram nos sinais de seus limites. A primeira, própria do modelo de Estado-provedor encontra sua insolvência nos dados fiscais; e a segunda, advinda da caridade privada, *cansou a cidade,* como diz dona Lucimar, MENDIGA DO SERTÃO, constrangida em bater numa porta para pedir esmola sabendo que, antes de si, naquele mesmo dia, uma dezena de miseráveis já o fizeram. A mendiga escuta de dentro de casa dizerem: "Perdoe, minha senhora, eu dei nesse instante" — e sai com a certeza de que *a muiezinha até tem vontade de ajudar, mas não pode dar a todo mundo.*

A questão, Senhoras e Senhores, é que não soubemos distinguir — como explica José Arthur Giannotti[41] — que uma coisa é trabalhar para produzir o excedente social e coletivo capaz de garantir a manutenção das crianças e dos velhos e, portanto, a manutenção do todo; e outra é o trabalho vinculado à produção de um excedente sob a forma que permita a exploração econômica e assim a manutenção de um grupo ocioso e, por conseguinte, o surgimento do Estado. Vejam os Senhores que já Aristóteles chamava-nos a atenção para a produção tendo em vista o lucro, que se opunha à produção doméstica, em razão de que aquela se assentava em um princípio não natural ao homem, por ser ilimitado e infinito. Esta forma de produção vinculada à modalidade histórica de trabalho abstrato é que dá origem à categoria social de trabalhador, ou seja, aquele que foi apartado de seus instrumentos e objetos naturais de trabalho — a terra principalmente — e de sua família. E não foi à toa que Marx o chamou «trabalho morto», pois que a morte nunca parou de nos rondar. Sintomas do mal — o tédio, o fastio, o aborrecimento, o vazio, a miséria, a violência — têm sido sobejamente revelados pela arte e pela filosofia, assim como pela pesquisa social: os homens experimentam o sentimento como se o mundo estivesse lhes escapando e em vão tentassem apanhá-lo[42]

Dona Paz, mulher do MENDIGO DO SERTÃO sr. Manuel, também vem sentindo já no corpo os sintomas do mal:

"Conte-nos, dona Paz, do ressequimento tão grande que a senhora sente dentro de si porque seu marido foi obrigado a sair de seu lugar onde não existe nenhum serviço. Fale-nos, dona Paz, de sua abrangente prisão de ventre, tão abrangente que separou em sua vida a prática e o conhecimento transformando-a em uma impossibilitada⁴³. Mostre-nos, dona Paz, a prisão de seu ventre, tamanha, que já ultrapassou o medo e beira à loucura, de modo que não mais apenas as suas fezes deixaram de dar liga, mas também todo o seu saber — saber do trabalho, saber do amor, saber do corpo.

Dona Paz, outra que chega à estação final da perda...

"Pois é, mulher, eu fico aqui imaginando, imaginando, imaginando e só falto no mundo é correr louca..."

Dona da Paz perdeu.

Dona Louca.

O trabalho, Senhores, terá sido sempre ineliminável da vida e da sociedade. Sociedades há que não fazem diferença nítida entre o trabalho e outros aspectos da vida social: nestas, o trabalhador se identifica antes de tudo como proprietário de seu corpo inorgânico, de modo que a coisa produzida não se isola de seu processo de produção[44]. Além disso, é preciso também considerar que a garantia da sobrevivência física da espécie humana sempre compeliu todas as sociedades a formas de metabolismo com a natureza por meio do trabalho, e a ordená-las, de modo que este é uma eterna necessidade natural da vida social[45].

E de onde tanta infelicidade com o trabalho?

Senhoras e Senhores:

"Não há origem única de Lutas, mas sobre a terra
duas são! Uma louvaria quem a compreendesse,
condenável a outra é; em ânimo diferem ambas.
Pois uma é guerra má e o combate amplia,
funesta! Nenhum mortal a preza, mas por necessidade,
pelos desígnios dos imortais, honram a grave Luta.
A outra nasceu primeira da Noite Tenebrosa
e a pôs o Cronida altirregente no éter,
nas raízes da terra e para homens ela é melhor.
Esta desperta até o indolente para o trabalho:
pois um sente desejo de trabalho tendo visto
o outro rico apressado em plantar, semear e a
casa beneficiar; o vizinho inveja ao vizinho apressado
atrás de riqueza; boa Luta para os homens esta é;
o oleiro ao oleiro cobiça, o carpinteiro ao carpinteiro,

o mendigo ao mendigo inveja e o aedo ao aedo.
Ó Perses! mete isto em teu ânimo:
a Luta malevolente teu peito do trabalho não afaste
para ouvir querelas na ágora e a elas dar ouvidos.
Pois pouco interesse há em disputas e discursos
para quem em casa abundante sustento não tem armazenado
na sua estação: o que a terra traz, o trigo de Deméter.
Fartado disto, fazer disputas e controvérsias
contra bens alheios poderias. Mas não haverá segunda vez
para assim agires. Decidamos aqui nossa disputa
com retas sentenças, que, de Zeus, são as melhores.
Já dividimos a herança e tu de muito mais te apoderando
levaste roubando e o fizeste também para seduzir reis
comedores-de-presentes, que este litígio querem julgar.
Néscios, não sabem quanto a metade vale mais que o todo
nem quanto proveito há na malva e no asfódelo." (Hesíodo, *As Duas Lutas*.)

Vai ver, além de apartarmos nosso corpo e nossa alma do ato de produzir os bens, submersos no encantamento diabólico do fetichismo da mercadoria, assim enfeitiçados, também não consideramos a medida que os antigos nos ensinaram...

E de não a havermos considerado é que chegamos modernamente ao que, no idioma da tecnoburocracia, demos o nome de «pobreza absoluta»!

Mas eu ouvi, Meus Senhores, como já lhes falei antes, um mendigo dizer de seu companheiro que catava lixo!:

"Um home desse não é miserave: o home cata lixo pra comer!"

Diante de tamanha determinação, creio eu, é preciso que procuremos algum outro indício que nos faça perceber em direção contrária à da escala de mensuração que prevê o limite final de encontro com o absoluto da pobreza, e que também nos possibilite duvidar da «identidade de mendigo».

Que indício?

Se os Senhores não se aborrecerem com esse texto que não acaba nunca, gostaria de demonstrar-lhes porque ainda podemos permitir-nos o desejo e a esperança. Mas para tanto, para que possamos desejar e esperar, é preciso que saibamos oferecer, lentamente, o tempo à história.

A evidência atual de que o desemprego estrutural vem se concentrando em regiões determinadas, atingindo setores econômicos e grupos étnicos ou etários específicos, gerando subculturas baseadas em formas empobrecidas de economia paralela, seccionando assim as sociedades em grupos produtivos de um lado e, de outro e em processo de expansão, grupos de pobres assistidos pelo Estado (nos casos diversos de Estados-de-bem-estar), ou simplesmente ao deus-dará nas economias de capitalismo selvagem, obriga-nos a desconfiar da crença no caráter residual da pobreza — passível de ser, de um modo ou de outro, assimilada pelos povos, conforme a idéia naturalizada de que sempre houve e sempre haverá pobres na face da terra — e a percebê-la como o avesso inarredável do mesmo tecido rico que teceu o capital. Ou seja, obriga-nos a descobrir que a pobreza é algo estrutural ao modo capitalista de produção. Essa descoberta, porém, chega de um modo apocalítico, desesperados que estão alguns diante do que chamam de «acabamento» do processo de exclusão social. Por esta visão desesperada, o movimento de exclusão vem seguindo a tendência, por etapas, da exclusão do mundo econômico, em primeiro lugar, da exclusão social e política, em segundo lugar, para finalmente ingressar na esfera da vida, onde já se identificam movimentos de extermínio propriamente ditos[46]. Assim, aquilo que, na esfera do econômico, por meio de uma escala da escassez, ou das carências gradativas, era visualizado como o limite da pobreza, tendo sido tecnoburocraticamente conceituado de «pobreza absoluta», sendo agora conceituado de «exclusão social» pela linguagem desesperada das apressadas ciências política e sociológica, já transborda da sociedade, feito um veneno, para ser letal à própria natureza. A escala de mensuração da miséria foi então ampliada? Encostou agora o limite na morte? O absoluto podia ser mais absoluto? Que horror!

Senhoras e Senhores, não é nada disso...

Como sugere I. Buchanan[47], é preciso escapar dessas reduções e compreender que a pobreza é um estado de privação material, sim, mas também um modo de vida, ou um conjunto complexo e duradouro de relações e instituições sociais, econômicas, culturais e políticas criadas para encontrar segurança dentro de uma situação insegura. Pensando assim a pobreza como um «complexo de relações», até mesmo simbólicas, fica muito mais difícil atribuir-lhe limites de fora para dentro, pois há no seu interior um movimento de reação que desloca constantemente aquele limite. Ou seja, a pobreza nega-se a si mesma, recusa-se, tanto simbólica quanto objetivamente. No campo das representações subjetivas, que expressam a íntima experiência do homem com as carências de toda sorte, tal negação quer dizer que, na imagem especular da pobreza, o pobre sempre se mira no mais pobre, olha para baixo procurando diferenciar-se, dessa forma reagindo ao próprio extermínio. Assim é que, para quem ainda é permitido garantir a sobrevivência com o trabalho, pede a Deus uma maneira de não decair mais e precisar ganhar o pão pedindo a um e a outro, mas quando se vê obrigado a pedir, dá graças a Deus encontrar alguém que lhe ofereça a esmola, porque é melhor pedir do que roubar, isso até o dia em que, destituído de todo, feito «morador de rua», ainda expressa uma dignidade possível batendo com orgulho no peito porque não é maloqueiro.

Mas vão querer os Senhores saber:
"Do que adianta negar no coração se a miséria mostra cada vez mais irrefutavelmente, descaradamente, publicamente, a sua hedionda face?"

Pois eu vou lhes dizer que não é só no desejo que a pobreza se nega. Ela se nega também no interior das estruturas. No fundo, a vida nunca perdoou o trabalho morto, e ele permaneceu rondando como um espírito perdido aguardando o julgamento...

Refiro-me a uma força que se opõe à exclusão, uma força que é integrativa na sua materialidade e na sua representação, que eleva a pobreza a um «estágio público» onde, paradoxal e felizmente, ela se nega, ao confrontar-se com a riqueza desmercadorizada. É certo que o MENDIGO DO SERTÃO Geraldo nunca ouviu falar disso, mas ele pressente que não é de todo despossuído, de todo despertencido, quando se queixa do prefeito de Miraíma porque este não manda o carro da prefeitura deixá-lo em Fortaleza com seus companheiros para virem pedir esmola...

(Por favor, antes de se indignarem, lembrem-se de que não estou falando da moral, mas da história, ainda que de seu lado avesso.)

"Pois vinda da história, que referência é essa em que quer se localizar o mendigo Geraldo, o des-locado, o marginal, o excluído? Responda-nos: de onde vem essa referência?!"

"[...] de uma esfera pública onde, a partir de regras universais e pactadas, o fundo público, em suas diversas formas, passou a ser o pressuposto do financiamento da acumulação de capital, de um lado, e, de outro, do financiamento da reprodução da força de trabalho, atingindo globalmente toda a população por meio dos gastos sociais."[48]

A referência vem de que, não só mais no coração dos homens a pobreza é negada, mas no próprio núcleo econômico da reprodução, ao evidenciar-se a insuficiência do lucro como forma social de financiamento do processo de expansão do produto social, fazendo requerer outra modalidade de financiamento — o fundo público[49] — que acaba por desatar uma qualidade nova na forma de produção capitalista. Essa nova qualidade refere-se à estruturalidade do fundo público que — operando nas duas pontas do processo produtivo — capital e trabalho — será transformado numa mediação absolutamente necessária e insubstituível entre aquelas duas instâncias produtivas, deslocando assim o automatismo excludente do mercado. Isto é o que lhe dá — assim acredito — um caráter prévio e, portanto, material e simbolicamente integrativo[50], que justo nesta base nega a pobreza, uma vez que ocasiona a constituição de uma «esfera pública de interesses»[51], e cria assim o espaço próprio da política, o único onde poderá medrar o direito.

"E vai dizer que o mendigo tem assento ali?"

Tem. A tosca reivindicação do mendigo Geraldo é a sua comunicação com esse espaço[52]. Ele não está solicitando ao Estado os subsídios para a sua mendicância — por favor! Expropriado dos meios de trabalho e depois também do trabalho, ele está apontando na «esfera pública de interesses», o lugar de onde foi empurrado, o único onde poderia posicionar-se como tendo «direito a ter direito», na expressão de Hannah Arendt[53]. Ele está apontando direitos civis negados[54]. Aliás, ele e seus companheiros até foram convidados para uma mesa de negociações em Miraíma a fim de resolver o problema da mendicância, os Senhores podem ver o relatório dela à página 296 deste texto. O problema é que, dentre as alternativas apresentadas, para a instalação da que foi tida como a mais viável de todas — uma olaria — faltava justamente a matéria-prima: a terra e a água... Fazer o quê?

Senhores e Senhoras,

Agora, que tomamos conhecimento de tanta história, vamos ainda dizer que os mendigos formam os grupos marginais da sociedade? As minorias? Atribuir-lhes uma «identidade de mendigo»?! Vai ver que, em assim os classificando pela sociologia, ou pela antropologia, mais não estamos fazendo do que os marginalizando pela política...

Diz-nos Roberto Cardoso de Oliveira[55], que a identidade é de natureza ideológica, ocupa o centro de sistemas ideológicos, a rigor, seu núcleo, funcionando como uma bússola a orientar os indivíduos e os grupos em mapas cognitivos coletivamente construídos. Conquanto estejamos habituados a compreendê-la — como de resto é a marca comum de nosso raciocínio —

pelos parâmetros da lógica tradicional, a partir dos princípios da não-contradição e do terceiro-excluído, é preciso que a vejamos como uma «relação» socialmente construída — que se move no plano simbólico da cultura — e que justamente os terceiros tradicionalmente excluídos sejam instigados a evidenciar a contradição. Assim poderemos escapar de uma noção disruptiva da identidade, que leva a pensar o mundo social ora de forma ultraglobalizante, ora numa perspectiva excessivamente diferenciadora, do tipo que nos últimos tempos muito tem motivado as ações preconceituosas em diversas formas de racismo, etnocentrismo, corporativismo, assistencialismo e outras manifestações autoritárias que tais.

Dona Raimunda, MENDIGA DE FAVELA, embora tão bem representada na sua indumentária de pobre-avó, tão facilmente reconhecível na aparência, mais do que ninguém dá a prova do que digo: pede esmola para botar os netos na escola...

Obrigada, Senhoras e Senhores.

NOTAS

A Apresentação

[1] Benjamin, Walter. 'O narrador'. Coleção Os Pensadores. São Paulo: Abril Cultural, 1978.
[2] Ibidem.
[3] Ibidem.
[4] Ibidem.
[5] Jornal *O Estado de S.Paulo*, 16 de setembro de 1994.
[6] Benjamin, Walter. Ibidem.
[7] Menezes, Eduardo Diatahy B. de. "Rumo a uma estética cognitiva para a sociologia". Notas do curso Tópicos Avançados em Teoria Sociológica, mimeo. Fortaleza: Universidade Federal do Ceará, 1994.
[8] Citado em Lukács, Georg. *Ensaios sobre literatura*. Rio de Janeiro: Civilização Brasileira, 1965.
[9] Simão, Azis. *Sindicato e Estado*. São Paulo: Dominus Editora, 1966. Cit. em Maria Célia Paoli. Trabalhadores e cidadania — experiência do mundo público na história do Brasil moderno. *Estudos Avançados*, 3(7):set.-dez. 1989, USP.
[10] Zaluar, Alba. *Imagens da pobreza na cidade*, mimeo. Caxambu: Anpocs, 1990.
[11] Offe, Claus. *Capitalismo desorganizado*. São Paulo: Brasiliense, 1994.
[12] Oliveira, Francisco de. *Elegia para uma re(li)gião — Sudene, Nordeste, planejamento e conflito de classe*. Rio de Janeiro: Paz e Terra, 1977.
[13] *Jornal Cearense*, Fortaleza, 11 de dezembro de 1857. "O Brasil inteiro sente essa falta, e para supri-la o governo tem um credito de seis mil contos, e uma grande sociedade central no Rio se tem encarregado da introdução de colonos europeus nas provincias do Sul. Para nós não chegão esses beneficios; é inutil pensarmos nelles. Contemos somente com nossas forças e dupliquemo-las com a industria. Nós não temos mais escravatura, ou pouco tivemos."
[14] Teófilo, Rodolfo. *História da secca do Ceará (1877-1880)*. Rio de Janeiro: Imprensa Ingleza, 1922.
[15] CPT/Cepac/Ibase. *O genocídio do Nordeste (1979-1983)*. São Paulo: Edições Mandacaru, s.d.
[16] Oliveira, Francisco de. "O que é o urbano no Brasil: curto ensaio". O autor entende o «problema urbano» não epifenomenalmente, mas no sentido de que a composição do urbano como problema, na versão do capitalismo brasileiro, resulta numa forma de estruturação oligomonopolista fortemente interpenetrada pelo Estado, forma essa que confere aspecto muito particular à luta de classes, em que o conflito aberto não se dá como na forma clássica — entre burguesia e proletariado — mas pondo como contendores o conjunto das classes sociais urbanas não proprietárias de meios de produção contra o próprio Estado. A cidadania resultante daí é uma cidadania medíocre, polarizada entre os escassos cidadãos-proprietários e a massa imensa dos não-cidadãos.
[17] Veyne, Paul. *Como se escreve a história*. Lisboa: Edições 70, 1971.
[18] *O homem e a seca no Nordeste — realidade, desafios e esperanças*. CNBB Nordeste 2, 1982.
[19] Camargo, Aspásia. *O Nordeste e a política. Diálogo com José Américo de Almeida*. Rio de Janeiro: Nova Fronteira, 1984.

20 Afirmação proferida pelo Professor Roberto da Matta, no Curso "Cinco Lições de Brasil", USP, 1992. Sua explicação, porém, é no contexto da «cultura pessoalizada» e não como entendo aqui, como uma evidência de antigas experiências comungadas.
21 Mauss, Marcel. *Sociologia e antropologia II*. São Paulo: EPU-Edusp, 1974.
22 Malinowski, Bronislaw. *Os argonautas do Pacífico Ocidental*. Coleção Os Pensadores. São Paulo: Abril Cultural, 1978.
23 Sader, Eder. *Quando novos personagens entraram em cena: experiências, falas e lutas dos trabalhadores da grande São Paulo (1970-1980)*. Rio de Janeiro: Paz e Terra, 1978. A expressão vem desse título e refere-se a "[...] novas configurações dos trabalhadores [que] não consiste num fenômeno extensivo ao conjunto dessa classe mas, antes, a uma parcela que constituiu nos movimentos sociais com novos padrões de ação coletiva que nos permitem falar da emergência de novos sujeitos políticos". O seu uso aqui tem sentido muito mais restritivo, é claro, e sugere um grau muito maior de virtualidade do político, se posso falar assim.
24 A pobreza é classicamente um assunto das Igrejas. Mas refiro-me aqui à perspectiva secular e combativa da Igreja Católica, ligada à Pastoral do Povo de Rua, em São Paulo. No estado do Ceará, o trabalho dos religiosos com os mendigos — incluindo católicos, protestantes e espíritas — ainda se mantém na forma caritativa tradicional.
25 "O marketing dos miseráveis". Artigo do jornalista Fernando Costa, publicado no jornal *O Povo*, Fortaleza, 17 de janeiro de 1995.
26 A expressão «sociedade dual» retorna aos meios acadêmicos — acompanhada agora de «populações excluídas» — diferentemente de como foi utilizada nos anos 60-70 sediando a teoria da modernização. Então, se preconizava a necessidade de uma *decolagem*, termo introduzido por W. W. Rostow em 1956, para expressar a hipótese de que o processo de crescimento econômico podia ser encarado como desenvolvendo-se num intervalo de tempo relativamente breve, de duas a três décadas, durante as quais a economia e a sociedade se transformariam de tal modo que o crescimento econômico se tornaria subseqüentemente automático. Nessa perspectiva, tinha-se da pobreza uma visão residual, perfazendo a dualidade tradicional-moderno que, hipoteticamente, de um ou de outro modo, seria sanada por cada país. Hoje não se fala mais em «fazer crescer para integrar» e o sentido do dual é o de um fosso na estrutura, pois que as evidências são de que o desemprego estrutural vem se concentrando nas regiões, nos setores econômicos, em grupos étnicos e etários, gerando subculturas baseadas em formas empobrecidas de economia informal ou economia paralela, secionando assim as sociedades em grupos produtivos de um lado e, do outro e em processo de expansão, grupos de pobres assistidos pelo Estado (nos casos diversos dos Estados-de-bem-estar), ou simplesmente ao deus-dará nas economias de capitalismo selvagem.
27 Martins, José de Souza. Tempo e linguagem nas lutas do campo. *A chegada do estranho*. São Paulo: Hucitec, 1993.
28 Fernandes, Florestan. Memória. *Teoria e Debate*, *13*:jan.-mar. 1991.
29 De Fato. *Revista da CUT*, 1(2):fev. 1994.
30 Mota, Maria Elizabete Lima. *Declaro que estou em tormento, poesias da sarjeta*. Rio de Janeiro: Espaço e Tempo, 1987.

O Cenário

1 Depoimento recolhido em vídeo pela produtora Olhar Eletrônico-Instituto Itapu de Cultura. *Do outro lado da rua*. São Paulo, 1992.
2 "Centenas de famílias vivem aqui com os recursos que o Amazonas envia todos os annos e esse dinheiro se distribue no commercio. Tendo faltado, por completo, este anno, o mancial da borracha, isto, por si só, influiria para a grande crise q'está havendo. Accrescente-se a isso os prejuizos com

a criação que começou a morrer desde dezembro por falta de chuvas, as perdas da lavoura e o panico que em seguida se estabeleceu, e a conclusão a tirar só pode ser de que o Estado navega em pessimas agoas." *Jornal Unitário*, Fortaleza, 26 de março de 1908. Em pesquisa recente sobre a migração, Maria Juraci Maia Cavalcante. *Die Sozio-Historischen Grundlagen der Entstehung einer Migrotorischen Tradition in Nordostbrasilien. Die räumliche Mobilität von ländlichen Familien und Jungenleute am beispiel Ceará.* Frankfurt: Verlag für Interkulturalle Kommunikation, 1996, constatou o mesmo processo de circulação de dinheiro, que os migrantes cearenses mandam de São Paulo para suas famílias no interior, por meio dos serviços do Correio e do sistema bancário.

3   Citado em Joaquim Alves. *História das secas (séculos XVII a XIX).* Fortaleza: Edições do Instituto do Ceará, 1953.
4   Martins, José de Souza. *A chegada do estranho.* São Paulo: Hucitec, 1993. Em "Tempo e linguagem nas lutas do campo", refere-se à memória como acumulação de experiência e de informação, energia, projetos e possibilidades.
5   Alves, Joaquim. *História das secas (séculos XVII a XIX),* ob. cit.
6   Studart, Barão. *Datas e fatos para a história do Ceará.* Fortaleza: Tipografia Studart, 1869.
7   Pinto, Irineu Ferreira. *Datas e notas para a história da Paraiba* — I vol. Paraíba do Norte: Imprensa Oficial, 1908.
8   Novais, Fernando A. *Portugal e Brasil na crise do Antigo Sistema Colonial (1777-1808).* São Paulo, Hucitec, 1979.
9   Marx, Karl. *O capital.* Rio de Janeiro: Civilização Brasileira, 1980.
10 Carvalho, Rejane Vasconcelos Accioly. *A seca e os movimentos sociais.* Coleção Mossoroense, Série C, vol. Doc., 1991.
11 Teófilo, Rodolfo. *A seca de 1915.* Fortaleza: Edições UFC, 1980.
12 O pensamento de Francisco de Oliveira, principalmente expresso na obra *A economia brasileira: crítica à razão dualista.* São Paulo: Estudos Cebrap 2, out. 1972, traz as indicações para a resposta a essa questão. Para ele, a contribuição fundamental que a economia de base agrário-exportadora presta à expansão capitalista se dá no fato de que esta se compõe de um "complexo de soluções cujo denominador comum reside na permanente expansão horizontal da ocupação com baixíssimos coeficientes de capitalização e até sem nenhuma capitalização prévia", o que se viabiliza pelo congraçamento de uma oferta generosa de três fatores: a mão-de-obra, a terra e o Estado viabilizando o encontro dos dois (terra e trabalho) mediante a construção da infra-estrutura. O autor lança mão do conceito de «acumulação primitiva» em Marx para caracterizar essa forma de expropriação camponesa, estabelecendo, porém, uma redefinição: em primeiro lugar, no nosso caso não se trata de expropriar a propriedade da terra, mas sim o excedente que se forma pela sua posse transitória; e, em segundo lugar, é um modo de acumulação de natureza estrutural e não apenas genética, posto que não se dá apenas na gênese do capitalismo. Ao contrário, é ele próprio um capitalismo que "cresce por elaboração de periferias". Desse modo, passa a ser justamente o mecanismo mais adequado ao processo de acumulação e concentração da riqueza, agora centrado numa base urbano-industrial nucleada no Sudeste, uma vez que à pouca produtividade do setor agrícola vai corresponder a maior produtividade da indústria, escondendo sob a aparente dualidade de setores tidos como «primitivo» e «moderno» uma dialética «combinação de desigualdades» (conforme expressão de Trotski). Essa relação é que possibilita o crescimento industrial e de serviços, por um lado incrementando o «exército industrial de reserva» das cidades e, por outro, favorecendo a reprodução da força de trabalho urbana, ao fornecer excedentes alimentícios obtidos a baixo custo.
13 Lemenhe, Auxiliadora. A economia pastoril e as vilas coloniais. *Revista de Ciências Sociais, 13.* Fortaleza: UFC, 1982.
14 Furtado, Celso. *Formação econômica do Brasil.* Rio de Janeiro: Fundo de Cultura, 1964.
15 Mendes, Lamartine. O seringueiro. Jornal *O Povo,* 23 de outubro de 1943.
16 Girão, Raimundo. *História econômica do Ceará.* Fortaleza: Instituto do Ceará, 1947.

[17] Barroso, Gustavo. *Terra do sol*. Rio de Janeiro: Benjamin Aguilar, 1913.
[18] Pinheiro, Francisco José. *A organização do mercado de trabalho no Ceará (1850-1880)*. Tese de mestrado. Recife, 1990.
[19] Para o Brasil como um todo, no período de 1861 a 1870, o algodão figura em segundo lugar na pauta de exportação brasileira, sendo esta, porém, uma situação efêmera. O impulso posterior se deveu ao mercado interno, com a expansão da indústria têxtil no país. No século XX, os dados são os seguintes: nos anos 1925-1929, a participação do algodão na exportação brasileira é de 2,1%; nos anos 1935-1939, passa para 18,6%. No período que vai de 1929 a 1940, a participação do Brasil na área plantada de algodão, em todo o mundo, cresceu de 2% para 8,7%. Dados apresentados em Fausto, Boris. *História do Brasil*. São Paulo: Edusp, 1995.
[20] Teófilo, Rodolfo. *História da secca do Ceará*, ob. cit.
[21] Alegre, Sílvia Porto. *Arte e ofício de artesão — história e trajetória de um meio de sobrevivência*. Tese de doutorado, USP, 1987.
[22] Pinheiro, Irineu. *O Cariri — seu desenvolvimento, povoadores, costumes*. Fortaleza, 1950.
[23] Alemão, Freire. Os manuscritos do botânico Freire Alemão. *Anais da Biblioteca Nacional*. Rio de Janeiro, 1964.
[24] Depoimento de agricultor registrado em publicação relativa ao I Encontro de Dirigentes Sindicais — Fetraece, maio 1980.
[25] Jornal *O Retirante*, Fortaleza, 20 de novembro de 1876.
[26] Pinheiro, Francisco José, ob. cit.
[27] No romance *A Fome*, obra naturalista de Rodolfo Teófilo, cujas cenas, segundo ele mesmo, são cópias fiéis do original, um capítulo é inteiramente dedicado à descrição do comércio de escravos no Ceará.
[28] Teófilo, Rodolfo. *História da secca do Ceará*, ob. cit.
[29] Jornal *O Retirante*, Fortaleza, 20 de outubro de 1876.
[30] Ibidem, 21 de fevereiro de 1877.
[31] Martins, José de Souza. Antropologia e barroco na cultura latino-americana. *A chegada do estranho*. São Paulo: Hucitec, 1993.
[32] Polányi, Karl. *La gran transformación — los orígenes políticos y económicos de nuestro tiempo*. México: Fondo de Cultura Económica, 1992.
[33] Ponte, Sebastião Rógerio. *Fortaleza Belle Époque (1860-1930)*. Fortaleza: Fundação Demócrito Rocha, 1993.
[34] Epidemias ocorridas no estado do Ceará. Jornal *O Povo*. Fortaleza, 6 de junho de 1995.

Ano	Doença	Número de mortos
1617	Varíola	*
1622	Varíola	*
1791	Impaludismo	*
1824-25	Varíola	1/3 da população
1851	Febre amarela	503 pessoas
1877-78	Varíola	50.000 pessoas
1900	Peste bubônica	*
1919	Gripe espanhola	*
1938	Malária	*
1992-93-94	Cólera	45.380 mortes
1994	Dengue	800.000

* Dados não disponíveis.
Fonte: José Policarpo Barbosa. *História da saúde pública no estado do Ceará*.

[35] Teófilo, Rodolfo. *História da secca do Ceará*, ob. cit.
[36] Cálculo feito conforme tabela apresentada em *História da secca do Ceará*, de Rodolfo Teófilo.
[37] Citado em Azevedo, Jandira Carvalho. *Histórico da Rede de Viação Cearense*. Fortaleza, 1959.
[38] "Exposição de Motivos". Engenheiro chefe de Tráfego, no ano de 1925, cit. em Azevedo, Jandira Carvalho, ob. cit.
[39] Essa situação ilustra muito bem o que Francisco de Oliveira, trata teoricamente como sendo o «Estado oligárquico» ou «Estado capturado pela oligarquia», em *Elegia para uma re(li)gião — Sudene, Nordeste, planejamento e conflito de classe*. Rio de Janeiro: Paz e Terra, 1977.
[40] Martins, José de Sousa. A aparição do demônio na fábrica, no meio da produção. *Tempo Social*, Revista de Sociologia da USP, 5(1-2), 1994. Analisa o fenômeno extra-sensorial da visão do demônio na Cerâmica São Caetano, em 1956, por parte das operárias de um dado setor, como sendo a invocação do imaginário arcaico para explicar/resistir à tensão entre padrões tradicionais e a racionalidade técnica do trabalho fabril. Não sendo o caso de uma análise aprofundada do episódio «choro do santo» aqui relatado, creio poder sugerir que sua leitura sociológica remete para uma situação semelhante de tensão entre o velho e o novo, a que ainda se poderia acrescentar o sentimento de insegurança provocado pelo desconhecido, como pretendi demonstrar no texto.
[41] Menezes, Eduardo Diatahy Bezerra. O juiz e os meninos de Natal. Jornal *O Povo*, 21 de maio de 1995. Apresenta esta questão relacionando-a ao problema atual dos «meninos de rua», concluindo que "o direito mais perfeito pode tornar-se a injúria mais grave".
[42] Citado em Ponte, Sebastião Rogério, ob. cit.
[43] Citado em CPT/Cepac/Ibase, ob. cit.
[44] Conforme Mensagem dirigida à Assembléia Legislativa do Ceará, em 1.º de julho de 1913, pelo presidente do estado Tenente-Coronel Marco Franco Rabelo. Citado em Ponte, Sebastião Rogério, ob. cit.
[45] Camargo, Aspásia. *O Nordeste e a política: diálogo com José Américo de Almeida*. Rio de Janeiro: Nova Fronteira, 1984.
[46] *Relatório apresentado ao presidente da República pelo interventor federal, Cap. Carneiro de Mendonça, 22/set./1931-5/set./1934*. Imprensa Oficial do Ceará, 1936.
[47] Fala de José Américo de Almeida em entrevista a Camargo, Aspásia, ob. cit.
[48] Oliveira, Francisco de. *A economia brasileira — crítica à razão dualista*. São Paulo: Estudos Cebrap 2, out. 1977.
[49] Denúncia sobre o Programa de Emergência de 1979, citada em Vasconcelos. A seca e os movimentos sociais, ob. cit.: "O preço médio da diária em Aracati antes da Emergência era CR$ 70,00 e com a Emergência passou a CR$ 54,00". A autora observa que a avaliação da injustiça tem por parâmetro a própria legislação fixada pelo Estado que estabelece salário mínimo reajustável semestralmente em função das taxas de inflação.
[50] Fala de dona Fransquinha, MENDIGA DO SERTÃO, protagonista nesta pesquisa.
[51] *I Encontro de Dirigentes Sindicais*. Fetraece, maio 1980.
[52] Até 1850 a exportação da borracha era insignificante. Na década de 1881-1890 figurou em terceiro lugar entre os produtos exportados brasileiros, com 8% — (o açúcar correspondia a 9,9%) — ocorrendo aí a formação de um pólo econômico regional, com o crescimento do Pará e de Manaus. Dados de Fausto, Boris, ob. cit.
[53] Vieira, Maria do Socorro Gomes. *O soldado da borracha — discurso da migração numa economia de guerra*. Monografia de bacharelado. UFC, 1993.
[54] *O Estado*, 17 de maio de 1943. Cit. em Vieira, Maria do Socorro, ob. cit.
[55] *O Povo*, julho 1943. Cit. em Vieira, Maria do Socorro, ob. cit.
[56] Jucá, Gisafran Nazareno Mota. *Verso e reverso do perfil urbano do Recife e de Fortaleza (1945-1960)*. Tese de doutorado. USP, 1993.
[57] Ibidem.

58 *Mensagem apresentada à Assembléia Legislativa Estadual do Ceará, em 15/3/1952, pelo governador do estado, Dr. Raul Barbosa*. Fortaleza: Imprensa Oficial, 1952.
59 Ibidem.
60 Ibidem.
61 Ibidem.
62 Jornal *O Povo*, 27 de fevereiro de 1948.
63 Jucá, Gisafran N. Mota, ob. cit.
64 Jornal *O Povo*, 23 de julho de 1949.
65 A hipótese de que há uma gênese comum, compartilhada principalmente por meio da linguagem, entre mascates e mendigos, é desenvolvida por Bronislaw Geremek, em *Os filhos de Caim — vagabundos e miseráveis na literatura européia (1400-1700)*. São Paulo: Companhia das Letras, 1995.
66 Jornal *Tribuna do Ceará*, 16 de julho de 1958.
67 Jornal *O Povo*, 2 de julho de 1951.
68 A expressão é de Francisco de Oliveira, em Anos 70: as hostes errantes, São Paulo, *Novos Estudos Cebrap*, 1(1):dez. 1981.
69 Jornal *O Povo*, 6 de novembro de 1958.
70 Jornal *O Povo*, 12 de novembro de 1958. Rio (Asapress), *Jornal do Brasil*.
71 *Tribuna do Ceará*, 1.º de agosto de 1958.
72 Jornal *O Povo*, 12 e 21 de junho de 1958.
73 Jornal *O Povo*, 8 de novembro de 1958.
74 Jornal *O Povo*, 2 de julho de 1951.
75 Fernandes, Leopoldo. Grito do pobre. *O Povo*, 30 de julho de 1951.
76 Ibidem.
77 Jornal *O Povo*, 11 de julho de 1955.
78 Jornal *O Povo*, 9 de agosto de 1956.
79 *Correio do Ceará*, 25 de agosto de 1956.
80 Jornal *O Povo*, 11 de julho de 1955.
81 Jornal *O Povo*, 20 de julho de 1954.
82 Lei Municipal n.º 810, de 24 de maio de 1954, citada em Jucá, Gisafran, ob. cit.
83 Jornal *O Povo*, 31 de julho de 1951.
84 Jornal *O Povo*, 3 de julho de 1951.
85 Francisco de Oliveira, em *Elegia para uma re(li)gião*, ob. cit., demonstra que o planejamento se dá mediante o andamento e o estado da luta de classes no interior da estrutura do Nordeste algodoeiro-pecuário. Nesse caso, "a ação 'planejada' do Estado ocorre somente quando a luta de classes chega a um ponto de ruptura, em que não apenas a estrutura existente não tem mais condições de continuar a reproduzir-se, como se vê seriamente ameaçada pela emergência política dos agentes que lhes são contrários".
86 Jornal *O Povo*, 21 de novembro de 1958.
87 Jornal *O Povo*, 18 de junho de 1951.
88 Revista *Life*, 10/7/1961, cit. em Carvalho, Inaiá Maria Moreira. *O Nordeste e o regime autoritário: discurso e prática do planejamento regional*. São Paulo: Hucitec-Sudene, 1987.
89 Carvalho, Inaiá Maria Moreira. *O Nordeste e o regime autoritário*, ob. cit.
90 A fala de José Américo de Almeida, em Camargo, Aspásia, ob. cit., é ilustrativa da polêmica a esse respeito: "Quando se criou a Sudene, Celso Furtado tinha a idéia de que a água não valia. Ele subestimava a água. Achava que a responsabilidade das crises do Nordeste era a superpopulação. Ele me procurava e eu dizia: 'Não, você não tem razão. Há uma área do Nordeste que só pode ser salva com água'. Depois ele foi lá, e eu disse: 'Agora mesmo eu acabei de saber que uma indústria de suco de caju do Ceará deixou de funcionar porque não choveu na época própria'. Mas ele ainda assim achava que era a superpopulação. Quando há grandes safras, o que se verifica no Nordeste é a falta de

braços para a colheita. Na Europa, por exemplo, as pessoas vão de um país para o outro fazer a colheita. Mas Celso Furtado achava que o açude não representava nada. Afinal, hoje ele deve estar convencido do contrário. A solução é a água, a açudagem".

[91] Jornais *O Povo* e *Tribuna do Ceará,* 4 de junho de 1958.

[92] Trata-se da Professora Ângela Therrien, da Faculdade de Educação da UFC, também assessora de movimentos rurais no Nordeste.

[93] Jornal *O Povo,* 6 de junho de 1958.

[94] Jornal *O Povo,* 21 de junho de 1958.

[95] Rousseau, Jean-Jacques. *Discurso sobre a desigualdade,* em Os Pensadores. São Paulo: Abril Cultural, 1978.

[96] Jornal *O Povo,* 28 de julho de 1976.

[97] Schwarz, Roberto. Uma geração que reinventou o Brasil. *Folha de S.Paulo,* 8 de outubro de 1995.

[98] Ibidem.

[99] Souza, Herbert de. A campanha contra a fome na campanha eleitoral. *Folha de S.Paulo,* 9 de setembro de 1994.

[100] Parecendo não reconhecer esse sentido ético, tem surgido entre os cientistas sociais uma certa decepção com o que chamam «refluxo dos movimentos sociais» a partir da segunda metade dos anos 80, principalmente urbanos, em razão do cálculo custo-benefício, em que o resultado não pareceu muito favorável aos integrantes da luta social, ao perceberem que o saldo de suas mobilizações não apenas era pouco significativo, como se desfazia com o tempo, em meio às mudanças de governo, à inflação, ao abandono ou degradação dos serviços públicos. É o que Elimar Nascimento (*Hipóteses sobre a nova exclusão social: dos excluídos necessários aos excluídos desnecessários.* Anpocs, 1994) chama de «espaço societal regulado», como sendo o resultado da incapacidade industrial de criar mais emprego — mesmo com o crescimento da produtividade e da produção — da menor permeabilidade do espaço de representação para os mais pobres, e da suspensão das políticas públicas pelo Estado.

[101] Oliveira, Francisco de. As hostes errantes, ob. cit.

[102] Ibidem. Para este autor, a marcante tendência de piorar a distribuição de renda no Nordeste — (em 1972, 69% da força de trabalho urbana ocupada ganhava até um salário mínimo, segundo dados da Pnad) — é o resultado da conjugação de vários elementos: estruturação oligopólica, subsídios à formação de capital, elevação do patamar tecnológico das inversões, ampliação das fronteiras de recrutamento da mão-de-obra, importação de capitais, tendência à permanência da população dentro da região e grande migração do campo para as cidades.

[103] Ibidem.

[104] Jornal *O Povo,* 3 de agosto de 1970.

[105] Ibidem.

[106] Jornal *O Povo,* 21 de agosto de 1970.

[107] Jornal *O Povo,* 26 de agosto de 1970.

[108] Jornal *O Povo,* 3 de agosto de 1970.

[109] Ibidem.

[110] Cerqueira, Paulo César L. A seca no contexto social do Nordeste, em *O genocídio do Nordeste — 1979-1983,* ob. cit.

[111] Ibidem.

[112] Sudene/Minter. *Projeto Sertanejo.* Recife: Sudene, 1977.

[113] Cavalcanti, Clóvis. *O flagelo das secas nordestinas: condições sócio-econômicas observadas em 1979,* cit. em Cerqueira, Paulo César, ob. cit.

[114] Ibidem.

[115] Carvalho, Horácio Martins de. A ideologia do planejamento participativo, Salvador, *Cadernos do Ceas,* abril/1987.

[116] Jornal *O Povo,* 4 de agosto de 1970.

117 Jornal *O Povo*, 16 de agosto de 1970.
118 Cerqueira, Paulo César L. *A seca no contexto social do Nordeste*, ob. cit.
119 Jornal *O Povo*, 10 de julho de 1976.
120 Jornal *O Povo*, 18 de dezembro de 1981.
121 Jornal *O Povo*, 20 de outubro de 1976.
122 Ibidem.
123 Ibidem.
124 Jornal *O Povo*, 1.º de maio de 1977.
125 Jornal *O Povo*, 28 de abril de 1981.
126 Jornal *O Povo*, 4 de maio de 1981.
127 Citado em Davis, Natalie Zenon. *Culturas do povo: sociedade e cultura no início da França Moderna*. Rio de Janeiro: Paz e Terra, 1990.
128 Jornal *O Povo*, 1.º de maio de 1977.
129 Jornal *O Povo*, 19 de junho de 1977.
130 Jornal *O Povo*, 1.º de maio de 1977.
131 Ibidem.
132 Ibidem.
133 Jornal *O Povo*, 30 de julho de 1977.
134 Jornal *O Povo*, 30 de dezembro de 1977.
135 Jornal *O Povo*, 19 de março de 1977.
136 Ibidem.
137 Jornal *O Povo*, 30 de dezembro de 1977.
138 Jornal *O Povo*, 8 de março de 1978.
139 Jornal *O Povo*, 17 de abril de 1980.
140 Ibidem.
141 Ibidem.
142 Jornal *O Povo*, 23 de março de 1980.
143 Ibidem.
144 Ibidem.
145 Não é o caso, neste texto, de uma discussão sobre políticas sociais governamentais, mas é bom reconhecer que, entre estas, a de assistência social, como mostra Evaldo Vieira, em *Estado e miséria social no Brasil: de Getúlio a Geisel*. São Paulo: Cortez, 1983, "revela, em seu nível lógico e em seu nível histórico, as transformações havidas nas relações de apropriação econômica e no exercício da dominação política, presentes na sociedade brasileira".
146 Jornal *O Povo*, 17 de abril de 1980.
147 *Tribuna do Ceará*, 17 de janeiro de 1981.
148 Sposati, Aldaíza. *Vida urbana e gestão da pobreza*. São Paulo: Cortez, 1988.
149 *Tribuna do Ceará*, 18 de outubro de 1982.
150 *O genocídio do Nordeste*, ob. cit.
151 Ibidem.
152 Jornal *O Povo*, 23 de janeiro de 1981.
153 Rech, Daniel. O genocídio no meio de nós, em *O genocídio do Nordeste*, ob. cit.
154 Ibidem.
155 Jornal *O Povo*, 23 de janeiro de 1981.
156 *Tribuna do Ceará*, 28 de abril de 1981.
157 Ibidem.
158 Aldaíza Sposati, em *Vida urbana e gestão da pobreza*, ob. cit., faz menção à oferta de "um serviço pobre para os pobres" referindo-se à obra do prefeito Reinaldo de Barros, de São Paulo, 1980-1983, desenvolvida na periferia da cidade. A má qualidade da construção das creches e dos conjuntos do

Promorar apontada pela população era entendida pelo prefeito como ação de subversivos, pois a população pobre, acostumada a viver em chão de terra, não tinha desses luxos, como ele mesmo dizia. Semelhantemente, a política do «enquadramento social através do mercado» no nosso caso, seria algo como «um mercado pobre para os pobres», em que, por um lado, o fracasso da experiência está já inscrito nas condições reais de falta completa de capacidade de competição, e, por outro lado, esse fracasso é entendido como sendo de responsabilidade pessoal do pobre.

[159] A «cegueira noturna» foi um dos males identificados por ocasião da pesquisa de *O genocídio do Nordeste*, ob. cit., e se caracteriza não pela perda total da visão, mas por um embaçamento que se acentua no final do dia, como uma das conseqüências da desnutrição.

[160] Jornal *O Povo*, 23 de janeiro de 1981.

[161] Ibidem.

[162] Ibidem.

[163] *Tribuna do Ceará*, 24 de junho de 1982.

[164] Moisés, José Álvaro no Prefácio a Aldaíza Sposati. *Vida urbana e gestão da pobreza*, ob. cit.

[165] Secretaria do Planejamento e Coordenação/Diretoria de Programas Especiais. *Projeto São José. Manual de operações.* Fortaleza, 1994.

[166] Declaração de André, mendigo de nove anos de idade. Jornal *O Povo*, 30 de dezembro de 1993.

[167] *Projeto São José. Manual de Operações*, ob. cit.

[168] Ibidem.

[169] Jornal *O Povo*, 9 de junho de 1994.

[170] Fala de um «mendigo sazonal». *Diário do Nordeste*, 27 de setembro de 1995.

[171] *Diário do Nordeste*, 8 de setembro de 1993.

[172] Ibidem.

[173] *Diário do Nordeste*, 27 de setembro de 1995.

[174] *Diário do Nordeste*, 21 de agosto de 1993.

[175] Ibidem.

[176] *Diário do Nordeste*, 27 de setembro de 1995.

O Drama em Quatro Atos

[1] Declaração do secretário estadual da Ação Social. Jornal *O Povo*, Fortaleza, 4 de maio de 1995.

[2] Ibidem.

[3] Entre os meses de janeiro a junho de 1958, a Hospedaria Getúlio Vargas registrou um movimento de entrada de 23.000 flagelados, dos quais 10.218 viajaram, 1.344 desistiram, 571 morreram e 11.177 continuavam aguardando embarque. Jornal *O Povo*, 8 de novembro de 1958.

[4] Palavra do presidente. *Folha de S.Paulo*, 28 de junho de 1995.

[5] A expressão «massa de trabalho» quer aludir à precariedade histórica das condições de trabalho no modelo de desenvolvimento econômico brasileiro que, em vez de remeter ao «exército industrial de reserva», como a «força de trabalho» classicamente o faria, remete, sim, ao que Francisco de Oliveira denominou «exército informal de reserva», em Vulnerabilidade social. *Cadernos Abong*, junho 1995. Em âmbito simbólico, essa situação chega muitas vezes a pôr no mesmo patamar de significado, por quem os pratica, o trabalho e a mendicância. Ou seja, já não é mais tão unívoca aquela representação da mendicância que Luís Gonzaga cantava no seu baião:

"Seu doutor uma esmola
para um homem que é são
ou lhe mata de vergonha
ou vicia o cidadão."

[6] Depoimento de um terapeuta ocupacional da Unidade de Abrigo para esta pesquisa.

⁷ Goffman, Erving. *Estigma: vistas sobre a manipulação da identidade deteriorada*. Rio de Janeiro: Zahar, 1975.
⁸ Simmel, Georg. El pobre. *Sociología. Estudios sobre las formas de socialización*. Buenos Aires: Espasa-Calpe, 1939.
⁹ Paulet, Silva. *Descrição geográfica abreviada da capitania do Ceará*. Cit. em Francisco José Pinheiro. *A organização do mercado de trabalho no Ceará (1850-1880)*. Tese de mestrado. Recife, 1990.
¹⁰ Em Identidade e modernidade: o lugar do segredo. *Cadernos Ceru, 4*, série 2. São Paulo: USP, 1993, João Frayze Pereira apresenta o pensamento de Piera Aulagnier, que define a necessidade fundamental de que o enunciado do Outro possa ser posto em dúvida para que o Eu conquiste sua autonomia. Por sua vez, a autonomia do eu terá como primeiro testemunho a possibilidade de pensar secretamente. "Poder exercer um direito de prazer sobre sua própria atividade de pensar" — escreve a referida psicanalista — "reconhecer o direito de pensar que o outro não pensa e não sabe o que pensamos é uma condição necessária ao funcionamento do eu". A perda do «direito ao segredo», usurpado pelas sociedades disciplinares, é que ameaça a identidade do indivíduo e está na base das manifestações psicóticas. Sendo assim, conclui que: "Se o direito de dizer tudo é a forma mesma da liberdade, a ordem de tudo dizer implica, para o sujeito a ela submetido, um estado de solidão absoluto".
¹¹ Martins, José de Souza. Mercado e democracia: a relação perversa. *Tempo Social, 2*(1), 1990/I. São Paulo: USP. "Enquanto a mercadoria se disseminava, mundializava o mercado e destruía velhas relações de servidão e velhos vínculos comunitários, disseminando, ao mesmo tempo, a possibilidade histórica do trabalho assalariado, expandia na América Latina a contrapartida do trabalho escravo — o próprio homem transformado em mercadoria".
¹² Oliveira, Francisco de. Vulnerabilidade social, ob. cit.
¹³ Davis, Natalie Zemon. Ajuda aos pobres, humanismo e heresia. *Culturas do povo — sociedade e cultura no início da França Moderna*. Rio de Janeiro: Paz e Terra, 1990.
¹⁴ A expressão é de Francisco de Oliveira em O surgimento do antivalor: capital, força de trabalho e fundo público. *Novos Estudos Cebrap, 22*, out. 1988.
¹⁵ Simmel, Georg. El pobre, ob. cit.
¹⁶ Mauss, Marcel. *Sociologia e antropologia II*. São Paulo: EPU-Edusp, 1974.
¹⁷ Ibidem.
¹⁸ Simmel, Georg. El pobre, ob. cit.
¹⁹ Jornal *O Povo*, 3 de outubro de 1992.
²⁰ A afirmação de que o mercado é que é a utopia é de Karl Polányi. *La gran transformación: los orígenes políticos y económicos de nuestro tiempo*. México: Fondo de Cultura Económica, 1992.
²¹ *Folha de S.Paulo*, 4 de agosto de 1995.
²² *Folha de S.Paulo*, 22 de abril de 1995.
²³ *Diário do Nordeste*, 27 de setembro de 1995.
²⁴ Esteves, Martha de Abreu. *Meninas perdidas: os populares e o cotidiano do amor no Rio de Janeiro da Belle Époque*. Rio de Janeiro: Paz e Terra, 1989. A autora refere-se a "civilizar" os hábitos das moças pobres como sendo "[...] o sentido último da possibilidade de a Justiça intervir diretamente nos crimes de defloramento e estupro, com o intuito de estabelecer a ordem moral. [...] Tornar público um conflito que poderia ser privado. Civilizar seria então estabelecer denúncias, prisões, punições ou forçar casamentos independentemente da vontade das ofendidas. E até mesmo de seu meio viciado". Aos juízes competia "[...] se equilibrarem nesta corda-bamba: civilizar moças defloradas, garantindo-lhes o casamento e o sustento mediante proteção da Justiça; ou marginalizá-las porque não apresentavam os comportamentos e valores dentro dos padrões jurídicos de honestidade".
²⁵ Ibidem.
²⁶ Em *Quanto custa ser índio no Brasil? Considerações sobre o problema da identidade étnica*, mimeo, 1974, Roberto da Matta demonstra que os chamados papéis «desviantes» ou «estigmatizados», na nomenclatura de Erving Goffman, têm altos custos — (alguns mais visíveis, como uma cadeira de

rodas, uma cicatriz, muletas, algemas, macas etc.) — em contraste com as identidades positivas, atribuídas e básicas, mas seu desempenho permite muitas vezes ao portador a manipulação e o apelo dialético e ambíguo ao seu próprio estigma, assegurando vantagens, ou um certo custo positivo.

[27] Lídia Valesca Bomfim Pimentel que, além de participar da Sopa Fraterna oferecida pela União Espírita Cearense, atualmente desenvolve monografia de graduação em sociologia, pela Universidade Federal do Ceará, sobre *Os moradores de rua do centro da cidade de Fortaleza*.

[28] Gaston Bachelard, em *A poética do espaço*. Os Pensadores. São Paulo: Abril Cultural, 1978 — trata fenomenologicamente a casa como o abrigo do devaneio, o lugar onde é permitido sonhar em paz, dizendo que todo espaço verdadeiramente habitado traz a essência da noção de casa, de modo que faça com que o indivíduo que encontrou o menor abrigo ponha a trabalhar sua imaginação na construção de ilusões de proteção. O ser abrigado sensibiliza os limites de seu abrigo, vive a casa em sua realidade e em sua virtualidade, por meio do pensamento e dos sonhos. No caso contemporâneo das chamadas «populações de rua», a ausência concreta da casa é compensada pela adaptação de materiais descartáveis — uma caixa de papelão onde escondem a cabeça na hora da dormida, um pano roto simulando a cortina que separa o espaço do quarto etc. — fazendo supor que, principalmente entre esta população, o sentido onírico da casa está presente, tendo a função de servir de base psicológica à resistência e preservação do Eu, uma vez que aquelas «construções» não podem oferecer nenhuma segurança física a seus «habitantes».

[29] Escrita sobre a fala gravada de Maria Conceição de Oliveira Lima, MENDIGA DE RUA nesta pesquisa. Fortaleza, 1.º e 2 de abril de 1994.

[30] Ecléa Bosi, em *Memória e sociedade — lembranças de velhos*. São Paulo: T.A.Queiroz-Edusp, 1987, demonstra a substância social da memória uma vez que é em referência ao grupo que se transmitem, retém-se e reforçam-se as lembranças, embora o recordador vá paulatinamente individualizando a memória comunitária. A matéria lembrada — (o tempo social da memória) — é social porque se constitui do teor do trabalho e da festa, do evento político e do fato insólito, que vão servir ao refazer do presente mediante a reflexão sobre o passado. Esse elo operado pela memória é que pode ser um elemento de superação da solidão — diz a autora. No caso de um indivíduo de rua, totalmente desenraizado, a memória não desaparece, mas perde completamente essa função, pois a rua não é mais que puro presente.

[31] Transcrição da fala gravada de Maria da Conceição de Oliveira Lima, nos dias 1.º e 2 de abril de 1994, Fortaleza.

[32] Lúcio Kowarick, em *A espoliação urbana*. Rio de Janeiro: Paz e Terra, 1993, depara-se com problema semelhante. Em relação ao depoimento de um mendigo da favela de Cidade Jardim, São Paulo, escreve: "É muito difícil saber o que é verdadeiro em Zé Luiz — 'vou contar tudo pela metade'. É provável que acabe contando tudo em dobro. Suas palavras são mescladas de imagens fantásticas, de associações coloridas e confusas, onde o imaginário e o real se confundem". A mesma dúvida sobre a veracidade do discurso dos mendigos é resolvida por Marie-Ghislaine Stoffels. *Os mendigos na cidade de São Paulo, ensaio de interpretação sociológica*. Rio de Janeiro: Paz e Terra, 1977, lançando mão do que chama os «interstícios» revelados pela «linguagem involuntária» — (conceito baseado em Monier. *Éssai sur le langage*. Paris, 1903): "Definimos como interstícios as manifestações inconscientes, reveladoras do interior das pessoas, e suscetíveis de acusar contradição com o discurso. Esta 'linguagem involuntária' permite, pela sua espontaneidade, apreender realidades individuais mais profundas, encobertas no discurso pela racionalização. Os interstícios consistem em interjeições, movimentos da face, gestos rápidos ou dotados de sentido específico no quadro de uma atuação determinada e formam, desse modo, um contradiscurso de elevado teor significativo". Embora atenta à riqueza da simbologia não propriamente verbalizada na comunicação dos mendigos, não considero como sendo contradição as variações entre as diversas modalidades de expressão dos sujeitos. A minha hipótese é de que expressam combinações possíveis, ou até pragmáticas, entre a realidade — racionalmente contextualizada — e a fantasia.

[33] Como constata Marie-Ghislaine Stoffels. *Os mendigos na cidade de São Paulo*, ob. cit., em geral a literatura européia sobre a mendicância, quer a de cunho jurídico, filosófico ou psicológico, apresenta o fenômeno sob uma perspectiva fundamentalmente ética, estruturando-se em torno de um mesmo núcleo, qual seja, a responsabilidade individual do mendigo, seja esta afirmada ou negada. No Brasil, o problema não foi especificamente estudado, mas a visão maniqueísta que separa os verdadeiros e os falsos mendigos está sempre presente — embora de forma confusa, sem que se estabeleçam os critérios objetivos para isso — não só nas representações do senso comum, mas também na prática das instituições que lidam com este segmento da pobreza.

[34] Refiro-me ao fato apontado por Bronislaw Geremek. *Os filhos de Caim, vagabundos e miseráveis na literatura européia, 1400-1700*. São Paulo: Companhia das Letras, 1995 — de que, "no período medieval, por muito tempo, a imagem do mundo da marginalidade conservou um caráter geral, sem dar lugar aos destinos individuais, [...] de modo que a mendicância apresentava-se como um verdadeiro artesanato, ou antes, como um conjunto de atividades artesanais em torno das quais se constituía uma morfologia específica daquele meio social. Com algumas variações, é possível constatar o mesmo tipo de representação acerca do mendigo na contemporaneidade, incluindo-se aí a noção de 'mendicância profissional' em associação à idéia do embuste".

[35] Conforme Bronislaw Geremek. *Os filhos de Caim*, ob. cit.: "A denominação 'pátio dos milagres' surgiu com uma conotação de escárnio em relação aos vagabundos-vigaristas que se fingiam de cegos, caolhos, aleijados, moribundos, mas que uma vez de volta à própria casa, num instante e sem milagres, ficavam completamente sãos, bastando apenas se lavarem e tirarem a camada usada para suscitar piedade nas pessoas. Testemunho de sua difusão é o fato de que em 1653 foi representado em Paris o Balé Real Noturno de Benserade, cuja décima quarta entrée foi intitulada '*O pátio dos milagres, aonde à noite se dirigem os vagabundos e os inválidos de toda espécie, os quais saem dele sãos e robustos para dançar a entrée e depois cantam uma serenata engraçada para o senhor de tal lugar*'".

[36] Dona Raimunda protagoniza a segunda categoria histórico-morfológica nesta pesquisa, denominada de MENDIGO DE FAVELA. Ela mendiga nas proximidades da minha casa — (no sinal de trânsito localizado no cruzamento da Avenida Treze de Maio com a Rua Paula Rodrigues, ao lado da igreja de Fátima, no bairro de Fátima) — motivo pelo qual a abordei: podia acompanhá-la em diversas situações. Isso demandou tempo e trabalho. A primeira dificuldade encontrada foi com respeito à abordagem. Por tratar-se da única categoria, entre as quatro estudadas, que não tinha nenhuma referência de grupo, teria de abordar cada pessoa de per si e construir isoladamente todo o seu contexto e percurso de vida, nos variados locais da cidade onde a fosse encontrar. Optei então por acompanhar em profundidade o caso de dona Raimunda, ficando atenta à observação de outros casos que não foram registrados na pesquisa, senão como fonte comparativa na reflexão. A outra grande dificuldade foi em relação ao estabelecimento da confiança, aqui sobretudo minha em relação a ela. Os mendigos que se espalham isolados pelas ruas, em princípio representam aos olhos de quem os observa, um certo papel, ou uma certa imagem. Era preciso então conhecer bem de perto o desempenho desse papel a fim de estabelecer sua relação com os demais papéis supostamente vividos por aqueles sujeitos e, a partir desta, poder compreender a origem e o significado da ação de mendigar. A permanente possibilidade de estar lidando com a «mentira» — mesmo considerando que numa pesquisa como esta a mentira passa a ser um importante dado sociológico, sendo necessário percorrê-la cuidadosamente — implicou o envolvimento de muitos elementos subjetivos, exigindo um paciente exercício de crítica e autocrítica. O texto aqui escrito como sendo o conteúdo do «segundo ato», foi composto principalmente a partir da palavra gravada de dona Raimunda, no dia 21 de setembro de 1993. Outros dados foram obtidos no decorrer de nossas conversas freqüentes e da minha participação em alguns episódios de sua vida.

[37] O modo de abordar o sujeito pesquisado foi uma das maiores dificuldades nesta pesquisa, uma vez que, nela, o pesquisador e o pesquisado não se constituem apenas de «outros» distintos entre si, mas de pólos de oposição (o trabalhador e o mendigo/não-trabalhador). Optei por iniciar a pesquisa

demarcando deliberadamente esta diferença e deixando claro meus objetivos, certa de que, paulatinamente, o confronto entre nossas desigualdades (como pesquisador-trabalhador e pesquisado-mendigo), teria muito a revelar sobre os processos materiais e simbólicos que nos configuraram como sendo as faces direita e avessa da mesma tela. Por ocasião do Seminário de Projeto II na Universidade de São Paulo este problema foi criticamente posto nos seguintes termos: uma vez que o pesquisador introduziu o dinheiro (esmola) na sua relação com o pesquisado, teria instituído uma relação de mercado que, no sentido weberiano, acarretaria um conjunto de conseqüências, embora não necessariamente econômicas, entre as quais o estabelecimento de uma certa fidelidade à «identidade de mendigo» re-posta no momento mesmo da abordagem e, daí, a geração da desconfiança do pesquisador em relação ao pesquisado. Agindo assim — dizia-se — o pesquisador estaria cobrando não o «ser total» do pesquisado, mas a sua «identidade de mendigo» ou, em outros termos, estaria reconstruindo muito mais o seu próprio imaginário do que o do sujeito pesquisado. Dois grandes problemas aparecem aqui: 1) A emergência de uma relação de mercado entre pesquisador e pesquisado é algo que não deve mais surpreender, posto que a pesquisa mesma não está fora desse espectro. Muitos pesquisadores já desmistificaram isso quando se viram diante de um informante que lhes fazia a cobrança explícita: se a pesquisa rende benefícios materiais (monetários, prestígio, ascensão) para o pesquisador, por que não pode render para o pesquisado? A propósito, ver: Montenegro, Antônio Torres. *História oral e memória, a cultura popular revisitada.* São Paulo: Editora Contexto, 1992. O autor compreende a utilização do recurso da história oral como meio de instituir a história popular como sendo uma forma de «apropriação do saber», tal como é apontado nos seguintes depoimentos: 1) Biu do Maracatu (Severino Lino), entrevistado para o Departamento de Memória da Feaca, 1987: "Mas é que eu já conversei muito, né? Conversei muito. Eu de primeiro, tinha grande entrevista, eu cortei por causa da sabedoria do povo, eu digo: eu não quero mais ser entrevistado por ninguém, porque, o que tava dando, e se dá, é o camarada fazer um livro presente com as minhas palavras, e se saírem vendendo, ganhando dinheiro, e eu nada tenho". 2) Tôta (Antônia Vidal de Lima) — Federação das Associações, Centros Comunitários e Conselhos de Moradores de Casa Amarela. *Casa Amarela: memórias, lutas e sonhos.* Recife: Departamento de Memória, 1988: "Um dia desse eu me arretei, que chegou lá bem uns três para filmar. Filmar, com aquelas falas safadas deles. Depois que eles filmaram tudinho, eu digo: 'vai sair alguma coisa sobre isso? Vai sair nada, não é?!! Aí vai ficar tudo assim, é? Somente filmar, chegar lá, vocês vão receber o dinheirinho desse filme, né? Já faz mais de duas horas que eu tô aqui com vocês...' — um querendo me conquistar, era negócio de dez e meia pra onze horas. Eu digo: 'o menino vem fome, o comer pra cuidar, eu aqui empalhada com vocês, não vai sair nada não, é?' Aí ele disse: 'não, porque a gente sempre anda sem dinheiro', não sei o quê. Eu digo: 'é, pra vim pra conversar besteira com a gente, vocês só anda sem dinheiro, agora quando vier aqui, vou cobrar'. Aí saiu, quando chegou lá fora, aí depois, antes deles entrar no carro, aí vai um, né, vai um, aí pegou cem cruzado, aí me deu. Olha aí. Eu digo: 'óia aí, eu tava sem dinheiro da carne amanhã, já ganhei'. Se eu não tenho gritado". Por outro lado, há também a situação concreta da utilização do tempo do pesquisado pelo pesquisador, tempo que ele pode estar retirando de alguma atividade remunerada. 2) A hipótese fundamental desta pesquisa é a de que não há uma «identidade de mendigo» a ser apreendida apartadamente de seu «ser total», mas um processo de simbolizações adequadas à atitude formal de mendigar, suscitadas no confronto das representações originárias do mundo do trabalho — como matriz identitária básica e geral — com as ausências reais de trabalho e as conseqüentes e diversas, ou temporais e localizadas, formas de vivência e compreensão da pobreza. Desse modo, o trato com a «identidade do mendigo» não é mais que um recurso metodológico. O papel da pesquisa é justamente desnudar aquela «pura forma» e estabelecer as relações entre os diversos papéis, circunstâncias e necessidades que, ao fundo, devem mostrar o «ser total» do sujeito pesquisado, imerso na dinâmica daquelas relações.

[38] Mollat, Michel. *Os pobres na Idade Média.* Rio de Janeiro: Campus, 1989.
[39] Marie-Ghislaine Stoffels. *Os mendigos na cidade de São Paulo,* ob. cit., refere-se a uma «lembrança

coletiva» emergente no discurso do mendigo como referência inconsciente constituída em nível global pela tradição da mendicância. Bronislaw Geremek. *Os filhos de Caim,* ob. cit., apresenta os conteúdos dessa «lembrança» vinculados à produção literária européia no período 1400-1700.

40   *Patrologia Latina* (Migne), cit. em Michel Mollat. *Os pobres na Idade Média,* ob. cit.
41   A «idade dos bispos»: assim denomina Michel Mollat. *Os pobres na Idade Média,* ob. cit., os dois primeiros séculos da caridade medieval, com base na decretal de Simplício (468-483) que obrigava os bispos a dedicarem um quarto de seus rendimentos aos pobres.
42   Sobre essa polêmica, ver Davis, Natalie Zemon. *Culturas do povo, sociedade e cultura na início da França moderna,* ob. cit.
43   Polányi, Karl. *La gran transformación: los orígenes políticos y económicos de nuestro tiempo.* México: Fondo de Cultura Económica, 1992.
44   Essas questões estão contidas no teor do pensamento liberal acerca do trabalho e da organização política na forma do Estado-de-bem-estar. Sobre seus conteúdos e críticas, ver: Draibe, Sônia. Welfare State, crise e gestão da crise: um balanço da literatura internacional. *Revista Brasileira de Ciências Sociais,* 6(3):fev. 1988 e Esping-Andersen. As três economias políticas do Welfare State. *Lua Nova,* 24:set. São Paulo: Cedec, 1991.
45   O termo «barona», na linguagem popular contemporânea, é o feminino de «barão» e significa pejorativamente uma pessoa de mais posses do que quem a designa. Indícios de que há uma comunidade lingüística que, com modificações, deita raízes no tempo é que, na Roma do século XVI, os «baroni» eram definidos como homens sãos e robustos que não queriam trabalhar e se ocupavam da mendicância. No século XVII a mesma palavra irá designar generalizadamente todos os vagabundos italianos.
46   Bronislaw Geremek. *Os filhos de Caim,* ob. cit.
47   Martins, José de Souza. *A chegada do estranho.* São Paulo: Hucitec, 1993.
48   Essa questão diz respeito à teorização sobre identidade social e foi discutida por ocasião do Seminário de Projeto I, devendo ser retomada na parte final do texto da tese.
49   Giannotti, José Arthur. *Trabalho e reflexão: ensaios para uma dialética da sociabilidade.* São Paulo: Brasiliense, 1984.
50   Martins, José de Souza. *A chegada do estranho.* São Paulo: Hucitec, 1993.

O Epílogo

1   Rousseau, Jean-Jacques. *Discurso sobre a desigualdade.* Os Pensadores. São Paulo: Abril Cultural, 1978.
2   Pellegrino, Hélio. Édipo e paixão. *Os sentidos da paixão.* São Paulo: Companhia das Letras, 1990.
3   Para Manfredo Oliveira. *Ética e racionalidade moderna.* São Paulo: Edições Loyola, 1993. É aí que se insere a tese antropológica subentendida no marxismo, segundo a qual o trabalho, como intervenção apropriadora do homem sobre os objetos naturais, promove uma «produção transcendental» à medida que abre um horizonte de condições de possíveis objetos. Ou seja, no marxismo o sujeito da «constiuição do mundo» não se dá no plano lógico, não é uma consciência transcendental, mas as espécie humana que reproduz sua vida sob condições naturais. Nesse sentido, tem-se que a economia é o ponto de partida, uma vez que o homem não é mais entendido como contemplador da ordem cósmica, mas como construtor ativo, tanto na esfera do conhecimento, como na esfera da ação.
4   Mauss, Marcel. Ensaio sobre a dádiva. *Sociologia e antropologia,* vol. II. São Paulo: Edusp, 1974.
5   Ibidem.
6   Ibidem.
7   Tremearne, A. J. N. *Hausa Superstitions and Customs,* 1913. Citado em Mauss. Ensaio sobre a dádiva, ob. cit.

⁸ Por ser a terra propriedade de Javé, o sistema tributário determinava que «primeiro dízimo» devia representar a décima parte de todo produto da terra e de toda compra de produto agropecuário. Segundo E. Morin. *Jesus e as estruturas de seu tempo*. São Paulo: Paulinas, 1981 — este dízimo era consumido pelo clero e não mais destinado aos pobres, como nos antigos tempos. Os sacerdotes cobravam-no, estritamente, e encarregavam os levitas de recebê-lo. Exigiam que a menor coisa fosse taxada com dízimo. Os produtos eram recolhidos num dos 24 centros previstos e, depois, encaminhados a Jerusalém, com o acompanhamento de poderosas delegações que cantavam salmos. O cortejo era acolhido e saudado, alegremente, pelos dignitários sacerdotais. Igualmente, em Israel não se devia colher frutos durante os três primeiros anos de produção, sendo que a colheita do quarto ano era consagrada a Javé. Conforme o *Livro dos jubileus*, uma parte era depositada sobre o altar e outra parte destinada aos funcionários do culto. E pela Mishna, o proprietário devia gastar o equivalente da colheita do quarto ano.
⁹ Morin, E. *Jesus e as estruturas de seu tempo*, ob. cit.
¹⁰ Schlesinger, Hugo. *Pequeno vocabulário do judaísmo*. São Paulo: Edições Paulinas, 1987.
¹¹ Ibidem.
¹² Morin, E. *Jesus e as estruturas de seu tempo*, ob. cit.
¹³ Ibidem.
¹⁴ Ibidem.
¹⁵ Ocorrência narrada pelo médico Adalberto Barreto no III Colóquio Internacional de Cultura Popular, Canindé, Ceará, Universidade Federal do Ceará, 1991.
¹⁶ Polányi, Karl. *La gran transformación: los orígenes políticos y económicos de nuestro tiempo*. México: Fondo de Cultura Económica, 1992.
¹⁷ Remeto às proposições de Marshall Sahlins. *Ilhas de história*. Rio de Janeiro: Zahar, 1994, em relação à dinâmica cultural e histórica. Diz, concordando com Clifford Geertz, que *compreende um evento como atualização única de um fenômeno geral, uma realização contingente do padrão cultural — o que poderia ser uma boa caracterização tout court da própria história*. Mas acrescenta que, *por outro lado, como as circunstâncias contingentes da ação não se conformam necessariamente aos significados que lhes são atribuídos por grupos específicos, sabe-se que os homens criativamente repensam seus esquemas convencionais, sendo nesses termos que a cultura é alterada historicamente na ação.*
¹⁸ Mollat, Michel. *Os pobres na Idade Média*. Rio de Janeiro: Campus, 1989.
¹⁹ Geremek, Bronislaw. *Os filhos de Caim: vagabundos e miseráveis na literatura européia (1400-1700)*. São Paulo: Companhia das Letras, 1995. No que pese as controvérsias metodológicas sobre a ligação entre a história social e a literatura, o autor prefere seguir a orientação do historiador inglês Richard H. Tawney, para quem aquela relação é duplamente proveitosa: o confronto do mundo das imagens com a situação social da época e sua realidade material é sempre útil para a compreensão do criador; e para a compreensão do passado a literatura não só fornece o registro dos fatos como também traz à luz questões que fogem da atenção do historiador. Faz, porém, duas ressalvas: 1) que o uso da literatura por ele identificada como «literatura dos vagabundos» exige um confronto com a realidade social da época, com as principais tendências de evolução social, com as transformações da estrutura de propriedade, com as dimensões da miséria material e dos processos de pauperização e com a posição dos mendigos e vagabundos na vida social; 2) que tal literatura seja relacionada diretamente com as grandes controvérsias ideológicas em torno do problema da pobreza e dos princípios de proteção aos pobres que faziam parte do pensamento europeu daquele tempo.
²⁰ Vexliard, Alexander. *Introduction a la sociologie du vagabondage*. Paris: Rivière, 1956.
²¹ A noção de carência como decorrência do baixo nível do trabalho pode ser questionada com base nas pesquisas antropológicas que identificaram comunidades tribais em que a manutenção de um metabolismo satisfatório com a natureza ocorria com uma média diária de trabalho de quatro a cinco horas. Ver: Sahlins, Marshall. *Stone Age Economics*. Nova York: Aldine-Atherton Inc., 1972.

[22] Valladares, Lícia. *Cem anos pensando a pobreza (urbana) no Brasil*. Minas Gerais: Anpocs, 1990, mimeo.
[23] Souza, Laura de Mello. *Desclassificados do ouro: a pobreza mineira no século XVIII*. Rio: Graal, 1986.
[24] Como ressalta Francisco de Oliveira (*Além da transição, aquém da imaginação*. Minas Gerais: Anpocs, 1985, mimeo): " No Brasil o social existe enquanto caridade, por vezes pública, e mais, nos últimos vinte anos assistiu-se a uma regressão: a privatização do social significou na prática que ele voltou a ser absolutamente determinado pelo econômico, e não seu antagônico. A privatização da medicina, o crescimento do ensino privado, o princípio do lucro como regente da produção de bens públicos pelas empresas estatais, eis o *social econômico* amplificador da exploração e não sua negação".
[25] Sobre a grande polêmica em torno da relação assistência/caridade, remeto a Davis, Natalie Zemon. Ajuda aos pobres, humanismo e heresia. *Culturas do povo: sociedade e cultura no início da França moderna*. Rio de Janeiro: Paz e Terra, 1990.
[26] Boxer, Charles R. *The Portuguese Seaborne Empire: 1415-1825*. Londres, 1969. Cit. em Souza, Laura de Mello. *Desclassificados do ouro*, ob. cit.
[27] Geremek, Bronislaw. *Os filhos de Caim*, ob. cit.
[28] Ibidem.
[29] Ibidem.
[30] Bosi, Ecléa. *Memória e sociedade: lembranças de velhos*. São Paulo: T.A.Queiroz-Edusp, 1987.
[31] Loew, Jacques. *Journal d'une mission ouvrière*. Paris: Ed. du Cerf, 1959.
[32] Essa afirmação é baseada em Ágnes Heller. *O cotidiano e a história*. Rio de Janeiro: Paz e Terra, 1989 — que mostra como a assimilação da manipulação das coisas sendo sinônimo de assimilação das relações sociais, continua também contendo inevitavelmente, de modo imanente, o domínio espontâneo das leis da natureza.
[33] A expressão «trabalhador que não deu certo» é encontrada em: Neves, Delma Pessanha. O trabalhador que não deu certo. *Ciência Hoje, 1*(4).
[34] A literatura sociológica trata muito pouco do tema específico da mendicância, detendo-se principalmente sobre a pobreza de um modo geral. Stoffels, Marie-Ghislaine. *Os mendigos na cidade de São Paulo*. Rio de Janeiro: Paz e Terra, 1977 — faz uma síntese do que chama «espaço de conceituação da mendicância», baseada na literatura européia sobre o assunto. No Brasil, o tema não tem sido abordado. Mas vale ressaltar o trabalho de Valladares, Lícia. *Cem anos pensando a pobreza (urbana) no Brasil*, ob. cit., em que apresenta a multiplicidade de enfoques — sanitarista, jurídico, político, econômico e religioso — sob os quais vem sendo estudada a pobreza no Brasil, com base nos quais a autora elabora um quadro que distingue, pelo menos, três períodos que marcam diferentes discursos relacionando pobreza e trabalho: 1) Na virada do século, quando se assiste à transição do país para uma ordem capitalista e quando, malgrado uma urbanização embrionária, começa a se constituir um mercado de trabalho industrial e urbano (sobretudo no Rio de Janeiro e em São Paulo) baseado numa mão-de-obra livre, constituída de imigrantes estrangeiros e ex-escravos. O discurso do período contrapõe trabalhadores e vadios, entendendo do ponto de vista do trabalho como atitude individual — indolência e indisciplina — que o Código Criminal viria controlar, condenando como crimes a vadiagem e a mendicância. Prevalece o discurso médico-sanitarista. 2) As décadas de 50 e 60, quando o processo de urbanização já generalizado comporta um mercado de trabalho urbano já ampliado, definido como dual e visto como marginalizando amplos segmentos da população vivendo nas grandes cidades. Esse período já demonstra uma absorção da ética do trabalho, sendo a pobreza reconhecida como questão social. O discurso agora marca a intervenção das ciências sociais, viabilizada em torno da noção de marginalidade, e da definição de pobreza pelo desemprego, como incapacidade do sistema produtivo. 3) As décadas de 70 e 80, quando, após pequeno período de apogeu, o modelo de desenvolvimento entra em crise, fazendo-se acompanhar de progressiva expansão da economia informal, que se desenvolve em paralelo a um processo de concentração de renda e propagação da pobreza, sobretudo nas regiões metropolitanas. Ocorre o fenômeno da periferiza-

ção associada à explosão da violência urbana que põe outra polarização: o trabalhador pobre e o bandido.

[35] Remeto a Abranches, Sérgio Henrique. *Política social e combate à pobreza.* Rio de Janeiro: Zahar, 1987 — que classifica uma dupla forma de pobreza no Brasil: uma oriunda da formação estrutural do país, mais arraigada e persistente, e a pobreza cíclica, que se agravou com a crise de desemprego, a concentração e a queda crescentes da renda e a aceleração inflacionária.

[36] Refiro-me ao desafio posto hoje para os cientistas sociais ante a constatação de que o desemprego é um fato que vem ocorrendo e se acelerando no mundo inteiro: estes, ao mesmo tempo que devem formular explicações que possam dar conta globalmente do problema, devem também encontrar respostas para as particularidades de tempo e de lugar, e para as formas específicas modeladas pelo curso da ação dos sujeitos; ou melhor, que respondam simultaneamente à ordem de problemas de estrutura e ação/representação coletivas. Isso que parece tão óbvio, e até normativo no seio da comunidade científica, entretanto aponta para o presente e crucial dilema das ciências sociais diante da anunciada capacidade de recuperação do capitalismo como modo de produção, e da possibilidade de manutenção da democracia como sua face social e política. Por outro lado, expressa a «obsessão excruciante», na expressão de Adam Przeworski. *Capitalismo e social-democracia.* São Paulo: Companhia das Letras, 1991 — pela busca dos erros passados, ou das possibilidades negligenciadas, de modo que descubra quais decisões anteriores restringem as alternativas presentes, para que se possa contar com o futuro. Suponho que um ponto positivo na atual discussão do problema reside no esvaziamento da suposição preconizada pela teoria da modernização de que, em se gerando riquezas, cada um teria o seu quinhão. Outro ponto positivo — decorrente do primeiro — é que agora a crítica deverá incidir sobre a sociedade do trabalho, uma vez que a visibilidade da crise se dá pelo esgotamento dos postos de trabalho, de modo que não se limite aos males do modelo econômico poupador de mão-de-obra, ou que tenha por ideal a sociedade do pleno emprego, mas que chegue ao centro das relações de trabalho para então evidenciar as manifestações de violência embutidas no seu interior.

[37] Stoffels, Marie-Ghislaine. *Os mendigos na cidade de São Paulo: ensaio de interpretação sociológica.* Rio de Janeiro: Paz e Terra, 1977.

[38] Giannotti, José Arthur. *Trabalho e reflexão: ensaios para uma dialética da sociabilidade.* São Paulo: Brasiliense, 1983.

[39] Pordeus, Ismael. *A magia do trabalho: macumba cearense e festas de possessão.* Fortaleza: Secretaria da Cultura e Desporto do Estado do Ceará, 1993.

[40] Offe, Claus. *Capitalismo desorganizado.* São Paulo: Brasiliense, 1994.

[41] Giannotti, José Arthur. *Trabalho e reflexão,* ob. cit.

[42] Takevti, Norma. A pobreza e a exclusão social no primeiro mundo. *Vivência,* Natal, 7(1):jul.-dez. 1993.

[43] Aludo à expressão «invalidação social», definida por Marilena Chauí. *Conformismo e resistência: aspectos da cultura popular no Brasil.* São Paulo: Brasiliense, 1986 — como sendo uma situação vivenciada por quem imagina desconhecer o que o saber estabelecido está divulgando, ou que imagina haver descompasso entre as suas idéias e as dos conhecimentos objetivos, e por isso se sente não só destituído de saber, mas também despojado de uma humanidade válida. Quero acreditar que na situação dos indivíduos excluídos do mundo do trabalho aos quais me refiro, mais que uma «invalidação social», o que ocorre seja uma «impossibilitação social».

[4] Firth, Raymond. *Primitive Polinesian Economy.* Londres: George Routledge & Sons, 1939. Cit. em Giannotti, José Arthur. *Trabalho e reflexão,* ob. cit.

[5] Nesse sentido, a fórmula moderna da «sociedade do trabalho», como ressalta Claus Offe. *Capitalismo desorganizado,* ob. cit., não deixa de ser uma trivialidade sociológica.

[6] Nascimento, Elimar. *Hipóteses sobre a nova exclusão social: dos excluídos necessários aos excluídos desnecessários.* Minas Gerais: Anpocs, 1994.

⁴⁷ Buchanan, I. *Singapore in Southwest Asia*. Londres: Bell and Sons, 1972. Cit. em Santos, Milton. *Pobreza urbana*. São Paulo: Hucitec, 1979.
⁴⁸ Oliveira, Francisco de. O surgimento do anti-valor: capital, força de trabalho e fundo público. *Novos Estudos Cebrap,* São Paulo, *22*:out. 1988.
⁴⁹ Conforme Francisco de Oliveira. O surgimento do anti-valor, ob. cit., efetua-se uma abrangência da socialização da produção como resultado do financiamento público da economia capitalista, o qual, com base em regras universais, negociadas entre os diversos grupos sociais e políticos, define um fundo unificador da reprodução do capital e do trabalho — o «fundo público» — bem diferente da forma pontual e arbitrária que antes dependia da força de pressão de grupos específicos. Esse é um processo global — embora não uniforme — instituído como instrumento de antecipação de demanda no sentido de dar saída à crise do capitalismo nas primeiras décadas deste século, no que foi a ação regulativa do mercado nos moldes keynesianos. Nos últimos cinqüenta anos esse instrumento alterou fundamentalmente a significação da luta de classe, ocasionando a constituição de uma «esfera pública de interesses» que se gera a partir do próprio meio privado, passando a agir em conformidade com este. Como a partir daí a forma desse confronto não se dá mais pela busca do aniquilamento de uma classe por outra, e sim pela afirmação recíproca das classes, paradoxalmente, tanto mais elas se afirmam como identidades, quanto mais parecem desaparecer do campo visível do conflito privado. Passam de classes sociais privadas para classes sociais públicas, introduzindo uma diversidade de sujeitos que antes estavam representados pelos clássicos pares em oposição: trabalhadores e proprietários. Esse processo de publicização das classes vai-se dando a par com o desenvolvimento do fundo público, à medida que este se torna contemporaneamente irrevogável, ao funcionar como um *ex-ante* das condições de reprodução de cada capital particular e das condições de vida, em lugar de seu caráter *ex-post* típico do capitalismo concorrencial.
⁵⁰ A dinâmica desencadeada pelo fundo público é integrativa e não excludente, porque à pura lógica do capital e do mercado os sujeitos políticos interpõem seus interesses, comparecendo agora diante do processo produtivo portando outros componentes para sua auto-reprodução, quais sejam, os representados pelo salário indireto — além do seguro-desemprego, os bens e serviços financiados pelo fundo público — cujos preços são determinados como quota-parte do salário direto. Isso significa que esses bens e serviços acabam funcionando como antimercadorias sociais, uma vez que a sua finalidade não é a de gerar lucros e nem mediante sua ação dá-se a extração da mais-valia. O que ocorre é um procedimento inverso a esta, suscitando tendência à desmercantilização da força de trabalho, pelo fato de que, justamente os componentes de sua reprodução representados pelo salário indireto, são antimercadorias. Outro elemento integrativo é que os componentes do salário indireto são extensivos à maioria da população, na forma dos bens e serviços sociais, ao contrário do salário direto que é definido restritamente ao trabalhador e seu núcleo familiar.
⁵¹ A expressão «esfera pública de interesses», de Francisco de Oliveira .O surgimento do anti-valor, ob. cit. — indica a mudança na base material e política do processo produtivo, em razão da qual a contradição fundamental do capitalismo — produção social e apropriação privada — se explicita cada vez de forma mais acabada, empurrando as relações de produção para o limite de sua manutenção. O mesmo autor amplia esse pensamento na formulação do conceito de «modo social-democrata de produção», em A economia política da social-democracia. *Revista USP, 17,* maio 1993.
⁵² O movimento sindical brasileiro, através da Central Única dos Trabalhadores, começa a ver a necessidade de abranger em sua prática os setores excluídos do mercado de trabalho — considerando como erro ignorar a legião de desempregados e subempregados, ou vê-los apenas como objeto de campanhas de solidariedade — reconhecendo que eles são trabalhadores que precisam de organização, mesmo que isso exija um discurso renovado e reivindicações específicas. *De Fato,* Revista da CUT, *1*(2):fev. 1994.
⁵³ A noção de direito elaborada por Hannah Arendt. O declínio do Estado-Nação e o fim dos direitos do homem. *A origem do totalitarismo*. São Paulo: Companhia das Letras, 1990 — diz respeito, antes

de tudo, a uma forma de sociabilidade política, só podendo existir no exercício mesmo do direito, exercício este que estabelece e constrói relações, ao mesmo tempo que supõe princípios compartilhados de legitimidade. Só então é possível referi-lo a necessidades, interesses ou demandas individuais. Ou seja, nessa compreensão, o direito não se define como imediatamente qualificado em relação ao Estado. Contém um denso e agregador núcleo político capaz de definir uma forma de sociedade, como modo específico de se viver a experiência social no interior do grupo. Ter direitos significa, portanto, pertencer a uma comunidade política, fazer parte de sua unidade e, nessa condição, ser dotado do poder de conduzi-la por meio do julgamento e da ação. É somente no interior dessa sintaxe que é possível compreender o sentido da expressão «ter direito a ter direito».

[54] Por ocasião do I Seminário Nacional sobre População de Rua, realizado em São Paulo, em junho de 1992, Maria Lúcia Montes, referindo-se a uma experiência canadense com população de rua, fez a distinção entre direitos sociais e direitos civis: estes pressupõem a obrigação dos indivíduos de criarem regras impessoais e comuns, capazes de, pelo convívio, refazerem o Pacto Social; aqueles, quando separados do pressuposto político, são tratados no interior dos programas sociais reintegrativos do tipo moralizador de «tudo pelo social», e mais não fazem do que reforçar a natureza hierárquica do Estado Patrimonialista.

[55] Oliveira, Roberto Cardoso de. Identidade e estrutura social. *Anuário Antropológico, 78*. Rio de Janeiro: Tempo Brasileiro, 1980.

GLOSSÁRIO

Ambiente 'brega', 'cabaré', prostíbulo.
Aperriado nervoso, preocupado, 'agoniado'.
Arretada indignada, irritada.
Astrever atrever-se.
Azilada nervosa, irritada, em estado extremo (azilada de dor, azilada de fome, azilada com fulano).
Baitola homem homossexual.
Barriga cheia que gosta de fartura.
Barrigudinho 'papudinho', alcoólatra.
Boca facilidade, oportunidade imperdível, vantagem.
Bocado quantidade; refere-se a alimento (Me dê um bocado, pelo amor de Deus...).
Bonequeiro que costuma 'botar boneco'.
Botar boneco 'fazer besteira', ser inconveniente, arranjar confusão.
Buchuda grávida.
Caboco quando usado entre iguais, pode ser um tratamento afetuoso ('caboco véi'; fulano é um bom caboco), ou simplesmente indicativo de pares (o caboco chegou); quando usado por senhores, caboco se refere ao empregado ou serviçal (meu caboco vai levar a encomenda).
Cabra refere-se ao gênero masculino como modo de destacar e qualificar (cabra safado, cabra mole, cabra valente).
Cacareco coisas sem valor e em abundância.
Cachorrada briga.
Cair na vida prostituir-se.
Cão sem dono pessoa sem família, abandonada.
Catinga mau cheiro.
Cerimônia vergonha.
Chancha chance, oportunidade.
Cigarro a retalho compra de cigarro por unidade.
Cigarro pé duro cigarro feito com as próprias mãos.
Coisar usado como verbo em todos os tempos e pessoas para substituir qualquer outro verbo (fulano, coisa/anota/costura/etc. isso pra mim).
Correger percorrer.
Cuiona cuia grande; recipiente feito do fruto da árvore de nome coité.
Danação vontade forte, determinação.
Dar praticar o ato sexual.
Dar carão dar corretivo em alguém por meio de palavras, 'brigar'.
Desonrar 'bulir', 'fazer mal', desvirginar.
Em riba sobre.
Entiqueta birra.
Enxame refere-se a pessoas, quantidade grande de, bando.

Escangalhada à vontade, de pernas abertas.
Escoteiro diz-se da refeição que não tem o acompanhamento de algum tipo de carne (comi o feijão escoteiro, na água e no sal).
Fazer o mal desvirginar uma mulher solteira.
Fechar matar.
Força do demo muita força.
Galinha do terreiro 'galinha caipira', de criação doméstica.
Impreite empreita.
Junto 'amigado'; 'amancebado'; que mantem vida conjugal sem casamento.
Maldar desconfiar.
Mergência Programa de Emergência, Frente de Serviço, trabalho oferecido pelo governo na época da seca.
Mirim menor infrator.
Mode para fazer comparação (isso é mode aquilo).
Mulher de ambiente prostituta.
Não ser mais de nada mulher solteira que perdeu a virgindade.
Onde o cão perdeu as esporas lugar muito longe, de difícil acesso.
Ontonte antes de ontem.
Pagar pela boca sofrer na própria pele as acusações que faz a outrem.
Pai d'égua grande, valioso, exagerado.
Pastorar prestar atenção em, 'tomar conta', vigiar.
Pau de arara caminhão adaptado com bancos de madeira e cobertura de lona para o transporte de gente na carroceria.
Pegar abuso enjoar-se de alguém ou de alguma coisa.
Pegar caboco entrar em transe e assumir momentaneamente uma identidade sobrenatural, geralmente de criança ou velho.
Pegar um malandro pela proa sofrer represálias.
Peixa feminino de 'peixe'; 'costas largas'; 'pistolão'; pessoa de prestígio, capaz de proteger outra.
Pro mode substitui 'a fim de', 'para que'.
Prosa conversação (um dedo de prosa); brincadeira (tirei uma prosa com fulano).
Putaria confusão generalizada.
Raca vaca.
Rapariga mulher solteira que se junta com homem casado; mulher desqualificada.
Rasgadinho homem homossexual.
Reca quantidade de pessoas específicas, 'magote' (uma reca de homem, um magote de menino).
Resguardo período de trinta dias pós-parto.
Saco de gato confusão.
Saco roto pessoa incapaz de guardar segredos.
Tabacuda gênero feminino.
Temperadura do sal 'tempero do feijão'; pequena porção de carne; contrário de 'feijão escoteiro'.
Tomado - embriagado.
Tomar um porre - embriagar-se.

BIBLIOGRAFIA

Abranches, Sérgio Henrique. *Política social e combate à pobreza*. Rio de Janeiro: Zahar, 1987.
Adorno, Theodor W. O ensaio como forma. *Sociologia*. São Paulo: Ática, 1986.
Agier, Michel. O sexo da pobreza. *Tempo Social*. Revista de Sociologia da USP, São Paulo, 2.º semestre 1990.
Alegre, Sílvia Porto. *Arte e oficio de artesão — história e trajetória de um meio de sobrevivência*. Tese de doutorado. São Paulo: USP, 1987.
Alemão, Freire. Os manuscritos do botânico Freire Alemão. *Anais da Biblioteca Nacional*. Rio de Janeiro, 1964.
Allgayer, Antônio Estêvão. *Jesus e os excluídos do Reino*. Petrópolis: Vozes, 1994.
Alves, Joaquim Alves. *História das secas (séculos XVII a XIX)*. Fortaleza: Edições do Instituto do Ceará, 1953.
Anderson, Perry. *O fim da história: de Hegel a Fukuyama*. Rio de Janeiro: Zahar, 1992.
Arendt, Hannah. O declínio do Estado-Nação e o fim dos direitos do homem. *A origem do totalitarismo*. São Paulo: Companhia das Letras, 1990.
Azevedo, Jandira Carvalho. *Histórico da Rede de Viação Cearense*. Fortaleza, 1959.
Bachelard, Gaston. *A poética do espaço*. Os Pensadores. São Paulo: Abril Cultural, 1978.
Banco Mundial. *Relatório sobre o desenvolvimento mundial: 1980*. Rio de Janeiro: Fundação Getúlio Vargas, 1990.
Barbu, Zevedei. O conceito de identidade na encruzilhada. *Anuário Antropológico, 78*. Rio de Janeiro: Tempo Brasileiro, 1980.
Barroso, Gustavo. *Terra do sol*. Rio de Janeiro: Benjamin Aguilar, 1913.
Belshaw, Cyril S. *Troca tradicional e mercado moderno: modernização das sociedades tradicionais*. Rio de Janeiro: Zahar, 1968.
Benjamin, Walter. *O narrador*. Coleção Os Pensadores. São Paulo: Abril Cultural, 1978.
———. Experiência e pobreza. *Documentos de cultura. Documentos de barbárie (obras escolhidas)*. São Paulo: Cultrix-Edusp, 1986.
Bosi, Ecléa. *Memória e sociedade. Lembranças de velhos*. São Paulo: T.A.Queiroz-Edusp, 1987.
Boxer, Charles R. *The Portuguese Seaborne Empire: 1415-1825*. Londres, 1969.
Braudel, Fernand. *Escritos sobre a história*. São Paulo: Perspectiva, 1978.
Buchanan, I. *Singapore in Southwest Asia*. Londres: Bell and Sons, 1972.
Cabello, Flora Brasilense. *Mendigos: por que surgem, por onde circulam, como são tratados*. Petrópolis: Vozes, 1987.

Caldeira, Teresa Pires do Rio. Direitos humanos ou "privilégios de bandidos"?: desventuras da democratização brasileira. *Novos Estudos Cebrap*, São Paulo, *30*:jul. 1991.

Camargo, Aspásia. *O Nordeste e a política: diálogo com José Américo de Almeida*. Rio de Janeiro: Nova Fronteira, 1984.

Cardoso, Rute. *A aventura antropológica: teoria e pesquisa*. Rio de Janeiro: Paz e Terra, 1988.

Carvalho, Horácio Martins de. A ideologia do planejamento participativo. *Cadernos do Ceas*, abril. Salvador, 1987.

Carvalho, Inaiá Maria Moreira. *O Nordeste e o regime autoritário: discurso e prática do planejamento regional*. São Paulo: Hucitec-Sudene, 1987.

Carvalho, Rejane Vasconcelos Accioly. *A seca e os movimentos sociais*. Coleção Mossoroense, Série C, vol. Doc., 1991.

Castel, Robert. Da indigência à exclusão, a desfiliação: precariedade do trabalho e vulnerabilidade relacional. *SaúdeLoucura, 4*. Grupos e Coletivos. São Paulo: Hucitec.

Castro, Myriam M. Pugliese & Adorno, Sérgio França. A pobreza colonizada. *Serviço Social e Sociedade, abril*. São Paulo: Cortez, 1985.

Chauí, Marilena. *Conformismo e resistência: aspectos da cultura popular no Brasil*. São Paulo: Brasiliense, 1986.

CNBB. O homem e a seca no Nordeste: realidade, desafios e esperanças. *Nordeste 2*, 1982.

―――. *Campanha da fraternidade 1995: a fraternidade e os excluídos. Eras tu, Senhor?* São Paulo: Salesiana Dom Bosco, 1995.

CNBB, Documentos da. *Ética: pessoa e sociedade*. São Paulo: Paulinas, 1993.

Comunidade Franciscana de Canindé. São Francisco trabalhando para servir e viver. Romaria a Canindé, Ceará, set. 1991.

CPT/Cepac/Ibase. *O genocídio do Nordeste: 1979-1983*. São Paulo: Edições Mandacaru.

Davis, Natalie Zemon. Ajuda aos pobres, humanismo e heresia. *Culturas do povo. Sociedade e cultura no início da França moderna*. Rio de Janeiro: Paz e Terra, 1990.

Draibe, Sônia. Welfare State, crise e gestão da crise: um balanço da literatura internacional. *Revista Brasileira de Ciências Sociais*, 6(3):fev. 1988.

Essas pessoas a quem chamamos população de rua. *Cadernos do Ceas, 151*:maio-junho 1994.

Esping-Andersen. As três economias políticas do Welfare State. *Lua Nova, 24*:set. São Paulo: Cedec 1991.

Esteves, Martha de Abreu. *Meninas perdidas: os populares e o cotidiano do amor no Rio de Janeiro da Bell Époque*. Rio de Janeiro: Paz e Terra, 1989.

Fausto, Boris. *História do Brasil*. São Paulo: Edusp, 1995.

Fernandes, Florestan. *Capitalismo dependente e classes sociais na América Latina*. Rio de Janeiro: Zahar 1975.

―――. Memória. *Teoria e Debate, 13*:março 1991.

Ferreira, Benedito Genésio. *A Estrada de Ferro de Baturité: 1870-1930*. Fortaleza: UFC-Nudoc, 1989.

Foucault, Michel. *Vigiar e punir: história da violência nas prisões*. Petrópolis: Vozes, 1991.

Franco, Maria Sílvia Carvalho. *Homens livres na ordem escravocrata*. São Paulo, Instituto de Estudos Brasileiros, 1969.

Furtado, Celso. *Formação econômica do Brasil*. Rio de Janeiro: Fundo de Cultura, 1964.

Geertz, Cliford. A interpretação das culturas. Rio de Janeiro: Guanabara Koogan, 1989.

Geremek, Bronislaw. *Os filhos de Caim. Vagabundos e miseráveis na literatura européia, 1400-1700*. São Paulo: Companhia das Letras, 1995.

Giannotti, José Arthur. *Trabalho e reflexão: ensaios para uma dialética da sociabilidade*. São Paulo: Brasiliense 1984.

―――. *Origens das dialética do trabalho: estudo sobre a lógica do jovem Marx*. Porto Alegre: L&PM 1985.

Giddens, Anthony. *As conseqüências da modernidade*. São Paulo: Unesp, 1991.
Ginzburg, Carlo. *Mitos, emblemas, sinais: morfologia e história*. São Paulo: Companhia das Letras, 1990.
Girão, Raimundo. *História econômica do Ceará*. Fortaleza: Instituto do Ceará, 1947.
Goffman, Erving. *Estigma: vistas sobre a manipulação da identidade deteriorada*. Rio: Zahar, 1975.
Guerra, Paulo de Brito. *A civilização da seca*. Fortaleza: DNOCS, 1981.
Harvey, David. *Condição pós-moderna*. São Paulo: Loyola, 1993.
Heller, Ágnes. *O cotidiano e a história*. Rio de Janeiro: Paz e Terra, 1989.
Hobsbawm, E. *Bandidos*. Rio de Janeiro: Forense-Universitária, 1975.
──── . *Mundos do trabalho*. Rio de Janeiro: Paz e Terra, 1988.
──── . A outra história: algumas reflexões, em Krantz, Frederick (org.). *A outra história: ideologia e protesto popular nos séculos XVII a XIX*. Rio de Janeiro: Zahar, 1990.
──── . *Era dos extremos: o breve século XX, 1914-1991*. São Paulo: Companhia das Letras, 1995.
Jucá, Gisafran Nazareno Mota. *Verso e reverso do perfil urbano do Recife e de Fortaleza (1945-1960)*. Tese de doutorado. São Paulo: USP, 1993.
Kowarick, Lúcio. *A espoliação urbana*. Rio de Janeiro: Paz e Terra, 1979.
──── . *Trabalho e vadiagem: a origem do trabalho livre no Brasil*. São Paulo: Brasiliense, 1987.
Kurtz, Robert. *O colapso da modernização: da derrocada do socialismo de caserna à crise da economia mundial*. Rio de Janeiro: Paz e Terra, 1993.
Lafargue, Paul. *O direito à preguiça*. São Paulo: Kairós, 1983.
Lemenhe, Auxiliadora. A economia pastoril e as vilas coloniais. *Revista de Ciências Sociais, 13*. Fortaleza: UFC, 1982.
Lewis, Oscar. *Antropología de la pobreza: cinco familias*. México: Fondo de Cultura Económica, 1990.
Loew, Jacques. *Journal d'une mission ouvrière*. Paris: Ed. du Cerf, 1959.
Lukács, Georg. *Ensaios sobre literatura*. Rio de Janeiro: Civilização Brasileira, 1965.
──── . As bases ontológicas do pensamento e da atividade do homem. *Temas de Ciências Humanas*. São Paulo: Livraria Editora Ciências Humanas Ltda., 1978.
──── . *Ontologia do ser social: os princípios ontológicos fundamentais de Marx*. São Paulo: Ciências Humanas, 1979.
Machado, Maria Clara Tomaz. *A pobreza urbana na ótica do capital: análise do discurso (1900-1960)*. Uberlândia: Anpuh.
Malinowski, Bronislaw. *Os argonautas do Pacífico ocidental*. Coleção Os Pensadores. São Paulo: Abril Cultural, 1978.
Martins, José de Souza. Mercado e democracia: a relação perversa. *Tempo Social, 2*(1), 1990/I, São Paulo: USP.
──── . *O massacre dos inocentes: a criança sem infância no Brasil*. São Paulo: Hucitec, 1991.
──── . *A chegada do estranho*. São Paulo: Hucitec, 1993.
──── . A aparição do demônio na fábrica, no meio da produção. *Tempo Social*, Revista de Sociologia da USP, 5(1-2), 1994.
Martins, Oswaldo Evandro Carneiro. *Sobre o proletariado de Fortaleza*. Fortaleza: Barraca do Escritor Cearense, 1993.
Marx, Karl. *O capital*. Rio de Janeiro: Civilização Brasileira, 1980.
Matos, Olegária C. F. *Rousseau: uma arqueologia da desigualdade*. São Paulo: M. G. Editores, 1978.
Matta, Roberto da. *Quanto custa ser índio no Brasil? Considerações sobre o problema da identidade étnica*, mimeo, 1974.
──── . *Carnavais, malandros e heróis: para uma sociologia do dilema brasileiro*. Rio de Janeiro: Zahar, 1980.
Mauss, Marcel. Ensaio sobre a dádiva. *Sociologia e antropologia*, 2 vols. São Paulo: EPU-Edusp, 1974
Menezes, Eduardo Diatahy Bezerra de. *Notas de aula em tópicos avançados em teoria sociológica: "Constatação da crise e dissipação da poeira"*. Fortaleza, 1.º semestre 1994, mimeo.

Mollat, Michel. *Os pobres na Idade Média*. Rio de Janeiro: Campus, 1989.
Montenegro, Antônio Torres. *História oral e memória: a cultura popular revisitada*. São Paulo: Contexto, 1992.
Morin, E. *Jesus e as estruturas de seu tempo*. São Paulo: Edições Paulinas, 1981.
Nascimento, Elimar. *A exclusão social na França e no Brasil: situações (aparentemente) invertidas, resultados (quase) similares?* Minas Gerais: Anpocs, 1993.
———. *Hipóteses sobre a nova exclusão social: dos excluídos necessários aos excluídos desnecessários*. Minas Gerais: Anpocs, 1994, mimeo.
Neves, Delma Pessanha. O trabalhador que não deu certo. *Ciência Hoje*, 1(4).
Novais, Fernando A. *Portugal e Brasil na crise do Antigo Sistema Colonial (1777-1808)*. São Paulo: Hucitec, 1979.
Offe, Claus. *Trabalho & sociedade: problemas estruturais e perspectivas para o futuro da sociedade do trabalho*. Rio de Janeiro: Tempo Brasileiro, 1989, 2 vols.
———. *Capitalismo desorganizado*. São Paulo: Brasiliense, 1994.
Oliveira, Francisco de. *A economia brasileira: crítica à razão dualista*. São Paulo: Estudos Cebrap 2, out. 1972.
———. *Elegia para uma re(li)gião. Sudene, Nordeste, planejamento e conflito de classe*. Rio de Janeiro: Paz e Terra, 1977.
———. As hostes errantes. *Novos Estudos Cebrap*, 1(1):dez. 1981.
———. *Além da transição, aquém da imaginação*. Minas Gerais: Anpocs, 1985, mimeo.
———. O surgimento do anti-valor: capital, força de rabalho e fundo público. *Novos Estudos Cebrap*, 22:out. 1988.
———. A economia da social-democracia. *Revista USP*, 17:maio. São Paulo, 1993.
———. *Estado, sociedade, movimentos sociais e políticas públicas no limiar do século XXI*. Programa de Investigação e Comunicação. Fase, 1994.
———. Vulnerabilidade social e carência de direitos. *Cadernos Abong*, junho 1995.
———. A questão do Estado. *Cadernos Abong*, junho 1995.
Oliveira, Manfredo A. de. *Ética e racionalidade moderna*. São Paulo: Edições Loyola, 1993.
Oliveira, Roberto Cardoso de. Identidade e estrutura social. *Anuário Antropológico, 78*. Rio de Janeiro: Tempo Brasileiro, 1980.
———. *A categoria da des(ordem) e a pós-modernidade*. São Paulo: Editora da Unicamp, 1987.
Paoli, Maria Célia. Trabalhadores e cidadania: experiência do mundo público na história do Brasil moderno. *Estudos Avançados*, 3(7):dez. 1989. São Paulo: USP.
Pellegrino, Hélio. Édipo e a paixão. *Os sentidos da paixão*. São Paulo: Companhia das Letras, 1990.
Pereira, João Frayze. Identidade e modernidade: o lugar do segredo. *Cadernos Ceru*, 4(2). São Paulo: USP, 1993.
Pereira, Luiz. *Ensaios de sociologia do desenvolvimento*. São Paulo: MEC-Pioneira, 1975.
Pinheiro, Francisco José. *A organização do mercado de trabalho no Ceará (1850-1880)*. Tese de mestrado, Recife, 1990.
Pinheiro, Irineu. *O Cariri. Seu desenvolvimento, povoadores, costumes*. Fortaleza, 1950.
Pinto, Irineu Ferreira. *Datas e notas para a história da Paraíba*. Vol. I Paraíba do Norte: Imprensa Oficial, 1908.
Polányi, Karl. *La gran transformación: los orígenes políticos y económicos de nuestro tiempo*. México: Fondo de Cultura Económica, 1992.
Ponte, Sebastião Rogério. *Fortaleza Belle Époque (1860-1930)*. Fortaleza: Fundação Demócrito Rocha, 1993.
Pordeus, Ismael. *A magia do trabalho: macumba cearense e festas de possessão*. Fortaleza: Secretaria da Cultura e Desporto do Estado do Ceará, 1993.
Prefeitura de São Paulo. *População de rua: quem é, como vive, como é vista*. São Paulo: Hucitec, 1992.

Projeto São José. Manual de operações. Fortaleza: Secretaria do Planejamento e Coordenação-Diretoria de Programas Especiais, 1994.

Przeworski, Adam. *Capitalismo e social-democracia.* São Paulo: Companhia das Letras, 1991.

Rousseau, Jean-Jacques. *Discurso sobre a desigualdade.* Os Pensadores. São Paulo: Abril Cultural, 1978.

Sader, Eder. *Quando novos personagens entram em cena: experiências, falas e lutas dos trabalhadores da Grande São Paulo (1970-1980).* Rio de Janeiro: Paz e Terra, 1978.

Sahlins, Marshall. *Stone Age Economics.* Nova York: Aldine-Atherton Inc., 1972.

———. *Ilhas de história.* Rio de Janeiro: Zahar, 1994.

Sales, Tereza. Herdeiros da escravidão. *Novos Estudos Cebrap,* dez. São Paulo, 1987.

Sampaio, José Jackson Coelho. *Indivíduo: trabalho e sofrimento.* Petrópolis: Vozes, 1993.

Santos, Milton. *Pobreza urbana.* São Paulo: Hucitec, 1979.

Schwarz, Roberto (org.). *Os pobres na literatura brasileira.* São Paulo: Brasiliense, 1983.

Simmel, Georg. El pobre. *Sociología. Estudios sobre las formas de socialización.* Buenos Aires: Espasa-Calpe, 1939.

Singer, Paul. *Economia política do trabalho.* São Paulo: Hucitec, 1979.

Souza, Laura de Mello. *Desclassificados do ouro: a pobreza mineira no século XVIII.* Rio de Janeiro: Graal, 1986.

Sposati, Aldaíza. *Vida urbana e gestão da pobreza.* São Paulo: Cortez, 1988.

Stoffels, Marie-Ghislaine. *Os mendigos na cidade de São Paulo: ensaio de interpretação sociológica.* Rio de Janeiro: Paz e Terra, 1977.

Studart, Barão. *Datas e fatos para a História do Ceará.* Fortaleza: Tipografia Studart, 1869.

Takeuti, Norma. A pobreza e a exclusão social no primeiro mundo. *Vivência,* 7(l):jul.-dez. Natal, 1993.

Teixeira, Francisco José. *Análise crítica do mercado de trabalho em Fortaleza à luz das categorias de trabalho produtivo e improdutivo.* Fortaleza: Sine, 1988.

Teixeira, Francisco José Soares. *Trabalho e valor em Smith e Marx.* Fortaleza: Editora Universidade Estadual do Ceará, 1990.

Telles, Vera da Silva. Pobreza e cidadania: precariedade e condições de vida. *Terceirização: diversidade e negociação no mundo do trabalho.* São Paulo: Hucitec, 1994.

———. *Pobreza, movimentos sociais e cultura política: notas sobre as (difíceis) relações entre pobreza, direitos e democracia.* Minas Gerais: Anpocs, 1993.

Tempo e Presença, 268, ano 15: Excluídos do sistema. Rio de Janeiro: Cedi.

Teófilo, Rodolfo. *A seca de 1915.* Fortaleza: Edições UFC, 1980.

———. *História da secca do Ceará (1877-1880).* Rio de Janeiro: Imprensa Ingleza, 1922.

Tremearne, A. J. N. *Hausa Superstitions and Customs,* 1913.

Valentine, Charles. *La cultura de la pobreza: crítica e contrapropuestas.* Buenos Aires, 1972.

Valladares, Lícia. *Cem anos pensando a pobreza (urbana) no Brasil.* Minas Gerais: Anpocs, 1990, mimeo.

Veblen, Thorstein. *A teoria da classe ociosa.* São Paulo: Pioneira, 1965.

Vernant, Jean-Pierre. *Mito e pensamento entre os gregos: estudo de psicologia histórica.* Rio de Janeiro: Paz e Terra, 1990.

Vexliard, Alexandre. *Introduction a la sociologie du vagabondage.* Paris: Rivière, 1956.

Veyne, Paul. *Como se escreve a história.* Lisboa: Edições 70, 1971.

Vieira, Evaldo. *Estado e miséria social no Brasil: de Getúlio a Geisel.* São Paulo: Cortez, 1983.

Vieira, Maria do Socorro Gomes. *O soldado da borracha. Discurso da migração numa economia de guerra.* Monografia de bacharelado. Fortaleza: UFC, 1993.

Weber, Max. *A ética protestante e o espírito do capitalismo.* São Paulo: Pioneira, 1983.

Zaluar, Alba. *A máquina e a revolta: as organizações populares e o significado da pobreza.* São Paulo: Brasiliense, 1985.

———. *Imagens da pobreza na cidade.* Minas Gerais: Anpocs, 1990, mimeo.

"HABENT SUA FATA LIBELLI"

TERENCIANO MAURO
De literis, syllabis et metris

IMPRESSO POR
PROVOGRÁFICA
TEL. (11)4178-0522